权威·前沿·原创

皮书系列为
"十二五""十三五"国家重点图书出版规划项目

中国社会科学院创新工程学术出版资助项目

中东黄皮书

YELLOW BOOK OF
THE MIDDLE EAST

中东发展报告
No.21（2018~2019）

ANNUAL REPORT ON DEVELOPMENT IN THE MIDDLE EAST
No.21 (2018-2019)

变动中的海湾格局
The Changing Regional Order in the Gulf

主　编／李新烽
副主编／唐志超

社会科学文献出版社
SOCIAL SCIENCES ACADEMIC PRESS（CHINA）

图书在版编目（CIP）数据

中东发展报告. No.21，2018-2019：变动中的海湾
格局／李新烽主编. --北京：社会科学文献出版社，
2019.8
　（中东黄皮书）
　ISBN 978-7-5201-5310-2

　Ⅰ.①中…　Ⅱ.①李…　Ⅲ.①社会发展-研究报告-
中东-2018-2019②中外关系-研究-中东-2018-2019
Ⅳ.①D737.069②D822.337

中国版本图书馆 CIP 数据核字（2019）第 166881 号

中东黄皮书

中东发展报告 No.21（2018~2019）
—— 变动中的海湾格局

主　　编／李新烽
副 主 编／唐志超

出 版 人／谢寿光
责任编辑／郭红婷

出　　版／社会科学文献出版社·当代世界出版分社（010）59367004
　　　　　　地址：北京市北三环中路甲 29 号院华龙大厦　邮编：100029
　　　　　　网址：www.ssap.com.cn
发　　行／市场营销中心（010）59367081　59367083
印　　装／三河市东方印刷有限公司

规　　格／开 本：787mm×1092mm　1/16
　　　　　　印 张：22.75　字 数：340 千字
版　　次／2019 年 8 月第 1 版　2019 年 8 月第 1 次印刷
书　　号／ISBN 978-7-5201-5310-2
定　　价／168.00 元

本书如有印装质量问题，请与读者服务中心（010-59367028）联系

中东黄皮书编委会

主　编　李新烽

编审组　（按汉语拼音排序）

　　　　　成　红　李新烽　刘　冬　唐志超　王林聪

　　　　　邢厚媛　杨　光

主编简介

李新烽 博士，作家，摄影家；中国社会科学院西亚非洲研究所副所长、研究员，中国社会科学院研究生院教授、博士生导师。中国非洲史研究会副会长，中国亚非学会副会长。

西安外国语大学英语系毕业后留校工作，两次考入中国社会科学院研究生院，分获法学硕士学位和管理学博士学位；公派留学英国，获威尔士大学文学硕士学位。2006年参加中组部、团中央组织的第七届"博士服务团"，挂职湖南湘西自治州人民政府州长助理。第八届全国青联委员。2007年加入中国作家协会，2008年加入中国摄影家协会。

李新烽曾是人民日报社高级记者、驻南非首席记者和人民网驻南非特派记者。他是采写报道肯尼亚帕泰岛郑和船员后裔的第一位中国记者，也是索马里内战爆发以来，两次进入该国采访报道的首位东方记者。

2008年作为引进人才，李新烽调入中国社会科学院专业从事非洲问题研究。主要作品：专著《非洲踏寻郑和路》（修订本中英文版）、《非凡洲游》，合著《郑和史诗》（中英文版）等十多部，主编《郑和与非洲》《全球视野下的达尔富尔问题研究》。其作品获全国"五个一工程"奖、中国新闻奖、徐迟报告文学奖等十余种全国性奖项。

摘　要

当前，中东地区正进入"海湾时刻"。一方面是以沙特阿拉伯为首的海湾国家正致力于一场内政外交的革命，海湾国家正积极扮演地区新领袖的角色并力图重塑中东秩序。另一方面，海湾地区局势持续紧张，以伊朗核问题再起为核心，地区安全问题日益突出，海湾走向战争还是和平成为国际社会关注焦点。海湾长期作为地区稳定的"绿洲"正面临被打破的局面：地区国家内政爆发危机的风险、伊朗核问题引发地区冲突的风险、也门战争的外溢、军备竞赛加剧、海合会国家内部的分裂、极端主义和教派主义的撕裂、具有强烈利己主义趋向的特朗普政府对海湾及中东政策、权力真空的出现以及随之而来的剧烈地缘政治竞争，这一系列因素给海湾的安全蒙上阴影。伊朗问题是关系海湾安全与发展的中心问题，并已取代叙利亚问题成为地区的新焦点。美国对伊朗"极限施压"政策以及伊沙关系的持续恶化对地区安全构成严重负面影响。虽然伊朗与美国、沙特和以色列三国之间爆发战争的可能性不大，但这一风险不能排除。而这也将给地区发展、航道安全、国际石油稳定供应等带来一系列尖锐挑战。当前形势迫切各方保持克制，加强对话，通过谈判解决地区冲突。同时，随着海湾地区旧有安全秩序和力量平衡被打破，应考虑将建立新的地区安全机制提上议事日程。

关键词：海湾安全　伊朗　海合会　安全机制　美伊关系

目 录

Ⅰ 主报告

Ⅱ 分报告

Ⅲ 专题报告

Ⅳ 市场走向

Ⅴ 资料文献

皮书数据库阅读**使用指南**

主　报　告

Main Report

Y.1

海湾新变局：机遇与挑战

唐志超[*]

摘　要：2019 年 5 月以来，伊朗问题引发海湾地区局势持续紧张，多艘油船遭袭，美军大举增兵海湾。这一事态只是近年来海湾地区局势动荡的最新案例。它不仅表明海湾地区的新安全态势，也反映出当前海湾地区正经历深刻而重大的全面转型，涉及政治、经济、外交和安全等多个层面。中东正进入"海湾时刻"。政治方面，以沙特和阿联酋为主要代表，地区新领导人野心勃勃，大胆革新。沙特萨勒曼国王父子刻意打造"萨勒曼王朝"，阿联酋的阿布扎比王储穆罕默德则成为阿联酋的头号政治人物，率领阿联酋再次"远航"。经济和社会方面，地区掀起了新一轮改革与开放浪潮，致力于非石油经济发展，工业化和信

* 唐志超，中国社会科学院西亚非洲研究所中东研究室主任、研究员，主要研究中东政治与安全、中东国际关系等问题。

息化驱动加速，加大社会宽容化改革和对外开放力度。外交方面，海湾自主外交加强，并日益在整个地区事务中担负起领导性角色，但由此引发的内外矛盾也在加深，并深刻影响海湾以及整个中东地区的国际关系和安全。安全方面，海湾长期作为地区"安全天堂"的局面正面临一系列重大挑战，地区内外大国竞争激烈，军备竞赛加速，也门战争严重外溢，传统与非传统安全威胁日益突出。海湾地区新变局与中东及全球局势的总体变化密不可分，反映了地区内外各行为体的力量此消彼长的新态势以及各自的新战略趋向。未来一段时期，海湾地区恐陷入动荡、不确定的新历史阶段，而这将给地区和全球的安全蒙上一层阴影。鉴于海湾地区对全球和平与发展的极端重要性，推动尽早建立一个新的稳定的地区安全机制势在必行。

关键词： 海湾地区　社会政治改革　伊朗　安全形势

自"阿拉伯之春"以来，中东大部分地区深陷动荡与冲突之中，海湾地区①则成为中东稳定的"绿洲"。在内外因素推动下，海湾各国启动重大改革，新旧领导人更替加速，内政外交焕然一新。从整个地区层面来看，阿拉伯世界呈现"西沉东升"的历史性力量转换，海湾国家开始扮演地区领导角色。上述种种，在某处程度上成就了中东舞台上的"海湾时刻"（Gulf Moment）。②不过，"海湾时刻"能持续多久，将给地区带来何种影响，还不得而知。

---

① 为了方便起见，本文统一将波斯湾写作海湾，涵盖海合会6国、伊朗、伊拉克。

② David Martin, "Portraits of Mohammed bin Salman（MBS）and Mohammed bin Zayed（MBZ）- Crown Prince of Saudi Arabia and Chairman of the Executive Council of Abu Dhabi", Institutmontaigne, 13 November 2018, https：//www. institutmontaigne. org/en/blog/portraits-mohammed-bin-salman-mbs-and-mohammed-bin-zayed-mbz-crown-prince-saudi-arabia-and-chairman, accessed May 20，2019.

一 地区国家施行"新政"，开启"海湾时刻"

"阿拉伯之春"后，海湾地区国家虽然保持稳定，但也面临不小压力。在继续以增加福利这一传统方式维稳同时，海湾君主国主动应对变化，在政治、经济、社会、外交和安全等方面启动了一系列重大改革，给地区发展注入了新的活力，带来了诸多引人关注的新变化。

在政治层面，标志性变化是新生代海湾阿拉伯国家领导人的崛起，并开始主导本国的一系列重大改革，引领本地区的事务。在卡塔尔，1980年出生的塔米姆于2013年子承父业上台执政。塔米姆登基后，在总体延续其父哈马德的内外政策基础上，对外政策更加激进，胆子和步伐更大。出兵利比亚，支持推翻卡扎菲，支持埃及穆斯林兄弟会和穆尔西政府并不惜与塞西政府闹翻，支持叙利亚反对派，反对巴沙尔政府，与沙特和阿联酋兄弟闹翻，邀请土耳其驻军卡塔尔，反对美国和沙特等盟友的伊朗政策，等等，这些足以显示其强烈的个性和对外政策的独特性。在阿联酋，1961年出生的阿布扎比王储穆罕默德·本·扎伊德已成为阿联酋的实际掌舵者，担任阿联酋副总统兼总理、阿联酋武装部队副总司令、阿布扎比执行委员会主席、阿布扎比教育委员会主席、穆巴达拉发展公司董事局主席等一系列重要职务。2014年，穆罕默德王储的长兄、阿联酋总统哈利法[1]突发中风。之后，穆罕默德王储成为阿联酋的当家人，并着手重新改造阿联酋，被誉为"新阿联酋"的"总设计师"。《纽约时报》称穆罕默德·本·扎耶德是最有权势的阿拉伯领导人。[2] 在穆罕默德王储的主导下，阿联酋正由低调向高调，由昔日的中立的商业帝国向中东主要领导者的角色和身份转变。从出兵巴林和利比亚，发动也门战争，围困卡塔尔，支持叙利亚反对派，阿联酋的影子无处不在。西方媒体称，2017年卡塔尔危机期间，穆罕默德王储曾计划出兵卡塔

---

[1] 1948年出生，现年71岁。

[2] David D. Kirkpatrick，"The Most Powerful Arab Ruler Isn't M. B. S. It's M. B. Z."，*The New York Times*，2 June 2019.

尔罢黜塔米姆埃米尔，但被美国时任国务卿蒂勒森阻止。蒂勒森最终辞职也与此事件有关。[①] 美国前国防部长马蒂斯称阿联酋为中东的"斯巴达"。[②] 在沙特，1988 年出生的王储穆罕默德·本·萨勒曼与其父萨勒曼国王正一道引领保守封闭的王国进行一场"新政"改革。2015 年阿卜杜拉国王去世，随后其同父异母弟弟萨勒曼亲王接任。萨勒曼国王上台后，一改兄终弟及的传统王位继承制度，两立两废王储，先后任命弟弟穆克林亲王、侄儿纳伊夫亲王为王储，但旋即又罢黜，2017 年改立其子穆罕默德为王储，并赋予其广泛权力，掌管军事和经济要务。近年来，沙特的一系列重大改革措施和对外政策行动皆出自年轻的穆罕默德王储之手。随着"兄终弟及"继承制度的终结，沙特王国似正走向"萨勒曼－沙特王国"。在一定程度上，阿布扎比和沙特的两个穆罕默德王储对本国以及地区的未来看法高度相似，他们正联手领导和重塑中东。[③]

在经济层面，地区各国纷纷加大自由化、工业化、信息化、私有化和本土化的改革力度，制定中长期国家经济发展战略，加速经济现代化和多元化步伐，减少对能源产业的依赖。各国改革基本都以发展非石油产业、实现经济多元化为核心目标。在沙特，2016 年穆罕默德王储宣布了野心勃勃的"2030 愿景"和"2020 国家转型规划"（NTP）。"2030 愿景"为沙特确立了"阿拉伯与伊斯兰世界的心脏、全球性投资强国、连接亚非欧三大洲枢纽"三大远景目标，核心目标是重新打造沙特的经济体系，减少对石油产业的依赖。其中包括，阿美石油公司的私有化、发展制造业、旅游业、信息产业、基础设施、建立经济特区等，到 2030 年时将沙特打造为"一个充满

---

① "Saudi Arabia Planned to Invade Qatar Last Summer. Rex Tillerson's Efforts to Stop It May Have Cost Him His Job", The Intercept, August 2018.

② Ishaan Tharoor, "3 Ways the U. A. E. is the Sparta of the Modern-day Middle East", *Washington Post*, Nov. 15, 2014.

③ Simon Henderson, "Meet the Two Princes Reshaping the Middle East", June 13, 2017, https：//www. politico. com/magazine/story/2017/06/13/saudi-arabia-middle-east-donald-trump-215254, accessed May 24, 2019.

活力的社会，繁荣的经济和一个雄心勃勃的国家"。① 2016 年，沙特内阁还批准了"2020 国家改革规划"，目标是加强制度能力建设，以满足"2030愿景"的需求。NTP 的战略目标是，到 2020 年，将非石油政府收入由434.6 亿美元提高至 1413.2 亿美元，非石油出口收入由 493.3 亿美元增至879.9 亿美元。吸引外国直接投资由 80 亿美元增至 186.6 亿美元。2017 年，沙特推出投资 5000 亿美元的红海新城计划。截至 2018 年 10 月，沙特已在工业、服务业和物流业项目及合同上投资了 5000 亿里亚尔（折合 1333 亿美元），投资了 6271 个项目，建立了 35 个工业城。在阿联酋，2015 年制订了"2021 愿景"。2017 年 9 月，阿联酋政府又推出面向建国 100 周年的"2071计划"，强调要打造世界上最好的教育、最发达的经济、最幸福的社会和最好的政府。与此同时，阿联酋政府还启动了"阿联酋软实力战略"、"阿布扎比 2030 愿景"、"国家创新战略"、"高等教育战略"、"第四次工业革命战略"（4IR）和"2036 水安全战略"等。阿联酋不仅要打造以知识经济为中心的现代化经济机构，还致力于成为第四次工业革命的地区中心。根据联合国贸发会议（UNCTD）最新发布的《2019 年世界投资报告》，2016～2018年，阿联酋累计吸引外国直接投资 340 亿美元，继续保持阿拉伯地区最大投资目的国地位。在科威特，政府早于 2010 年就提出了"2035 年愿景"规划，在重点发展石油、石化工业的同时，强调发展多元化经济，着力发展金融、贸易、旅游、会展等行业。作为其中一个部分，科威特计划耗资 1000亿美元开发"丝绸城和五岛项目"，将其打造为波斯湾北部新的运输、物流和金融中心，最终把科威特建成连接东西方的地区经济中心。在卡塔尔，政府在大力发展天然气产业的同时，也推出了以经济多元化为核心的"2030国家愿景"规划。在阿曼，加大了经济自由化和私有化改革力度。2016 年，阿曼开始实施《第九个五年发展规划》（2016～2020 年），该规划的核心目标是实现经济多元化，大力发展制造业、旅游业、物流业、矿产业、渔业五大产业。2019 年阿曼政府又颁布了《阿曼 2040 愿景》，大力推动基础设施、

① 参见沙特官方"2030 愿景"网站，https://vision2030.gov.sa/en。

交通、工业园区、资源开发和旅游业的建设，积极兴建自由区、经济特区和工业区。目前，阿曼已设立苏哈尔港自由区、杜库姆经济特区、萨拉拉自由区、马祖奈自由区，积极吸引外来投资，打造阿曼的金融和贸易中心。值得一提的是，一向比较保守和封闭的沙特、阿曼和科威特等国纷纷加入发展现代化经济大潮中，加大经济自由化改革和对外开放的力度。在各项改革的刺激下，海合会国家的经济虽然面临油价下跌的威胁，但仍保持快速增长。

在社会层面，以阿联酋为榜样，沙特为新锐，海湾国家社会日益开放、多元，社会自由度日益增大，包容性增强。这在沙特、阿曼和科威特三国表现突出。自萨勒曼国王上台以来，萨勒曼父子锐意改革开放，在提高妇女地位、放松社会管理、丰富文化生活、限制宗教干预社会等方面采取了一系列激进措施，以"重返温和、开放的伊斯兰教"①，如允许女性考驾照和驾车、允许女性进入体育场观看赛事、允许妇女就业、任命女性政府官员、政府首次聘请女性作为政府机构发言人、举办第一次女子自行车赛、允许举办音乐会和嘉年华活动、建设歌剧院、举办第一场演唱会、兴建第一家影院、举办世界国际象棋快棋锦标赛、削弱宗教警察的权力等。鼓励女性就业是"2030 愿景"规划的重要内容之一，沙特政府提出到 2030 年，女性就业比例要达到22%～30%。值得一提的是，2019 年 2 月萨勒曼国王任命瑞玛·班达尔公主为驻美大使，开历史先例，这是沙特历史上首位女性大使。沙特的社会改革是应"2030 愿景"所需，目标是打造一个充满活动的社会。"我们充满活动的社会的特征是，强调以温和伊斯兰、民族自豪感、沙特遗产和伊斯兰文化为强大根基，也提供世界级的娱乐选择，可持续的生活方式，社区关怀，富有效率的社会和医疗保障制度。"② 沙特的改革在国内外引起强烈反响，但在国内也受到了保守势力的反对。不过，萨勒曼王储对此并不在意，决意继续推动改革。此外，近年来阿曼的社会开放度也越来越高，

① Joseph Hincks, "The Saudi Crown Prince Says the Kingdom Will Soon Return to a 'Moderate Islam'", *Time*, October 25, 2017.

② "Vibrant Society", https://vision2030.gov.sa/en/themes/3, accessed May 25, 2019.

比如成立人权委员会、开放私人举办广播电视、允许公众批评政府、扩大女性参政议政权利等。2013 年以来，阿曼每届内阁都有女性担任部长职务。2011 年以来，有 1 名女性当选协商会议代表。2015 年，在由 84 人组成的国家委员会中，苏丹卡布斯任命了 13 名女性成员。科威特也积极推进两性平等、提高女性社会地位。2018 年，科威特政府宣布设立科威特国际杰出女性奖，以表彰女性在不同领域的贡献。这是阿拉伯国家首个表彰杰出女性的奖项。

在外交层面，"海湾时刻"体现尤为明显。冷战结束后，由于两次伊拉克战争、"阿拉伯之春"、利比亚战争、叙利亚战争、也门战争次第爆发，阿拉伯国家传统强国如埃及、伊拉克、利比亚、叙利亚等风光不再，在地区的影响力日益下降。而以海湾地区国家，除了伊拉克之外，大多保持稳定和发展态势，在动荡的中东地区可谓一枝独秀。在传统强国地位下降的同时，沙特、阿联酋和卡塔尔三个海湾阿拉伯国家则在冉冉升起，伴随着高油价经济繁荣，三国在地区的影响力持续增大。在当今阿拉伯世界，沙特很明显已取代埃及成为"老大"，而阿联酋、卡塔尔也在地区扮演日益重要的角色。可以说，海合会国家正引领阿拉伯世界。与此同时，伊朗在地区的影响力也在大增，所谓的什叶派新月带已经形成。伊朗不仅稳固了巴沙尔政权，还强化了其在叙利亚和黎巴嫩的地位，加大了对伊拉克的渗透，历史性地打通了从德黑兰到东地中海的战略通道。也门什叶派胡塞武装的得势，也使伊朗渗透到阿拉伯半岛核心区以及红海沿岸。另外，伊朗还组建了两个地区性联盟：一个是什叶派联盟，包括伊朗、叙利亚、伊拉克、黎巴嫩真主党、也门什叶派胡塞武装组织，另一个是伊朗与土耳其、卡塔尔的保守伊斯兰主义联盟。这两大联盟的建立，极大改善了伊朗的地缘政治和国家安全的环境。

二 伊朗核问题再度升温，地区冲突面临升级威胁

自 21 世纪初，伊朗核问题就一直是中东地区的重大安全问题。围绕伊

核问题，伊朗与美国、以色列和沙特等国关系不断恶化，地区局势持续紧张。美国不时以伊核问题对伊朗实施制裁，甚至动用武力相威胁。而以色列和沙特更将伊朗核计划提升到关系本国生死存亡的战略高度。小布什政府时期，美国以伊朗发展核武器和支持恐怖主义为借口，对伊朗持续施压。尤其是2005年内贾德就任总统后，伊朗重新启动浓缩铀计划，美伊关系严重恶化。奥巴马政府时期，为了实施战略东移，美国缓和与伊朗关系，并同意与伊朗就核问题进行谈判。2015年7月，伊朗核协议（JCPOA）达成。随着伊核协议达成，美伊关系缓和，困扰地区多年的伊核问题终于告一段落。

但是，2017年特朗普上台后，伊朗问题再度成为地区焦点。特朗普不仅否定伊核协议，还主张对伊采取强硬政策。特朗普不仅退出了伊核协议，还重新对伊施加严厉制裁。2018年5月8日，特朗普宣布退出伊核协议。8月，特朗普政府启动对伊朗的第一轮制裁，重启对伊朗金融、金属、矿产、汽车等一系列非能源领域制裁。11月，美国重启对伊朗的能源和银行等领域制裁，全面恢复了因伊核协议而解除的对伊制裁。不过，美国给予8个国家和地区（中国、日本、韩国、印度、土耳其、希腊、意大利以及中国台湾）从伊朗进口石油暂时豁免，要求在6个月期限内逐步减少从伊朗进口。2019年4月，特朗普宣布将伊朗伊斯兰革命卫队列为"恐怖组织"。5月，特朗普政府正式对伊朗实施"零石油"出口制裁，取消之前给予的制裁豁免权，同时宣布针对伊朗钢铁、铝及铜等金属行业实施制裁。6月，特朗普又下令对伊朗石化企业实施制裁。被制裁的波斯湾石化工业公司和39家子公司控制着伊朗40%的石油化工产能，并负责伊朗50%的石化产品出口。在核问题上，特朗普立场严重倒退。在他看来，奥巴马与伊朗达成的协议存在三大严重缺陷：允许伊朗保留浓缩铀能力；未能实施严厉监督；协议15年期满后，伊朗核发展将失去约束。为此他废弃了核协议，要求重新谈判。除了核问题外，特朗普政府还提出了伊朗发展弹道导弹、搞"地区扩张"等两大罪状。奥巴马政府时期，伊朗问题主要是伊核问题。而当前伊核问题只是伊朗问题广泛议题中的一个主要部分，因此特朗普对伊政策诉求也更多、目标也更高。

与奥巴马政府"遏制为辅，接触为主"的对伊政策相比，特朗普政府对伊政策重回小布什时期的强硬路线，遏制成为对策主线。在遏制伊朗问题上，特朗普采取的是多管齐下的策略。首先是加大制裁，对伊实施"极限施压"；其次是联手以色列、沙特和阿联酋等国，建立"中东战略联盟"，重建地区反伊联盟；再次是与盟友联手，在地区范围内遏制伊朗的"地区扩张行径"，尤其是在叙利亚、也门、黎巴嫩、伊拉克四国；最后，对伊朗施加军事威胁。如果说先前的伊朗问题主要是核问题，而现在的伊朗问题则关乎地缘争夺问题，根源在于美以沙三国日益难以容忍伊朗的崛起以及伊朗在地区影响力的持续上升。以色列、沙特都将伊朗作为地区的头号敌人，竭力推动特朗普政府重新对伊采取强硬政策，甚至希望利用特朗普政府推翻伊朗政权。

美国退出伊核协议产生了不确定形势。随着美国对伊采取"极限施压"政策以及地区反伊联盟加紧在地区围堵、反击伊朗，双方爆发直接军事冲突的风险在增大。针对美国的威胁，伊朗采取了多种反击措施加以应对：威胁关闭霍尔木兹海峡；将驻当地美军列为"恐怖组织"；宣布部分暂停履行伊核协议；寻找多途径规避出口制裁；加强对其地区盟友的支持；举行军演。2019年5月8日，伊朗宣布暂停履行部分伊核协议，将暂停出售多于300公斤部分的浓缩铀和生产出的130吨之上部分的重水，不过强调伊朗不会退出"核协议"。5月13日，沙特两艘油轮、挪威一艘油轮和阿联酋一艘货船在阿联酋附近海岸遭袭击。美国国家安全顾问博尔顿称，伊朗是阿联酋富查伊拉港口附近四艘商船遇袭事件的幕后黑手，并宣布向海湾派遣航母战斗群，并大规模增兵。随后特朗普总统下调了增兵规模，只同意增派1500人。6月13日，又有两艘油轮在阿曼湾遭到袭击。美国国务卿蓬佩奥声称，美国情报部门已拿到很多数据和证据证明是伊朗发动了袭击。白宫正在考虑"所有可能的选项"应对德黑兰的"挑衅行为"，包括采取军事行动。沙特和以色列也将责任归咎伊朗。对美国的指控，伊朗始终持否认态度。6月17日，伊朗宣布伊朗将不再遵守伊核协议中针对浓缩铀存量的限制，伊朗将在6月27

日前突破低浓度浓缩铀300公斤的存量上限。同日，美国国防部宣布再向中东增兵1000人，以应对来自伊朗的威胁。6月20日，伊朗又在霍尔木兹海峡上空击落一架美军无人机。局势再度紧张。美国总统特朗普下令对伊军事打击，但随即又撤回命令。目前，美国、沙特和阿联酋等国已加强地区军事部署。美国决定派遣航空母舰和轰炸机群前往海湾，并两次向该地区增兵2500人，地区局势骤然紧张。虽然美伊双方都强调不愿发生战争，但目前双方都采取威吓和边缘政策，发生擦枪走火，发生军事冲突的风险在增大。当前，伊朗问题短期内难以得到有效缓解，地区局势持续紧张将是一种常态。而这一情形对地区安全与稳定、国际油价和能源安全供应必将产生重大影响。

三 美国日益淡出海湾，外部势力竞相填补真空

随着全球及地区格局的加速调整与变化，当前海湾地区的国际关系也面临重要调整，地区格局发生重要变化。其中最突出的一个特征就是美国在地区的影响日益下降，并出现了地区权力真空，由此引发地区内外各种势力乘机填补真空，导致了地区局势更加复杂化。

随着中东进入"后美国时代"，美国在海湾地区的地位与作用也发生明显变化，美国对地区的安全承诺下降以及美国选择性发挥领导性作用，也造成了美国在地区影响力下降。总体上，特朗普政府的中东政策延续了奥巴马政府的战略收缩这一中心路线。奥巴马时期，美国在中东是全线收缩，而特朗普政府则是总体退却，退中有进。两届政府在中东政策上的最大区别主要表现为对伊朗的进与退上。从奥巴马到特朗普，两届政府的中东政策给中东带来了巨大的权力真空，也给地区稳定带来了混乱。虽然海湾地区一向是美国的核心利益所在，但历史走到今天，海湾在美国的国家利益和安全战略中的地位已经悄然下降。这主要表现在美国对海湾能源依赖的下降、美国与伊斯兰世界的矛盾尖锐度下降、反恐不再在美国外交和安全战略中居中心地位、中东不再是美国全球战略的重点地区。随之而来，美国开始调整地区政策，实行战略收缩，无为而治。具体表现为不愿干预地区重大安全问题，不

愿干预地区国家日益明显的离心趋向，对地区安全维护和捍卫盟友安全的承诺下降，甚至主动让渡美国在地区的重要利益。这在沙特发动的也门战争、卡塔尔和沙特之间的冲突、土耳其在卡塔尔设立军事基地、地区国家的核发展进程、俄罗斯突入海湾等方面表现最为明显。美国的政策调整给海湾带来了一系列影响：美国的地区盟友与美国离心趋向加强；地区国家自主性增强，外交日趋多元化；外部势力日趋进入海湾填补权力真空等。近年来，沙特和阿联酋在安全和外交事务上日益采取自主行动，虽然有内部因素，但美国的不确定性因素发挥了十分重要的作用。沙特、阿联酋等国对美国虽然仍维系战略盟友关系，但对美国不信任日益加深，不敢、不愿将自身安危完全系于美国一身，而是积极采取多元化外交，寻找更多合作伙伴。

英国积极重返苏伊士运河以东，加强在海湾军事存在。海湾地区曾是英国的殖民地。20 世纪 70 年代，随着地区国家纷纷独立，英国结束了对该地区的殖民统治。近年来，英国加强了地区国家的军事安全合作，"静悄悄地重建其在中东的永久战略军事存在，逆转了 20 世纪 60 年代英国从'苏伊士以东'撤军的决定。"① 早在 2013 年，英国政府智库皇家联合军种研究所（RUSI）所长迈克尔·克拉克（Michael Clarke）教授就指出，英国正接近一个决策点，即将国防和安全重点转向海湾地区。② 2011 年 12 月，时任英军参谋长戴维·理查德就表示，在阿富汗战争结束之后，英国在军事上的下一个主要关注地将是海湾。2016 年 12 月，英国首相应邀出席海合会峰会期间，英国与海合会签署了建立战略伙伴关系协议，"这将有助于在全球不确定性日益增加之际加强传统关系"。③ 英国的主要措施包括设立军事基地、举行联合军事演习、军售、人员培训、咨询和顾问。英国主要加强了在科威

---

① Frank Gardner, "'East of Suez': Are UK Forces Returning?", BBC, 29 April 2013, https：//www. bbc. com/news/uk-22333555, accessed June 7, 2019.

② Frank Gardner, "'East of Suez': Are UK Forces Returning?", BBC, 29 April 2013, https：//www. bbc. com/news/uk-22333555, accessed June 7, 2019.

③ Dr Liam Fox, "Unlocking the Full Potential of the UK-GCC Trade and Investment Relationship", 19 April 2017, https：//www. gov. uk/government/speeches/unlocking-the-full-potential-of-the-uk-gcc-trade-and-investment-relationship, accessed June 7, 2019.

特、阿曼和巴林的军事存在。2014 年 9 月，英国宣布将在海湾建立 3 个军事基地，以打击极端组织"伊斯兰国"。2014 年 12 月，不顾国内反对派对巴林人权问题的指责，英国政府决意与巴林签署协议，允许英军在巴林设立永久海军基地。2015 年基地开工建设；2018 年 4 月，该基地落成。这是巴林独立后 47 年来英国军队首次重返巴林，也是英国在该地区第一个重要海军基地。英国《独立报》称，此举是一个重大战略转移，象征着英国"重返苏伊士运河以东"。英国外交大臣哈蒙德表示，海军基地开工建设是英国对该地区的承诺以及确保海湾地区稳定方面的一个"分水岭时刻"，"皇家海军在巴林的存在用于确保未来，确保英国在苏伊士运河之东的可持续存在。这一新设施将使英国与盟友一道增强海湾及周边的稳定"。① 英国国防大臣威廉姆森在巴林基地落成典礼上指出，"英军在巴林的存在将会在保护英国安全以及维护波斯湾安全方面发挥至关重要的作用"。② 2018 年 12 月，英国国防大臣访问阿曼，英阿签署国防合作协议，阿曼同意英军在阿杜库姆港附近建立英国海军后勤基地。同时，英阿两国军队举行了为期 5 周的大规模联合军事演习。在科威特，2017 年 12 月英科两国政府联合指导委员举行会议，并签署允许英军在科威特设立海军基地的协议。此外，英国在卡塔尔、阿联酋也有小规模军事存在。在新建军事基地、加强军事存在的同时，英国还大力向海湾出售军火。海湾地区是英国传统主要军火市场。2013 年 6 月，英国国防大臣那哈蒙德访问沙特时表示，英国政府一直在谋求扩大向海湾地区阿拉伯石油国家的武器出口。2015 年英国对外军售 77 亿英镑，其中对海合会六国的军售占 60%。③ 2015 年 3 月战争爆发后，两年间英国政府批准至少 194 起对沙特军售，价值 33 亿英镑。2017 年 6 月，英国政府批准对

---

① Jamie Merrill, "Royal Navy Base Construction Begins in Bahrain as Britain Seeks a Return to 'East of Suez'", *The Independent*, 1 November 2015.

② Peter Stubley, "UK Opens Permanent Military Base in Bahrain to Strengthen Middle East Presence", *The Independent*, 6 April 2018.

③ "UK Arms Industry Exports most to Gulf States", *Middle East Monitor*, February 20, 2017, https：//www. middleeastmonitor. com/20170220-uk-arms-industry-exports-most-to-gulf-states/, accessed June 7, 2019.

沙特2.83亿英镑的军售交易。2018年3月，英沙签署沙特从英国购买49架台风战斗机的协议。据英国《卫报》曝光，英国自2013年以来向沙特出售了大约100枚"风暴之影"地对空导弹，价值约8000万英镑，大约2400枚"宝石路4"炸弹，价值约1.5亿英镑，大约1000枚"硫磺石"地对空导弹，价值约1亿英镑。① 在也门战争背景下，英国坚持对沙特出售武器在国内外遭到严厉谴责。英国国会一个专门小组还通过决议，批评政府向沙特出售武器违反国际法。不过，英国政府不为所动。针对德国政府因也门战争暂停对沙特出售武器，英国外交大臣杰里米·亨特专门致信德国外长海科·马斯，强烈抨击德国的单方面政策，称此举损害了英国的出口利益。②

俄罗斯积极重返海湾，与海合会国家频繁互动，加大与伊朗和伊拉克的战略合作，是当前海湾地区格局最引人注目的变化之一。长期以来，俄罗斯与伊朗、伊拉克有着密切合作关系，与海合会成员国关系则较为疏离。俄罗斯与海合会关系长期冷淡，虽有意识形态因素，但主要是受制于美国与海合会的特殊关系。海合会成员国基本都是亲美国家，是美国地区盟友，该地区也被美国视为独占的势力范围，不容其他地区大国染指。当年苏联入侵阿富汗后，美国总统卡特立即宣布："外部势力攫取控制波斯湾地区的任何企图，都将被看作是对美国根本利益的进攻。对于这种进攻，美国将使用包括军事力量在内的任何必要手段，予以击退。"之后，美国帮助创建了海合会。③ 美国发动海湾战争，主要目标也是防止反美的萨达姆控制海湾。冷战时期，苏联与美国及其海湾阿拉伯盟友是敌视关系。苏联解体后，俄罗斯与海湾阿拉伯国家关系依然冷淡。

不过，进入21世纪第二个十年以来，双方关系开始日益转暖，俄罗斯与海湾阿拉伯国家开始掀开新的历史一页。海湾君主纷纷飞赴莫斯科访问，

---

① "UK 'Hides Extent of Arms Sales to Saudi Arabia'", *The Guardian*, June 23, 2018.

② 《德国对沙特禁售武器惹怒英国　英外长斥：损我利益》，海外网，2019年2月20日，http://news.haiwainet.cn/n/2019/0220/c3541093-31499971.html。

③ 海合会成立于1981年5月，成员国包括阿联酋、阿曼、巴林、卡塔尔、科威特和沙特阿拉伯6个阿拉伯国家。媒体通常提及的海湾国家，主要是指海合会6个阿拉伯国家。严格意义上的海湾国家应该包含海合会6国以及伊朗和伊拉克，共8个国家。

其中包括巴林国王（2014 年 10 月、2016 年 9 月）、巴林王储（2014 年 4 月）、科威特国王萨巴赫（2015 年）、卡塔尔埃米尔塔米姆（2016 年 1 月、2018 年 3 月）、沙特国王萨勒曼（2017 年 10 月）、沙特王储穆罕默德（2017 年 5 月、2017 年 10 月、2018 年 6 月）、阿联酋阿布扎比王储穆罕默德①（2016 年 3 月、2017 年 4 月、2018 年 2 月）。2017 年 10 月，沙特国王萨勒曼访问俄罗斯，是 80 年来首位沙特国王访俄。普京称，萨勒曼国王访俄是具有里程碑式的事件。② 英国《卫报》称此次访问象征着全球力量的转移。③ 此外，沙特王储穆罕默德已两次访问俄罗斯，并与普京总统在 G20 峰会等多个场合举行会晤。据悉，俄罗斯普京已接受萨勒曼国王、卡塔尔埃米尔塔米姆的邀请，预计将于 2019 年访问沙卡两国。④

目前，俄罗斯与海合会国家不仅是政治关系改善，双方还在投资、能源、核能、航天、军工、军售等方面开展了一系列合作。2018 年 2 月，阿联酋还与俄罗斯签署了战略伙伴关系，双方将在经贸、金融、能源、防务、反恐等领域加强全面合作。⑤ 俄罗斯与海合会的双边贸易额虽然不大，但持续增长，2017 年已达到 35 亿美元。双方在能源领域加强了战略合作。除了核能合作外，还在国际油气市场开展了战略协作。俄沙在石油减产保价方面进行了战略协调，并得到了阿联酋和科威特的支持，形成了所谓的"欧佩克＋"合作机制。俄罗斯与卡塔尔也开展了国际天然气市场的紧密合作。俄罗斯与沙特、阿联酋、卡塔尔加强了投资合作，尤其是海湾主权基金加大了对俄投资。2013 年阿联酋计划对俄投资 70 亿美元。2015 年，沙特公共投资基金（PIF）计划在俄投资 100 亿美元。科威特和卡塔尔的主权财富基金

---

① 自 2012 年以来，阿布扎比王储穆罕默德几乎每年都访俄，并与普京会面。

② "Putin: Saudi King's Visit to Russia a Landmark Event", 5 Oct., 2017, https://sputniknews. com/russia/201710051057969962-putin-saudi-king-visit-landmark-event/, accessed June 8, 2019.

③ "Saudi King's Visit to Russia Heralds Shift in Global Power Structures", *The Guardian*, 5 October 2017.

④ 2007 年，普京总统曾应沙特国王阿卜杜拉邀请访沙。

⑤ "Meeting with Crown Prince of Abu Dhabi Mohammed bin Zayed Al Nahyan", June 1, 2018, http://www. en. kremlin. ru/events/president/news/57632, accessed June 8, 2019.

也分别向俄罗斯投资 20 亿美元。[1] 俄罗斯直接投资基金（RDIF）与阿联酋、科威特、巴林和沙特等国的主权财富基金进行了广泛的合作。俄罗斯与阿联酋、沙特和巴林开展了空间合作。据统计，当前俄罗斯与海湾国家联合实施的项目有 400 个，价值 400 亿美元，其中有 25 个项目得到了俄罗斯银行的支持。[2] 更重要的是，双方在军事安全领域开展合作，沙特、阿联酋、卡塔尔和巴林等国纷纷与俄罗斯签署军事合作协议，向俄罗斯购买军火。沙特国王萨勒曼访俄期间，双方签署了价值 30 亿美元的军售合同，其中包括 S-400 防空系统、Kornet-EM 反坦克导弹、TOS-1A 重型多管喷火系统、AGS-30 自动榴弹发射器等。科威特宣布将从俄罗斯采购 146 辆 T-90 坦克。阿联酋也是俄罗斯武器的主要买家。阿联酋早就购买了 700 辆俄制 BMP-3 步兵战车，签署了 50 套"铠甲"弹炮合一防空系统。2017 年 2 月，阿俄签署价值 19 亿美元的导弹等军火协议。2019 年 2 月，阿俄签署总额 4000 万美元的"旗手"反坦克火箭筒合同。阿俄还计划联合开发基于米格-29 的轻型战斗机。阿联酋还有意购买苏-35 战斗机。双方还在航天领域开展了合作，包括发射卫星、宇航员培养等。2017 年 10 月，卡塔尔与俄罗斯签署军事技术合作协议，卡塔尔表达有意购买 S-400 反导系统。巴林也与俄罗斯签署军事合作协议，除购买军火外，双方还同意举行联合军演、合作打击海盗等。

俄罗斯与海合会国家关系取得重要进展，有多方面因素的推动。从海合会国家来看，它们在政治和经济上积极拉拢俄罗斯有多种考虑：平衡伊朗，拉拢俄罗斯，推俄远离伊朗；以俄罗斯来平衡美国及西方，推动多元化外交和武器来源多元化；鉴于俄罗斯在中东的分量日增，海湾国家要想在地区问题上发挥领导作用离不开俄罗斯的支持。俄罗斯在叙利亚问题中扮演

---

[1] "GCC Trade and Investment Flows", The Economist Intelligence Unit Limited 2014, pp. 23-24, https://perspectives.eiu.com/sites/default/files/GCC%20Trade%20and%20investment%20flows.pdf, accessed June 8, 2019.

[2] Mohammad Al Asoomi, "Shared Interests Spur Gulf-Russia Alliance", April 24, 2019, https://gulfnews.com/business/analysis/shared-interests-spur-gulf-russia-alliance-1.63524507, accessed June 8, 2019.

的中心角色以及俄罗斯出兵叙利亚对海湾国家下决心发展与俄关系有着重要推动作用。总之，地区和国际经济格局以及地缘政治的变化需要海湾国家与俄罗斯建立新的关系。而俄罗斯之所以积极进入海湾，既有务实因素，也有战略考量。与富裕的海合会国家开展能源、投资和军事合作，可谋取经济好处；发展与沙特、卡塔尔等国关系，有利于反恐和维护车臣等地区稳定；打破美国对海湾事务以及地区武器市场的长期垄断，赢得对美国战略博弈更有利地位。进入海湾一直是俄罗斯中东外交的梦寐以求的目标。武器是俄罗斯与中东国家建立关系的可靠工具之一。普京强调，武器出口是促进俄罗斯国家利益的有效工具。[1]目前，中东市场在俄罗斯武器出口中约占11%的份额。武器交易在俄罗斯与海合会国家关系中扮演着重要作用。俄罗斯军火成功进入海合会市场，打破了美国及西方长期垄断的局面，这无疑是俄罗斯对美国外交的重大胜利。阿联酋学者阿索米指出，共同利益推动海湾与俄罗斯加速结盟。除了地缘政治因素外，能源和国防领域合作需求也很重要。[2]

土耳其积极介入海湾，土卡建立战略联盟。传统上，土耳其在海湾主要关心商业利益，对军事与安全事务并不热衷，但到了正义与发展党（AKP）执政时期（2003年至今），土耳其对海湾安全事务日益关注。这与埃尔多安治下的土耳其地区政策调整有很大关系。"阿拉伯之春"爆发后，地区局势剧变激励埃尔多安的雄心，并开始大幅调整对外政策，将之前倡导并推行的"零问题"地区政策一改为积极干预的地区政策。从利比亚到叙利亚，从巴勒斯坦到伊拉克，从埃及到伊朗，从东地中海到红海，对这一系列地区的事务，土耳其均积极介入其中。土耳其也对参与海湾事务高度热情。在2017年卡塔尔与沙特外交危机爆发前，土耳其与海合会国家的政治、经济、安全

---

[1] "President of Russia, Meeting of the Commission for Military Technology Coop", May 25, 2015, http：//en. kremlin. ru/events/president/news/49527, accessed June 9, 2019.

[2] Mohammad Al Asoomi, "Shared Interests Spur Gulf-Russia Alliance", April 24, 2019, https：// gulfnews. com/business/analysis/shared-interests-spur-gulf-russia-alliance-1. 63524507, accessed June 9, 2019.

等合作进展迅速，双方关系非常热络。土耳其与海合会的双边贸易额 2006 年为 47.81 亿美元，到 2016 年增至 159.83 美元，增长了 2 倍。[①] 2002 年，海合会对土耳其直接投资（FDI）只有 1000 万美元；而 2009～2016 年，海合会对土耳其的对外直接投资达 40 亿美元。2015 年，土耳其吸引外资中有 39% 来自海合会，仅次于欧盟（47%）。2017 年，土耳其对外销售的房地产项目中 1/4 的买主为海合会国家居民。[②] 截至 2017 年，在土耳其有 1973 家海合会公司。海合会也是土耳其的重要能源供应伙伴。2015 年，沙特对土耳其原油出口占土耳其原油进口的 9.5%[③]，卡塔尔对土耳其天然气出口占土耳其天然气进口的 25%。军事合作方面，土耳其与海合会所有成员国都签署了军事安全合作协议，其中包括军事训练、国防工业合作等方面。2009 年以来，土耳其与科威特（2009 年、2013 年）、阿联酋（2009 年）、沙特（2010 年、2012 年、2013 年）、卡塔尔（2012 年）、阿曼（2011 年、2013 年）等国签署了军事合作协议。不过，自 2017 年以来，受沙特和卡塔尔的外交危机、沙特记者卡舒吉在土耳其遭暗杀等事件影响，土耳其与沙特、阿联酋和巴林的关系急速恶化。土沙贸易额下降，人员往来锐减。2019 年第一季度土耳其的沙特游客数量下降了 70%。土沙矛盾上升其实并不限于两起事件，双方围绕伊朗核问题、穆斯林兄弟会是不是恐怖组织、埃及塞西政权、叙利亚战争、地区和伊斯兰世界领导权等诸多方面分歧严重。土卡关系快速发展是土沙关系恶化的重要因素。埃尔多安上台后，积极与卡塔尔发展全方位关系，尤其是双边政治和军事关系进展最让沙特不悦。早在 2007 年土卡就签署了军事合作协议。2012 年，土卡签署军事训练合作协议，建立军事训练合作机制，促进国防工业的科技合作。2014 年 12 月，两国决定成立由国家元首主持的最高战略委员会，作为推进两国在政治、商业、投资、

---

① "Turkey-Gcc Trade and Business Relations", 2017, https：//www.oxgaps.org/files/turkey-gcc_tarde_and_business_relations_2017.pdf, accessed June 10, 2019.

② "Turkey-Gcc Trade and Business Relations", 2017, https：//www.oxgaps.org/files/turkey-gcc_tarde_and_business_relations_2017.pdf, accessed June 10, 2019.

③ 2015 年土耳其前五大原油进口来源国依次为伊拉克、伊朗、俄罗斯、沙特和尼日利亚。

教育、文化、科技、能源、农业和通信等领域开展对话与合作的最高层级双边协调机制。2015年以来，该委员会已连续举行4次会议，双方签署了大量合作协议、议定书和备忘录。2015年3月，两国签署国防合作协议，其中包括土耳其对卡塔尔军队进行训练、土耳其在卡塔尔设立军事基地等。土卡不仅在意识形态上靠拢，还加强军事合作，尤其是卡塔尔把土军引入海湾，这让沙特非常不满。针对沙特和阿联酋的反对行动，土卡毫不妥协，并相互给予支持。在卡塔尔面临沙特、阿联酋和巴林联合封锁与制裁的情况下，土耳其力挺卡塔尔，并快速出兵在卡塔尔建立军事基地。2017年6月，土耳其议会批准了土耳其向卡塔尔派兵和训练卡塔尔士兵的两个协议。在危机期间，沙特等国向卡塔尔发布最后通牒，要求卡塔尔关闭土耳其军事基地。土卡拒绝了最后通牒。土耳其表示，"土耳其基地的存在对海湾安全来说是一个积极的步骤。重新评估与卡塔尔的基地协议不在我们的议事日程上"①。很大程度上，由于土军的存在，阻止了沙特和阿联酋可能对卡塔尔动武。在卡塔尔被沙特等国围困和制裁期间，土耳其通过海空向卡塔尔运送食品、水果和蔬菜。2017年土对卡出口比上一年激增50%，土耳其成为卡塔尔第八大进口来源国。土卡贸易持续增长，2015年双边贸易额为7.83亿美元，2017年增至9.13亿美元，2018年又增至14.31亿美元。据土耳其统计，目前在卡塔尔有180家土耳其公司从事商业活动，土耳其公司承揽的项目金额高达174亿美元。② 2017年9月，土卡签署天然气进口中长期供应合同，规定未来三年卡塔尔每年向土耳其供应150万吨天然气。卡塔尔对土支持也投桃报李。2018年8月，因美国制裁，土耳其爆发里拉危机。卡塔尔埃米尔塔米姆访土表示支持，并表示将向土耳其投资150亿美元。目前，两国实际上已形成了紧密的战略同盟关系。

---

① "Bilateral Political Relations between Turkey and Qatar", The Ministry of Foreign Affairs of the Republic of Turkey, http://www.mfa.gov.tr/turkey-qatar-relations.en.mfa, accessed June 10, 2019.

② "Turkey-Qatar Economic and Trade Relations", The Ministry of Foreign Affairs of the Republic of Turkey, http://www.mfa.gov.tr/turkey_s-commercial-and-economiec-relations-with-qatar.en.mfa, accessed June 10, 2019.

土耳其介入海湾事务，不仅对地区国家间关系产生很大影响，分化了海合会内部同盟关系，还在一定程度上改变了地区安全格局。土耳其在卡塔尔设立军事基地所产生的影响远超出了土卡双边军事合作的范畴。根据协议，土军在卡塔尔军事基地将是一个多用途军事基地，不仅用作土军训练中心，还将驻扎土耳其海空军以及特种部队。驻基地土军规模将达3000人。这是土耳其在中东地区的第一个海外军事基地。埃尔多安表示，土耳其在卡塔尔设立基地不是为了某个国家，而是为了对整个波斯湾安全做贡献。① 土耳其军事基地也为土卡共同的地区目标服务。土耳其驻卡塔尔大使艾哈迈特·德米罗卡称，土耳其在卡塔尔建立军事基地是由于"土卡面临共同的问题，我们都非常关注地区的发展以及其他国家的不确定政策……我们要应对共同的敌人。在这一关键时刻，我们的合作对中东是至关重要的"。② 有分析家指出，土耳其在卡塔尔设立军事基地，是为了填补美军准备撤离卡塔尔所留下的真空。③ 自奥斯曼帝国解体以来，土耳其军队首次进入波斯湾，这为有着巨大地区抱负的土耳其提供了参与海湾地区事务的又一个重要工具，同时也给土耳其与海合会、伊朗的关系带来了新因素，进一步推动海湾安全格局发生调整。

除了土耳其这一新锐势力外，印度与海湾国家的关系也在不断增强，并扩大了安全合作。印度在地理上临近波斯湾。近代以来，印度和波斯湾地区都长期属于英国殖民地，波斯湾地区归属印度总督管理。印度在海湾地区有着重要利益。据统计，大约有850万名印度劳工生活在海合会6国。④ 印度每年近700亿美元海外汇款中有一半来自海湾。印度约60%的石油供应来自海湾。海合会国家也是印度的最大贸易伙伴。过去，印度对外政策聚焦于

① "Turkey：Qatar Military Base for the Security of Gulf", *Al Jazeera*, 13 Jun. 2017.

② "Turkey to Set up Qatar Military Base to Face 'Common Enemies'", *Reuters*, December 16, 2015.

③ Shehab Al-Makahleh, "Is Turkey Preparing to Replace US Military Base in Qatar?", https：//english. alarabiya. net/en/views/news/middle-east/2018/03/18/Turkey-cements-economic-ties-with-military-base-in-Qatar. html.

④ Robert Anderson, "India and the GCC：Bound by History", *Gulf News*, 12 August 2017, https：//gulfbusiness. com/india-gcc-bound-history/.

南亚，同时积极推动"东向"（Look East）政策，借助东南亚来发展经济，而对动荡的中东缺乏兴趣。2014年莫迪就任印度总理后，提出"西联政策"（Link West），开始日益重视海湾，从而使印度与海合会关系发展进入快车道。2014～2018年，莫迪5次访问海湾国家，其中包括阿联酋、沙特、卡塔尔、阿曼和伊朗。① 布鲁金斯学会报告指出，印度与海合会国家的关系正面临战略性机会，而这一战略关系在未来几十年对双方都将非常重要。印度日益重视海合会主要有三大原因驱动：印度渴望加速成为一个全球和地区大国；美国在中东影响力的部分消退，出现了权力真空；海合会国家日益有兴趣寻求新伙伴。此外，报告也指出，加强与中国和巴基斯坦的竞争也是推动印度关注海湾的重要因素。② 莫迪政府对海湾政策有几个特点。第一，超越传统商业关系，向战略伙伴关系方向发展。海合会各国都视印度为战略性伙伴。2010年印沙建立战略伙伴关系；2015年印度与阿联酋建立战略伙伴关系，2017年又升级为全面战略伙伴关系。第二，以经贸能源合作为支柱，确保能源安全。海湾是印度的主要贸易伙伴和投资来源。2011～2016年，印度对海合会的投资年增长率达15.9%，由2011年的14亿美元增加到2016年的29亿美元。③ 阿联酋首次授予印度海上石油开采权；印度则允许阿联酋参与战略石油储备建设；沙特是印度原油进口最大供应国（约占印度石油进口的1/5），双方缔结了能源战略伙伴关系。第三，突出军事安全合作，强调发挥印度在维护海湾安全方面的作用。2019年6月，印度海军向阿曼湾部署了2艘军舰，印度军方称印度有义务确保印度海上贸易和印度商船的安全，有义务为支持印度洋地区的稳定与和平做出自己的贡献。第四，利用人员与文化宗教纽带，巩固双方关系基础。第五，积极平衡外交，

① 2015年8月，莫迪访问阿联酋；2016年4月，莫迪出访沙特；2016年5月，莫迪访问伊朗；2016年6月，莫迪访问卡塔尔；2018年2月，莫迪访问阿联酋和阿曼两国。

② Kadira Pethiyagoda, "India-GCC Relations: Delhi's Strategic Opportunity", Brookings, February 22, 2017, https://www.brookings.edu/research/india-gcc-relations-delhis-strategic-opportunity.

③ "Indian Investments into GCC Touching $3 Billion: Report", Sep. 20, 2017, https://economictimes.indiatimes.com/news/economy/foreign-trade/indian-investments-into-gcc-touching-3-billion-report/articleshow/60765533.cms.

维持与海合会、伊朗的平衡关系。2016 年莫迪接连访问了伊朗、阿联酋和卡塔尔 3 国。第六，重点突出，主要发展与阿联酋、沙特和伊朗三国的关系。值得一提的是，印度与海湾国家在军事、安全、反恐、情报、打击海盗、网络安全等领域的合作不断深入发展，涉及联合军演、军事培训、国防工业合作、设立军事基地等领域。印度与阿联酋、沙特、卡塔尔和阿曼等国签署了军事安全协议。2014 年，沙印签署国防合作谅解备忘录。2015 年印度与阿联酋签署国防合作协议。印度与阿曼的军事合作是印度在波斯湾安全领域取得的重大突破。2015 年，印度与阿曼首次举行联合军事演习，两年一次，分别在对方国举行，至今已经举行 3 次。2018 年 2 月，印度与阿曼签署国防合作协议，印军获得使用阿曼杜库姆港设施的权利。鉴于杜库姆的战略位置，印军进驻杜库姆港意味着印度在阿曼湾及印度洋北岸获得了一个战略据点，便于印度在需要时刻向波斯湾和红海沿岸投放兵力。对印度在海湾的新作用，巴林专家称，印度与海合会的关系有助于地区稳定，不过美国不会允许印度在波斯湾的军事存在。①

四　多重危机交织，海湾稳定遭遇严峻挑战

近年来，海湾地区局势不稳定、未来发展不确定等因素显著增多，地区安全与稳定面临多重挑战。

首先，地区国家普遍面临继承危机。这主要表现在多国的王位继承问题上，如沙特、阿曼、科威特、阿联酋和卡塔尔等国。这是由海湾国家普遍盛行的部族政治和家族政治所决定的。不同于君主国传统上采用的"子承父业"继承制，"兄终弟及"是海湾君主国普遍采用的王位继承制度。沙特开国君主阿卜杜勒·阿齐兹创立了"兄终弟及"的继承制度。自阿齐兹国王去世后，沙特王位一直在他儿子辈中主要按年龄大小传承。进入 21 世纪后，

---

① Omar Mahmood Mohamed, "India-GCC Ties Can Boost Regional Stability", *Gulf News*, June 6, 2014, https://gulfnews.com/opinion/op-eds/india-gcc-ties-can-boost-regional-stability-1.1343841.

随着阿齐兹国王儿子们年龄日长，老化严重，"兄终弟及"这一制度实际上已难以继续维持。2005年阿卜杜拉国王继位时，已81岁。到2015年阿卜杜拉国王去世，10年间两位王储分别去世，分别是苏尔坦亲王（2011年去世，享年80岁）、纳伊夫亲王（2012年去世，享年78岁）。现任国王萨勒曼（1935年出生）于2012年6月被立为王储时已77岁，2015年正式继位则年届80岁。上台以来，萨勒曼对王位继承制度以及王室内部的权力分配体系做了重大调整，竭力扶持其爱子穆罕默德王储继位。2015年4月，萨勒曼国王罢黜同父异母弟弟穆克林亲王①，立侄儿纳伊夫②为王储；2017年6月，萨勒曼国王再次罢黜纳伊夫，改立其子穆罕默德为王储。王储萨勒曼为了扬名立威，在内政外交等领域大刀阔斧地进行改革，也在国内外引起巨大争议，比如以反腐为名在国内逮捕大量政府高官和王室成员、主导发动对也门的战争、对卡塔尔实施"惩罚"。西方将萨勒曼王储打上了"鲁莽"等标签，对其领导能力和判断力表示了怀疑。当前外界对沙特的担忧主要集中在三个方面：一是沙特王室内部斗争及其稳定问题；萨勒曼王储能否如期接班；萨勒曼王储若接班，是否有能力保持沙特稳定。此外，阿曼、科威特和阿联酋也面临继承问题。阿曼苏丹卡布斯年近80岁。③ 虽然阿曼官方宣称卡布斯健康状况良好，但事实上自2014年他赴德国进行结肠癌手术后已很少公开露面。卡布斯终身未婚，更无子嗣，也一直未指定接班人选。未来谁是卡布斯的继任者，还是一个谜团。在科威特，情况与阿曼类似。埃米尔萨巴赫1929年出生，现年90岁。王储纳瓦夫1937年出生，也已近80岁。关于未来谁将成为科威特埃米尔也有各种传闻。除了现任王储纳瓦夫外，其他竞争者还有首相贾比尔（1942年出生）、埃米尔萨巴赫长子纳赛尔④。最终谁将上位还不明朗。在阿联酋，接班态势似乎较为明显。不出意外的话，阿布

---

① 穆克林亲王1945年9月出生，2015年1月被立为王储，2015年4月不再担任王储。
② 纳伊夫亲王1959年8月出生，2015年4月被立为王储，2017年6月被罢免。
③ 卡布斯苏丹生于1940年11月。
④ 纳赛尔1948年出生，2017年被任命为第一副首相、国防部长，同时还兼任国家计划和发展最高委员会秘书长。

扎比王储穆罕默德将接任阿布扎比酋长，并担任阿联酋总统。不过，现任总统之子能否接班也是未定之数。在卡塔尔，连续发生子逼父下台事件，继承制度也需确立。在未来一段时期，王位继承问题作为地区性的一个紧迫难题，将严重困扰着海湾各君主国，对国家政局以及地区稳定构成潜在威胁。

其次，卡塔尔与沙特爆发危机，海合会发生严重分裂。2017年6月，围绕对穆斯林兄弟会和哈马斯的态度与政策、如何看待伊朗以及制定对伊朗的政策两大问题，沙特与卡塔尔产生严重分歧并爆发严重冲突，双方很快断交。在沙特带领下，阿联酋、巴林、埃及、也门、毛里求斯、利比亚、吉布提、科摩罗和索马里等多国与卡塔尔断交。沙特等国还对卡塔尔采取了进一步的危机升级措施，如陆海空封锁、禁止向卡塔尔提供基本生活品物资。沙特指责卡塔尔"支持恐怖主义和干涉别国内政"，并以最后通牒的形式向卡塔尔提出了13点要求，如改变与伊朗的关系、停止与土耳其的军事合作、关闭半岛电视台、停止支持恐怖主义等。① 实际上，沙卡危机并非根由"恐怖主义"，关键在于卡塔尔在一系列地区重大问题上没有采取与沙特协调一致的立场，而是自行其是，与沙特争雄。这些问题包括半岛电视台持续批评沙特的内外政策、卡塔尔支持穆斯林兄弟会和哈马斯、支持叙利亚的宗教极端武装、允许土耳其在卡塔尔设立军事基地、与伊朗日益走近等。表面上，沙特对卡塔尔批评主要指向卡塔尔支持穆斯林兄弟会等，其实最关键的问题在于卡塔尔在伊朗问题上没有与沙特协调一致，不认同沙特的伊朗政策。目前危机已持续两年，尽管美国在其中做了大量斡旋工作，双方矛盾还是没有消除，沙特、阿联酋和巴林继续对卡塔尔封锁和实施制裁。2019年6月，沙特在麦加举办阿拉伯和伊斯兰国家峰会。萨勒曼国王亲笔致信塔米姆埃米尔，邀请其参会，希望缓解关系，以共同应对伊朗威胁。但是，塔米姆本人并未与会，而是派首相出席。这是两年来两国间首次最高级别的接触。塔米姆自称对此会议的结果持有保留意见，认为实际上是反伊朗峰会。短期看，沙卡矛盾将持续下去，短期内难以得到解决。这一危机对海湾稳定以及海合

① "Arab States Issue List of Demands to End Qatar Crisis", *Al Jazeera*, 11 July 2017.

会的未来造成了严重负面影响。自 20 世纪 80 年代成立以来，海合会一直是海湾地区发展与稳定的基石，而现在这一基石出现了松动。围绕沙卡危机，海湾合作委员会发生严重分裂，明显分成了三个阵营：沙特、阿联酋和巴林为一派，卡塔尔自成一派，而科威特和阿曼并未追随沙特政策，而是保持中立。沙卡危机使海合会发生分裂，而危机的持续发酵引起了外界对海合会以及海湾地区未来发展的担忧。[①]

再次，也门战争持续难熄，战争严重外溢危及海湾安全。也门与海湾国家有着密切关系，海湾国家视也门为其后院。"阿拉伯之春"发生后，也门爆发大规模抗议活动，并发生严重内部冲突。在沙特的调解下，萨利赫总统和平交权。哈迪总统接任后，也门局势依然动荡，哈迪政府难以有效控制局面。2014 年 9 月开始，什叶派胡塞武装开始进军首都萨那并夺得政权。哈迪政府被迫流亡海湾国家。在此背景下，沙特、阿联酋等国于 2015 年 3 月组建联军对也门发动代号为"果断风暴"的军事行动，干预也门局势。至今，这场战争已持续 4 年，但仍陷入僵局。战场形成割据格局，各方都无力统一全国。目前看，沙特和阿联酋要想赢得这场战争非常困难。这场战争不仅给也门带来巨大灾难，酿成大规模人道主义危机，也给地区稳定、阿拉伯半岛以及红海的安全带来严重威胁。在某种程度上，也门已成为沙特的严重拖累。除了日益沉重的军事、经济负担外，沙特和阿联酋的国际形象也严重受损。西方国家纷纷在军售上给予限制或制裁。美国对沙特军售面临来自国会的强烈反对，而沙特对也门采取的军事行动以及人道主义危机则是主要原因。在这次战争中，胡塞武装的实力迄今为止并未受到严重削弱。相反，该武装在弹道导弹和无人机方面实力不断增强，日益对沙特和阿联酋的本土构成威胁。美国中央司令部认为，也门的什叶派胡塞武装组织反叛分子的防空能力显著提高，已经拥有击落美军无人机的能力。2019 年 6 月 6 日，美军 MQ - 9 无人机在也门上空被地对空

---

① Jamal Abdullah, "Is the Future of the GCC in Doubt?", 20 Dec. 2017, https://www. trtworld. com/opinion/is-the-future-of-the-gcc-in-doubt—13470, accessed May 25, 2019.

导弹击落。胡塞武装公开宣称已具备打击迪拜、阿布扎比、利雅得以及石油设施等重要目标的能力。① 目前，沙特首都利雅得、延布、塔伊夫、吉达等多个城市已多次遭到胡塞武装的弹道导弹袭击。虽然沙特方面拦截了大多数导弹，但仍有少数击中了目标，造成了一定的伤亡。红海安全也受到了威胁。除了日益活跃的恐怖主义、武器走私、难民增加外，红海的海上通道安全也面临威胁。2018 年以来，胡塞武装多次使用导弹攻击在红海航行的沙特军舰和油轮，造成多艘沙特舰只受损。沙特被迫暂停取道红海海域的石油运输。沙特红海沿岸的一家炼油厂也遭袭击，被迫停产。也门战争已经严重外溢到境外，对沙特、阿联酋以及红海的安全构成了严重威胁。这不仅使外界对沙特和阿联酋的军事能力丧失信心，还对两国的投资环境带来了严重负面影响。

最后，地区性教派与地缘政治争夺加剧，伊沙矛盾不断升级。当前，在海湾及整个中东地区，以沙特、阿联酋和巴林为一方、伊朗为另一方的两派的矛盾愈演愈烈，两派在地区范围内展开激烈博弈，发动代理人战争成为双方冲突的突出特点。沙特与伊朗属于不同民族，也属于伊斯兰教的不同教派，双方矛盾由来已久。自 20 世纪 70 年代末以来，两国关系 40 年来虽然磕磕绊绊，时暖时寒，但总体上是平和的。1978 ~ 1988 年可算是冲突期，而 1989 年以来，随着两伊战争以及冷战结束，沙伊两国关系开始走向缓和，未再爆发大的冲突。伊朗总统拉夫桑贾尼和哈塔米都推行与邻国缓和政策，并访问了沙特。2011 年以来，尤其是 2015 年以来，两国矛盾急剧上升，双方在地区内展开了全方位战略竞争。在巴林骚乱、卡塔尔与沙特危机、叙利亚战争、也门战争、巴以矛盾、黎巴嫩政治危机等一系列地区危机与冲突的背后，实际上都有沙特与伊朗双方博弈的影子。在叙利亚和也门，沙特与伊

---

① "Yemen: What does Houthis' New Military Capability Mean? Houthi Rebels Say They are Now able to Target Major Cities and Oil Facilities Deep Inside Saudi Arabia", 28 Jul. 2017, Al Jazeera News, https://www.aljazeera.com/programmes/insidestory/2017/07/yemen – houthis – military – capability – 170728200135060. html; "Yemen's Houthis Say Saudi, UAE in Missile Range if Hodeidah Truce Cracks", Reuters, April 22, 2019, https://www.reuters.com/article/us-yemen-security-idUSKCN1RY1FE.

朗实际上开启了代理人战争。沙特对伊朗政策日趋强硬，虽有民族、宗教的因素，但更主要的是地缘政治利益因素，是出于对海湾、中东和伊斯兰世界三重霸权的争夺。近年来，伊朗在地区影响力的扩大、伊朗核技术的发展以及中东地区变局中亲伊朗的伊斯兰政治势力影响力上升，使沙特认为来自伊朗的"扩张威胁"持续增大，必须采取措施去遏制。为此，沙特出兵巴林镇压什叶派叛乱，出兵也门打击胡塞武装，全力支持叙利亚反对派武装以推翻巴沙尔政权，支持埃及塞西政权打击穆斯林兄弟会。为了加强对伊遏制，沙特竭力推动组建反伊朗联盟。除了拉拢地区国家如阿联酋、巴林、埃及和约旦加入联盟外，沙特还主动向宿敌以色列伸出"橄榄枝"，与以色列暗中媾和。奥巴马政府时期，由于奥巴马政府采取与伊朗缓和政策，积极与伊朗达成核协议，并在伊朗、沙特之间采取离岸平衡政策，使沙特努力严重受挫。特朗普上台后，沙特不惜"以石油美元换伊朗"，以高额军事采购和巨额在美投资换取特朗普政府对伊强硬政策。在沙特对伊日趋强硬的同时，阿联酋对伊政策也日趋强硬。实际上，美国、以色列、沙特和阿联酋四方已结成了反伊朗的紧密统一战线，并在叙利亚、巴勒斯坦、也门、黎巴嫩和伊拉克等多条战线上协同配合。沙伊之间的对抗使地区国际关系进一步复杂化，推动形成新的阵营，恶化了地区合作氛围，严重威胁地区稳定，已成为影响当前中东地区不稳定的主要根源。

五　地区军备竞赛加剧，地区发展与稳定受到挤压

当前海湾地区安全形势发展的一个显著特点就是地区军备竞赛愈演愈烈，军事化趋势日益严重，并严重威胁到地区安全与稳定。这与地区局势恶化、冲突与战争增加密切相关。

军备竞赛首先体现在地区各国军事开支持续增长和大肆购买军火上面。传统上，海湾国家一直是国际军火的主要买家，遵循着"以石油换安全""以石油美元换武器"的安全保障思路。根据瑞典斯德哥尔摩国际和平研究所（SIPRI）的2018年度报告，2017年中东军事开支增长6.2%，而海湾地

区的增长水平更高，其中沙特达到9.2%，军事开支高达694亿美元，排名全球第三位。2008~2017年，沙特军事开支年增长率高达34%。阿联酋的军事开支在地区排名第二位，仅次于沙特，2014年为244亿美元，近年来继续保持快速增长。[①] 2017年，沙特和阿联酋的武器进口采购数量也分别排名全球第二、第四位（第一位为印度）。2017年伊朗的军事开支为145亿美元，比2014年增长了37%。2017年阿曼军事开支约为87亿美元。2017年伊拉克军事开支为74.16亿美元，比2016年增长了22%。军事开支占GDP的比重，中东地区平均水平为5.2%，为全球最高。而海湾地区国家更高，其中阿曼12%、沙特10%、科威特5.8%、巴林4.1%、伊拉克3.8%、伊朗3.1%。[②] 地区国家积极向全球采购大宗军火，其中主要卖家为美国、法国、英国等国。据统计，奥巴马任期，美国就向沙特出售了1150亿美元武器。据美国的国际政策中心（CIP）统计，奥巴马执政期间，美国和沙特阿拉伯签订42项军售合同，合同价值超过1150亿美元，创近71年来最高纪录。[③] 2017年5月，特朗普访沙时，美沙达成1100亿美元协议，沙特还承诺未来10年将购买3500亿美元军火。美国国务卿称这是"历史性的交易"，标志着"两国安全关系的重大扩张"。2017年6月，美国与卡塔尔达成120亿美元的军火交易。2017年9月，美国批准对巴林的38亿美元军火交易。2018年5月，美国批准向巴林出售12架AH-1Z武装直升机，价值为9.114亿美元。2019年5月，美国批准向阿联酋和巴林出售价值约60亿美元的武器。同月，美国政府还以"紧急状况"为由，绕过国会，向沙特、阿联酋和约旦紧急提供81亿美元武器，以应对伊朗威胁。

弹道导弹竞赛也是地区军备竞赛的重要内容。美国对地区弹道导弹竞赛起了推波助澜作用。美国的作用既体现在向地区国家大力兜售美制导弹上，

---

① 阿联酋近年来军事开支数据缺乏。

② "Global Military Spending Remains High at ＄1.7 Trillion", 2 May 2018, https：//www.sipri.org/media/press-release/2018/global-military-spending-remains-high-17-trillion.

③ Yara Bayoumy, "Obama Administration Arms Sales Offers to Saudi Top ＄115 Billion：Report", Reuters, Sep.7, 2016, https：//www.reuters.com/article/US-usa-saudi-security-idUSKCN11D2JQ.

也体现为大肆渲染来自伊朗的导弹威胁上。为推动地区导弹防御系统建设，美积极推动与地区国家达成大规模采购协议。2013 年 12 月，美国决定在对外军售计划中将海合会国家作为国际组织给予特别优待，减轻其国际军事合同义务。美官员表示，将海合会国家作为国际组织对待的决定使得美国"担起义务，帮助海合会在应对诸多地区共同利益挑战方面变得更加强有力"。2015 年 5 月，奥巴马政府推动举行美国 – 海合会峰会，奥巴马总统向海合会国家领导人提议帮助海合会研发反导系统，建议在研发覆盖整个海合会空间的导弹早期预警系统上提供技术援助。海合会国家对伊朗核计划及其在弹道导弹技术领域取得的成就表示关切，表示将"爱国者"导弹投入战斗值班，考虑采购美国末端高空区域防御系统（THAAD）。特朗普上台后继续对地区国家兜售导弹及反导系统。2017 年 5 月，特朗普批准将多达 160 枚"爱国者"导弹出售给阿联酋。2018 年 4 月，特朗普政府批准向卡塔尔出口 5000 枚激光和红外制导的高精度导弹，交易总价值达 3 亿美元。2018 年 11 月，美沙签署购买"萨德"反导系统的政府间协议。根据协议，沙特要购买 44 套萨德反导系统发射装置、360 枚拦截导弹、16 个控制台以及 7 个雷达，总额为 150 亿美元。2019 年 4 月，美国向沙特出售价值 24 亿美元的"萨德"防空导弹系统。值得指出的是，传统上，地区国家主要是从外购买弹道导弹，但现在出现了一个新趋势，即地区国家日益强调本国拥有生产弹道导弹的能力，这给导弹技术扩散带来了挑战。在海湾国家中，伊朗的导弹技术发展最为成熟，海合会国家才刚刚起步，但步伐大、技术水平高。不顾美国和以色列的反对，沙特已率先制订了弹道导弹发展计划，建立了战略导弹部队（RSSMF）。据西方情报分析，沙特已扩大了其战略导弹计划，并正在加速建设其第一个生产弹道导弹的工厂。①

---

① "Sources: WH Withheld Intel on Saudi Missile Program", CNN, June 9, 2019, https://edition. cnn. com/videos/politics/2019/06/05/us-intelligence-saudi-arabia-ballistic-missile-china-mattingly-pkg-tsr-vpx. cnn; "Saudi Arabia May Have Built First Ballistic Missile Factory", *Daily Mail*, Jun 12, 2019, https://www. dailymail. co. uk/news/article-6628635/Saudi-Arabia-built-ballistic-missile-factory-images-shows-mysterious-plant. html, accessed June 15, 2019.

而核竞赛则是地区军备竞赛的新因素。核竞赛与弹道导弹竞赛相伴而生的。随着伊朗布什尔核电站投入运营，沙特、阿联酋的核发展步伐也在加速。两国都将发展核能作为优先任务。阿联酋将核能发展作为优先发展方向，制订了国家和平利用核能发展计划，并与韩国、法国、美国、中国、俄罗斯等国签署了合作协议。2009 年，阿联酋与韩国签署协议，阿联酋投资 240 美元建设该国的第一座核电站——阿拉卡核电站。该电站是目前全球在建的最大核电项目，由四座反应堆组成，总装机容量达 5600 兆瓦。截至 2017 年 7 月底，该核电站四座反应堆完工率分别为 96%、86%、76% 和 54%，预计该电站将于 2020 年投入商业运行。阿拉卡核电站是阿联酋的首座核电站，也是海合会成员国中的第一座。沙特也制订了大规模核发展规划，兴建了原子能城，与韩国、阿根廷、美国、中国、俄罗斯等国签署了核合作协议。根据规划，沙特政府计划在未来 25 年里投资 800 亿美元建设 16 座核电站，在 2040 年让核电达到国家电力供应的 40% 的比例。2019 年 4 月，CNN 报道称沙特正在加速建设该国第一座试验性核反应堆，引起了美国国会的担忧和伊朗的反对。① 据国际原子能机构称，沙特第一座核电站设计已经完成，很快将启动建设。沙特还明确表示，沙特不会依赖外部来提供核电站所需的燃料，将自行在国内生产浓缩铀。② 目前，不少外界人士对沙特核发展计划的真实意图充满怀疑。沙特王储穆罕默德曾公开表示，如果伊朗取得核武器能力，沙特也将不遗余力发展核武器。③ 以色列、伊朗反对沙特的核发展计划，美国国内也有很大反对声音。不过，特朗普上台后就一直积极支持沙特建设核电站，批准向沙特提供核技术。国务卿蒂勒森明确表

① Tim Lister and Tamara Qiblawi, "Saudi Nuclear Program Accelerates, Raising Tensions in A Volatile Region", CNN, April 7, 2019, https://edition.cnn.com/2019/04/06/middleeast/saudi-arabia-nuclear-reactor-iran-tensions-intl/index.html.

② Tim Lister and Tamara Qiblawi, "Saudi Nuclear Program Accelerates, Raising Tensions in A Volatile Region", CNN, April 7, 2019, https://edition.cnn.com/2019/04/06/middleeast/saudi-arabia-nuclear-reactor-iran-tensions-intl/index.html.

③ Maysam Behravesh, "Iran and the Saudi Nuclear and Missile Programs", May 10, 2019, https://insidearabia.com/iran-saudi-nuclear-missile-programs/, accessed June 5, 2019.

示，美国永远不会允许沙特成为一个有核武器的国家，从而威胁到以色列的安全。[1] 当前海湾地区的这场核竞赛某种程度上是由伊朗核发展所引发的。内贾德政府上台后，伊核发展加快，在一定程度上促使海湾国家启动核计划和弹道导弹发展计划，以对抗伊朗的核计划。2015 年伊核协议达成后，海湾国家加速了核发展进程。伊朗、阿联酋和沙特的核发展虽然处于国际原子能机构的监督之下，但随着核能力的增强和地缘政治的变化，未来地区各国能否继续遵循和平发展道路存在很大不确定性。虽然三国都强调发展核能的主要目的是解决电力需求，推动清洁能源的发展，实现国家能源供应的多元化，但地缘政治因素在其中扮演着关键角色，这一点很难否认。海湾地区核发展不仅对核不扩散提出了重要挑战，也对地区安全构成了潜在威胁。地区国家核发展一旦失控，将成为整个地区的梦魇。

积极发展本国国防工业也是阿联酋和沙特加强国防、提高军事实力、加强与伊朗军事竞争的重要方面，也是减轻对外安全依赖、促进经济多元化发展的思路。此外，近年来沙特和阿联酋等国参与本地区的军事冲突，也刺激了对本土军事工业产品的需求。传统上，沙特和阿联酋两国的国防工业基础非常薄弱，主要依赖从外部采购武器装备，从人员、武器到技术都严重依赖外部。近年来，沙特和阿联酋都将国防工业发展作为国家愿景规划的重要支柱，积极发展军工产业，加强对外军事技术和国防工业合作。沙特王储穆罕默德提出，到 2030 年要实现军事开支的本土化率达到 50%。[2] 2017 年 5 月，沙特成立了沙特军事工业公司（SAMI），聚焦航空、陆军系统、国防电子、武器和导弹四大领域，到 2030 年前将投入 60 亿沙特里亚尔用于研发，目标是打造一个世界级的国防企业，并力争跻身全球顶级前 25 家国防企业，最终使沙特军事实现自力更生。阿联酋早在 2014 年就组建了大型国有国防工业企业——埃米尔国防工业公司（EDIC）。该公司下属多家国防企业，涉及陆海空等领域。这是阿联酋本土国防工业发展的里程碑事件。阿联酋希望将

---

[1] Maysam Behravesh, "Iran and the Saudi Nuclear and Missile Programs", May 10, 2019, https://insidearabia.com/iran-saudi-nuclear-missile-programs/, accessed June 5, 2019.

[2] "About SAMI", https://www.sami.com.sa/en, accessed June 10, 2019.

之打造为世界级的国防企业，推动本国军事的本土化，为阿联酋军队提供高质量的武器装备。值得一提的是，阿联酋的军事工业发展快速，并已跃居全球前25大武器出口国之一，位列第22，成为主要出口地区国家。①

结　语

当前中东及全球局势动荡，格局转化加速，各种力量重新排列组合，未来发展充满不确定性。海湾地区自然也难以例外。地区内外一系列因素正把一向被视为"安全天堂"的海湾地区推向动荡的边缘。海湾安全正面临多方面的挑战。鉴于海湾地区在全球能源、地缘政治中所具有的战略重要性，全球都对海湾地区能否保持安全与稳定给予高度关注。

当前海湾地区所出现的动荡化趋势，是由多方面因素驱动的。首先，从全球层次看，国际格局正发生深刻变化，全球力量对比正发生由西向东的转移，新兴市场国家在群体性崛起，曾长期横行世界的新自由主义面临颓势，作为全球霸主的美国正走向孤立主义并在全球多个地区实行战略收缩。具体到中东，美国持续实行战略收缩，中东进入"后美国时代"，而中国、印度、俄罗斯、沙特、土耳其、伊朗、阿联酋等作为新兴力量在该地区的影响力正不断增大。其次，从地区层次看，一战以来经多次调整形成的中东秩序正在坍塌，新的地区秩序还没有建立起来，导致中东正处于动荡、失序、失控的漂流期。在这一过渡期，无可避免地将出现权力和安全的真空，并带来新的矛盾与冲突，加剧地缘政治的争夺。霸权的退却必然导致权力、意识形态和安全三大真空的出现，新兴力量和富有野心的领导人兴起，如影而来的则是无序的竞争、各种联盟的分化组合以及各种冲突乃至战争。当前的海湾及中东地区的主要矛盾，主要表现为各方填补美国收缩后所出现的权力真空之争，尤其是以色列、沙特、土耳其、伊朗、阿联酋和卡塔尔几个区域内大国的战略竞争。他们之间的竞争不仅仅是利益之争，更是地区主导权之争，

---

① "Trends in International Arms Transfers, 2017", SIPRI Fact Sheet, March 2019, p. 2.

关乎以何种意识形态和制度来建立地区秩序，由谁来主导新的地区秩序。叙利亚战争、也门战争这两场战争绝非内战，本质上都是地区代理人战争，也都与海湾国家尤其是伊朗和沙特紧密相关。再次，全球能源格局的变化对海湾之变也有着深远影响。当前全球能源格局正在进行深刻转型，有三个方面对海湾地区国家影响最大。一是全球能源市场正发生由西向东，由供应市场向买方市场的深刻转变。过去，西方世界是海湾石油的主要买主，而现在亚太国家已经取代了西方的昔日地位。这也是海湾国家纷纷出台"东向政策"的主要原因。二是页岩气革命，美国实现能源独立，由海湾国家的主要石油买家摇身一变为海湾国家的主要竞争者。这一方面造成海湾在美国能源安全和全球战略中的地位下降，美国对海湾盟友的安全承诺下降，地区政策的实用主义和获利主义趋向明显增强，另一方面也使美国与海湾由昔日的能源伙伴变为竞争关系。美国与沙特及欧佩克的市场竞争已成为国际能源领域的新态势。过去美国借助欧佩克和沙特来维护全球能源市场稳定，而现在特朗普政府一再攻击欧佩克，指责欧佩克操纵垄断市场。在减产保价问题上，俄罗斯与海湾国家在能源问题上形成了一致对美的同盟。此外，在伊朗问题上，特朗普也有其能源利益考虑。美国对伊朗实行"石油零出口"政策，除了希望以此对伊朗实施"极限施压"外，也有抢占伊朗石油市场份额的考量。三是全球经济放缓，国际油价持续低迷。21世纪头十年是高油价时代，而第二个十年则进入低油价时代。低油价给海湾国家带来了巨大的财政和就业压力，并影响到政治和社会稳定。这推动了地区各国纷纷推出以发展非石油经济为中心的庞大改革计划。最后，地区国家的内部变化也对海湾地区发展产生了重要推动作用。经济转型、国家身份再定位以及领导人代际变化，都推动了海湾的再塑造，新形势催生了新一代地区领导人。目前在海湾和中东地区出现了一批野心勃勃的领导人、新强人，如沙特王储穆罕默德、阿联酋阿布扎比王储穆罕默德、卡塔尔埃米尔塔米姆、土耳其总统埃尔多安、以色列总理内塔尼亚胡等，他们对自我认知、对本国发展方向以及对地区发展的规划明显不同以往。他们的一举一动、所推行的一系列内外政策都不可避免地影响着本地区的发展及走向。

海湾地区是全球能源中心，海湾地区保持稳定对全球经济以及国际安全关系重大。海湾地区保持和平与稳定，海湾国家经济实现可持续的现代化转型有利于世界和平与发展。虽然当前该地区依然存在诸多积极因素，但恐难维持地区稳定。海湾地区不能乱，海湾不能失控，海湾地区不能陷入动荡，这应该成为地区内外国家的共识。要保持海湾地区安全与发展的大趋势，有关各方和国际社会应在以下几个方面努力。第一，地区国家应继续聚焦发展，致力于改革，实现海湾的可持续发展和经济发展模式的转型。海合会国家今天的局面来之不易，归功于过去几十年的发展。发展这个中心路线变了，地区稳定就会出现变数。第二，地区国家应积极开展对话，求同存异，放弃你死我亡的零和博弈观念。当务之急是就伊朗核问题展开对话，缓和局势，维护海湾航道通行安全。第三，外部大国应在地区发展与稳定中发挥积极作用，而非动辄干涉内政，挑拨离间，搞势力范围。第四，当前美国主导的地区安全结构已不适应时代需要，地区内外力量格局也已发生重大变化，应积极考虑推动建立包容性的地区安全架构。

分 报 告

Regional Situation

Y.2
中东政治发展形势及其走向

王林聪*

摘 要: 从整体上看,现阶段中东政治发展仍处在"中东大变局"的"长波"中。围绕着政治参与、政治变革、政治重建和转型等重大议程,中东国家政局呈现多棱图景:选举或公投加速了一些国家政局变动,强人政治回归成为新的现实;部分海湾国家加快了政治和社会变革进程,政治新生代逐渐崛起;与此同时,民众抗议运动引发了多国政治动荡,约旦等国进行政府改组,苏丹、阿尔及利亚发生政权更迭,且正在结束强人政治统治,政治转型趋向不明;战乱国家徘徊于动荡之旋涡,政治重建进程普遍受挫,且成为地缘政治博弈的角逐

---

* 王林聪,中国社会科学院西亚非洲研究所副所长、中国非洲研究院副院长,研究员,兼任中国中东学会副会长、秘书长,中国社会科学院海湾研究中心副主任。主要研究领域为中东政治和国际关系。

场。中东国家政局起伏和变动，其原因既有社会经济和民生问题的缠绕，又有内部政治派别斗争和社会思潮之激荡，还有地缘政治竞争和域外大国的干预，等等，其中，民生问题是撬动政局变动和政权稳定的主要因素。由此判断，中东政治发展走向呈现政治转型复杂化、政治安全问题尖锐化、战乱国家政治重建长期化、地缘政治博弈对政权影响持久化等态势。

关键词： 政治议程　政治安全　强人政治　政治新生代

2018 年以来，中东政坛依旧风云激荡。一方面，许多国家举行了选举或公投，加速了政局变动，在避乱求治的民众心态推动下，强人政治回归成为中东政坛的新动向。然而，另一方面，民生问题再次成为引发政局变动的"灰犀牛"。伴随着民众抗议运动，阿尔及利亚、苏丹等国出现政权更迭。"强人政治"这种治理方式在不同国家的"境遇"恰恰展现了中东政治发展仍行进在"中东大变局"（2010 年以来）的"长波"中。与此同时，在地区局势动荡加剧的背景下，大国博弈和地缘政治较量由外而内影响着许多中东国家的政治转型与政治重建曲折多变，凸显了政治进程的诸多变数。本文拟在概述中东政治发展新变化的基础上，分析中东政坛诸变化的原因和特点，进而对未来中东政治发展态势予以研判。

一　选举和公投等政治议程不同程度改变着中东国家的政治生态

选举（总统大选、议会选举和地方选举）通常是既定政治议程的展现，也是公民政治参与的重要形式。然而，选举活动是否按期举行（提前或延后）、公投的启动以及围绕选举或公投的斗争则是观察政坛新动向的重要渠道。2018 年以来，在埃及、土耳其、伊拉克，黎巴嫩，以色列等国举行的选举或公投，深刻地影响着这些国家的政治生态；在阿尔及利亚，因选举问题激起民变，不仅大选被迫推迟，而且出现政权更迭。

（一）埃及：从塞西连任到修宪延长任期

从总统选举到修宪公投，埃及政治进程的目标，一是巩固世俗政权，二是通过权力集中等方式，改善民生状况，提升埃及在地区和国际社会上的地位。

2018 年 3 月 26 日至 28 日，埃及举行总统大选。时任总统阿卜杜勒－法塔赫·塞西和明日党领导人穆萨·穆斯塔法·穆萨展开角逐。4 月 2 日，埃及全国选举委员会宣布，塞西在总统选举中赢得 97.08% 的选票，成功获得连任。此次总统选举共有 2425 万名选民参加投票，投票率为 41.05%，塞西赢得约 2184 万张选票，穆萨获得 65 万余张选票，无效票数超过 176 万张。① 塞西高票当选连任反映了民众对稳定和发展的期待，确保正在实施的各项改革措施能如期推进。

同样，为了避免重蹈动荡危局，确保埃及的稳定和发展，持续进行改革，需要创造法律上的依据。2019 年 4 月 20 日至 22 日，埃及启动全民修宪公投。在合法选民（6134 万名）中，有 2719 万名选民参加投票（投票率 44.33%），其中，支持修宪选民 2341 万名，支持率高达 88.83%。② 此次公投获得通过的宪法修正案中最重要条款包括将总统任期从 4 年延长至 6 年，并可以再次参选。《宪法》第 140 条规定：共和国总统当选，自其前任任期

---

① "NEA to announce final results of Egypt's 2018 presidential elections on Monday", 1 Apr. 2018, http：//english. ahram. org. eg/NewsContent/1/1187/293834/Egypt/ - Presidential - Elections - -/NEA - to - announce - final - results - of - Egypts - -president. aspx.

② 在 61344503 名合法选民中，有 27193593 名选民参加投票，投票率为 44.33%。其中，支持修宪者 23416741 名，支持率高达 88.83%；反对者 2945680 名，占 11.17%；无效票 831172 张，占 3.06%。Gamal Essam El - Din, "Egypt's constitutional amendments passed by 88.83% in referendum - National Elections Authority", 23 Apr. 2019, http：//english. ahram. org. eg/NewsContent/1/0/330543/Egypt/0/UPDATED - Egypts - constitutional - amendments - passed - by. aspx.

届满之日起，为期6年，连任不得超过2届；第241条规定："现任总统的任期将于其2018年当选为共和国总统之日起6年后届满，可以再次当选。"许多评论认为现任总统塞西若连续当选，将执政至2030年。宪法修正案内容还包括下院即众议院的议席也将从596个减少到450个，其中至少25%留给女性；重新设立议会上院（参议院），180名议员中的1/3将由总统任命，其余参议员将由直接选举产生；恢复副总统的职位等。可见，修宪公投是继2012年宪法、2014年宪法后的重大政治事件，旨在延长总统任期，加强总统权力，维持政权稳定，同时赋予女性更多的参与政治的机会，堪称埃及政治发展的里程碑。

（二）土耳其：从"双选举"到总统制的实行

近三年来，土耳其政坛风云激荡，经历了2016年"7·15"未遂政变、2017年修宪公投、2018年总统和议会选举以及2019年地方选举，构成了土耳其共和国发展史最为深刻的变化。

2018年6月24日，土耳其提前一年半举行总统与议会的"双选举"。这是首次同时举行总统和议会选举，也是破例允许多个政党组建联盟参选，又是完成修宪之后将议会制转变为总统制的政治实践，即总统制正式生效。在"双选举"的总统选举中，时任总统埃尔多安赢得52.59%的选票，再次当选；在议会选举中，埃尔多安领导的正义与发展党（执政党）和民族行动党组成"人民联盟"，以53.66%的选票占据议会多数席位。共和人民党获得22.7%选票、亲库尔德的人民民主党获得11.67%的选票。埃尔多安和执政的正义与发展党如愿以偿，赢得了"双选双胜"的大好局面。7月9日，埃尔多安总统举行就职典礼，任命副总统和政府各部部长，土耳其正式实行总统制，揭开了政治发展进程的新的一页。埃尔多安本人通过修宪和双选等关键步骤，初步实现了长期执政的目标。土耳其真正进入了"埃尔多安时代"。

然而，2019年3月31日的地方选举却让执政的正义与发展党遭遇严峻挑战。土耳其地方选举五年一次，通过直选产生各省（市）的议会议员、主要城市的市长等。此次选举投票率高达 84.67%，从全国范围看，正发党获得了 44.32% 的选票，其支持基础依然稳固，其中，"人民联盟"共获得 51.63% 的选票。而反对党方面，共和人民党和好党组建的"国家联盟"共获得 37.56% 的选票。但是，在首都安卡拉和经济重镇伊斯坦布尔这两个正发党的传统"势力范围"，共和人民党赢得了胜利；正发党在 81 个省中赢得了 40 个，相较于 2014 年的 53 个省有了明显下降。这些对于正发党来说无疑是个沉重打击。正发党不甘心地方选举的失利，要求宣布伊斯坦布尔选举无效，并得到确认。2019 年 6 月 23 日，伊斯坦布尔重新选举市长，共和人民党候选人埃克雷姆·伊马姆奥卢和执政党候选人比纳利·耶尔德勒姆（前总理、前议长）展开角逐，然而，出乎预料的是，伊马姆奥卢得票率为 54.03%，以明显的优势赢得伊斯坦布尔市长"二次选举"的胜利。这一结果表明，民众对经济状况的不满是正发党支持下降的主要原因。长期以来，经济发展带来的绩效合法性是正发党获得民众支持的重要保证。然而，近两年来，土耳其经济状况下降明显，这影响了民众对正发党的信心。2010 ～ 2017 年，土耳其经济增长十分强劲，其年平均经济增长率约为 6.6%。受里拉贬值的冲击，2018 年经济年增长率骤降为 2.6%，2019 年第一季度的经济更是出现了负增长（ - 2.6%）。民众感受更为直接的是高失业率和物价飞涨。2018 年 11 月，土耳其失业率上升至 14%，青年失业率更是高达 24%。[1] 与此同时，反对党联盟协调选举策略收到了效果。在安卡拉、伊斯坦布尔、伊兹密尔、埃斯基谢希尔和阿达纳等主要城市，正发候选人和反对党最主要候选人的得票总和都超过了 96%。[2]

（三）伊拉克：从议会选举到新政府成立

2018 年 5 月，伊拉克举行击败"伊斯兰国"之后的首次议会大选。从

① Sinan Ülgen, "Turkish Democracy Is the Winner in These Momentous Local Elections", April 3, 2019, https://carnegieeurope.eu/2019/04/03/turkish - democracy - is - winner - in - these - momentous - local - elections - pub - 78765.

② A. Kadir Yildirim, "A Turning Point for Turkey's Opposition?", April 3, 2019, https://carnegieendowment.org/sada/78767.

329 个议会席位的选举结果来看，"萨德尔运动"与伊拉克共产党组成的"行走者联盟"获得最多的 54 席；阿米里领导的"巴德尔组织"为核心的"法塔赫联盟"赢得 48 席；前总理阿巴迪领导的"胜利联盟"和马利基领导的"法治国家联盟"分获 42 席和 26 席。① 最终，选举结果的分散化和对立化导致组阁进程步履维艰。

此次议会选举主要有以下几点特征。一是民众投票率低。在全国范围内，此次投票率仅为 44.5%，与 2014 年议会大选中 62% 的投票率相比下降明显。以首都巴格达为例，2014 年共收到 282 万张有效选票，而此次选举中，有效票仅为 180 万张，下降近百万张选票。② 低投票率既有部分民众刻意抵制选举的原因，又意味着一些选民对于伊拉克整个政治体系的失望和不信任。二是伊拉克政坛重新洗牌。传统政治力量在选举中表现不佳，如曾经担任过伊拉克总理的阿拉维、马利基领导的党团丧失了约 2/3 的议席，一些长期担任议员的政治人物也未能再次连任；而选前被广泛看好的前任总理阿巴迪领导的"胜利联盟"只是排名第三；相反，带有平民主义属性的萨德尔领导的党团一跃成为议会第一大力量。三是长期以教派政治为基础的投票模式进一步松动。由于萨达姆倒台后的伊拉克新政治精英缺乏与地方民众的长期联系，他们多选用教派身份进行政治动员，使伊拉克选举长期具有明显的教派政治特征。③ 然而，此次选举中，带有民族主义和跨教派色彩的萨德尔党团的获胜，表明跨教派联盟更加深入人心，民众越发关注公共服务等非教派议题，伊拉克民族主义思想正在复苏。四是带有民兵色彩的什叶派政治力量在选举中表现良好。在对抗"伊斯兰国"的过程中，伊朗支持的什叶

---

① 王丽影、王林聪：《伊拉克选举后的政治变化和外交新动向》，《当代世界》2019 年第 4 期，第 68 页。

② Kirk H. Sowell，"Understanding Sadr's Victory"，May 17, 2018, https://carnegieendowment.org/sada/76387.

③ Dai Yamao，"Sectarianism Twisted: Changing Cleavages in the Elections of Post - war Iraq"，*Arab Studies Quarterly*，Vol. 34，No. 1，Winter 2012，p. 31.

派民兵武装联盟"大众动员军"发挥了重大作用。① 本次选举中，阿米里领导的民兵"巴德尔旅"的政治力量"巴德尔组织"收获了广泛支持，这既是民众对其在反恐战争中提供安全保护的回报，又是该组织利用武装能力获取政治收益的结果。

然而，选举后的政府组建处于难产的状态，不同政治派别争夺尤为激烈。占据多数席位的什叶派萨德尔（"沙戎联盟"）和阿米里（"巴德尔组织"）两大派别在关键职位——内政部长和国防部长的人选上存在严重分歧，各派试图扩大自身在议会中的权力，不愿让步或接受其他政治联盟，再加上外部力量的介入，影响着新政府组阁进程。经过长达5个多月的讨价还价，2018年10月24日才完成组阁，总理、总统和议长分别由什叶派独立人士阿迪勒·阿卜杜勒马赫迪、库尔德斯坦爱国联盟提名的领导人巴尔哈姆·萨利赫、逊尼派政治人士穆罕默德·哈勒布希担任。

（四）黎巴嫩：从议会选举到新政府成立

2018年5月6日，黎巴嫩举行了9年来的首次议会大选。选举结果显示，在128个议席中，以黎巴嫩真主党为核心的党团是最大赢家，真主党及其盟友"阿迈勒运动"等共获得67席。其中，总统奥恩创建的基督教政党——自由爱国运动赢得29席，上升势头明显。总理哈里里领导的未来阵线仅获得21席，虽然仍然是逊尼派第一大政治力量，但较2009年选举时减少了13席。

作为9年来的首次议会选举，其结果却令人深思。一是投票率低。在黎巴嫩370万名登记选民中，只有49.2%的人参与了投票，民众对于黎巴嫩僵硬的政治体制、低效的公共服务和腐败等问题长期不满，对于选举乃至整个政治体系缺乏信任。二是教派民主制的弊端。黎巴嫩实行教派民主制，其议会席位按照特定比例在穆斯林与基督徒之间分配，同时，马龙派担任总

---

① 朱泉钢：《论伊拉克国家重建中的军队问题》，《阿拉伯世界研究》2016年第4期，第100页。

统，逊尼派出任总理，什叶派担任议长。长期以来，随着人口数量的变化，要求按照实际人口比例重新分配议会席位比例的呼声越来越大。同时，在政府组阁和政治系统运行等方面，不同派别因其背后的教派政治利益的差异，相互掣肘，要么导致政府组建难产，要么造成政治体系陷入瘫痪。

此次选举后的政府组建迟迟未能完成。直到 2019 年 1 月 31 日，萨阿德·哈里里总理才最终完成组阁。

（五）以色列：议会选举和新政府组建搁浅

2018 年 12 月 24 日，以色列总理内塔尼亚胡宣布政府同意解散议会，提前举行大选，将原本于 2019 年 11 月举行的议会选举提前至 2019 年 4 月 9 日。

4 月 9 日以色列举行议会大选。内塔尼亚胡领导的右翼利库德集团赢得 36 席，排名第一。甘茨和拉皮德领导的中右翼"蓝白联盟"虽成立不到两个月，但赢得 35 席。利库德集团获胜后，内塔尼亚胡将成为以色列历史上任期最长的总理，他于 1996 年至 1999 年任以色列总理，2009 年起再度出任，连任至今。

透过此次选举，可以看出，以色列政治右倾趋势明显，民众对安全局势的关切度提高，年轻人"向右"倾斜显著。以色列民主研究所近期发布的研究显示，18～34 岁年龄组中，近 2/3 的人将自己定义为右翼。[1] 此次选举中，右翼和宗教党派集团赢得了议会 120 个席位中的 65 席，约为总席位的 55%，6 个右翼政党有资格进入议会。与此对应的是，老牌的工党仅获 6 席。蓝白联盟崛起，在国内政治中持反内塔尼亚胡立场，但并不意味着以色列整体的政治格局发生改变。右翼宗教性政党极端正统派主导的联盟获得 16 席，宗教锡安主义派联盟获得 5 席。[2]

---

[1] Tamar Hermann, Or Anabi, "Exclusive Elections Survey—Final Stretch", April 1, 2019, https://en.idi.org.il/articles/26443.

[2] A. J. Nolte, "The Aftermath: Key Takeaways from the 2019 Israeli Elections", April 12, 2019, https://providencemag.com/2019/04/aftermath – takeaways – 2019 – israeli – elections/.

然而，内塔尼亚胡未能在规定时间内成功组阁。5月29日，以色列议会投票通过了由利库德集团提出的解散议会的提案，并决定解散第21届议会，于9月17日重新举行选举。

二 民众抗议运动加剧了中东地区和国家的政治动荡

近年来，自下而上的民众抗议运动席卷中东许多国家，其诉求，一是要求改善民生状况，二是提高政治参与渠道。民众抗议运动不仅对现政权构成压力，也对社会秩序形成了冲击。2018年以来在伊朗、约旦、突尼斯、阿尔及利亚、苏丹都发生了民众抗议运动政治运动，其中，苏丹，阿尔及利亚的民众抗议运动更为激烈，推动政权更迭，并改变着政治发展轨迹。

（一）约旦：民众抗议浪潮与内阁改组

2018年5月30日，约旦爆发大规模民众抗议。这主要源于穆尔基政府回应国际货币基金组织的要求，试图通过降低物价补贴和增加税收的法案。最终，6月1日，阿卜杜拉国王进行干预，要求冻结物价上涨。6月4日，首相穆尔基被迫辞职后，抗议活动暂告结束。

约旦民众抗议运动的特点是：第一，抗议主要是针对政府紧缩财政的一系列经济措施。阿拉伯剧变后，由于不安全的形势加剧，约旦的旅游收入和外国投资减少，与伊拉克和叙利亚的贸易活动趋近崩溃，军费和安全开支大幅上升，收容140万名叙利亚难民耗费大量财政，再加上海湾君主国的经济援助下降，约旦经济状况恶化明显。约旦外债从2011年的190亿美元升至2016年的351亿美元，占其GDP的93%。此外，民众失业率为18%左右，贫苦率约为30%。[1] 2016年，穆尔基与国际货币基金组织谈判并达成一项为期3年的7.32亿美元贷款融资计划，财政紧缩的要求迫使政府在2016年

---

[1] Mohammad Ghazal, "Jordan Second Largest Refugee Host Worldwide—UNHCR", 8 March 2017, http://www.jordantimes.com/news/local/jordan - second - largest - refugee - host - worldwide - %E2%80%94 - unhcr.

和 2017 年提高了几种主要食品的价格，引起了民众的不满。2018 年 5 月，政府试图通过增税的法案彻底激怒了民众，并引发了民众抗议。第二，抗议诉求主要是经济性的，而非政治性的。抗议活动并不是由穆兄会和左翼政治力量领导的，而是由中产阶级和底层民众参与的。独立的青年运动以及 33 个专业协会和民间社会团体组织参与了抗议活动。此外，抗议活动主要以和平的方式进行，政府对于强制手段的运用也极其克制。抗议民众的主要诉求是政府废除新的税法，彻底改革国家的经济和社会政策。当国王宣布重新审查所有的紧缩政策，并接受穆尔基的辞职之后，抗议活动便结束了。第三，抗议并未冲击约旦的政治体制。此次抗议中，国王再次表现出约旦政治的"总平衡器"作用，一是通过解职首相，回应民众的不满，维护王室的统治合法性；二是积极与国际社会沟通，获取 IMF 放宽紧缩要求，并从美国和海湾获取经济援助。①

此次抗议运动的直接结果是，国王下令解职首相穆尔基，改组政府。2018 年 6 月 14 日奥马尔·拉扎兹受命担任首相，成立新政府。2018 年 10 月，拉扎兹进行内阁改组。2019 年 5 月，拉扎兹首相宣布第三次进行内阁改组，旨在消除贫困、增加就业，鼓励创新、加快引资步伐、更好地应对国家经济发展所面临的风险和挑战。

（二）苏丹：民众抗议运动与政权更迭

2018 年 12 月，苏丹政府试图通过大幅贬值货币来避免经济崩溃，导致物价飞涨和民众抗议。12 月 19 日，阿特巴拉民众抗议面包价格上涨，之后抗议蔓延到苏丹港、栋古拉和首都喀土穆。政府迅速部署警察和其他安全部门人员控制局势，包括宣布紧急状态、逮捕反对派、关闭社交媒体、武力驱散示威者等。2019 年 2 月，巴希尔试图通过更换总理、副总理等部分高官平息民众的不满情绪。然而，民众抗议并未被彻底平息。4 月 6 日，抗议活

---

① Sean Yom, "Jordan's Protests Are a Ritual, Not a Revolution", June 11, 2018, https://foreignpolicy.com/2018/06/11/jordans-protests-are-a-ritual-not-a-revolution/.

动达到高潮，苏丹职业协会号召了100多万人举行游行示威。军队被召入维持秩序。随着局势进一步发展，4月11日，军方软禁巴希尔。随后，国防部长奥夫宣布成立过渡时期军事委员会（军委会），并担任主席。由于民众继续抗议反对建立军政府，在任仅一天的奥夫宣布辞职，跟他一起辞职的还有委员会副主席马希与苏丹国家情报和安全负责人戈什，军队总督察、陆军中尉阿卜杜勒·法塔赫·阿卜杜勒拉赫曼·布尔汉接任军委会主席的位置。

巴希尔下台之后，武装力量与民众展开谈判。一方是军委会——由布尔汗领导的苏丹武装部队以及达加洛领导的民兵组织快速支持部队的代表组成；另一方是反对派——自由与变革宣言力量，包括传统政党、活跃的反叛运动以及苏丹职业协会代表等。起初，双方达成一个协议框架，即主权委员会监管一个文官领导的政府，开启三年过渡阶段，直到举行新的选举。然而，委员会的构成存在争议。双方讨论军方和文官在委员会中拥有的席位数量，以及主席在双方之间轮换，由文官主导的部长委员会和立法委员会拥有更多权力。然而，部分军事委员会代表对该协议感到不满，担心军方会放弃太多权力。6月3日，苏丹安全部队在喀土穆进行清场行动。6月4日，布尔汉宣布计划组建政府，并在9个月内举行选举。①

（三）阿尔及利亚：民众抗议运动与政权更迭

2018年12月，邻近首都的奥义德爆发民众抗议，反对总统布特弗利卡谋求第五任期，抗议起初局限在阿尔及利亚的北部地区，警察等负责内部安全的力量迅速介入。2019年2月底，民众抗议扩展到整个国家，演变为巨大的政治危机。总统不得不采取措施，包括动用警察等强制力量、替换总理等政府高官、承诺不再寻求连任等方式，试图平息民众抗议。然而，这些未能满足民众的诉求。起初，军队总参谋长盖德·萨拉赫代表的军方支持总统。在布特弗利卡统治期间，军队一直是权力中心，特别是在总统2013年

---

① "Sudan：Stopping a Spiral into Civil War"，7 June，2019，https：//www.crisisgroup.org/africa/horn-africa/sudan/sudan-stopping-spiral-civil-war.

中风之后，军队高层在政治中发挥了巨大的作用。[①] 萨拉赫本人一直是布特弗利卡的忠实拥护者。

由于民众抗议迟迟无法平息，2019年3月底，军方的态度开始转变。3月26日，萨拉赫在电视采访中敦促"宪法委员会宣布布特弗利卡不再适合担任总统"。4月2日，布特弗利卡被迫辞职。阿尔及利亚进入政治过渡阶段，本萨拉担任过渡政府总统，阿尔及利亚计划在7月4日举行大选。然而，民众有组织的抗议运动并未停止，其诉求提高到改变政治体制，不认可7月4日举行选举的正当性，认为这是由布特弗利卡任命的军官和政治家决定的。6月2日，阿尔及利亚宪法委员会宣布取消原计划进行的选举。

20世纪90年代，经历了多年内战付出惨痛代价（死亡20余万人）的阿尔及利亚，不希望重演历史悲剧，也不愿意出现像利比亚、叙利亚等战乱旋涡。然而，从阿尔及利亚民众抗议运动爆发以来，政权过渡走向充满不确定性，军方的作用仍然不容忽视，阿尔及利亚的政治转型进程仍有待观察。

此外，2017年底至2018年初，因不满通货膨胀不断上升，伊朗民众发起了席卷全国的抗议风暴，要求政府改变民生困境。突尼斯民众通过大罢工等多种形式的抗议运动，要求政府解决就业等民生问题。

三 战乱国家政治重建进程举步维艰

近年来，在中东发生战乱的国家中，伊拉克在取得反恐战争的重大胜利后，逐渐走出战乱阴霾，初步迈上正常轨道；阿富汗尚未结束内战，政治重建进展有限；也门、利比亚、叙利亚仍深陷战乱之中，政治重建陷于停滞。

（一）利比亚：政治和解进程未有进展

卡扎菲政权垮台后，利比亚迅速陷入部落和地方武装割据、派系林立的

---

① 慈志刚：《阿尔及利亚的政治稳定结构探析》，《阿拉伯世界研究》2019年第2期，第28页。

乱局之中。2017年，联合国利比亚问题特使加桑·萨拉迈提出解决利比亚问题的路线图。2018年5月底在巴黎召开了利比亚问题国际会议，利比亚主要力量的代表都参与了此次会议，包括利比亚民族团结政府总理萨拉杰、"国民军"总司令哈夫塔尔将军、议会议长阿基拉、最高国家委员会主席哈立德·迈什里，各方最终联合发表了《巴黎宣言》，其核心内容包括制定选举法，并为12月10日的总统和议会选举打下基础；承诺结束分裂状态，统一中央政府和其他机构。然而，该宣言仍难以落实。

2018年8月下旬开始，敌对的民兵力量在首都的黎波里郊区展开激战，并动用了重武器，造成了几十名平民伤亡。在联合国调停下，冲突方在9月底达成停火协议。2018年11月，萨拉迈在意大利召集利比亚问题会议，并提出了2019年上半年进行以全国对话、制宪公投、全国大选为主要内容的"三步走"过渡路线图。然而，2019年初，哈夫塔尔将军试图通过武力控制国家。4月，"国民军"进攻的黎波里，并与民族团结政府军队发生激战。最终，利比亚的和平进程再次被无限期推迟。

利比亚政治和解进程缓慢，各方围绕石油资源的激烈竞争不仅直接伤害利比亚的石油生产本身，而且将对利比亚整体经济造成严重破坏。[1] 民兵以及军阀之间的冲突将加剧，恐怖主义势力将继续利用权威真空巩固自身存在，基础设施和公共服务问题将进一步被边缘化，难民问题的加剧和极端主义势力扩张还将对邻国埃及、突尼斯、阿尔及利亚以及意大利等欧洲国家造成冲击。

（二）叙利亚：政治重建裹足不前

在俄罗斯和伊朗的支持下，巴沙尔政府不仅在叙利亚战场上不断收复失地，而且站稳了脚跟。随着战争接近尾声，重建成为优先议题。然而，叙利亚政治重建进程因多方掣肘，进展缓慢和艰难。一些阿拉伯国家、土耳其以

---

[1] Jonathan M. Winer, *Origin of The Libyan Conflict and Options for Its Resolution*, Washington, D. C.：MEI, 2019, p. 21.

及西方大国不甘心巴沙尔政权主导政治重建进程，继续扶植反对派势力，从而使政治重建难以真正启动。

一年来，叙利亚政治发展有以下几个问题值得关注。第一，阿斯塔纳和谈机制着力推动叙利亚制宪委员会议题。叙利亚危机爆发之后，美国主导的日内瓦和谈机制一直是讨论叙利亚问题的主导机制。2017 年 1 月以来，俄罗斯、伊朗和土耳其主导的阿斯塔纳和谈机制逐渐成为日内瓦和谈机制的替代。2018 年 5 月、7 月、11 月和 2019 年 4 月分别召开了阿斯塔纳第九、第十、第十一、第十二轮对话会。在阿斯塔纳和平进程的推动下，联合国叙利亚问题特使德·米斯图拉（2019 年 1 月之后是盖尔·佩德森）致力于解决制宪委员会代表问题，其初步方案是 "3 个 1/3 原则"，即叙利亚政府代表、反对派代表和联合国挑选的代表（包括专家、公民社会成员、部落领导、独立人士和妇女）各占制宪委员会成员的 1/3。巴沙尔政府认为宪法议题属于高度敏感的主权事务，因此反对联合国挑选代表的作用。① 第二，库尔德人与政府不断接近。2018 年 7 月，叙利亚民主委员会（美国支持的 "叙利亚民主军" 的下设政治机构）与巴沙尔政府展开正式讨论。叙利亚北部的库尔德人控制区约占全国总领土的 1/4，巴沙尔政府一直致力于通过武装或谈判手段恢复对这一地区的控制。② 随着特朗普总统于 2018 年 12 月宣布美国将从叙利亚撤军，库尔德领导人积极寻求巴沙尔政府保护其免于土耳其军的攻击。2018 年初，土耳其占领了叙利亚北部的阿夫林地区，并多次表示将扩大对库尔德人的军事行动，土耳其威胁是库尔德人与政府加快谈判的重要原因。但是，目前既有的和谈机制并未容纳叙利亚库尔德民主联盟党。第三，叙利亚的国家主权仍遭受威胁。2019 年 3 月，"伊斯兰国" 在代尔祖尔的据点被清除，意味着具有国家形态 "伊斯兰国" 的主体被逐渐剿灭，叙

---

① Carla E. Humud et al, *Armed Conflict in Syria*：*Overview and U. S. Response*，CRS, 2019, p. 16.

② "Syria's Kurds hope for 'new state and system' via Assad talks", July 29, 2018, https：// www. aljazeera. com/news/2018/07/syria – kurds – hope – state – system – assad – talks – 180728170524768. html.

利亚展现出良好的前景。然而，土耳其和以色列的军事行动破坏了叙利亚的主权。土耳其在叙利亚北部维持着军事存在，目前在阿勒颇和伊德利卜仍有军力部署。同时，以色列频繁空袭叙利亚的军事设施，它起初是以打击叙利亚与黎巴嫩边界的真主党武器库为目标，2019 年以来，越来越多地直接打击伊朗在叙利亚的军事设施和人员。

近期，随着伊核问题成为中东地区的焦点，海湾危机不断升级，各方对推动叙利亚政治重建的意愿有所下降，叙利亚政治重建进程逐渐搁浅。即便如此，巴沙尔政权收复失地和巩固政权的行动仍然在推进，这将进一步增强叙利亚现政权在未来谈判中的筹码。

（三）也门：深陷战乱，政治重建遥遥无期

2018 年底，在联合国的斡旋下，胡塞运动与哈迪政府达成了《斯德哥尔摩协议》。然而，协议涉及的战俘交换、荷台达停火和塔伊兹地位协商议题均进展有限。双方在南北战线的冲突加剧，也门战争持久化。一方面，《斯德哥尔摩协议》的达成一度让人们看到了也门和平的曙光。在联合国特使格里菲斯的积极斡旋下，沙特受制于"卡舒吉事件"的国际压力，迫使哈迪政府参与和谈。最终哈迪政府与胡塞运动签署了协议，其核心内容是三点：建立战俘交换机制，在荷台达省达成停火安排，组建讨论塔伊兹局势的委员会。① 另一方面，《斯德哥尔摩协议》难以落实。不仅战俘交换问题进展缓慢，双方都担心战俘回归将增大对方军事能力，故意低报战俘数量，造成互信缺失，而且荷台达重新部署安排难以推进，双方就胡塞武装撤离和重新部署问题争议较大，各方都不愿做出实质性让步。

当前，也门战局仍不明朗，战事处于胶着状态。从战场形势看，胡塞武装仍牢牢控制着北部栽德高地以及首都萨那；哈迪政府偏安亚丁一隅，控制着南部和东部的地区。除了这两个较大的政治力量之外，也门国内还存在着

---

① Peter Salisbury, "Making Yemen's Hodeida Deal Stick", 19 December 2018, https：//www.crisisgroup.org/middle‐east‐north‐africa/gulf‐and‐arabian‐peninsula/yemen/making‐yemens‐hodeida‐deal‐stick.

数量众多的军阀武装。此外，沙特、阿联酋和伊朗等国对也门进行直接或间接干预。① 这意味着，也门政治和解进程需要多层次安全治理，注定不会一帆风顺。

四 海湾阿拉伯国家自上而下变革之风正在形成

近年来，以保守著称的阿拉伯海湾诸国，自上而下改革之风不断涌动，这种顺应潮流主动求变之举，显示了政治治理的开明和亲民的动向。同时，在继承问题上，未雨绸缪，创造条件，新生代政治家逐渐登上舞台，正在改变着海湾国家的政治形象。

海湾国家在总结中东变局教训的同时，推进开明统治，回应民众的要求，并在政治和社会治理上迈出重要步伐，相继出台国家发展新战略和新规划，推动经济结构调整，解决青年问题和社会发展问题。

沙特阿拉伯的变革之风引人注目。一方面，沙特在精英阶层展开声势浩大的反腐行动。2018 年 3 月沙特国王萨勒曼签署命令，宣布成立反腐机构，以调查和起诉腐败案件。11 月 4 日，成立最高反腐委员会，以涉嫌腐败和洗钱等犯罪行为为由，拘捕了数十名王室成员、上百名政府官员，收缴了超过 1000 亿美元赃款。这场运动引发许多争议，但沙特政府坚称反腐行动针对的是该国在向后石油时代转型之际普遍存在的腐败现象。

另一方面，沙特王储穆罕默德在其父王支持下，开始对沙特实施全面经济社会改革，出台了包括摆脱石油依赖、实现经济多元化、提高人民生活质量等内容的"2030 愿景"。其中，改善妇女权益、解除多项有关女性禁令等得到民众的认可。2017 年 6 月，沙特允许女性开车，2018 年 1 月，女性可亲临足球场观赛，随后又相继解禁音乐会、允许女子从事体育运动和参加时装周等文化体育活动。2018 年 2 月首度开放女性进入军队。2018 年 4 月 18 日，沙特文化新闻大臣阿瓦德宣布该国首家电影院（由音乐厅改建）正式

---

① Daniel Byman, "Yemen's Disastrous War", *Survival*, Vol. 60, No. 5, 2018.

营业，表明电影院遭禁 30 多年后重新开张，显示了沙特向着充满活力的经济和社会的转型。2019 年 2 月 23 日宣布任命丽玛·宾特·班达尔公主为新任驻美国大使，她成为沙特首位担任这一职务的女性。她积极推动沙特女性参与工作，改善女性权利。凡此种种，展现了沙特推进改革、社会走向开放的势头。

五　当前中东政治变化的原因、特点及走向

（一）中东政治发展变化的原因和特点

第一，社会经济问题是中东政治变化的基本原因。2018 年以来中东国家政局变动既有偶然性，也有必然性。如果说，政治强人倒台和政权更迭往往具有突发性，属于"黑天鹅事件"。那么，其动荡背后的社会经济问题，尤其是基本的民生问题则是引发政局变动或政权更迭的"灰犀牛"。中东国家政局变动和政权更迭，多次向人们展现了政治发展问题背后深刻的社会经济根源，也揭示了经济最终决定政治和政权变化的内在逻辑关系。一方面，民生问题在中东国家具有普遍性。民生问题是中东剧变的根本原因，但是，到目前为止，绝大多数中东国家的民生问题并没有实质性改善，且短期内很难看到扭转的迹象。另一方面，民生搅动政局，民生问题撼动政权稳定，经济民生问题转化为政治问题，推动政权更迭。民生问题是这些年中东国家民众反抗运动的主要原因。2019 年初，阿尔及利亚、苏丹等国民生问题持续恶化，最终上演一些阿拉伯国家政权更迭的"新剧"。可以说，民生状况已成为观察中东国家政权稳定与否的关键指标。

第二，政治治理上的失误也是导致政局变动的主要原因。在政治治理方式上，究竟是强调集权还是分权是长期以来热议的问题。实际上，治理能力、执政水平及真实绩效是任何统治集团合法性的主要依据。从近期中东国家政局变化所展现的问题看：一方面，强人政治回归（诸如埃及、土耳其等国家），它反映了民众对避乱求治的期待，并希望通过强有力的政治精英

和领导集团能够凝聚人心，改善民生，提高国家地位；另一方面，当民生问题尖锐化，民众抗议运动风起云涌之际，矛头所指也是强人政治及其治理能力问题，于是，上演了诸如阿尔及利亚、苏丹等国政权更迭的一幕，长期执政的领导人被迫下台。政治强人在中东国家"有来有去"，"来的来，去的去"，这种新变化和新现象同时出现，令人深思，其核心是治理能力和水平。反对集权统治的背后，在很大程度上是治理等方面的失误，尤其是民生问题未能有效解决所致。

第三，社会政治激进化和极端化，一些非国家行动者等特殊群体对政治稳定产生了破坏性影响。近年来，极端主义思潮泛滥及其影响达到了前所未有的程度，直接威胁到中东国家的意识形态安全和政权安全。例如，"伊斯兰国"极端组织的主张及其行动，既是一种影响广泛的极端思想潮流，又是一系列具体的政治实践，它对中东现存政权构成直接威胁，这股思潮的泛滥还对伊斯兰教及其信众的安全造成了直接威胁，并危及相关国家的意识形态安全。与此同时，在中东政治思潮变化中，民族分离主义倾向有所上升，教派认同和教派主义不断削弱国家政治认同，瓦解国家的凝聚力；部落意识和部落主义的增强正在解构国家的完整性。[①] 这些也是造成政治变动的重要因素。

第四，大国干预以及地缘政治博弈由外而内影响着许多国家的政治稳定和发展。一方面，中东地区长期以来都是大国较量的舞台，直接插手乃至颠覆中东国家政权的行动已经多次上演。阿富汗塔利班政权、伊拉克萨达姆政权、利比亚卡扎菲政权的垮台都是西方新干预主义的"杰作"，不仅推翻了这些国家的政权，而且将这些国家推入了长期战乱的深渊，并造成整个中东地区的安全危机。目前，在中东地区唯一的例外是，叙利亚巴沙尔政权在俄罗斯和伊朗的支持下，粉碎了西方大国颠覆的企图。另一方面，地缘政治竞争成为近期中东国际关系中的主要内容，教派政治在国内和地区都有体现，相互激荡，成为这一时期的基本特点。以伊朗为代表的什叶派与以沙特为代

---

① 王林聪：《中东政治发展的新变化及其影响》，《当代世界》2018 年第 10 期。

表的逊尼派国家之间的地缘政治博弈不断升级,从叙利亚危机、也门危机到近期海湾危机的升级,都反映了这一较量的激烈程度。无论是大国干预还是地区国家之间的争夺,都直接或间接地影响着中东国家的国内政治,增加了政治稳定的变数。

(二)中东政治发展的趋势及其前景

从整体上看,现阶段中东政治变化仍处在 2010 年以来"中东大变局"的长波之中,即中东地区和国家正经历深刻的政治、经济、社会转型,这一过程很难在短期内结束。由此判断,现阶段中东政治发展走向和趋势是:

第一,中东国家政治转型复杂化。当前许多中东国家政局变动或政权更迭实际上展现了转型时期的政治变迁进程,是政治矛盾和政治问题的集中爆发并尝试解决这些矛盾和问题的阶段,因此,具有长期性、曲折性和反复性。

第二,政治安全问题尖锐化。伴随着传统安全和非传统安全等威胁的上升,外部干涉、恐怖主义已经成为危及绝大多数中东国家政治安全的主要问题,如何防范政治安全问题,必将是各国从国家战略层面加以应对的首要任务。

第三,战乱国家政治重建长期化。中东是当今世界上战乱国家最集中的区域,但是,由于内外多种力量和多重因素的掣肘,无论是阿富汗,还是叙利亚、也门、利比亚,其政治重建进程复杂、曲折而漫长,这是中东政治发展中的"独特现象"。伴随着中东政治动荡,战乱国家很可能演变为中东地区新的动荡和纷争的策源地,加重了解决中东政治问题的难度。

第四,大国干预和地缘政治竞争对中东国家政权影响持久化。"外部性"是中东国际关系的基本特征,它在一定程度上转化为对中东国家政治发展道路、政权形态以及政治力量格局的干扰和影响。无论是美国曾经发动的"民主改造中东",还是新干涉主义,其目标仍然是在中东地区推进"美国化"——美国利益最大化,并以此整合中东盟国力量,策动地缘政治竞争,这些将长期损害中东各国的政治转型及其选择。

实际上,在经历了多年的动荡之后,维护政治安全,提高有效权威供给和治理能力,已成为中东政治治理的首要任务和目标。历史经验告诉人们,"在所有政治供给中,政治权威是本质性的因素。因为如果没有政治权威,政治体系就不复存在;没有足够的政治权威,政治体系也不能有效运行"。① 当前,中东国家纷纷将解决民生问题放在首位,维护政治安全是解决各种问题的重要前提,如何维护政治安全,如何提高政治治理能力进而解决国家发展的根本问题,这是摆在中东国家政治精英们面前的时代难题。

---

① 王沪宁:《新政治功能:体制供给与秩序供给》,《上海社会科学院学术季刊》1994 年第 2 期,第 72 页。

Y.3
2018年中东地区的安全形势与趋势

王金岩　李子昕*

摘　要： 2018年中东安全形势呈负面发展。地区传统安全风险攀升，动荡国家武装冲突未出现明显好转，代理人战争仍为主要表现形式。北非多国政局失稳且短期内难以平复，存在诱发严重暴力冲突的可能性。暴恐活动向动荡地区周边的"脆弱地带"转移，非传统安全威胁与传统安全风险合流。大国争霸重新成为中东地缘博弈的主题，也为中东安全形势带来全新挑战，前景不容乐观。美国奉行极端功利主义政策，与盟友貌合神离，对伊朗全面遏制，激化伊核、巴以等地区热点问题。地区国家以中短期利益联盟替代传统同盟关系成为地缘博弈的主体，而不同利益联盟的交叉与重构进一步削弱地区安全架构的稳定性。中东博弈各方的战略推演多以"零和"为导向，或将阻碍地区安全局势向好发展。这对维护中国在中东地区的利益及"一带一路"倡议的推进造成负面影响。

关键词： 中东地区　安全形势　地缘政治博弈　利益联盟

　　长期以来，中东地区纷争不断，热点问题层出不穷，使该地区的安全局势持续动荡。2018～2019年，中东域内一些国家政局依然不稳，经济仍陷困境，该地区的传统安全和非传统安全问题依然严峻且相互交织、转化。这

---

* 王金岩，中国社会科学院西亚非洲研究所副研究员；李子昕，中国国际问题研究院发展中国家研究所助理研究员。

既对地区国家的政治、经济、社会发展带来消极作用，也对全球的安全局势造成负面影响。中东安全治理是当前该地区的棘手难题，需要地区国家以及域外大国相互协调、密切配合。

一 2018中东安全形势概述

（一）中东安全总体形势

2018年以来，中东安全形势呈负面发展。地区传统安全风险攀高，动荡国家的武装冲突未出现明显好转，代理人战争仍为主要表现形式。北非多国社会矛盾激增，对统治集团不满情绪加重，政局失稳；阿尔及利亚与苏丹出现政权更迭。外部势力对中东地区的干预显著增强，特别是美国退出伊朗核协议、将其驻以色列使馆迁至耶路撒冷、承认以色列对戈兰高地的"主权"等做法使地区局势更趋复杂化。

在非传统安全领域，极端组织"伊斯兰国"的组织架构被有效瓦解，但其实施恐怖活动的能力依然不减。地区暴力极端组织趋于"分散化"，且更具"游击性"，暴恐活动从传统策源地向周边"脆弱地带"转移，并出现恐怖主义与传统安全风险合流的态势。总体而言，中东地区地缘政治重回大国博弈格局，地区国家选边站队更加明显，传统安全问题与恐怖主义威胁交织，中东安全形势不容乐观。

巴以问题仍然是中东安全局势的核心议题之一。2017年底，美国总统特朗普宣布承认耶路撒冷为以色列首都，并于2018年5月14日正式将美驻以使馆迁至耶路撒冷。这打破了二十余年来美国历届政府在迁馆问题上"只说不做"的政治默契，激化了本已复杂的地区局势。美国的举动引发巴勒斯坦方面的强烈抗议，巴勒斯坦已拒绝特朗普政府在未来巴以问题上发挥单独调解人的作用，认为美国迁馆做法是对"两国方案"的致命打击。① 位

---

① 《阿巴斯表示拒绝美国在巴以问题上的调解人身份》，新华网，2018年2月13日，http：//www.xinhuanet.com/world/2018－02/13/c_ 1122412878. htm。

于加沙的巴勒斯坦伊斯兰抵抗运动哈马斯更宣称，特朗普政府的做法"已跨越所有红线"。① 中东地区各国及区域组织亦对此表达不满或担忧。沙特国王萨勒曼称美国的做法是危险的。② 阿拉伯联盟秘书长盖特表示，美国做出任何承认耶路撒冷为以色列首都的举动，都将助长极端主义和暴力事件。③

伊朗问题重新成为中东地缘博弈的重点。2018 年 5 月 8 日，特朗普不顾国际社会普遍反对，执意退出伊朗核协议，宣布重启对伊制裁④，对伊采取全面遏制战略。美国的举动是其中东政策回归传统的重要表现。美国以"打击伊朗伊斯兰政权"为基点，夯实并升级其中东同盟体系，为与俄罗斯在中东博弈奠定基础。面对美方举动，伊朗强势回应，甚至宣称不排除将在必要时封锁霍尔木兹海峡的可能性。⑤ 美国盟友亦加紧遏制伊朗在本地区的军事投射。以色列加大对叙利亚境内伊朗军事基地的打击，沙特也加紧空袭伊朗在也门的军事存在。美国加强对伊朗施压，力图"以压促变"。2018 年 11 月 5 日，美国对伊朗各项制裁全面铺开，特别是针对伊朗石油工业和金融系统的制裁，令伊朗面临 2015 年伊核协议签订以来最恶劣的外部环境和内部困境。伊朗以大规模军事演习作为回应，地区安全形势严重恶化。

中东地区正在呈现出新旧问题叠加，多国乱局并发的局面。除了巴以问题和伊朗问题，久拖不决的叙利亚和也门的两场代理人战争令地缘博弈与宗教冲突相互交织、彼此激化，不断推高地区安全危局。多国政治力量内斗升级，政治伊斯兰与世俗派的角力此起彼伏且各有得失，宗教矛盾与

---

① 《尘埃落定！特朗普正式宣布耶路撒冷为以色列首都》，海外网，2017 年 12 月 7 日，http：//news. haiwainet. cn/n/2017/1207/c3541093 - 31198857. html。

② 《尘埃落定！特朗普正式宣布耶路撒冷为以色列首都》，海外网，2017 年 12 月 7 日，http：//news. haiwainet. cn/n/2017/1207/c3541093 - 31198857. html。

③ 《尘埃落定！特朗普正式宣布耶路撒冷为以色列首都》，海外网，2017 年 12 月 7 日，http：//news. haiwainet. cn/n/2017/1207/c3541093 - 31198857. html。

④ "Remarks by President Trump on the Joint Comprehensive Plan of Action", White House, May 8, 2018, https：//www. whitehouse. gov/briefings-statements/remarks-president-trump-joint-comprehensive-plan-action/.

⑤ 《伊朗放狠话：若美国想进入霍尔木兹海峡 须同革命卫队谈判》，海外网，2019 年 4 月 25 日，http：//news. haiwainet. cn/n/2019/0425/c3541093 - 31544375. html。

政治矛盾相互作用使局势失稳，国内安全形势恶化。在外部干预和内部矛盾的双向压力下，中东地缘版图加速破裂，化解冲突的有效国际机制缺失，既有地区性国际组织被地区强权架空，"丛林法则"与"实力政治"渐成主流。独裁统治与治理不善导致的发展失速致使一些国家经济停滞、民生艰难、社会矛盾与不满情绪激增，多国出现抗议游行示威活动，且暴力程度有上升态势。

（二）2018年中东安全形势的突出特点

1. 域外大国影响大幅增强

大国博弈重新成为中东地缘博弈的主轴，域外大国对地区安全形势的影响显著增强。2018年，特朗普政府大幅调整其中东政策，退出伊核协议，全方位恢复对伊制裁；将美国驻以色列使馆迁至耶路撒冷，加速推动所谓"世纪交易"的出炉，又承认以色列对戈兰高地的"主权"；计划从叙利亚撤军，尝试构建中东版"北约"集体防务体系；着力打击"什叶派新月地带"，遏制伊朗在中东地区的影响力。与此同时，俄罗斯、欧盟等域外国家亦强化对地区事务的干预，以维系并加强自身在中东的影响力。俄罗斯在2018年内多次调整、增补在叙利亚的军事部署，对美国欲武力干涉叙利亚战局走势的企图形成有效震慑；通过与土耳其、伊朗组成的三方联盟加大对叙利亚局势的斡旋力度，帮助阿萨德政府在赢得军事胜利的同时获取更多政治承认，为叙利亚未来的政治和解进程铺路；俄罗斯还加大与地区国家在石化能源、民用核能、军贸等领域的合作，加强与地区国家的政治交往和互信，以制衡美国在中东的影响力。欧洲因美国退出伊核协议而面临重大经济损失和安全威胁，因而积极斡旋伊核问题并对美国的制裁提出反制措施。然而，欧盟的做法并未获得各认可，政策效果不彰，不过仍在伊核问题的后续解决中保有无可替代的话语权；北非局势恶化导致的难民危机直接危及欧洲安全，特别是利比亚国内战火再起令欧洲担忧。目前，欧洲大国对利比亚民族团结政府和国民军态度不一，客观上令利比亚的局势进一步复杂化。

2. 域内国家阵营分化重组

中东国家间的力量对比近年来出现较大变动。沙特、土耳其、以色列、伊朗分别作为地区四大主体民族的代表国家，力量此消彼长。在应对伊朗威胁的大背景下，原本相互制衡的格局向"三对一"或"二对二"转变。特别是阿以关系事实上的转暖，使中东地缘博弈和安全局势出现新变化。

土耳其内政外交危机继续发酵，社会经济压力持续增加，牵制其地区战略实施能力。伊朗重新受到全面制裁影响，国内社会矛盾激化，难以维系其近年来不断强化的地区影响力。沙特与以色列迅速走近，两国的影响力不断攀升，成为配合美国中东战略实施的主要推手。然而，卡塔尔危机的持续以及叙利亚战局向有利于阿萨德政府一方发展的趋势，使阿拉伯国家内部出现越发严重的分歧。沙特因得到大部分海湾君主国及传统地区强国的支持而成为代表阿拉伯世界的主导声音。卡塔尔、黎巴嫩、伊拉克等国则在部分地区核心议题上与其他阿拉伯国家持不同或相反立场，引发地区国家阵营分裂。在一定时期内，矛盾一度激化和公开化。阿拉伯国家联盟、海湾国家合作委员会等地区组织难以发挥实质性作用。

3. 传统地区热点问题更趋复杂

近年来，域外大国对中东的外部干预呈上升态势。随着大国中东政策的变化，地区传统热点问题面临着新的外部环境和挑战。特朗普执政前，国际社会在巴以问题上的普遍共识是建立以 1967 年边界为基础、以东耶路撒冷为首都、拥有完全主权的独立的巴勒斯坦国，并支持基于"两国方案"的中东和平进程。然而，随着伊朗在地区影响力的扩大和伊核问题的持续发酵，美国对以色列的偏袒达到史无前例的水平，从而导致中东地缘政治格局发生变化。伊朗问题逐步取代巴以问题成为地区突发安全因素的主要引爆点。需要指出的是，这种焦点转化并非以巴以局势缓和为前提，而是以海湾安全局势急速恶化为缘由。事实上，巴以冲突自特朗普宣布迁馆耶路撒冷并承认以色列对戈兰高地的"主权"以来一直高烧不退，哈马斯与法塔赫在外部压力下未能实现合力，相反仍各自为政，巴以安全风险以更加泛化和不可预知的态势快速升级。

4. 非传统安全风险居高不下

特朗普于 2018 年 12 月底宣称，盘踞在叙利亚、伊拉克的极端组织"伊斯兰国"被彻底消灭。这可被视为自"基地组织"头目本·拉登被击毙以来最重要的国际反恐成果之一。然而，恐怖组织架构的破碎并不意味着有生力量的泯灭，其化整为零后的小团体结构更松散，但行动更灵活。外籍"圣战者"或回流原籍国，或前往反恐力量薄弱的"脆弱地带"，在更广泛的地域发动恐怖袭击。

根据美国马里兰大学恐怖主义及其应对研究（START）中心的统计①，自 2014 年以来，中东地区的恐怖袭击数量和造成的死亡人数确实出现迅速下降，其关键原因是"伊斯兰国"极端组织的逐步衰退。然而，如下现象不应被忽视。一是"伊斯兰国"极端组织发动的恐袭数量及造成人员伤亡的降幅大于地区总体恐袭损害降幅，这说明本地区中小型恐怖组织及"独狼式"恐怖袭击有抬头趋势。二是中东地区仍然是全球最主要的恐怖活动策源地和发生地，占比超过全球 3/1。三是中东周边地区的恐怖风险呈上升态势，从某种程度上反映出恐怖主义从中东向世界其他地区的外溢效应。此外，随着本地区几场内战久拖不决，非传统安全风险与传统安全威胁相生相伴、相互转化，给地区国家的反恐努力带来巨大挑战。从数据层面观察，自 2001 年美国发动阿富汗战争开始，凡美国做出重大军事部署调整，特别是撤军决定，均会导致地区军事维稳力量出现突然缺失，并引发所涉区域非传统安全事件数量的快速反弹。2018 年底，特朗普宣布美国将从叙利亚撤军，权力真空引发安全真空，激化各派势力的争夺。加之叙利亚境内暴力极端组织众多，边境管制形同虚设，未来叙利亚的安全形势不容乐观，并将在很大程度上对地区整体安全局势造成负面影响。

---

① Jessica Stark Rivinius, "Terrorist Violence Decreases Worldwide in 2017 but Remains Historically High", START University of Maryland, August 1, 2018, http://www.start.umd.edu/news/terrorist-violence-decreases-worldwide-2017-remains-historically-high.

（三）2018年中东安全形势的主要变化

阿以关系的微妙变化、美伊关系的进一步恶化以及暴恐形式的"独狼化"是2018年中东安全形势最主要的变化。

阿以关系的微妙变化在2018年更加明显。作为中东曾经势不两立的两大民族，阿拉伯国家与以色列之间围绕着以色列生存权、巴勒斯坦建国等议题的热战和冷对抗是中东安全风险的主要来源之一。然而近年来，阿以关系出现重大转变。这一现象的出现主要有两方面原因。其一，伊朗威胁持续增大。伊朗核活动、弹道导弹研发及日益增强的地区影响力，使阿拉伯国家与以色列抛弃前嫌，组成"抗伊统一阵线"。其二，特朗普政府实施极端功利主义政策，"口惠而实不至"的做法增强了阿以双方开展实质性合作的紧迫性。值得一提的是，在特朗普总统宣布将美国驻以色列使馆迁至耶路撒冷后，阿拉伯国家的官方反应较为克制，但民众反美情绪高涨。在美国宣布承认以色列对戈兰高地的"主权"后，民愤进一步攀升。由于阿拉伯国家政府与民众在对待阿以问题上的立场分歧愈加增大，部分地区抗议示威活动甚至出现暴力化倾向。特别是在加沙地带，巴勒斯坦民众对以色列袭击引发以方大规模反击，造成较为严重的人员和财产损失。

美伊关系的进一步恶化对地区安全局势影响重大。阿以问题的失焦以及美国对伊朗不断加码的制裁力度，令伊朗问题成为地区安全形势一个越来越重大的不稳定因素，左右着地缘格局的走向。特朗普政府钟摆式回调前任奥巴马政府对伊朗政策，是对美国传统中东政策的回归。美国以"极限施压"为政策手段，并认定可以取得成功，是基于对伊朗政权和社会稳定性评估的结果。2018年5月21日，美国国务卿蓬佩奥在智库传统基金会提出美国对伊朗的12条政策①。但各界普遍认为，伊朗接受的可能性极小。当前，美国对伊政策的核心是促使伊朗伊斯兰政权解体。事实上，美国未给伊朗留下任何实质性的

---

① "After the Deal： A New Iran Strategy"，The Heritage Foundation，May 21，2018，https：// www. heritage. org/defense/event/after-the-deal-new-iran-strategy.

"谈判"空间，只是下达"最后通牒"。有鉴于此，国际社会普遍担忧伊朗会在强大的压力下背水一战。因此，美国"极限施压"政策"越成功"，预示着中东安全风险越大。

恐怖活动化整为零，"独狼化"现象明显。2018年中东恐怖主义威胁依然严峻，特别是传统恐怖活动多发地周边的"脆弱地带"袭击增多，发动恐怖袭击的组织更加分散①。"伊斯兰国"极端组织遭受严重打击后，化整为零，以发动"独狼式"恐怖袭击为主要形式，或与周边国家的恐怖组织实现联动。外籍"圣战者"在国际社会合作反恐的重重压力下，回流母国的速度低于预期，徘徊于恐怖主义防范薄弱的"边缘地带"，但其发动的恐怖袭击常造成较为严重的人员伤亡。此外，暴力恐怖组织在陆上发动恐怖袭击的同时，亦开始加大海上活动，多次发动对红海、亚丁湾等重要国际水道的袭击，对中东安全形势构成新挑战。

二　中东安全问题的影响因素

（一）域外大国中东政策的变化

长期以来，美国、俄罗斯和欧盟国家的相关政策对中东地区影响较大，具体分析如下。

美国方面，特朗普政府拟通过政策调整促进中东地区权力格局再平衡。这一过程将不可避免地造成地区安全形势的进一步动荡。2017年底公布的美国政府最新版《国家安全战略》中，将中东政策目标确定为：第一，不让中东继续成为"圣战"分子和恐怖分子的滋生地；第二，中东不能被反

---

① 比较数据参考"List of Terrorist Incidents"，2018年数据参见"List of Terrorist Incidents in 2018"，https：//en. wikipedia. org/wiki/List_ of_ terrorist_ incidents_ in_ 2018；2017年数据参见"List of Terrorist Incidents in 2017"，https：//en. wikipedia. org/wiki/List_ of_ terrorist_ incidents_ in_ 2017。

美政权所支配；第三，中东应为全球能源市场的稳定做出贡献①。实现以上三个目标都要以对伊朗的全面遏制战略为基础。因此，美国自2018年中开始，以"极限施压"的方式对伊朗施行全面遏制战略。然而军事遏制始终是美国对伊政策的短板。为弥补军事上的不足，进一步促进盟友承担自身防务义务，自2018年底开始，美国着手推动中东集体安全组织的建立，这也被外界视为"中东版北约"。美国国务卿蓬佩奥多次访问中东，与盟友举行多场双边和多边会谈。然而中东国家普遍对这一倡议持谨慎态度，致其进展缓慢。这说明美国与盟友尽管对共同安全威胁与利益有高度一致的认知，但在具体政策制定和实施路径方面仍然存在相当的分歧。有鉴于此，自2019年起，美国加强了对中东的军力部署，在军事人员、武器装备、航母舰队等方面的投入均大幅增加。美国不断渲染海湾地区的紧张局势，以增加其对伊朗的军事威慑能力。

俄罗斯方面，进一步深耕叙利亚，强化与地区主要国家间的政治、军事和经济关系。俄罗斯成功向土耳其出售S-400反导系统，并与之合作建立伊德利卜非军事区。俄罗斯与沙特的关系自2017年沙特国王对莫斯科完成历史性首访后发展顺利，两国在油气、军售等方面的合作稳步推进。俄罗斯与以色列的关系发展迅速，普京总统与内塔尼亚胡总理频繁会面，协调在叙利亚问题上的立场，特别是如何应对伊朗在叙利亚的军事存在。在伊核问题上，俄罗斯坚定支持维护伊核协议的有效性，并以实际的经济和能源合作为伊朗站台，平衡美国在伊朗问题上的激进政策。在利比亚长期的政治僵局和当前的武装冲突中，俄罗斯与相关各方都保持接触，以期成为未来利比亚问题的重要斡旋者。从总体看，俄罗斯与中东国家普遍保持了良好的关系，其在中东问题上的话语权得到提高，逐渐打破近40年来由西方主导的中东格局。

欧洲方面，美国撤出伊核协议对欧盟国家造成切实的安全威胁，因此欧盟极力反对并推出一系列反制裁措施，但效果不彰，并未挽回局面，美欧就伊核问题的分歧也未得到实质性解决。在地区局势重回大国争霸的背景下，

---

① "National Security Strategy of the United States of America", December 18, 2017, White House, https：//www. whitehouse. gov/wp-content/uploads/2017/12/NSS-Final-12 – 18 – 2017 – 0905. pdf.

美欧合作打击"伊斯兰国"的行动也近尾声。近年间欧洲遭遇二战后最严重的"难民潮",成为欧盟国家间分裂的张力。欧盟作为一个整体力量介入中东事务的能力不足,使其在中东事务上的话语权与影响力日渐衰微。然而,欧盟作为伊核协议的重要参与方和巴以问题的重要调解方,它的立场与参与力度仍然是通过政治途径解决中东热点问题必不可少的关键因素。

(二)地缘格局的调整

地缘政治格局和地缘博弈的变化直接影响着中东安全形势的发展。2018年中东地缘格局的调整主要有两大特征:其一,大国博弈成为地缘政治主线;其二,短期利益联盟替代传统同盟成为地缘博弈的主要组织形式。

在大国博弈方面,美俄对中东地区主导权的争夺在2018年更趋激烈。俄罗斯以叙利亚问题为抓手,以在叙利亚的军事存在为基础,依托"俄罗斯-土耳其-伊朗"在叙利亚问题上的合作联盟,迅速恢复在中东的政治、军事存在,并牢牢掌控叙利亚未来政治进程走向的主导权。美国以强化对伊制裁为核心目标,以促成巴以"世纪交易"为辅助,双线推进其中东战略;以"极限施压"和"离岸制衡"策略,意图以低成本维系并加强美国在中东的话语权和影响力。随着美国对伊朗政策的不断加码,特别是军事威慑的加强,其全面遏制战略中的"军事短板"逐渐补齐。美国通过强化与地区盟友在军贸、情报、训练等方面的合作,加强盟友的防务承担能力,为美国与盟友的协同行动做好对接的预先准备工作。

在利益联盟方面,特朗普政府在中东奉行极度功利化政策,使传统同盟的稳定性下降。尽管其对盟友的态度和做法更加鲜明和务实,但仍未能有效消除地区国家对美能否在关键时刻肩负共同防务责任的疑虑。一方面,中东各国积极开展"向东看"外交,与世界其他主要国家深化政治和军事往来,从战略和战术层面加强合作,丰富其武器来源,制定更加多样化的防务策略。另一方面,由于享有共同的安全利益,以色列与海湾阿拉伯国家在短期内实现关系的实质性改善,这为中东出现新的地区防务联盟奠定了基础。双方技术层面的合作已无太多障碍,特别是在共同应对伊朗威胁方面,阿以合作富有成效且极具专业性。在复杂多变的地缘格局背景下，中东地区短期利益联盟不断闪现，代替了传统的同盟体系成为主要的国家间合作形式。然而，由于中东地区国际关系遵循"丛林法则"并极具"功利性"特征，这些利益联盟在完成中短期共同目标后，频繁出现分化重组，为地区安全形势的发展带来更多的不确定因素。

（三）乱局国家局势进展

叙利亚内战已持续 8 年，战事尚未彻底结束，安全局势仍难平复。据叙利亚人权观察组织消息，2018 年有近 2 万人死于叙利亚内战，是 8 年内死亡人数最少的一年。① 自 2018 年初起，叙利亚政府军与反对派武装对峙于东古塔地区。4 月初，该区域杜马镇发生疑似化武袭击，西方指称叙利亚政府应对化武事件负责②，并表示将据此对叙利亚政府军发动军事打击。俄罗斯与伊朗强势介入，指称叙利亚反对派与西方国家造假，诬陷叙利亚政府军使用化武。双方纷纷加大对叙利亚及周边地区的武装部署。4 月 14 日，在未获得联合国授权的前提下，美、英、法对叙利亚发射上百枚巡航导弹，对叙利亚政府军数处军事设施实施空袭。但此次空袭并未造成重大人员和财产损失，警告意味大于实质意义。土耳其向叙利亚阿夫林地区派出大量军事力量，实质性占领叙利亚库尔德区。2018 年底，美国宣布计划撤出在叙利亚军事人员，客观上将库尔德问题主导权拱手让给土耳其，同时也为库尔德武装力量与叙利亚政府军和解创造机会，部分改变了叙利亚战场的力量格局。以色列视伊朗在叙利亚和黎巴嫩的军事存在为肘腋大患，特别是其迫近戈兰高地部署的火箭炮和短程导弹，已接近以"铁穹系统"极限反应范围。随着阿萨德政府重新取得战局优势，获得的政治承认逐步增多，以及以色列与

① 《2018 年有近两万人死于叙利亚内战　系 8 年里死亡人数最少》，环球网，2019 年 1 月 1 日，http：//world. huanqiu. com/exclusive/2019 – 01/13947346. html？agt = 363。

② "United States Government Assessment of the Assad Regime's Chemical Weapons Use", White House, April 13, 2018, https：//www. whitehouse. gov/briefings-statements/united-states-government-assessment-assad-regimes-chemical-weapons-use/.

伊朗、美国与俄罗斯、土耳其与叙利亚博弈不断加深，叙利亚内战正逐步进入"后战争时代"。然而，其安全形势难以在短期内好转。

也门战局在2018年进一步恶化，胡塞武装与沙特联军的武装冲突白热化，战争烈度不断升级。目前，也门战局呈现哈迪政府、胡塞武装、南方过渡委员会三方对峙的态势。特别是哈迪政府与胡塞武装在荷台达的武装冲突使也门战局陷入新一轮泥潭。各类"非正式停火"非但未能缓和地区安全危机，反而成为各武装派别休整再战的契机。沙特领导的多国联军不断加大对也门战事的直接干预力度，多次发动空袭以支持哈迪政府争夺荷台达控制权。自收复亚丁以来，沙特联军与哈迪政府未能取得重要战绩，而胡塞武装为保持战略补给链的顺畅力守荷台达，双方陷入拉锯战。受到不断恶化的战事影响，也门暴力恐怖活动增加，人道主义危机加剧，饥荒、公共卫生事件频发。国际社会多次呼吁也门交战方保持克制，停火促谈，但效果甚微。目前，多国对沙特在也门战局中所发挥的作用持普遍负面看法，提议削减对沙特军事贸易与援助，以求缓和也门局势。

利比亚政治僵局持续。2017年底，利比亚最高国家选举委员会主席在的黎波里宣布，利比亚总统和议会选举将于2018年9月30日之前举行。然而，由于利比亚局势的复杂难解，选举未能如期举行，一再拖延。2018年底，利比亚冲突各方以及相关国家在意大利召开会议，讨论解决利比亚危机的办法。联合国秘书长利比亚问题特别代表加桑·萨拉姆表示，希望通过各方努力，利比亚能够在2019年6月前举行大选。[①] 然而，北约防务学院基金会国际问题研究员马泰奥·布列桑指出，鉴于目前利比亚的国内局势，近期举行大选在政治和安全方面的确存在着诸多障碍。利比亚问题的政治解决进程，主角始终应该是利比亚人，外国势力不应过多地介入。所以不是各国

---

① 《利比亚问题国际会议在意大利召开》，环球网，2018年11月13日，http：//world.huanqiu.com/article/2018－11/13532752.html？agt＝15438。

拿着一个外部解决方案来参会，而应努力去支持利比亚的政治进程。① 从利比亚当前情况看，近期内举行大选的计划将再次流产。

三　2019年中东安全趋势与困境

（一）2019年中东安全局势走向

从总体看，中东地区的安全风险持续攀升。鉴于中东当前的地缘政治格局及乱局国家战争局势，2019年中东安全发展趋势难言乐观。

传统安全问题没有得到解决。一方面，伊核协议危若累卵，美国全面加大对海湾地区的军力部署，军事对峙已成为客观现实，擦枪走火或将引发局部冲突。同时，伊朗基于伊核协议条款，部分撤回自身关于核技术研发的承诺。尽管伊朗仍寄希望于欧洲的斡旋，但美欧在伊核协议问题上的立场相去甚远，且各自立场坚定，欧洲迄今为止采取的反制裁措施均未起到实质效果。如果伊朗最终认定自身利益难以得到保障，或有全面退出伊核协议的风险。这不仅将导致海湾地区安全风险失控，而且会诱发中东地区整体的核军备竞赛。

另一方面，战乱国家的军事冲突仍然胶着。叙利亚阿萨德政府在2018年取得了地面战场的重大优势，未来将在俄罗斯的帮助下进一步收复失地，并争取获得更多的外部政治承认。也门胡塞武装在与沙特的对抗中处于劣势，但受"卡舒吉事件"及人道主义危机影响，国际社会要求沙特立刻停火止战的呼声很高，客观上增强了胡塞武装的信心。北非局势再度恶化，阿尔及利亚和苏丹先后爆发政治危机，且难以在短期内重回稳定。利比亚对峙派别间战火又起，其政治和解进程又一次中止，且将对非洲整体安全局势造成严重影响。埃及完成修宪，现任总统塞西将延长任期。此后，埃及境内多

---

① 《利比亚问题国际会议在意大利召开》，环球网，2018年11月13日，http：//world. huanqiu. com/article/2018－11/13532752. html？agt＝15438。

地爆出暴力恐怖事件或逮捕大量恐怖分子的消息，其国内安全局势堪忧。

反恐失焦，非传统安全风险增加。美国从国家战略层面，将反恐让位于大国竞争，打击恐怖主义和防范大规模杀伤性武器扩散等问题的重要性和紧迫性随之下降。2018年10月4日，美国新版《反恐战略》将伊朗单独列为"恐怖主义首要代表"，更称其为"支持恐怖主义的头号国家"，显示出其所谓"反恐战略"实为服务于对伊朗的全面遏制。此外，美俄关系交恶、美欧在伊核协议上的严重分歧，均将给世界主要大国在反恐合作与全球安全治理方面的合作带来负面影响，非传统安全风险进一步攀升。

（二）中东安全面临的困境

地缘博弈更趋复杂。中东地区的地缘博弈呈现多中心、多层面的特点。首先，以美俄为首的域外大国博弈是最为显著和影响最大的一组。美国、以色列、沙特同盟力排俄罗斯、土耳其、伊朗在所谓"什叶派新月地带"的存在。其次，以沙特与以色列接近、共同应对伊朗为特征的地区内博弈，因需要与美国对伊遏制政策保持步调一致，并受到海湾外交危机的影响，短期内不同阵营的对抗程度或进一步提升。最后，在库尔德等问题上，美国、俄罗斯、土耳其、伊拉克、伊朗、叙利亚等多方博弈令局势更加复杂，域内外强国频繁以利益为导向的结盟与重组、相互遏制与对抗。中东地缘博弈以议题为导向，出现多组联盟并交叉存在的态势。

乱局国家推升安全风险。叙利亚、也门等地战局吃紧，各派均加大参与力度，外部力量干预调停的难度进一步提升。利比亚政治和解希望渺茫，内战风险阴云密布，其国内安全真空为极端分子流入提供了空间。北非多国政治动荡，前景难测，后续影响难以预估。

传统安全风险与恐怖主义汇流。大国博弈重新成为中东国际关系主线，地缘结构平衡与重组导致权力和安全的"真空"扩大，各方争夺加剧，传统安全风险加速回归。与此同时，政治版图的破裂为极端分子在区域内或其周边"脆弱地带"间流窜提供了便利。特别是在众多乱局国家中，传统安全风险与恐怖主义风险出现汇流，恐怖分子尝试成为地缘博弈的一方。例如，叙利亚"支持阵线"数次更名，意图本土化发展，进而参与后内战时期的权力分配进程。而曾经的"正规军"开始从事带有恐怖主义性质的暴力活动，例如，也门胡塞武装近年在亚丁湾海域发动多起带有恐怖主义性质的劫持活动。

结　语

大国争霸重新成为中东地缘博弈的主题，也为中东安全形势带来全新挑战，前景不容乐观。美国借中东政策调整，实现低成本维持地区主导地位的战略目的，部分削弱了俄罗斯因主导叙利亚局势而扩大的地区影响，未来两国争夺将更趋激烈。美俄之间的地缘博弈与大国竞赛作为地区国际关系的主轴将在较长时间延续下去。由于美俄双方在中东的战略推演以"零和"为导向，两国在中东的政治军事布局或将严重阻碍地区安全局势向好发展。

与此同时，"极限施压"与"丛林法则"被广泛应用于中东事务，严重挤压冲突双方的政策回旋余地，令危险事态的脆弱性不断增强，中东安全局势的不可控和不可预知因素增多。中东权力格局的再平衡使地区出现"安全真空"，也加剧了多国对立和地区动荡。以短期利益为导向的碎片化政策，促使利益联盟的泛滥；而不同利益联盟的交叉与重构进一步削弱地区安全架构的稳定性。基于现有的中东政治和军事生态，未来以和平方式解决地区争端或更加艰难，地区组织的权威性与协调能力将广受质疑。多个域外大国与域内国家合作，为争端解决做联合担保，或成为未来解决中东热点问题的必要前置条件。

中东安全形势的恶化将对中国的国家利益产生严重负面影响。众所周知，中东是"丝绸之路经济带"和"21世纪海上丝绸之路"的交汇点，是中国推动"一带一路"建设的关键节点，重要性毋庸置疑。中国与中东国家在安全领域的合作，既是双方共建"一带一路"的重要组成部分，也是确保其他各项合作得以顺利推进的客观需求。当前，中国与中东国家签订的"一带一路"相关协议中普遍含有合作应对安全风险与挑战的内容。中国支持中东国家建设包容、共享的地区集体安全机制，并以身作则地在地区事务和热点问题中持续发挥积极作用，提出以劝和维稳为目标的"中国方案"。同时，中国乐于与域内及域外国家强化在中东安全领域的合作，共同应对挑战。中东多国也表示欢迎中国在安全事务中发挥更加重要的作用。

历史经验教训皆表明，以暴抑暴不能从根本上解决中东地区的安全乱局，反而会使之加剧。只有加强中东地区的政治建构和经济发展、改善民生、合理回应民众诉求才能从根本上缓解地区紧张局势。美国深耕中东数十年，在地区影响力方面具有相对优势。特朗普政府拟于2019年6月优先披露其巴以问题"世纪方案"中的经济部分，称其将是"提升巴勒斯坦民众生活水平""实现经济繁荣"的全方位经济计划，政治部分将在之后公布。[1]美国的中东政策依赖其海湾盟友作为主要的资金来源，而中东国家的技术短板客观上要求必须有其他国家的参与，才能让包括所谓"世纪方案"在内的各项重建或经济改革计划具有可行性。中国的基础设施建设能力、海外投资意愿和能力都是举世瞩目的，"一带一路"倡议更为各国共商、共建、共享提供了良好的平台和契机。因此，中国可以在国际合作促进中东安全形势向好发展方面做出更多贡献。

---

[1] "Part of 'Deal of Century' to be Released on June 25 in Bahrain", The Jerusalem Post, May 20, 2019, https://www.jpost.com/Arab-Israeli-Conflict/Part-of-Deal-of-Century-to-be-released-on-June-25-in-Bahrain-590125.

Y.4
萨勒曼的治国新方略及影响

陈 沫*

摘 要： 沙特阿拉伯的萨勒曼继承王位以来，为应对安全和国家发展的挑战，推行治国新方略，包括对王位继承、经济发展和社会文化等方面的一系列改革，以及改善对外关系和周边安全的一系列努力。新方略的实施在某些方面已取得初步进展，但仍面临诸多挑战。新方略的实施将是一个长期而曲折的过程，并且会对国际石油市场的变化、中东地区格局的重塑以及中沙合作产生影响。

关键词： 沙特阿拉伯 王位继承 经济改革 中东格局 中沙合作

沙特新国王萨勒曼自2015年即位以来，特别是2017年任命其儿子穆罕默德为王储兼第一副首相以来，国王父子密切配合，推出了一系列重大改革举措，其中包括调整与大国关系、干预周边冲突、稳定国内局势、放宽宗教禁锢、推动经济改革和多样化等，这些举措代表了萨勒曼国王治国的新方略，也被形容为沙特"新政"。萨勒曼治国新方略的出台并非偶然，而是沙特对所面临的一系列严峻挑战做出的必然和适时的反应，符合社会发展和经济现代化的基本方向，也直接关系到国家的前途命运。但是，推行这些治国理政的改革措施绝非易事，而是涉及从观念到体制层面的一系

---

* 陈沫，中国社会科学院西亚非洲研究所副研究员，中国社会科学院海湾研究中心秘书长，主要研究能源安全问题、西亚非洲经济问题。

列根本性的变革，因此将是一个长期而曲折的过程。萨勒曼国王的治国新方略，不仅规定了沙特发展的基本方向，而且也会对中东地区的形势发展和国际石油市场产生影响。沙特作为中国在中东地区开展"一带一路"合作的伙伴，其治国理政的改革也为中国与沙特的发展战略对接提供了重要的参考。

一 采取新方略的原因

2015 年萨勒曼国王即位以来，沙特的内政和外交都面临着王位继承、油价下跌、沙美关系恶化、伊朗崛起和社会压力等多方面的重大挑战。每一个挑战都关系沙特国家和王室的前途和命运，都是沙特新政权治国理政不可回避的挑战。对于这些挑战，沙特必须做出明确的回应，这就是萨勒曼家族推出治国新方略最基本的原因。

（一）应对继承问题的挑战

沙特自其开国君主阿齐兹·沙特国王于 1953 年去世以来，王位继承一直遵循沙特国王的遗嘱，在他的儿子辈亲王，也就是沙特的第二代亲王之间，按兄终弟及的方式进行，首相也由国王兼任。新国王即位后任命王储兼第一副首相和王储继承人兼第二副首相。按照这种制度，到萨勒曼国王为止，共有 6 名第二代亲王承袭了王位。然而，随着时间推移，第二代亲王年龄渐高，且多为年迈多病者，将王位传给第三代亲王的问题，被逐渐提上沙特王室的议事日程。在阿卜杜拉国王（2005～2015 年在位，享年 90 岁）在位期间，这一问题显得更加紧迫。83 岁的苏尔坦亲王和 79 岁的纳伊夫亲王均未登上王位，就先后在担任王储期间去世，而现任国王萨勒曼在登基时也已年近 80 岁。因此，为了应对因第二代亲王高龄而产生的王位继承问题，萨拉曼国王即位后便启动了将王位向第三代亲王转移的进程。其在即位后短短两年之内，通过多次更换王储和副首相，完成了第三代亲王继承王位的安排。首先任命其堂弟穆克林亲王为王储和第一副首相，任命其侄子纳伊夫为第二副首相，使第三代亲王进入王位继承的序列；然后又罢黜穆克林王储，任命纳伊夫为王储和第一副首相，并任命自己 1985 年出生的儿子穆罕默德为王储继承人兼第二副首相，实现第三代亲王全面进入继承序列；最后罢黜纳伊夫王储，让穆罕默德担任了王储兼第一副首相，从而明确了未来将把王位传给第三代亲王穆罕默德的继承安排。当然，任命安排还不是继承问题的最终解决，而仅仅是解决继承问题的关键性的第一步。穆罕默德王储的任命虽然得到负责推举国王的王室效忠委员会 34 名亲王中 31 人的支持，在沙特的政治体制下具有合法性，但穆罕默德毕竟较为年轻，从政经历较短，在一个长期习惯于老人执政的保守国家，其执政能力难免受到来自包括王室成员在内的多方面质疑。作为沙特的第一个即将继承王位的第三代亲王，穆罕默德王储还必须在老一代国王的扶植下，建立治国理政的业绩，树立自己的威望，证明自己的能力。因此，巩固执政地位和打击反对势力，也是穆罕默德王储不可回避的重大挑战。

（二）应对油价下跌的挑战

沙特经济对石油收入依赖至深。石油收入占其国内生产总值的 40% 以上，占财政收入的 70% 和出口收入的 90%。迄今为止，沙特的水、电、能源、基础设施的使用，非石油产业发展享受的免税政策，高福利水平的维持，都离不开政府石油收入的补贴。可以说，国际油价只要发生明显的波动，就会给沙特的经济带来全面的影响。从 2008 年开始的最近一轮低油价和油价大幅度波动，对沙特经济影响的严重性超过了以往。沙特 2010～2017 年的人均 GDP 增长已陷于停滞，浮动在 2 万美元左右。政府为弥补财政收入不足，大量抽回海外资产，仅 2014～2016 年海外资产缩水就超过 1/4。更加严重的是，这次低油价周期对沙特经济的影响可能更加具有长期性，甚至是致命性。一方面，欧佩克和一些国际石油专家均预测，世界石油需求可能在 2040 年前后增长到顶；另一方面，市场供给的竞争在加剧，特别是美国的页岩油和页岩气，以及俄罗斯的石油对市场造成的激烈竞争，正在进一步压缩沙特在国际石油市场上的份额。国际石油市场的这种长期结构性变化，无疑将进一步扩大国际石油供大于求的局面，从而对沙特石油经济走出困境蒙上了更加浓重的阴影。沙特要想避免油价下跌对经济造成的影响，以及可能由此产生的政治和对社会稳定的影响，只有主动改革，探索经济多样化的出路。而应对国际油价下跌的严重挑战和推动经济多样化改革，成为沙特王室的当务之急。

（三）应对伊朗做大的挑战

沙特与伊朗之间的教派矛盾由来已久，并逐渐上升为沙特高度重视的安全问题。伊朗是以伊斯兰教什叶派为国教的国家，沙特以伊斯兰教逊尼派的瓦哈比教派为国教，什叶派在沙特全国人口中的占比不到 15%，经济、政治、社会地位较低，对王室统治不满。逊尼派与什叶派关于伊斯兰教正统的争论已经有 1000 多年之久。20 世纪 70 年代，沙特的什叶派在伊朗什叶派的支持下，成立"阿拉伯半岛伊斯兰革命组织"，开始从事反对沙特政权的活动。1979 年什叶派大阿亚图拉霍梅尼在伊朗执政后，推行输出伊斯兰革命的对外政策。沙特什叶派多次举行示威活动，要求公平分配国内财富，终止对什叶派的歧视，停止向美国供应石油，支持伊朗伊斯兰革命，受到沙特政府的镇压，伊朗开始被沙特视为重大安全威胁。1980 年两伊战争爆发后，沙特支持逊尼派执政的伊拉克对伊朗的战争。1991 年海湾战争爆发后，美国对伊朗和伊拉克采取"双遏制"政策，使伊朗的地区作用受到削弱，沙特安全感有所提高。但 2003 年美国武力推翻伊拉克的萨达姆政权，以及随后奥巴马总统推行从中东地区撤出的战略，使伊朗在中东地区获得更大的竞争空间并迅速做大。在沙特的北方，伊拉克的什叶派通过大选获得政权，成为伊朗的友好国家，2018 年议会选举中亲伊朗的什叶派力量占明显优势；伊朗利用打击"伊斯兰国"的机遇，向叙利亚派兵将近 1.5 万人，实现了自波斯帝国以来大规模出兵阿拉伯世界的突破。在沙特的东方，伊朗从 21 世纪以来加紧发展核武器和导弹的计划，沙特的重要城市、油田、港口和工业区实际上已全部进入伊朗导弹的射程范围。在沙特的南方，伊朗支持也门的什叶派胡塞武装发动反政府军事行动。2018 年初胡塞武装向沙特包括首都在内多个方向发射多枚导弹并造成沙特人员伤亡。沙特最为担心的是，伊朗支持的胡塞武装在靠近沙特边界地区做大，从而形成类似真主党对以色列那样的长期威胁，穆罕默德王储把防止这种情况的发生作为其也门政策的红线。① 除此之外，伊朗还把影响力逐渐渗透到被沙特视为自身势力范围的海湾合作委员会内部，支持巴林的什叶派举行反对逊尼派王室统治的游行示威活动，并与卡塔尔发展合作关系。因此，从沙特的视角来看，伊朗及其支持下的伊斯兰教什叶派势力迅速发展，已经从北、南、东三个方向形成了对沙特的包围态势，甚至渗透到周边国家，形成了沙特眼中的重大安全挑战。2015 年，美国奥巴马政府为在中东地区脱身，与伊朗签署伊核协议。这个协议没有要求伊朗永久放弃发展核武器，也没有限制伊朗的导弹发展计划，使沙特对安全的焦虑有增无减。因此，为应对伊朗做大带来的安全挑战，萨勒曼国王将其当作沙特中东政策的一个基本方针。沙特积极支持美国退出伊朗核协议并恢复对伊朗的制裁；牵头组织埃及、摩洛哥、约旦、苏丹、科威特、阿联酋、卡塔尔等国联军，从 2015 年 3 月起进入也门，支持也门政府军与伊朗支持的什叶派胡塞武装作战；自 2015 年起，与以色列在针对伊朗的无人机和反导系统等方面开展秘密合作，在很大程度上，都是为了应对伊朗做大的安全方面的挑战。

（四）应对沙美关系的下滑

长期以来，沙美关系就是沙特对外关系的基石。沙特尽管与美国在意识形态方面完全不同，但一直是美国在中东地区的重要盟友，并依靠美国保障其安全利益。自从沙特石油开始出口到 21 世纪初，美国一直是沙特石油出口的主要市场。20 世纪 80 年代以来，美国曾经通过在两伊战争期间支持伊拉克对抗伊朗伊斯兰革命政权、向海湾合作委员会国家出售武器以遏制伊朗的影响、在海湾战争中打击伊拉克对科威特的入侵、对伊朗和伊拉克长期采

---

① Stephanie Flenders, "Saudi Crown Prince Mohammad Bin Salman Discusses Trump, Aramco and Other Topics", *Gulf News*, October 5, 2018, https://gulfnews.com/world/gulf/saudi/saudi-crown-prince-mohammad-bin-salman-discusses-trump-aramco-and-other-topics-1.2286705.

取"双遏制"政策、在沙特的邻国巴林部署第五舰队、在卡塔尔建立空军基地、发动伊拉克战争并摧毁萨达姆政权、迫使伊朗停止核武器研发工作等，对于遏制和削弱沙特在中东地区的主要地缘政治对手、维护沙特在中东地区的安全环境，发挥了关键性的作用。而沙特对于美国的战略意义则在于以下几点。一是在美国对抗伊斯兰革命后的伊朗、萨达姆统治下的伊拉克以及利比亚等地区反美国家中充当美国的盟友，甚至为美国在中东采取的一些军事行动提供军事基地并买单。二是维护美国石油进口的安全，其中既包括对美国石油的出口，也包括采取温和的油价政策，维护国际石油价格的相对稳定。三是大量购买美国武器，实现石油美元向美国的回流，并且成为美国最大的军售市场。2011～2015 年沙特从美国购买的武器占同期美国军火出口总额的 9.7%。[1] 美国与沙特的关系虽然受到过 1973 年阿拉伯石油组织对美国等国家实施石油禁运的短暂冲击，但总体上保持着稳固的联盟关系。但从 21 世纪第二个十年以来，随着美国页岩油和页岩气的快速发展，美国对沙特的石油进口依赖趋于减少，2012～2017 年美国从中东的石油进口量从1.08 亿吨下降到 8600 万吨，美国在沙特的石油安全利益大大下降。从奥巴马总统时期开始，美国在中东地区开始采取战略收缩，并且把战略重心向亚太地区转移。为此，在奥巴马担任美国总统期间，美国不顾沙特和以色列等盟国的严重不满，与伊朗签署了伊核协议，导致沙特与美国的关系出现下滑，使沙美同盟关系出现裂痕。

（五）响应社会改革的呼声

在沙特，对社会改革的呼声日趋高涨。因为过于严格的宗教限制随着社会的发展已经不能适应时代的发展，也不利于吸引外国资金和技术。在沙特的一些外国专家及其家属因难以长期承受沙特寂寞的文化气氛而离开。而沙特的年青一代随着互联网的影响更加渴望开放的社会交往，沙特的互联网用

---

[1] 《美国与沙特关系的历史扫描》，搜狐网，2017 年 10 月 16 日，http://www.sohu.com/a/259819515_817461。

户和"推特"等社交软件使用者比例位居世界前列。穆罕默德王储比老一代更能够感受到新的时代气息，所以他愿意在沙特推动对社会的改革，他在2018年接受采访时谈到，要继续社会改革，让沙特的生活质量和生活风气对外国人更加具有竞争力。① 因此，沙特的社会改革虽然仍然有阻力，但也必须面对。

二 落实新方略的进展

萨勒曼父子执政的时间虽然还不长，但在其积极推动之下，治国新方略的各项措施不断向前推进，取得了一定的进展。其中，穆罕默德王储在巩固其执政地位、改善与美国的关系等方面的进展比较明显，在经济改革和社会改革方面也采取了一些措施，取得了初步的进展。

（一）王储的执政地位逐渐稳固

首先，经济、军事权力集中于王储手中。为了巩固穆罕默德王储的执政地位，萨勒曼国王打破了长期以来沙特王族内部按照家族分权制衡的成规，通过一系列行政和法律手段，将军权、经济和重要人事权统统归于王储直接掌控之下，为确保政令畅通和政策的稳定性、连续性提供了制度性的保障，形成了以萨勒曼父子为中心的权力架构。早在2015年，穆罕默德就被任命为国防大臣和经济与发展事务委员会主席，掌握了国家的军事和经济大权。此后，为了进一步加强对军队的控制，萨勒曼国王又把由前国王阿卜杜拉的儿子指挥的国民卫队也划归国防部管理，要求国民卫队的任何调度必须向穆罕默德王储请示。国民卫队人数超过12万人，与国防军规模相当，由沙特王室最忠实的四大部落成员组成，负责保卫圣地麦加、麦地那和主要的石油设施，曾由前国王阿卜杜拉亲自指挥，后交由阿卜杜拉国王的儿

---

① Stephanie Flenders, "Saudi Crown Prince Mohammad Bin Salman Discusses Trump, Aramco and Other Topics", *Gulf News*, October 5, 2018, https://gulfnews.com/world/gulf/saudi/saudi-crown-prince-mohammad-bin-salman-discusses-trump-aramco-and-other-topics-1.2286705.

子指挥。经过这一调整，沙特全国的武装力量就被全部置于穆罕默德王储的指挥之下。2018 年 2 月，穆罕默德对总参谋长以及陆军、防空军和战略导弹部队的司令进行了调整，提拔了一批青年军官，牢牢掌握了全国军事大权。

其次，打压国内反对派。2016 年，在沙特国内有一定影响力，并以批评王室政权著称的沙特什叶派阿亚图拉尼米尔被处决。2017 年，反政府什叶派势力聚居的城镇阿瓦米亚被武力摧毁，并重新建镇。2017 年 11 月至 2019 年 1 月，沙特开展由穆罕默德王储挂帅的反腐行动，总共超过 200 名王室成员和高官被拘捕，其中很多人曾对穆罕默德王储的治国理政举措发表微词。这些人多被课以巨额罚款，反腐行动总共追回各类资产 1060 亿美元。据外电评论，"截至（2017 年）11 ~ 12 月的反腐行动，穆罕默德已对王族内部所有潜在的威胁进行了清除"[1]。还有评论认为，从反腐对象名单来看，萨勒曼父子此举意在进一步剪除潜在的最高权力觊觎者，树立绝对权威，并赢得草根阶层支持，为后续推进内外新政铺平道路。[2]

再次，打击在国外的反对派。2018 年，发生了"卡舒吉事件"。尽管这一事件在短时间内对沙特形象造成了负面影响，特别是西方媒体对这一事件的负面反应强烈，但是由于沙特在大国外交中改善了与美国的关系，避免了可能由此酿成的更严重后果。

（二）经济改革措施逐步落实

2016 年 4 月，沙特发布了《沙特 2030 愿景》，并且开始推动经济多样化发展的改革。为此，沙特为吸引外国投资，推出了一批经济多样化的建设项目和一系列经济体制改革举措。最引人注目的超大型建设项目有两个。一

---

[1] Sissi Cao, "How Saudi Arabia's 33-Year Prince MBS Rose to Power: A Visual Explainer", January 21, 2019, https://themuslimtimes.info/2019/01/21/how-saudi-arabias-33-year-old-crown-prince-mbs-rose-to-power-a-visual-explainer/.

[2] 付冰冰：《沙特新政下的经济时局》，《人民周刊》2018 年第 15 期，http://renminzhoukan.1she.com/11622/386520.html，最后访问日期：2019 年 2 月 22 日。

个是 2017 年 10 月由穆罕默德王储宣布投资 5000 亿美元的新未来项目（Neo-Mostaqbal，Neom），该项目计划在亚喀巴湾东部地区 2.65 平方公里范围内，于 2025 年前建立由大型工业区及 12 座小城镇组成的高科技城市群，以能源、水、生物科技、食品、先进制造业和娱乐业为重点投资领域。另一个是 2018 年 3 月沙特主权财富基金与日本软银启动的世界最大太阳能发电项目，该项目计划投资总额 2000 亿美元，到 2030 年在沙特建成发电能力达 200 吉瓦的太阳能电站。其中，4 吉瓦的第一期项目已经规划并获得批准。

经济体制改革主要涉及增加税收和取消补贴，以及大型国有企业的私有化。政府近年已不同程度地提高了汽油、用水和用电的价格，2018 年开始征收增值税。穆罕默德王储 2018 年接受采访时指出，2019 年将对约 20 家海水淡化、能源、农业、体育企业实行私有化。私有化的基本方式是在证券交易所实行 IPO，把大部分股权出售给私人，政府保留少数股权，实际上是有政府参与的混合所有制。私有化计划的最大热点是沙特计划出售沙特阿美石油公司 5% 的股权。穆罕默德王储在 2018 年接受采访时明确指出，沙特阿美石油公司的现在估值为 20000 亿美元，将在 2020 年底或 2021 年初完成沙特阿美石油公司 5% 股权即 1000 亿美元 IPO。为了确保沙特阿美石油公司在失去沙特政府完全控制后，影响另一家国有企业沙特基础石化公司的原料供应，沙特已在 2019 年实现了这两大国有企业的兼并，具体办法是把沙特主权财富基金公共投资基金在沙特基础工业公司中的 70% 占股转让给沙特阿美石油公司，从而使后者成为拥有石油工业上下游产业的世界最大的综合性石油公司。这一兼并为沙特阿美石油公司 5% 股权的 IPO 做好了准备。与此同时，此举也为沙特石油企业今后大力拓展海外的石油工业下游产业和石化产业，聚集了更强大的实力。《沙特 2030 愿景》把鼓励大型企业向海外扩展，使沙特成为全球投资强国作为愿景的三大支柱之一，其主要意图是大力拓展沙特石油和石化企业在海外的投资。而组建具有石油供应和石化生产综合实力的大型企业，对于沙特石油石化企业在"走出去"的同时保持拥有上游领域和下游领域的完整产业链，无疑具有战略意义。

（三）周边政策出现转变迹象

在处理周边安全的问题上，萨勒曼治国新方略起初单纯强调使用武力和制裁的作用，由于这种做法没有能够取得预期的效果，开始出现了寻求谈判缓解冲突的迹象。这种迹象在也门冲突和卡塔尔断交危机上有所表现。为了应对伊朗做大和什叶派力量在沙特周边的发展，从 2015 年开始，沙特组织由巴基斯坦和另外 8 个阿拉伯国家参加的多国联军，对也门进行军事干预，在美国提供的情报和战机空中加油等支持下，支持也门政府军与伊朗支持的什叶派胡塞武装作战。但军事干预没有取得决定性进展，反而引来胡塞武装对沙特首都的多次导弹袭击，以及大量的也门平民伤亡和严重的饥荒，遭到国际上道义的谴责。也门战事的僵持不下，与美国在中东战略收缩的政策发生了矛盾，美国对沙特结束也门战争的压力增大。2018 年 11 月 13 日，美国国会众议院以"卡舒吉事件"为由，通过了停止美军参与沙特在也门军事行动的决议，从而停止了为沙特联军提供空中加油的支持。在军事干预难以奏效以及美国和国际社会的压力下，沙特开始转变单纯依靠军事打击解决问题的方针，寻求通过谈判解决问题。2018 年 12 月 13 日，联合国主持的也门和谈在瑞典结束。也门政府和胡塞武装谈判代表在涉及停火、战俘交换、港口城市荷台达控制权等重要议题上达成一致。2017 年 6 月，沙特等国家以卡塔尔"破坏地区安全环境"为由，与卡塔尔断交，并随后对卡塔尔进行了经济制裁。但 2019 年 5 月萨勒曼国王向卡塔尔埃米尔塔米姆发出亲笔信，邀请卡塔尔埃米尔参加 5 月 30 日在沙特麦加召开的两场海合会紧急峰会，被舆论界认为是双方自断交以来第一次最高层接触。

（四）大国关系得到明显改善

恢复与美国的同盟关系，是沙特新领导人对外政策的重点。在特朗普总统执政后，沙特利用其高度重视经济利益和恢复对伊朗制裁的决心，采取多管齐下的办法，促进沙美关系走向恢复。首先，沙特向美国直接输送更多的经济利益，特别是进一步扩大购买美国军火。2017 年 5 月与美国签下 1100

亿美元军火采购大单，以此显示沙特对美国的战略价值。2018 年穆罕默德王储称，在今后 10 年的时间里，沙特 60% 的武器都要从美国采购。① 这些举措进一步强化了美国对沙特军火市场的依赖，部分冲销了美国减少对沙特能源依赖对双边关系的负面影响，重新把沙美两国的经济和战略利益捆绑在一起。其次，沙特积极支持美国退出伊核协议并恢复对伊朗的制裁，参加美国组织的地区军事演习，支持美国拼凑以反对伊朗为目的的地区军事联盟，在反对伊朗问题上实现了战略利益的重新对接。最后，沙特看准了中东地区地缘政治格局正在多极化的趋势，开展多方位大国外交，撬动美国与沙特关系的发展。萨勒曼国王 2017 年 10 月亲访俄罗斯并签署购买俄罗斯武器大单，从而倒逼美国提高对沙特的重视。2019 年穆罕默德王储连续出访巴基斯坦、印度和中国，延续前任国王阿卜杜拉开启的"向东看"的方式，签署大量经贸合作协议，展示与世界大国开展全方位外交的姿态，让美国不能轻视与沙特的战略合作。这些举措使沙美关系得到明显的恢复。与此同时，沙特通过加强与俄罗斯、中国和其他亚洲国家的关系，也使沙特的对外关系朝着更加平衡的方向发展。

（五）社会改革赢得民众欢迎

为了扭转传统治理过于保守的宗教气氛，沙特采取了一些世俗化和有利于教派和谐的举措，特别是将一些宗教活动场所以及伊斯兰教以前的历史遗迹开辟为旅游景点，允许举办时装周，允许商业性电影院重新营业。女性内衣门店得以开办，女性得以单独驾车。男方在向法庭提出离婚时被要求必须通知女方。沙特在 2018 年以来，还任命了女性担任驻美国大使和教育部副大臣。从 2017 年起也对什叶派也采取了一些怀柔政策，包括任命什叶派人士担任内阁官员、允许什叶派参加国家足球队、重建被武力摧毁的阿瓦米亚镇等。这些社会改革措施虽然还很不充分，但顺应了社会现代化的大趋势，

---

① Stephanie Flenders, "Saudi Crown Prince Mohammad Bin Salman Discusses Trump, Aramco and Other Topics", *Gulf News*, October 5, 2018, https：//gulfnews.com/world/gulf/saudi-crown-prince-mohammad-bin-salman-discusses-trump-aramco-and-other-topics-1.2286705.

受到占沙特人口 2/3 的 30 岁以下年轻人以及妇女、什叶派人士的积极评价。穆罕默德王储 2018 年在评价社会改革时曾说，"过去一年的成就，比此前 30 年的成就还要多"。①

三 新方略面临的挑战

萨勒曼国王治国新方略所要解决的问题，不能被简单地看作传统治国方略的改良，而是不可避免地要涉及沙特走向和平与发展的一些根本性的变革，涉及体制和观念的深刻转变，以及利益格局的重大调整甚至重新洗牌。因此，这种改革不可能一蹴而就，而是一个充满风险并需长期探索的过程。沙特如果按照现在的方向，继续推行治国新方略，至少面临着三个方面的重大挑战。

（一）如何实现石油地租经济的顺利转型

沙特是一个高收入石油资源国，但高收入的来源主要并不是较高的劳动生产率或是技术创新，而是沙特油田天然具有的优越条件和超低开采成本。从这种超低价开采成本与国际油价之间获得的收入，实际上是一种地租收入。② 石油地租收入在带来巨大财富的同时，也给经济体制与民众观念造成了一些扭曲和误导。王室和政府作为巨额石油地租收入的掌控者和分配者，得以对经济和社会发展进行高度干预。一方面，广泛采用补贴、信贷和免税等方式，扶植民族经济的发展；另一方面，为本国国民提供高福利的生活待遇，换取社会和政治稳定。在政府的高度干预下，沙特企业的市场竞争意识和竞争能力都比较弱，国民则因高福利政策而收入较高，且抱有依赖型、福利型和消费型心态，往往缺乏从事艰苦与创造性工作的动力和技能。《沙特

---

① Stephanie Flenders, "Saudi Crown Prince Mohammad Bin Salman Discusses Trump, Aramco and Other Topics", *Gulf News*, October 5, 2018, https：// gulfnews. com/world/gulf/saudi/saudi-crown-prince-mohammad-bin-salman-discusses-trump-aramco-and-other-topics-1. 2286705.

② 杨光：《石油地租经济及西亚与中国的合作潜力》，《西亚非洲》2016 年第 5 期。

2030 愿景》文件强调资源配置从依靠政府干预向依靠市场支配的方向转变，政府财政收入从依靠石油收入向扩大非石油收入的方向转变，所有制结构从国家所有向扩大私人所有的方向转变，投资资金来源从基本依靠本国资本向重视吸引外资的方向转变，劳动就业从依靠外籍侨工向劳动力"沙特化"的方向转变。落实这些转变意味着要让市场在资源分配中发挥更大作用，而政府则需要减少能源、教育、医疗等方面的补贴，增加对企业的税收，减少国民的福利，这无疑会触动在石油地租经济条件下形成的利益格局，遇到来自社会既得利益阶层的阻力。2017 年 11 月 6 日，11 名王室成员聚集在利雅得省政府门前，要求萨勒曼国王取消停止为王室成员支付水电费的命令，经济调整的难度由此可见一斑。如何能够让习惯于高福利的沙特国民与低成本的外籍侨工在劳动力市场上自由竞争，实现劳动力"沙特化"的目标，而不影响沙特的社会稳定，也是改革中棘手的课题。因此，沙特领导人对于经济改革目标的实现，与其说是胸有成竹，不如说是尽其所能。穆罕默德王储曾经表示，经济改革发展的目标"全部实现是好事，超额实现更好。如果实现 50%，也是好事，总比什么都做不成好"①。因此，石油地租经济的转型，可能不会一帆风顺。

（二）如何实现伊斯兰社会文化的现代化

沙特的社会文化长期被浓重的宗教保守气氛所支配。无论王室、宗教权威、上层人士，还是大部分国民，都信奉伊斯兰教中以保守著称的瓦哈比教派。② 伊斯兰教瓦哈比教派既是沙特政治制度的重要基础，也是大多数沙特人的思想意识形态。从政治体制上看，沙特王族的统治始建于王族与瓦哈比教派结盟的基础上之，沙特至今仍然实行政教合一的政治制度，实行伊斯兰教法。国王既是国家的政治领导人，也是瓦哈比教派的教长。沙特专门从事

① Stephanie Flenders, "Saudi Crown Prince Mohammad Bin Salman Discusses Trump, Aramco and Other Topics", *Gulf News*, October 5, 2018, https：//gulfnews.com/world/gulf/saudi/saudi-crown-prince-mohammad-bin-salman-discusses-trump-aramco-and-other-topics-1.2286705.

② 王铁铮、林松业：《中东国家通史：沙特阿拉伯卷》，商务印书馆，2000，第 291 页。

宗教事务的神职人员超过 1 万人。在官方，有"高级乌里玛会议"等机构，专门负责为政府提供宗教咨询；在民间，有"劝善惩恶协会"及其在全国超过 2000 多个的大小分会。被称作"穆陶威"的宗教警察受这些机构的指挥，对全国穆斯林遵守伊斯兰教的行为方式进行监督。[①] 因此，伊斯兰教在维护沙特王族统治的合法性、沙特的社会稳定以及规范经济生活等诸多方面，都发挥着基础作用，并且建立了严密的体制机制保障。萨勒曼治国新方略迄今所采取的一些世俗化措施，对于其庞大和无所不在的宗教体系来说，只是触动了一点皮毛。伊斯兰教与王族利益和政治制度的深度融合，以及世俗化改革可能带来的社会和政治稳定的风险，决定了沙特社会改革的局限性。穆罕默德王储在谈论社会改革时，总是同时强调维护稳定的重要意义。他的基本观点是，社会改革要消除极端主义和恐怖主义，但不能违反伊斯兰教，只能以较小的代价进行，更不能导致内战。[②] 因此，沙特社会改革只能缓步推进，社会改革不可能超越社会和政治稳定的需要。

（三）如何在错综复杂的地缘政治环境中恢复周边的稳定

21 世纪以来，中东地区格局正处于深刻的变化之中，特别是自奥巴马总统执政时期开始，美国"一超独霸"的格局结束，开始从中东进行战略收缩，俄罗斯借叙利亚内战和打击"伊斯兰国"强势重返中东，伊朗、沙特、土耳其等地区大国在地区地缘政治中的作用上升，中东格局朝着多极化方向发展，但新的格局并没有形成，地区内外的多个国家和多种力量相互博弈，没有谁可以主导地区格局的发展。无论是叙利亚内战还是也门内战，都是这种多方博弈的体现，短期内没有彻底解决的前景，中东正处在一个长期动荡的时期。面对高度错综复杂的周边环境，探索安全与稳定的道路并不平坦。事实已经证明，简单依靠动用武力和制裁，很难迫使对手屈服；也门交

---

① 王铁铮、林松业：《中东国家通史：沙特阿拉伯卷》，商务印书馆，2000，第 298 页。

② 参见 Stephanie Flenders, "Saudi Crown Prince Mohammad Bin Salman Discusses Trump, Aramco and Other Topics", *Gulf News*, October 5, 2018, https：//gulfnews.com/world/gulf/saudi/saudi-crown-prince-mohammad-bin-salman-discusses-trump-aramco-and-other-topics-1.2286705。

战双方在战场上未分高低，落实和平协议的道路也布满荆棘。沙特与卡塔尔之间的关系能否因萨勒曼国王发出的邀请而走向缓和，尚不可知。在中东地区，由于冲突的直接当事方往往又会受到战略图谋各异的地区其他大国或域外大国的支配，沙特周边地区恢复稳定仍然存在大量的变数和不确定性，短期之内可能难以实现。

四 新方略可能产生的影响

沙特阿拉伯是主要石油出口国、是中东地缘政治的主要角色，也是中国在中东地区共建"一带一路"的重要伙伴。沙特新领导人推行治国新方略，也会对沙特阿拉伯在这三个方面的作用产生影响。

（一）对国际石油价格的影响

沙特拥有世界最大的石油出口量和最多的剩余产能，是一个可以通过调节石油供应量对国际油价施加有效影响的国家。从萨勒曼治国新方略的需要来看，沙特需要获得更多的石油美元收入，以支持《沙特 2030 愿景》的项目建设和维护社会稳定。因此，自 2014 年以来，采取了支持"限产促价"的立场。在国际油价经历了 2015～2016 年的暴跌之后，沙特促使欧佩克与一些非欧佩克国家达成限产促价协议，使年平均国际油价（西得克萨斯中质油）从 2016 年的平均每桶 43.34 美元回升到 2018 年的每桶 64.9 美元。但这一价位距离满足沙特 2019 年财政预算需要的每桶 80～85 美元的水平①，仍有一定距离。因此，2019 年初沙特的限产促价努力仍然没有停止，而是通过限产使油价逐渐靠近所需要的水平。但是，沙特的"限产促价"也是受到制约的。油价过高不仅会加快常规石油替代产品的发展，从而导致世界石油"需求到顶"之日过早到来，而且也会影响沙美同盟关系。美国总统

---

① 《国际货币基金组织：沙特阿拉伯需要 80～85 美元的油价来平衡 2019 年预算》，汇通网，2019 年 2 月 12 日，https://www.fx678.com/C/20190212/201902122155032290.html。

特朗普上台后，已多次向沙特提出降低油价的要求，这是沙特为维持沙美同盟关系而必须考虑的因素。如果说融资问题上还有可能通过举借国际贷款或调整预算的方式加以解决的话，预防世界石油"需求到顶"和维护与美国的战略同盟关系则是新方略的底线。因此，在油价的问题上，沙特尽管必须在一些相互矛盾的需要之间取得平衡，但经过对孰轻孰重的一番权衡，在油价问题上可能仍会继续坚持温和派的立场，对于维持国际油价的相对合理和稳定，发挥积极作用。

（二）对中东地区格局的影响

中东地区格局正处在重新塑造的过程中，在美国"一超独霸"的格局解体以后，目前大致形成了以俄罗斯、土耳其和伊朗为一方，以美国、沙特为另一方的两大阵营，这两大阵营正在围绕叙利亚冲突、也门冲突、伊朗核协议问题等，继续进行博弈。沙特新领导人执政以来，虽然寻求对外关系更加平衡，在经济发展方面"向东看"，但"安全靠美国"的方针并没有改变，特别是在对抗伊朗的问题上把美国当作重要的靠山。沙特新领导人对沙美关系的成功修复，重新巩固了一度受到削弱的沙美同盟关系。

与此同时，沙特也是中东地区伊斯兰教逊尼派阿拉伯国家的领军国家。特别是沙特拥有强大的资金优势和援助手段，可以对埃及、苏丹、也门等经济比较困难的地区大国施加影响，并且与这些国家的人口和军事实力形成互补，把它们拉入美国和沙特主导的集体安全体系中来。目前，沙特、埃及、苏丹等国的经济发展重心都在向红海周边地区转移。也门也是一个红海国家，红海地区很可能成为未来沙特与这些国家开展合作的重要依托。

因此，沙特在中东地区格局的重塑过程中，将发挥不容忽视的作用，很可能会成为美国构建中东集体安全体系的主要支持者和推动者。

（三）对中沙合作的影响

萨勒曼国王的治国新方略，在对外关系上重视"向东看"，在经济上推动市场化改革并提出重大发展项目，在周边问题上也出现了通过谈判解决冲突的转变迹象，对于中沙对接发展战略和共建"一带一路"，将提供重要的参照，带来更多合作机遇。中沙有可能在优势互补和合作共赢的基础上，在以下方面加强合作。

第一，进一步深化中沙能源合作。沙特与中国在石油贸易层面的合作已经非常紧密，双方互为主要的石油供应来源和主要的出口市场。沙特在新政下推行石油工业私有化并鼓励向海外石油下游产业及石化工业投资，为双方的能源合作从贸易领域向相互投资领域深化提供了新的机遇。一方面，沙特阿美石油公司出售股权，为中资企业购买其股权，打入沙特石油工业上游领域提供了可能。另一方面，沙特阿美石油公司拓展海外投资，也为中国利用沙特投资，发展建设石油储存、运输、炼油和石化产业，提供了更多的机会。

第二，推动多层次宽领域合作。与一般发展中国家相比，沙特拥有雄厚的资金，是开展"一带一路"合作的一片沃土。除传统工业化和基础设施合作以外，具有开展多层次和宽领域合作的巨大潜力。《沙特2030愿景》提出把沙特打造为连接亚洲、欧洲和非洲的国际贸易与金融枢纽，重点发展光伏发电、非油气矿业的生产和加工、核能等新能源，卫星和航天、信息通信和智慧城市建设。"NEOM新城"项目计划建立自由经济区并发展金融业和高科技产业。这些新规划和新项目所代表的合作层次与领域，远远超过了一般的发展中国家，为中沙打造多层次宽领域的"一带一路"合作典范，提供了可能。

第三，推动通过谈判解决冲突。沙特新一代领导人在错综复杂的地区环境中，正在逐渐认识到通过谈判解决冲突的重要意义。无论在也门问题、卡塔尔问题，还是在巴以问题上，沙特领导人近年都开始释放出通过谈判解决冲突的信息。中国一直把谈判解决冲突作为解决中东问题的"黄金法则"，在推动谈判解决中东地区冲突方面，可能存在与沙特合作的机会。

Y.5
巴以问题的新进展与和平前景

摘　要： 美国特朗普政府宣布承认耶路撒冷为以色列首都并筹划推出其解决巴以问题的"世纪交易"后，中东剧变以来被边缘化的巴以问题重回国际社会的视野。由于美国政策的调整和地区地缘政治格局的变化，以及巴勒斯坦内部分裂的进一步固化，巴以和平的前景更为暗淡，巴勒斯坦实现独立建国的梦想更为艰难。

关键词： 巴以问题　世纪交易　哈马斯　法塔赫　耶路撒冷

一　巴勒斯坦面临的外部环境恶化

特朗普就任美国总统后，颠覆了美国长期以来执行的解决巴以问题的政策，奉行更为偏袒以色列的政策。中东剧变后，伊朗在中东扩大影响力，海湾阿拉伯国家为应对伊朗的威胁，调整了解决巴以问题的政策，不再视巴以问题为首要问题。巴勒斯坦面临的外部环境恶化，承受着来自多方的压力。

（一）美国的"世纪交易"与巴勒斯坦的反制措施

2019年5月14日，美国驻以色列大使馆在耶路撒冷正式开馆。在完成这一具有标志性的举措的同时，美国在政治、经济、安全等领域全方位向巴

勒斯坦施压，迫其重回谈判桌，接受美国即将推出的解决巴以问题的"世纪交易"。

首先，将巴以问题迟迟得不到解决的责任推向巴勒斯坦方面。2017年12月18日，美国常驻联合国代表黑莉在安理会发言时说："帮助巴勒斯坦人，美国比任何其他国家做的都多。从1994年到现在，我们通过双边经济援助、安全援助和人道援助，已经给了巴勒斯坦超过50亿美元。同期，美国还向联合国近东巴勒斯坦难民救济和工程处提供了41亿美元，用于其在加沙和约旦河西岸以及约旦、叙利亚和黎巴嫩的项目。"[1] 特朗普认为，美国以往对巴勒斯坦的援助"没有得到感谢和尊重"，并指责巴勒斯坦"甚至不想与以色列谈判达成一个期待已久的合约"。为此，特朗普要用"新方式解决以冲突的开始"，"不能重复过去失败的战略"。[2] 2018年9月10日，美国国务院宣布，关闭巴勒斯坦解放组织驻华盛顿办事处。[3] 巴解组织是国际社会公认的"巴勒斯坦人民唯一合法代表"，美国虽未承认巴勒斯坦国，但允许巴解组织从1994年起在华盛顿设立办事处。关闭巴解组织办事处意味着美国试图动摇巴解地位的根基，即如果巴勒斯坦不回到谈判桌，巴解将不再被认为是巴勒斯坦人民的唯一合法代表，只有那些愿意回到谈判桌的人才能代表巴勒斯坦人，这是美国对阿巴斯及其领导的巴勒斯坦民族权力机构、巴解组织和法塔赫施加的强大政治压力，阿巴斯及其领导的巴解组织、法塔赫如果继续拒绝回到谈判桌，将在未来解决巴以问题的谈判中出局。

其次，全面切断对巴勒斯坦的援助，试图激起巴勒斯坦民众对巴勒斯坦民族权力机构的不满，迫使阿巴斯妥协。国际援助是巴勒斯坦民族

---

[1] Herb Keinon, "Trump's Twitter Message to Palestinians and Israel: No Free Lunches", January 4, 2018, http://www.jpost.com/Israel-News/Trumps-Twitter-message-to-Palestinians-and-Israel-No-free-lunches-532744, accessed January 4, 2018.

[2] Herb Keinon, "Trump's Twitter Message to Palestinians and Israel: No Free Lunches", January 4, 2018, http://www.jpost.com/Israel-News/Trumps-Twitter-message-to-Palestinians-and-Israel-No-free-lunches-532744, accessed January 4, 2018.

[3] 《巴勒斯坦谴责美国关闭巴解组织驻华盛顿办事处》，新华网，2018年9月12日，http://www.xinhuanet.com//world/2018-09/12/c_129951490.htm，最后访问日期：2018年9月14日。

权力机构的主要收入来源之一。联合国近东巴勒斯坦难民救济和工程处是最主要的国际对巴援助机构，每年总支出 12 亿~13 亿美元，美国和欧盟是最大的援助方。2018 年 1 月 16 日，美国国务院宣布冻结当月计划向联合国近东巴勒斯坦难民救济和工程处拨款 1.25 亿美元中的 6500 万美元，使其面临成立 70 年来"最糟糕的财政危机"。① 8 月 31 日，美国国务院宣布，经过详细审核，决定不再向联合国近东巴勒斯坦难民救济和工程处提供资金。原因是该机构存在预算赤字，多年来未能调动各国合理分担开支，而其资金受益方却越来越多，这种做法难以持续，存在着"不可救药的缺陷"。② 在停止向国际对巴勒斯坦援助机构拨款的同时，美国重新审议了 2017 财政年度对巴勒斯坦约旦河西岸和加沙地带的双边援助计划，鉴于"国际社会援助加沙面临多种挑战"，特朗普总统下令停止向巴勒斯坦提供 2 亿多美元的援助，把这笔资金转用于其他"高优先级"项目，"确保资金用途符合美国国家利益和对美国纳税人有益"。③ 2019 年 2 月 1 日，美国官员表示，应巴勒斯坦方面请求，美国国际开发署停止对巴方一切援助，在约旦河西岸和加沙地带的所有援助全部停止，包括对巴勒斯坦民族权力机构每年 6000 万美元的安全援助。美国国际开发署 2017 年向巴勒斯坦提供了大约 2.68 亿美元援助，2018 年计划援助资金大幅减少。④

再次，与以色列和阿拉伯国家密切磋商，推动"世纪交易"的出笼。

---

① John T. Huddy, "UNRWA: U. S. Aid Cut 'Worst Financial Crisis' in Agency's History", The Media Line, January 17, 2018, http://www.themedialine.org/news/unrwa-u-s-aid-cut-worst-financial-crisis-agencys-history/, accessed January 19, 2019.

② 《巴勒斯坦各方谴责美国停止向联合国巴勒斯坦难民救济机构提供资金》，新华网，2018 年 9 月 1 日，http://www.xinhuanet.com/world/2018 – 09/01/c_ 1123365723.htm，最后访问日期：2018 年 9 月 2 日。

③ 《搞"政治要挟"美国掐断对巴勒斯坦援助金》，新华网，2018 年 8 月 26 日，http://world.huanqiu.com/article/2018 – 08/12832411.html? agt = 15438，最后访问日期：2018 年 8 月 28 日。

④ 《应巴勒斯坦方面请求 美国停止对巴一切援助》，新华网，2019 年 2 月 3 日，http://www.xinhuanet.com/world/2019 – 02/03/c_ 1210054095.htm，最后访问日期：2019 年 2 月 4 日。

在过去的一年多时间内,美国负责起草"世纪交易"及与相关国家沟通的库什纳、格林布拉特等关键人物多次访问以色列及相关的阿拉伯国家,就"世纪交易"的内容在极小范围内沟通。2019年6月25日至26日,美国和巴林在巴林首都麦纳麦合办题为"和平促繁荣"的经济研讨会。美国政府透露,美方将把"世纪交易"中关于经济问题的内容交由会议讨论,主要涉及在巴勒斯坦投资和兴建基础设施。

针对特朗普政府解决巴以问题的政策和举措,阿巴斯领导的巴勒斯坦民族权力机构、巴解组织和法塔赫在坚决拒绝美国的"耶路撒冷政策"和"世纪交易"的同时,寻求国际社会的支持。

一是不再接受美国作为解决巴以问题的唯一调解人的地位,暂停与美国的接触。2018年1月14日,阿巴斯在拉姆安拉召开的巴解组织中央委员会紧急会议上重申,巴方不接受美国参与调解巴勒斯坦和以色列之间的冲突,"不再认可美国是调解人"。阿巴斯强调:"我们不会让美国的霸权主义得逞。我们会考虑解决巴以纷争的多种解决方案,但不包括美国。"[1] 2018年1月,美国副总统访问中东,原计划要同阿巴斯见面,但阿巴斯临时取消了彭斯对巴勒斯坦的访问。

二是推动暂停承认以色列。2018年1月14~15日,巴解组织中央委员会召开两天的紧急会议,就对以政策及巴以和平做出战略性决定。会议决议责成巴解执委会暂停承认以色列直到其承认巴勒斯坦国。[2] 2月3日,巴解执委会决定落实中央委员会的决议,要求巴勒斯坦政府立即全面断绝与以色列的接触。2月6日,巴勒斯坦宣布组建部长级委员会,负责断绝与以色列在政治、管理、经济、安全等领域的联系,研究与以色列政府脱钩的具体措施。同时,成立另一个委员会,研究使用其他货币或发行本国货币替代巴勒

---

[1] 《阿巴斯重申拒绝美国调解巴以矛盾》,新华网,2018年1月15日,http://www.xinhuanet.com/world/2018-01/15/c_1122260736.htm,最后访问日期:2018年1月16日。

[2] Adam Rasgon, "Erekat: Palestinians Should Suspend Recognition of Israel in Response to Trump", March 6, 2018, http://www.jpost.com/Arab-Israeli-Conflict/Erekat-Palestinians-should-suspend-recognition-of-Israel-in-response-to-Trump-544366, accessed March 12, 2018.

斯坦目前使用的货币——以色列新谢克尔。① 5 月 14 日，美国驻以色列大使馆在耶路撒冷正式开馆，巴以间爆发严重冲突，巴勒斯坦人死伤惨重。5 月 15 日，巴勒斯坦全国委员会责成巴勒斯坦国总统阿巴斯在两天内撤销承认以色列。②

三是呼吁国际社会建立联合国主持的解决巴以问题的多边机制。阿巴斯强调，巴勒斯坦人相信建立一个多边机制能更好地反映当今世界的现实。2018 年 1 月 11 日，阿巴斯在拉姆安拉会见荷兰外交大臣泽尔斯特拉时强调，必须建立一个由联合国主持的国际机制，来结束巴以争端。③ 2018 年 1 月 22 日，阿巴斯访问欧盟总部，在会见莫盖里尼时，呼吁欧盟正式承认巴勒斯坦国家。④ 1 月 31 日，阿巴斯会见到访的德国外长加布里尔，呼吁欧盟为促进巴以和平发挥更多作用。⑤ 2018 年 2 月，阿巴斯访问俄罗斯，寻求俄罗斯的支持，希望俄罗斯总统普京在中东和平进程中"发挥更大、更有意义的作用"。⑥ 2018 年 1 月，阿巴斯呼吁非盟及其成员国在巴以和平进程的多边机制中发挥作用。⑦

① 《巴勒斯坦政府启动与以色列断绝关系程序》，新华网，2018 年 2 月 7 日，http://www.xinhuanet.com/world/2018 – 02/07/c_ 1122380805.htm，最后访问日期：2018 年 2 月 9 日。

② 《以巴血腥冲突 2400 多人死伤》，联合早报网，2018 年 5 月 16 日，http://www.zaobao.com/news/world/story20180516 – 859328，最后访问日期：2018 年 5 月 17 日。

③ 《巴勒斯坦呼吁建立解决巴以争端的国际机制》，新华网，2018 年 1 月 12 日，http://www.xinhuanet.com/world/2018 – 01/12/c_ 1122246971.htm，最后访问日期：2018 年 1 月 13 日。

④ 《巴勒斯坦国总统阿巴斯访问欧盟总部 呼吁正式承认巴勒斯坦国家》，新华网，2018 年 1 月 23 日，http://www.xinhuanet.com/world/2018 – 01/23/c_ 129796605_ 2.htm，最后访问日期：2018 年 1 月 24 日。

⑤ 《阿巴斯呼吁欧盟为巴以和平发挥作用》，新华网，2018 年 2 月 1 日，http://m.xinhuanet.com/2018 – 02/01/c_ 1122352902.htm，最后访问日期：2018 年 2 月 2 日。

⑥ Adam Rasgon， "Abbas to Meet Putin in February to Discuss Trump's Jerusalem Moves"，January 11， 2018， http://www.jpost.com/Middle-East/Abbas-to-meet-Putin-in-February-to-discuss-Trumps-Jerusalem-moves-533442，accessed January 16， 2018.

⑦ Adam Rasgon， "Abbas Calls for African Role in Israeli-Palestinian Peace Process"，January 29， 2018，http://www.jpost.com/Arab-Israeli-Conflict/Abbas-calls-for-African-role-in-Israeli-Palestinian-peace-process-540082，accessed January 29， 2018.

巴勒斯坦政府和人民的抗争得到了国际社会的广泛同情和支持，但是，由于巴勒斯坦的弱势地位，难以对美国构成有效的制约。停止与美国的接触使其被排斥在"世纪交易"之外，其诉求更难以在"世纪交易"中得到体现。虽然巴勒斯坦全国委员会、巴解组织执委会、巴解组织中央委员会都提出暂停承认以色列，断绝同以色列的接触，但巴勒斯坦民族权力机构及其政府迄今没有宣布断绝与以色列的关系，尤其是切断与以色列的安全合作，这是巴勒斯坦民族权力机构面临的现实所决定的，按照巴以双方安全官员的说法，安全合作是保持约旦河西岸稳定的关键。[①] 以色列只承认美国是和平进程的唯一调解者而坚决反对多边机制，美国在解决巴以问题上的作用尚无替代者，俄罗斯实力有限，欧盟因匈牙利、捷克等国赞同美国的政策而不能形成统一对策，巴勒斯坦寻求建立联合国主持的解决巴以问题的多边机制难以实现。

从媒体披露的"世纪交易"和特朗普解决巴以问题的思路及做法来看，"世纪交易"将以"经济换和平"取代迄今国际社会达成的"土地换和平"的共识，"两国方案"将不是唯一的选项。由于"世纪交易"严重偏袒以色列，阿巴斯称之为"世纪耳光"，拒绝接受。国际社会目前仍坚持以"土地换和平"和"两国方案"解决巴以问题，对"世纪交易"不看好。美国国务卿蓬佩奥对"世纪交易"的前景也不太乐观，承认"可能只有以色列人喜欢它"。因此，特朗普试图以"世纪交易"解决巴以问题，前景暗淡。

（二）海湾阿拉伯国家同以色列关系的改善使解决巴以问题向着更有利于以色列的方向发展

中东剧变打破了旧的地区秩序，新的地区秩序尚未建立，伊朗趁势扩大势力范围，以色列和海湾阿拉伯国家的关系逐步改善。2018 年 10 月 26 日，以色列总理内塔尼亚胡访问阿曼成为以色列和阿拉伯国家关系改善的标志性

---

① Adam Rasgon, "Palestinian Central Council Assigns PLO to Suspend Recognition of Israel", January 15, 2018, http://www.jpost.com/Arab-Israeli-Conflict/Palestinian-Central-Council-calls-upon-PLO-to-end-recognition-of-Israel-536845, accessed January 19, 2018.

事件。在以色列同海湾阿拉伯国家关系的改善中，同沙特关系的改善引人注目。因为沙特作为逊尼派阿拉伯国家的代表及其伊斯兰教圣地监护者的地位，其与以色列改善关系具有极大的示范作用。伊朗势力扩张被以色列和沙特共同认定为国家安全的首要威胁，双方都有意愿结成战略联盟共同应对伊朗的威胁。

巴以问题是横亘在以色列和沙特等海湾阿拉伯国家改善关系道路上的巨大障碍。长期以来，以色列奉行确保国家绝对安全的战略，巴勒斯坦人坚持捍卫民族权利的不妥协立场，巴以和谈难以推进。现在，因为伊朗的威胁，沙特等海湾阿拉伯国家从现实利益出发，为了发展与以色列的关系，构建对抗伊朗的战略联盟，希望尽快解决巴勒斯坦问题。以色列总理内塔尼亚胡的前安全顾问雅科夫·纳戈尔对此评论称，"沙特如此急于同以色列合作对抗伊朗，以至于它不再关注以色列与巴勒斯坦达成什么样的协议。他们不再谴责协议的内容，他们为了走出下一步需要一个协议，为与以色列关系正常化提供政治掩护。"[1] 于是，沙特等海湾阿拉伯国家对特朗普宣布承认耶路撒冷为以色列首都没有发出强烈的反对声音，对特朗普拟议中的"世纪交易"给予了极大的配合，向巴勒斯坦方面施压接受美国的方案。在2018年1月14日召开的巴解中央委员会紧急会议上，阿巴斯证实了一些阿拉伯国家向巴勒斯坦施压接受特朗普的"世纪交易"，并被告知以阿布底斯为首都建国。[2]

萨勒曼继任沙特王储并掌握沙特内政外交实权后，对沙特的以色列政策做出了大胆的突破。2018年4月，美国《大西洋月刊》刊登了该刊总编辑杰弗里·戈德堡对萨勒曼王储的专访。萨勒曼王储表示，"在任何地方，每

---

[1] Raf Sanchez, "Saudi Arabia 'Doesn't Care' about The Palestinians as Long as It Can Make A Deal with Israel Against Iran, Says Former Netanyahu Advisor", November 25, 2017, http://www.telegraph.co.uk/news/2017/11/25/saudi-arabia-doesnt-care-palestinians-long-can-make-deal-israel/, accessed November 27, 2017.

[2] Adam Rasgon, "Abbas Confirms Palestinians Being Offered Abu Dis as Capital Of Future State", January 14, 2018, http://www.jpost.com/Arab-Israeli-Conflict/Abbas-confirms-Palestinians-being-offered-Abu-Dis-as-capital-of-future-state-534738, accessed January 15, 2018.

个民族都有权利生活在他们和平的国家里","巴勒斯坦人和以色列人有权利拥有自己的土地","以色列人有权利在自己的土地上和平地生活"。① 作为当今逊尼派阿拉伯国家的代表和伊斯兰教圣地的监护者,沙特承认以色列有权利拥有自己的土地,这是沙特对以色列政策的重大突破。"阿拉伯和平倡议"虽然承认了以色列存在的合法性,但是,阿拉伯国家始终认为巴勒斯坦这片土地是阿拉伯人祖先留下来的,犹太人占有了巴勒斯坦人的土地并建立了以色列。美国前巴以和谈代表丹尼斯·罗斯对此评论,迄今为止,承认以色列对犹太祖先土地的"权利"一直是温和的阿拉伯领导人没有逾越的红线。② 萨勒曼王储的表态为沙特推进与以色列关系的发展提供了政治基础和法理基础,既然以色列有权利拥有自己的土地并建立国家,那么解决巴勒斯坦问题就不再是与以色列公开发展关系的必要条件,因为巴以问题是以色列与巴勒斯坦之间的问题,已经不再是以色列与阿拉伯世界的问题。

原本是巴以和平进程的结果决定沙特与以色列关系的进展,现在变成了沙特与以色列改善关系决定巴以问题的解决方向。面对来自美国、以色列和沙特等阿拉伯国家的多重压力,巴勒斯坦方面缺乏有效的反制措施,巴以问题的解决正在向着更有利于以色列而严重损害巴勒斯坦利益的方向发展。

二 以色列和加沙地带的边境地区局势持续紧张

特朗普奉行的偏袒以色列的政策激起了巴勒斯坦人的极大愤怒,生活在被封锁10余年的加沙地带的巴勒斯坦人为表达争取民族权利的意愿,开始了"回归大游行"。控制加沙地带的哈马斯以火箭弹袭击以色列的方式,彰显其坚决抵抗以色列占领的意志,并希望由此获得统治加沙地带的合法性。

---

① Jeffrey Goldberg, "Saudi Crown Prince: Iran's Supreme Leader 'Makes Hitler Look Good'", April 2, 2018, https://www.theatlantic.com/international/archive/2018/04/mohammed-bin-salman-iran-israel/557036/, accessed April 10, 2018.

② Jeffrey Goldberg, "Saudi Crown Prince: Iran's Supreme Leader 'Makes Hitler Look Good'", April 2, 2018, https://www.theatlantic.com/international/archive/2018/04/mohammed-bin-salman-iran-israel/557036/, accessed April 10, 2018.

（一）巴勒斯坦人"回归大游行"

2018 年 3 月 30 日，加沙地带的巴勒斯坦人在加沙地带与以色列接壤的边境地区举行大规模示威，开启巴勒斯坦人"回归大游行"，抗议美国政府承认耶路撒冷为以色列首都，抗议以色列拒绝让巴勒斯坦难民回到被占领土，抗议以色列封锁加沙、制造人道主义危机。一年多来，巴勒斯坦示威民众与以色列军队时有暴力冲突，截至 2019 年 5 月，至少 271 名巴勒斯坦人和 2 名以军士兵丧生。① 其中，尤以 2018 年 5 月 14 日的伤亡最为惨重。当天是以色列建国 70 周年纪念日，美国驻以色列使馆同日在耶路撒冷正式开馆。数万名巴勒斯坦人在加沙地带与以色列交界地区举行抗议示威并与以军发生冲突。巴勒斯坦卫生部加沙地带负责人在 14 日晚的新闻发布会上说，当天的冲突导致至少 55 名巴勒斯坦人死亡、约 2770 人受伤，死者中有 7 名未成年人和 1 名救护人员，伤者中有 1200 多人被以军士兵的实弹击中。同日，约旦河西岸的拉姆安拉、伯利恒、希伯伦、杰里科等城市也发生抗议游行活动，抗议者也与以色列军队发生了冲突。据巴勒斯坦红新月会数据，当天约旦河西岸共有 76 名巴勒斯坦人在冲突中受伤。② 在目前巴以双方力量对比悬殊以及外部环境对巴勒斯坦极为不利的情况下，巴勒斯坦人回归故土的愿望将难以实现。

（二）加沙地带的巴勒斯坦武装组织与以色列爆发武装冲突

2014 年以色列发动入侵加沙地带的"护刃行动"以后，加沙地带的巴勒斯坦武装明显减少了对以色列的火箭弹袭击，2015 年和 2016 年是相对平静期。2017 年从加沙地带射向以色列的火箭弹明显增加，2018 年 1 月 7 日，

---

① 《加沙冲突升级、交火猛烈 联合国急呼"谅解"》，新华网，2019 年 5 月 6 日，http：//www. xinhuanet. com/world/2019 – 05/06/c_ 1210126419. htm，最后访问日期：2019 年 5 月 8 日。

② 《巴勒斯坦抗议者与以军冲突致 55 名巴勒斯坦人死亡》，新华网，2018 年 5 月 15 日，http：//www. xinhuanet. com/mil/2018 – 05/15/c_ 129872316. htm，最后访问日期：2018 年 5 月 16 日。

以色列国防军发布公报称，2017 年从加沙地带射向以色列的火箭弹共有 35 枚，几乎是 2015 年和 2016 年的总和。为了报复来自加沙地带的火箭弹攻击，2017 年以色列国防军轰炸了加沙地带的 59 个军事目标，包括观察哨所、武器生产点、火箭弹发射和军事训练基地等。[①]

进入 2018 年，在巴勒斯坦人"回归大游行"示威的同时，哈马斯和杰哈德骤然加大了对以色列的火箭弹袭击力度，以色列的报复打击也一再升级，双方频频爆发激烈的武装冲突。

根据以色列外交部的统计，从 2018 年 3 月到 2019 年 5 月 5 日，在"回归大游行"引发的冲突及哈马斯和以色列军队的激烈冲突中，以色列共受到 1932 枚火箭弹和迫击炮弹、841 枚汽油炸弹、25 次枪击、128 次简易爆炸装置、2000 次风筝/气球失火的攻击，造成以色列 7 人死亡、281 人受伤。[②]

（三）以色列和哈马斯的"游戏规则"

自 2018 年 5 月至 2019 年 5 月，双方暴力冲突的规模一次次升级，造成的损失越来越严重。每次的升级都让全世界为巴以局势极为担忧，以为以色列极有可能再次大规模入侵加沙。但是，令人意外的是，每一次冲突都在两三天内就结束了，形成了哈马斯和以色列的"游戏规则"：哈马斯发射火箭弹袭击，以色列空袭报复，埃及调解，两三天结束冲突。在此"游戏规则"下，以色列不但没有强化对加沙的封锁，反而允许卡塔尔的援助资金通过以色列和加沙的通道进入加沙地带。以色列的政策主要基于以下几点。

首先，以色列忌惮哈马斯和杰哈德的军事实力，避免付出过重的代价。据以色列军方评估，在 2014 年"护刃行动"前，哈马斯拥有的火箭弹大多数是短程的，只对以色列临近加沙的边境地区产生威胁。2019 年，哈马斯拥有 5000~6000 枚火箭弹，其中有数十枚射程超过 100 公里。杰哈德拥有

---

① 《以色列称哈马斯去年大幅增加对以火箭弹袭击》，新华网，2018 年 1 月 8 日，http：// world. people. com. cn/n1/2018/0108/c1002 - 29751635. html，最后访问日期：2018 年 1 月 10 日。

② "Wave of Terror 2015 - 2019"，16 May 2019，https：//mfa. gov. il/MFA/ForeignPolicy/ Terrorism/Palestinian/Pages/Wave-of-terror-October-2015. aspx，accessed May 30，2019.

的火箭弹数量更是达到 8000 枚，多数是中短程火箭弹，有数百枚远程火箭弹能够威胁特拉维夫地区。[①] 哈马斯和杰哈德构建起了对以色列的威慑体系，以色列若发动一场摧毁哈马斯和杰哈德威胁的大规模战争将付出沉重代价。一年多来，尽管内塔尼亚胡声称要严厉打击哈马斯，但未敢贸然发动地面进攻入侵加沙。2019 年 5 月 5 日，哈马斯和杰哈德发动大规模火箭弹袭击，以色列军方仍然强调控制交战规模。

其次，固化巴勒斯坦内部的分裂。2018 年 11 月 8 日，卡塔尔派往加沙的特使穆罕默德·阿马迪带着 1500 万美元经以色列与加沙的边境口岸进入加沙地带。第二天，哈马斯用这笔资金为数千名公务员和其他巴勒斯坦人支付了薪水。至少 50 万人直接或间接地受益于卡塔尔援助的 1500 万美元。阿马迪在与加沙的巴勒斯坦各派代表对话时说，卡塔尔正在与以色列讨论采取进一步措施改善加沙巴勒斯坦人的生活条件，包括扩大捕鱼区、建立工业区和增加供电。卡塔尔将继续向加沙公务员支付工资，并在未来 6 个月内先给加沙发电厂提供燃料。以色列和卡塔尔就在塞浦路斯建设一个为加沙服务的港口达成了协议。[②] 内塔尼亚胡称，允许卡塔尔为加沙地带数千名公务员支付薪水的决定是"正确的一步"，其目的有二：一是防止加沙爆发严重的人道主义危机，让以色列背负道义谴责；二是进一步固化加沙与约旦河西岸的分裂。内塔尼亚胡表示，这是保持哈马斯和巴勒斯坦权力机构分离的更广泛战略的一部分。[③] 对以色列而言，让"两国方案"流产的最好办法就是维持巴勒斯坦内部法塔赫与哈马斯的分裂。

再次，使以色列在未来的巴以谈判中掌握主动权。阿巴斯认为只有作为

---

① Shlomi Eldar, "Can Israel Stop Hamas, Islamic Jihad Arms Race?", May 7, 2019, https://www.al-monitor.com/pulse/originals/2019/05/israel-hamas-islamic-jihad-rockets-idf-arrangement-netanyahu.html, accessed May 18, 2019.

② Khaled Abu Toameh, "Report: Israel, Qatar Agree on A Gaza-Cyprus Sea-Route", November 10, 2018, https://www.jpost.com/Israel-News/Report-Israel-Qatar-agree-on-a-Gaza-Cyprus-sea-route-571512, accessed Novermber 14, 2018.

③ "Netanyahu: Division between PA, Hamas Prevents a Palestinian State Forming", March 12, 2019, https://www.middleeastmonitor.com/20190312-netanyahu-division-between-pa-hamas-prevents-a-palestinian-state-forming/, accessed March 13, 2019.

"巴勒斯坦人民唯一合法代表"的巴解组织有权与以色列达成协议，而哈马斯作为巴勒斯坦的一个派别，没有与以色列达成协议的权力。绕过阿巴斯领导的巴勒斯坦民族权力机构，埃及斡旋哈马斯与以色列达成停火协议，阿巴斯感到自己在加沙问题上处于无足轻重的边缘地位，处境尴尬。于是，阿巴斯对以色列、埃及及联合国抛开巴勒斯坦民族权力机构，让哈马斯成为谈判的一方，感到愤怒，因为这只会加强哈马斯的地位，使哈马斯在巴勒斯坦人中获得合法地位和声望，威胁巴解组织作为"巴勒斯坦人民唯一合法代表"的地位。卡塔尔的援助资金使哈马斯能够支付数千名公务员的工资，进一步提高了哈马斯在加沙民众心中的地位。而一年来严厉制裁哈马斯使阿巴斯的形象严重受损。如果阿巴斯不能重新统一巴勒斯坦各派力量，以色列将在未来的巴以谈判中掌握主动权。

最后，避免将哈马斯推向伊朗一边。叙利亚内战爆发后，哈马斯将总部从大马士革迁至多哈，其与伊朗的关系随之恶化，来自伊朗的援助几近停止。2012年10月23日，卡塔尔埃米尔哈马德·阿勒萨尼对加沙地带进行了正式访问，成为哈马斯2007年控制加沙后首位到访加沙的国家元首，卡塔尔成了哈马斯重要的支持力量。2017年6月，沙特等阿拉伯国家与卡塔尔断交的一个重要原因就是卡塔尔支持与穆斯林兄弟会有牵连的哈马斯。来自卡塔尔的资金援助减少后，哈马斯的经济状况极度恶化，此时伊朗又重新拉拢哈马斯。哈马斯倒向伊朗不仅以色列不愿看到，埃及等跟着沙特与卡塔尔断交的阿拉伯国家也不想看到，于是，长期以来共同封锁加沙地带的以色列和埃及同意卡塔尔的资金进入加沙，既可以缓解人道主义危机，又可以避免哈马斯倒向伊朗。

三 巴勒斯坦内部分裂进一步固化

法塔赫和哈马斯是巴勒斯坦的两个最大派别。2007年6月，哈马斯和法塔赫爆发严重冲突，法塔赫势力被逐出加沙，巴勒斯坦由此陷入以法塔赫为主导的巴勒斯坦民族权力机构管理约旦河西岸、哈马斯控制加沙地带的分裂状态。在阿拉伯国家的斡旋下，法塔赫和哈马斯在 10 年间多次签署和解协议，但未有一份协议得到落实，分裂状态呈现固化态势。

（一）哈马斯战略调整，试图打破被封锁的困局

2017 年 3 月，哈马斯宣布成立"行政管理委员会"，行使加沙地带的行政管理权力。哈马斯此举的目的就是要通过激化巴勒斯坦内部矛盾，挑战法塔赫主导的巴勒斯坦民族权力机构的领导地位，以强硬姿态迫使法塔赫让步，冀望国际社会更多地关注加沙困境，阿拉伯国家加大调解巴勒斯坦两派和解的力度并增加对加沙的经济援助。这是哈马斯以攻为守摆脱封锁困境的战略。

哈马斯成立"行政管理委员会"意味着巴勒斯坦实际上有了两个政府，即巴勒斯坦民族权力机构领导的以法塔赫为主导的民族共识政府和哈马斯领导的加沙"行政管理委员会"，固化了巴勒斯坦的分裂。巴勒斯坦民族权力机构主席、巴解执委会主席、法塔赫中央委员会主席阿巴斯在强烈谴责哈马斯的分裂行为的同时，采取了强硬的经济制裁措施，试图让生活本已非常艰难的加沙民众承受更大的经济压力，从而引发对哈马斯的不满并起来反对哈马斯的统治。阿巴斯及其领导的法塔赫试图借此机会彻底扭转加沙的政治格局，让法塔赫重返加沙。

成立"行政管理委员会"是哈马斯的攻势，彻底激怒阿巴斯和法塔赫后，哈马斯旋即在 2017 年 5 月调整了对以色列的政策，并向法塔赫发出希望和解的信息，希望既要缓解加沙困局，又要守住对加沙的控制。2017 年 5 月 1 日，哈马斯在卡塔尔首都多哈发表《纲领及政策文件》，表示接受以 1967 年第三次中东战争前的停火线为边界建立以耶路撒冷为首都的主权完整的独立巴勒斯坦国。与 20 世纪 80 年代哈马斯建立时发表的《哈马斯宪章》比较，新的《纲领及政策文件》没有出现"消灭以色列"的表述，同时强调斗争目标是"犹太复国主义者"，而不是犹太人，但仍然拒绝承认以色列，不放弃暴力，也不承认巴勒斯坦民族权力机构与以色列此前签署的"奥斯陆协议"等和平协议，认为"武装抵抗占领"是哈马斯的"合法权

利"。哈尼亚于2017年5月6日当选哈马斯政治局主席，这表明哈马斯的权力中心从流亡海外的政治力量转移到加沙本土政治力量手中，他们对加沙民众的生活状况和现实诉求更为了解。哈尼亚在当选后的公开讲话中呼吁巴勒斯坦各派应为结束分裂达成一个明确、具体的政治纲领，尽快组建民族团结政府，履行为约旦河西岸和加沙地带民众提供服务的职责。

（二）哈马斯和法塔赫再次签署和解协议

在哈马斯释放出和解信息后，埃及加大了在哈马斯和法塔赫之间的调解力度。埃及总统塞西提议，哈马斯解散"行政管理委员会"，由巴勒斯坦民族权力机构政府接管加沙，阿巴斯承诺结束对加沙的经济制裁；巴勒斯坦民族权力机构政府在接管加沙的同时，要安置哈马斯的雇员；巴勒斯坦各派准备进行巴勒斯坦大选。2017年9月9日，哈马斯政治局新任主席哈尼亚访问埃及。哈尼亚此行目的有二：一是寻求与埃及改善关系，希望埃及能够放松对拉法口岸的封锁；二是通过埃及的斡旋来缓解与法塔赫的紧张关系，让阿巴斯取消经济制裁。9月11日晚，哈尼亚和埃及情报机构负责人哈立德·福齐会晤后发表声明，称哈马斯"准备立即在开罗与法塔赫举行会谈，以达成协议"，并允诺解散"行政管理委员会"。9月13日，法塔赫回应称，除非哈马斯宣布解散其在加沙地带的管理机构，并让巴勒斯坦民族权力机构代其承担责任，否则不会有任何对话。[①] 9月17日，哈马斯发表声明宣布解散"行政管理委员会"，并同意在巴勒斯坦举行大选。10月3日，巴勒斯坦民族共识政府总理哈姆达拉在加沙主持召开每周政府例会，标志着民族共识政府开始在加沙履行职责。

2017年10月12日，法塔赫与哈马斯在埃及开罗签署和解协议，双方同意在12月1日前，由巴勒斯坦民族共识政府在加沙地带全面履职，承担

---

① Adam Rasgon, "Fatah Official: 'There Will Be No Meetings Or Dialogues' with Hamas If Conditions Are Not Met", September 14, 2017, http://www.jpost.com/Middle-East/Fatah-official-There-will-be-no-meetings-or-dialogues-with-Hamas-if-conditions-are-not-met-505049, accessed September 15, 2017.

管理责任，同时接管加沙与以色列和埃及接壤的口岸。根据和解协议，双方商定成立数个委员会处理相关问题。例如，负责遴选哈马斯公务员并将其安置到民族共识政府的委员会，负责从约旦河西岸的警察中挑选3000人与加沙警力整合后共同执行加沙警务工作的委员会。巴勒斯坦民族权力机构主席、法塔赫中央委员会主席阿巴斯称这是一份结束巴勒斯坦分裂的"最终协议"，并计划前往加沙地带。[①] 11月1日，民族共识政府正式接管加沙与埃及接壤的拉法口岸。11月22日，巴勒斯坦各派别在开罗举行会谈并发表联合声明，一致同意于2018年底前举行总统大选和议会选举。

（三）法塔赫和哈马斯签署和解协议的目的

从哈马斯方面看，这次与法塔赫和解，哈马斯是主动的一方。法塔赫如果同意和解，解除对加沙的经济制裁，阿拉伯国家援助进入加沙，哈马斯将获得实际利益；哈马斯如果拒绝和解，哈马斯将赢得道义，把加沙民众的生活困境和巴勒斯坦分裂的责任推给法塔赫。具体而言，哈马斯签署和解协议的目的有三。

一是缓解经济压力。在以色列、埃及的封锁及巴勒斯坦民族权力机构的打压下，以及以色列数次入侵加沙，严重破坏了加沙的基础设施，使加沙民众的生活条件严重恶化，200万人口中贫困率达40%，失业率达40.6%，100多万人处于中度到严重的粮食不安全状态，只有3.8%的人能够得到安全饮水，电力供应缺口达300兆瓦，不及电力需求的1/3。[②] 巴勒斯坦民族权力机构对加沙实施严厉的经济制裁使加沙民众的生活状况进一步恶化，引起了加沙民众的不满，加之法塔赫的鼓动，要求哈马斯改变政策的民众示威游行屡有发生。哈马斯亟须改善加沙的经济环境来安抚加沙民众，巩固其统治。

---

① 《没有永远的敌人 法塔赫、哈马斯再签和解协议》，新华网，2017年10月14日。http://www.xinhuanet.com//world/2017-10/14/c_129719997.htm，最后访问日期：2017年10月15日。

② United Nations Country Team in the Occupied Palestinian Territory, *Gaza: Ten Years Later*, July 2017, https://unsco.unmissions.org/sites/default/files/gaza_10_years_later_-_11_july_2017.pdf, accessed January 10, 2018.

二是调整哈马斯与主要阿拉伯国家的关系。哈马斯为了与埃及、沙特等主要阿拉伯国家改善关系，刻意弱化其与穆斯林兄弟会的关系。长期以来，卡塔尔是哈马斯的重要资金来源。沙特等国与卡特尔断绝外交关系，使哈马斯的资金来源严重受限。改善与阿拉伯国家的关系得到经济援助是哈马斯的迫切需求。

三是改变哈马斯的国际形象。哈马斯成立以来始终坚持武装抵抗以色列的占领，拒不承认以色列。除以色列外，美国和欧盟等西方国家和组织在哈马斯控制加沙之前就已将其认定为恐怖主义组织，或将其军事组织"卡桑旅"定性为恐怖主义组织。哈马斯前领导人迈沙阿勒说："我们不想削弱我们的原则，但我们想持开放的态度。我们希望这将促成欧洲国家改变对我们的态度。"

从法塔赫方面看，同意与哈马斯签署和解协议主要有三个目的。

首先，组建和解政府，将加沙地带纳入巴勒斯坦民族权力机构领导下的统一政府的管理是阿巴斯的政治使命和当务之急。阿巴斯 2005 年就任主席，2007 年巴勒斯坦分裂。10 余年来，巴勒斯坦的分裂愈演愈烈，实现巴勒斯坦的统一，留给年事已高的阿巴斯的时间已经不多。阿巴斯给巴勒斯坦人民留下何种政治遗产将决定其在巴勒斯坦事业中的历史地位。美国总统特朗普酝酿已久的"世纪交易"即将出台，内部分裂将使巴勒斯坦在争取独立建国的斗争中处于极为不利的地位。

其次，加沙和约旦西岸的分裂使阿巴斯在处理与阿拉伯国家关系时极为被动。阿拉伯国家在巴勒斯坦问题上的政策不同、支持派别不同，致使作为巴勒斯坦人民唯一合法代表的巴解组织（法塔赫是主导力量）受到各方势力的掣肘，难以做出符合自身最大利益的战略抉择。阿巴斯担心，在特朗普的"世纪交易"中抛弃"两国方案"，对加沙和约旦河西岸分而治之，彻底埋葬巴勒斯坦人独立建国的梦想。因此，阿巴斯希望通过法塔赫与哈马斯的和解来组建一个统一政府，在应对特朗普的"世纪交易"时，拥有更多的主动权。

再次，维护巴解组织是巴勒斯坦人民的唯一合法代表的政治地位，维护阿巴斯本人在法塔赫的领导地位。巴解组织长期以来是巴勒斯坦人民的唯一合法代表，哈马斯的实力不断壮大，对巴解组织的地位提出了严峻挑战。就在哈马斯陷入困境之时，加沙地带出现了令阿巴斯担忧的情况，即法塔赫内阿巴斯的竞争对手达赫兰在埃及和阿联酋的支持下，与哈马斯达成谅解，达赫兰帮助说服埃及在 2017 年斋月期间向加沙紧急运送燃料和药品，哈马斯允许达赫兰未来重返加沙。[①] 达赫兰的支持者已经回到加沙，并组织了反对阿巴斯的示威游行。如果哈马斯和达赫兰联手，再加上埃及和阿联酋的支持，阿巴斯领导的巴勒斯坦民族权力机构重新统一巴勒斯坦各派的努力将成为泡影。

（四）和解协议难落实，巴勒斯坦分裂态势令人担忧

正如国际舆论所预料的，与两派以前签署的多份和解协议一样，此次和解协议仍难以落实，因为两个核心问题没有解决，一是哈马斯武装何去何从，二是谁是巴勒斯坦人民的合法代表。

签署和解协议前，法塔赫对哈马斯的要求是解散"行政管理委员会"，这正是哈马斯所期望的，以一个"行政管理委员会"换取法塔赫签署和解协议，而不是以解除哈马斯武装来换取和解协议。哈马斯既把加沙的行政管理权交给法塔赫主导的巴勒斯坦民族权力机构，让巴勒斯坦民族权力机构承担起改善加沙民生的责任，又可以保留自己的武装。和解协议签署后，法塔赫要求哈马斯交出武装，成立巴勒斯坦统一的武装。拥有自己的武装是哈马斯生存和主导加沙政局的根基，哈马斯断然拒绝了法塔赫的要求。

法塔赫希望通过和解协议把加沙置于巴勒斯坦民族权力机构的统一管理之下，向世人昭示以法塔赫为主导的巴勒斯坦解放组织仍然是"巴勒斯坦人民唯一合法代表"。哈马斯希望通过和解协议使其成为与法塔赫平起平坐的巴勒斯坦人民的合法代表。

双方的根本利益不同，都把签署和解协议作为权宜之计，或是削弱对

---

① Elliot Kaufman, "Mahmoud Abbas's Legacy Blows up in His Face", July 11, 2017, https://www.nationalreview.com/2017/07/hamas-mohammed-dahlan-mahmoud-abbas-legacy-implodes/, accessed July 15, 2017.

方、壮大自己的途径，因此，双方都无真心落实和解协议。法塔赫主导的巴解组织和巴勒斯坦民族权力机构不能只承担改善加沙民生的责任而无控制加沙局势的权力，哈马斯不能因交出了加沙的行政管理权而导致其丧失存在的根本。于是，和解协议再次成了一纸空文，双方的分裂态势进一步固化。

其一，法塔赫单方面举行巴勒斯坦全国委员会会议。2017 年 1 月，巴勒斯坦各派在贝鲁特召开巴勒斯坦全国委员会筹备会议。会议一致认为，所有巴勒斯坦派系都必须参加在约旦河西岸以外地区举行的巴勒斯坦全国委员会会议。2018 年 3 月 7 日，巴解执委会决定在 4 月 30 日举行巴勒斯坦全国委员会会议，地点改在巴勒斯坦民族权力机构所在地约旦河西岸城市拉姆安拉，因以色列的限制而无法参加会议的人将可通过视频连接参会。此决定意味着推翻了巴勒斯坦各派在贝鲁特达成的一致意见。哈马斯坚决反对在被占领城市举行巴勒斯坦全国委员会会议，称"如果巴解组织和法塔赫主席阿巴斯坚持在被占领的城市拉姆安拉举行全国代表大会，那么这将是对贝鲁特达成的谅解的一次背叛"[1]。4 月 19 日，哈马斯发表声明表示，在没有达成全国共识的情况下举行巴勒斯坦全国委员会会议将产生严重后果，最明显的是分裂的延续，呼吁巴勒斯坦各派抵制此次会议。[2] 4 月 30 日，在哈马斯、伊斯兰圣战组织（杰哈德）、解放巴勒斯坦人民阵线以及一些独立人士联合抵制的情况下，巴勒斯坦全国委员会在拉姆安拉举行了 2009 年以来的首次会议，阿巴斯再次当选巴勒斯坦总统和巴解执委会主席。召开巴勒斯坦全国委员会是巴解组织强化其作为"巴勒斯坦人民唯一合法代表"地位的重要举措，哈马斯政治局领导人哈尼亚称："我们不会承认全国委员会会议结果和由其产生的领导层，因为它不代表巴勒斯坦人民。"他进而指出，不包括

---

① "Palestinian National Council Meetings Must Not Be in Ramallah, Insists Hamas", August 8, 2017, https://www.middleeastmonitor.com/20170808 – palestinian-national-council-meetings-must-not-be-in-ramallah-insists-hamas/, accessed August 10, 2017.

② "Hamas Calls on Palestinian Factions to Boycott PNC Meeting", April 20, 2018, https://www.middleeastmonitor.com/20180420-hamas-calls-on-palestinian-factions-to-boycott-pnc-meeting/, accessed April 22, 2018.

哈马斯和杰哈德在内的巴解组织，不能算作"巴勒斯坦人民唯一合法代表"。①

其二，阿巴斯解散立法委员会。2018年12月22日，阿巴斯宣布根据巴勒斯坦最高宪法法院决定，解散立法委员会，并呼吁在6个月内举行立法委员会选举。哈马斯认为解散立法委员会的决定无效。本届立法会于2006年选举产生，共有132个议席，其中哈马斯获74席，为立法会内第一大党派。现任主席阿齐兹·杜维克就来自哈马斯。

其三，阿巴斯任命由法塔赫主导的新政府。2019年1月27日，法塔赫中央委员会在拉姆安拉举行会议，提议组建由巴解组织内部派别和独立人士组成的新政府取代独立人士哈姆迪拉领导的民族共识政府，目的是建立以法塔赫为主导的新政府。作为非巴解内部的派系，哈马斯被排除在政府之外。3月10日，阿巴斯任命法塔赫中央委员会委员阿什提耶为总理，组建以法塔赫为主导的政府。哈马斯立即拒绝了法塔赫组建一个新的"分离主义"政府的决定，拒绝承认新政府，并表示此举将加大约旦河西岸和加沙之间的分裂。② 4月14日，新政府宣誓就职，阿什提耶任总理。

其四，阿巴斯加强对加沙的制裁。2018年10月初，阿巴斯向哈马斯发出最后通牒，在月底前将加沙地带交由巴勒斯坦民族权力机构完全控制，否则哈马斯将承担后果。如果哈马斯拒绝，将停止向加沙地带提供资金，包括停止向哈马斯雇员发放工资。

其五，相互指责对方与美国和以色列合作，证明自己的合法性。2019年2月，加沙民众举行示威活动，谴责阿巴斯并要求其下台。抗议者指责阿巴斯对加沙地带的持续封锁和一系列制裁措施，指责阿巴斯背叛巴勒斯坦人，允许其安全部队与以色列进行安全合作。哈马斯发言人说："阿巴斯与

---

① 《哈马斯表示将拒绝巴勒斯坦全国委员会会议结果》，新华网，2018年4月30日，http://www.xinhuanet.com//world/2018-04/30/c_1122766412.htm，最后访问日期：2018年5月4日。

② Khaled Abu Toameh, "Abbas Appoints New Prime Minister, 'Gov't Should Enhance Culture of Peace'", March 10, 2019, https://www.jpost.com/Middle-East/Abbas-appoints-new-Prime-Minister-govt-should-enhance-culture-of-peace-582991, accessed March 12, 2019.

美国、以色列勾结，通过对加沙地带实施制裁，在证明自己是'世纪交易'的一部分，该协议的目的是把西岸和加沙地带分开。"巴勒斯坦民族权力机构和法塔赫官员驳斥哈马斯的指责是"一派胡言"，并指责哈马斯逮捕数十名在加沙组织支持阿巴斯的示威活动的法塔赫成员，指责哈马斯与以色列和美国合谋推翻阿巴斯。卡塔尔援助资金进入加沙后，巴勒斯坦民族权力机构指责哈马斯以1500万美元的价格"出卖了巴勒斯坦人的鲜血"，称哈马斯"利用巴勒斯坦人的困境继续其阴谋，这与旨在将西岸和加沙分裂的犹太复国主义–美国阴谋是一致的"。①

法塔赫和哈马斯分裂严重损害巴勒斯坦人的利益，巴勒斯坦人争取建立一个独立国家的梦想或因其内部的分裂而无法实现，有巴勒斯坦的评论指出："反对和支持阿巴斯的示威活动让巴勒斯坦人感到非常不安，结束西岸和加沙分裂的希望为零，这对巴勒斯坦人来说是一场严重的危机。"②

美国的"世纪交易"即将出笼，它将对国际社会目前仍坚持的解决巴以问题的"两国方案"构成冲击，巴勒斯坦内部分裂的进一步固化更使"两国方案"面临夭折的危险。公平、公正地解决巴以问题，需要国际社会坚持公平、公正的立场，更需要巴勒斯坦人的团结，否则，巴以实现和平、巴勒斯坦独立建国将难以实现。

---

① Khaled Abu Toameh, "Palestinian Authority: Hamas Has Sold Palestinian Blood", November 9, 2018, https://www.jpost.com/Arab-Israeli-Conflict/Palestinian-Authority-Hamas-has-sold-Palestinian-blood-571485, accessed November 10, 2018.

② Khaled Abu Toameh, "PA: Hamas, Islamic Jihad Behind Anti-Abbas Protests", February 25, 2019, https://www.jpost.com/Middle-East/PA-Hamas-Islamic-Jihad-behind-anti-Abbas-protests-581747, accessed February 27, 2019.

2018年总统制下土耳其的政治社会前景

——经济视角的观察

魏　敏[*]

摘　要： 2018年6月24日，埃尔多安通过提前大选，成为土耳其共和国总统制下新一届总统，开启了国家政治体制由议会制转向总统制的新历程。总统制下，正义发展党将继续增强其对土耳其政治、经济和社会治理能力，意图实现埃尔多安总统连任两届，任期延长至2028年的目标。届时，埃尔多安将成为土耳其共和国历史上执政时间最长的总统。本文从经济视角对总统制下土耳其面临的外部环境和结构调整困境进行了剖析，并在分析土耳其政治体制和政策环境变化的基础上，指出实现经济的反弹和再平衡，以遏制货币危机的溢出效应，降低经济因素对土耳其政治社会稳定性的冲击是新一届总统内阁的首要任务。

关键词： 土耳其　总统制　经济形势　货币危机

2018年货币危机的溢出效应致使土耳其经济目前处于衰退期，如果经济衰退趋势得不到遏止，很有可能诱发土耳其政治社会动荡。2019年3月31日举行的土耳其地方政府选举中，埃尔多安阵营丢掉了包括首都安卡拉、最大城市伊斯坦布尔在内的多个地方政权。为了止住颓势，埃尔多安直接宣布伊

---

* 魏敏，经济学博士，中国社会科学院西亚非洲研究所研究员。

斯坦布尔的选举结果无效，准备于6月23日重新举行伊斯坦布尔市市长选举。

在总统制下埃尔多安总统的首个施政方案——"百日行动计划"中，新政府提出实现政府职能的明晰、政府效率的提升和提振经济的目标。截至2018年12月，第一个"百日行动计划"中政府计划实施的400个项目，已经完成了340项，实际利用资金69.6亿美元，（计划支出80.2亿美元），可谓初战告捷。埃尔多安总统继而公布了第二个"百日行动计划"，规划实施454项举措，政府计划支出44.9亿美元，加快结构调整步伐，降低土耳其经济的脆弱性。① 计划内容除了成立土耳其航天局，准备和实施国家空间计划外，还包括：成立金融稳定与发展委员会以促进金融稳定和强化金融体系；成立土耳其发展基金，促进土耳其的私人资本投资并为高科技产业投资提供资金支持；与12个贸易伙伴国协调，在国际贸易中使用土耳其里拉；将在35公里的土耳其－伊朗边境实施包括边境照明、闭路电视覆盖和安全传感器等措施。同时，在土耳其所有大学设立职业中心为学生未来的商业计划服务，扩大青年人就业。本文从经济的视角对总统制下土耳其面临的外部环境和结构调整困境进行了分析，明确了总统制下土耳其政治体制和政策环境变化将对经济增长产生的作用影响，提出新政府应该尽快实现经济的反弹和再平衡，以遏制货币危机以来的经济衰退，同时，扩大就业、实现经济的包容性和可持续发展，降低经济因素对土耳其政治社会稳定性的冲击和影响。

一 总统制下土耳其的外部环境

（一）美国单边主义和贸易保护主义政策对土耳其经济增长的冲击

自特朗普总统执政以来，其奉行的单边主义和贸易保护主义政策，成为

---

① "President Erdoġan Unveils Second 100 - Day Action Plan", *Invest in Turkey*, http：//www. invest. gov. tr/en-US/infocenter/news/Pages/president-erdogan-unveils-second-100-day-action-plan. aspx,accessed June 1, 2019.

冲击世界经济秩序的重要扰动因素。2018年8月土耳其货币危机的爆发，固然有土耳其经济自身的结构性问题，但与美国关系的交恶成为危机爆发的导火索。在8月10日，特朗普总统宣布对土耳其钢铁产品征收双倍关税，这一市场信息成为"压倒骆驼的最后一根稻草"，土耳其里拉兑美元汇率11日暴跌13.5%，年内里拉兑美元累计贬值近60%。埃尔多安总统随后进行了全民动员，称这是一场美国发起的目的在于摧毁新土耳其的"经济战争"，理由是美国人对土耳其钢铝产品加征关税。此后美国在土耳其货币大幅贬值的情况下，又将关税税率再次提高，导致土耳其出现了严重的经济困难。但是，埃尔多安的这一理由显然站不住脚，2018年美国对全球主要经济体的钢铝产品都加征了相同税率的关税，只有土耳其经济出现了严重问题，显然美国加征关税只是土耳其危机爆发的导火索，并不是根本原因。

目前土耳其与美国在叙利亚问题、购买S-400防空导弹系统方面依然存在分歧，美国已经发出对土耳其进行制裁的警告，正处于经济衰退期的土耳其已经无力承受任何制裁带来的经济成本。同时，美国作为世界第一大经济体，是土耳其的第三大贸易伙伴，也是土耳其实现贸易顺差的主要国家之一。土耳其与美国关系的紧张进一步加大了未来土耳其经济增长的风险。

（二）与欧盟关系连生龃龉对土耳其经济增长的负面影响持续蔓延

自2017年土耳其修宪公投活动开始，土耳其与欧盟主要国家在民主、司法、人权等问题上连生龃龉。欧盟委员会2018年6月表示，在目前的情况下，土耳其加入欧盟谈判实际上已经停滞不前，关税同盟现代化没有取得任何进展。[①] 2019年欧洲议会3月13日通过一项决议，呼吁欧洲联盟正式暂停土耳其加入欧盟的谈判。虽然这项决议不具法律拘束力，是否真正冻结将由欧盟各成员国政府最终决定。然而，欧盟是土耳其重要贸易伙伴，截至

---

① Emiliano Alessandri, Ian Lesser, Kadri Tastaneu, "EU-Turkey Relations: Steering in Stormy Seas", GMF, July 2018, http://www.gmfus.org/publications/eu-turkey-relations-steering-stormy-seas, accessed June 3, 2019.

2018 年底，土耳其与欧盟成员国的贸易额占总贸易额的 40%，其中德国、英国、意大利、法国、西班牙长期占据土耳其主要贸易伙伴地位。欧盟国家对土耳其的直接投资占总投资额的 78%。① 对于将"加入欧盟"作为长期战略的土耳其而言，这项决议无疑给正在致力于恢复经济，急需欧盟施以援手的土耳其经济再度蒙上了阴影。

（三）与东地中海沿岸国家关系紧张成为扰动土耳其经济增长的重要因素

在塞浦路斯南部海岸阿芙罗狄蒂（Aphrodite）地块于 2011 年首次发现了天然气，该地块估计储量约 4.5 万亿立方英尺（约 1270 亿立方米）的天然气尚未开发。② 2015 年在埃及附近海域发现了一片巨大的海上油田，这引起了人们对东地中海水域类似资源的兴趣。2019 年 2 月，埃克森美孚和卡塔尔石油公司在塞浦路斯海岸发现了大量天然气储量，估计为 5 万亿~8 万亿立方英尺。围绕塞浦路斯沿海油气勘探和开发，引发了该地区局势趋于紧张。土耳其认为，塞浦路斯不具有勘探和开发该地区油气资源的主权。并于 2019 年 5 月向塞浦路斯海岸派遣了一个配有军舰的钻井平台。此举引发欧盟的强烈不满，欧洲理事会 2018 年 3 月发表声明强烈谴责土耳其在东地中海采取的非法行动。并且塞浦路斯与荷兰 – 英国壳牌公司（Dutch-British Shell）、美国诺贝尔公司（US-based Noble）以及以色列公司（Delek）已经通过合同谈判，决定开采阿芙罗狄蒂地块的天然气资源，合同金额为 93 亿美元，合作期为 18 年。围绕油气开采权的争议引发东地中海局势再度紧张，

---

① "Doing Business in Turkey: Turkey Trade and Export Guide", Department for International Trade, 8 June 2015, https://www.gov.uk/government/publications/exporting-to-turkey/doing-business-in-turkey-turkey-trade-and-export-guide#opportunities-for-uk-businesses-in-turkey, accessed May 3, 2019.

② "Cyprus Signs $9bn Contract with Israel to Extract Gas", Middle East Monitor, https://www.middleeastmonitor.com/20190607-cyprus-signs-9bn-contract-with-israel-to-extract-gas/# at _ pco = smlwn-1.0&at_ si = 5cfa530d0bc7982c&at_ ab = per-2&at_ pos = 0&at_ tot = 1, accessed June 9, 2019.

这不仅影响土耳其经济增长预期，并且也威胁到土耳其的能源安全战略，成为土耳其未来经济增长的又一重要风险。

（四）与中东主要国家关系不稳影响土耳其经济增长预期

长期以来，中东国家，如阿联酋、沙特、伊朗、伊拉克、埃及都是土耳其的重要贸易伙伴，尤其是该地区的石油输出国也是土耳其外国直接投资的重要来源国。2011年中东剧变以来，土耳其相继与埃及、利比亚、沙特关系交恶，并且在卡塔尔与沙特关系危机中站在了卡塔尔一边，引发海合会国家对土耳其投资锐减。2018年货币危机后，只有卡塔尔承诺投资170亿美元，以帮助其解燃眉之急。土耳其要摆脱当前的经济困境，需要缓解与地区国家关系，吸引中东国家投资以填补巨大的资金缺口。然而，目前尚未看到土耳其与地区国家关系缓和的迹象。

二 总统制下货币危机的溢出效应及结构调整的困境

2018年8月爆发的货币危机可谓给转为总统制后的土耳其沉重一击，使土耳其成为继阿根廷和南非之后，出现严重经济问题的第三个新兴经济体。此次货币危机凸显土耳其经济高通胀、高利率、高贸易逆差和高外债且债务结构不合理的痼疾，其溢出效应不仅造成政府财政的沉重负担，严重影响微观企业债务偿付能力以及银行业稳定，其对土耳其政治社会的深刻影响也会在今后逐步显现。

（一）土耳其经济增长进入下行期，衰退已成现实

2019年1月土耳其的经济增长率为 - 2.4%，这是自2009年中期以来土耳其经济增长的最低数据。2018年底，土耳其经济增长率为2.6%，与上年同比降低4.8%，与季度同比下降3%，创2016年未遂军事政变后的新低。随后，土耳其经济在2019年第一季度同比下降2.6%，这是GDP连续第二个季度下降。主要原因是家庭消费支出的下降和固定资本投入总额的继

续减少，而政府支出增长更快。考虑到季节性因素，土耳其经济增长已经从2018 年第四季度 2.4% 的负增长出现反弹，这是自 2017 年出现连续下滑以来的首度增长（见图 1）。

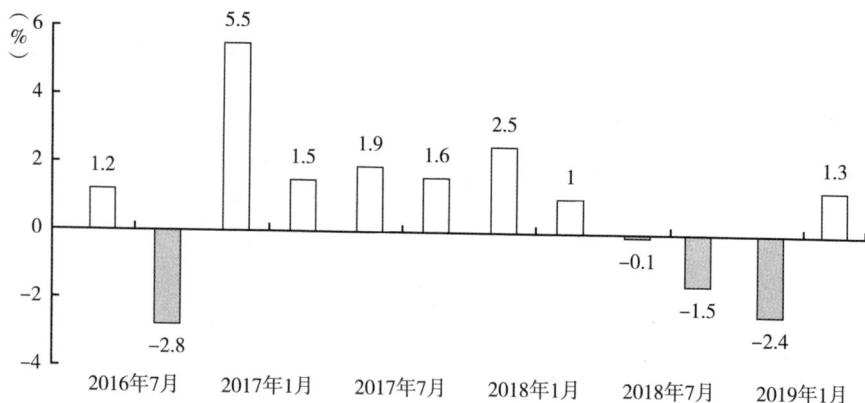

图 1　土耳其 GDP 增长率（2010～2019 年）

资料来源："Turkey GDP Growth Rate"，Trading Economics，https：//tradingeconomics.com/turkey/gdp-growth，accessed May 3，2019。

（二）通胀形势严峻，严重影响民众生活

2018 年初，由于担心土耳其的信贷推动经济过热以及与美国持续的政治紧张局势，里拉持续走弱。8 月，货币危机席卷土耳其。10 月，土耳其的通胀率飙升至 25.24%，达到 15 年来的最高水平。通货膨胀率居高不下的主要原因在于与民众日常生活息息相关的日用消费品如食品和非酒精饮料以及住房和交通运输价格的上涨。消费者价格指数居高不下，土耳其家庭消费下降了 8.9%，固定投资下降 12.9%。

进入 2019 年后，通胀率自 1 月的 20.35% 开始下降（见图 2）。5 月，土耳其通胀率为 18.71%，其中烟酒物价指数上涨 8.88%，衣服鞋类、交通、娱乐和酒店饮食业分别上涨 4.09%、2.18%、1.86% 和 1.61%。这已是 2018 年 8 月货币危机以来的最低通胀率。随后，土耳其中央银行将 2019 年的通胀率控制目标定为 15.9%，计划 2020 年和 2021 年的通胀率目标分别为 9.8% 和 6.0%。

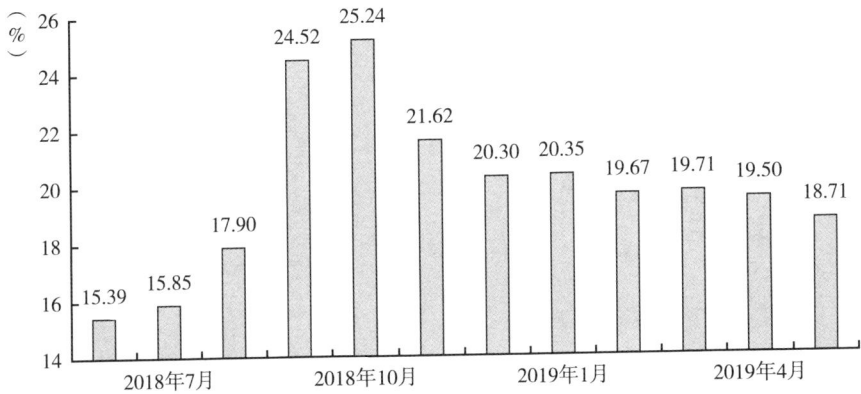

图 2　土耳其通货膨胀率

资料来源："Turkey Inflation Rate"，Trading Economics，https：//tradingeconomics.com/turkey/inflation-cpi，accessed May 3，2019。

（三）债务偿付压力增大，存在爆发金融危机的风险

截至 2017 年底，土耳其外债金额高达 4524 亿美元。债务构成中，政府债务占 GDP 的比重为 28.3%。但在过去 10 年中，银行业和企业的借贷一直是土耳其 GDP 的 3 倍，再加上货币危机的冲击，引发了投资者对其长期可持续性的担忧。在偿还债务方面，土耳其政府目前的措施是采取国内借贷策略，依据还款期限，有计划地发行国债，偿还外部借款。[①] 此举依然具有很大的金融风险，因为土耳其短期信贷利率已经升至 26.5%。

（四）工业、制造业投资与就业率下降

货币危机使工业、制造业背负巨大的债务压力，实体经济的衰退加大了经济增长下行趋势。2018 年第四季度，土耳其工业增长率为 - 7.4%，环比下降 6.4%。受工业制造业拖累，土耳其第二大产业建筑业产出继第三季度

---

① Muhammed Ali Gurtas，"Turkish Treasury Holds Auction to Borrow $386M"，September 25，2018，https：//www.aa.com.tr/en/economy/turkish-treasury-holds-auction-to-borrow-386m/1264410，accessed on June 4，2019.

下降 5.6% 之后，继续下降了 8.7%。此外，由于金融和保险业务下滑，造成服务业整体产出下降。根据土耳其中央银行发布的投资趋势统计，由于里拉贬值，2018 年土耳其企业利润的 90% 用于偿还企业债务，2019 年投资意愿大大降低。土耳其企业对于主要工业部门，如制造业、耐用消费品、非耐用消费品、中间商品和投资性产品部门的投资意愿都有所下降。

如图 3 所示，自 2018 年 4 月政府宣布提前举行总统和议会选举开始，土耳其失业率就开始逐月上升，12 月土耳其失业率达到 13.5%，失业人数增加 101 万人至 430 万人。2019 年第一季度失业率从 2018 年的 10.6% 上升至 14.7%，失业人数增加了 137.6 万人，并且是自 2009 年 4 月以来的最高失业率。而就业人数为 2735.5 万人，同比减少了 83.1 万人。非农业部门失去了 51.4 个就业岗位，农业部门失去了 29.6 万个就业岗位。与此同时，劳动力参与率稳定在 52.5%，就业率从 46.6% 降至 44.8%。2019 年第一季度非农业部门失业率从上年同期的 12.5% 攀升至 16.9%，而 15 ~ 24 岁青年失业率也从一年前的 19% 急剧上升至 26.1%。[1]

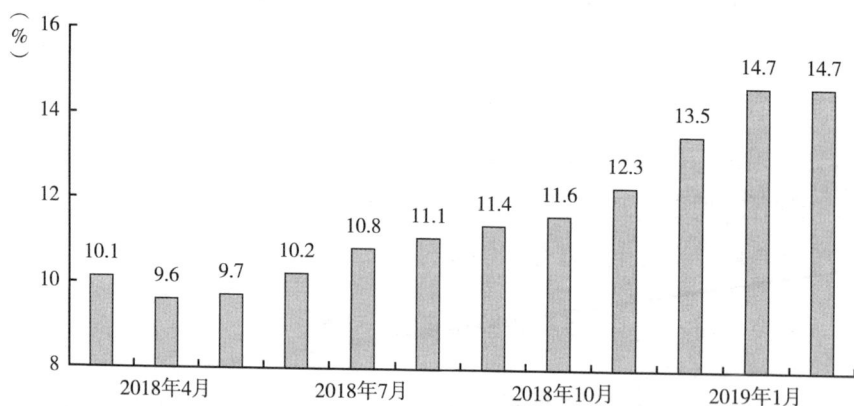

图 3　土耳其失业率

资料来源："Turkey Unemployment Rate"，https://tradingeconomics.com/turkey/unemployment-rate，accessed May 3，2019。

---

[1]　"Turkey Unemployment Rate"，https://tradingeconomics.com/turkey/unemployment-rate，accessed May 3，2019.

（五）房地产业泡沫进一步加剧风险

2012 年 5 月，土耳其对 129 个国家和地区的外籍人士开放房地产市场，极大地刺激了土耳其经济增长。2017 年 1 月，土耳其政府颁布了重新修订的《土耳其国籍法》，放宽了市场准入门槛。2017 年底，土耳其向外国人出售的房屋数量约为 22234 套，年增长率为 22.22%，房地产业占土耳其政府收入的 19.5%，成为土耳其政府主要的财政来源。2018 年 9 月，为了应对货币危机并提振里拉，土耳其政府出台投资入籍新政，将购房投资入籍金额门槛大幅降低 75%。明确规定非土籍外国人在土耳其仅需购买 25 万美元以上房产，即可获得土耳其的公民身份和护照。而之前的《土耳其国籍法》则规定，投资房产金额必须达 100 万美元，银行存款金额为 300 万美元，方可获得土耳其国籍。现今银行存款金额也降为 50 万美元。① 货币危机后，由于房价持续下跌风险继续存在，采用基建投资稳增长的作用在降低。据土耳其国家统计局最新数据，2019 年 4 月房屋销量同比下降 18.1%，至 84403 套。土耳其最大的城市伊斯坦布尔占据房产销量主要份额，约 18.3%，其次是首都安卡拉和西部港口城市伊兹密尔。此外，房贷房屋销售同比下降 61.3%，占总销售额的 12.8%；新房销售数量同比下降 29.6%，占总销售额的 39.6%。② 土耳其最大的房产购买群体来自伊拉克，其次是沙特、伊朗、科威特和俄罗斯。② 房屋总体销量呈下降趋势，导致房地产泡沫破裂风险加剧。

土耳其出现今天的经济困境一方面是因为外部经济环境的恶化加大了土耳其经济增长的风险；另一方面是因为土耳其经济本身存在的脆弱性和埃尔多安总统对经济的过度干预。土耳其是一个发展中经济体，但在历次选举和公投中，为了能够胜选，政府出台了大量的福利政策，使政府支出缺口巨

---

① Abdulmoati Wahoud, "Turkey Reduces the Minimum to Get Citizenship from 1 Million to 300.000 $", https：//extraproperty.com/invest-turkish-real-estate-and-get-citizenship/, accessed June 4, 2019.

② Ralph Davin, "Why Invest in Turkey?", RealEstate-TR, October 5, 2018, https：//realestate-tr.com/invest-in-turkey/, accessed June 4, 2019.

大，政府债务占 GDP 的比重长期处于 30% 左右，政府的刚性支出使土耳其政府调控经济发展的能力大幅度下降，造成经济增长缓慢。

三 总统制下土耳其制度环境的变化和影响

从经济层面来看，在新总统制的宪法架构中，总统的行政和立法权力增强，使总统对市场干预的能力增强。在宏观层面，总统通过总统令可以重塑国家经济体制和标准，提升政府运行效率。同时，伴随土耳其营商环境的改善，微观经济体依然保持较强的增长。

（一）行政机构更加政治化

总统制下，伴随着土耳其国内政治格局的变化，土耳其国家行政机构更加政治化，主要表现为总统权力的扩大和缺乏制衡。国家政体从议会制修改为总统制后，从宪法上赋予总统实权。第一，总理职位被取消，总统可直接任命包括副总统和内阁部长在内的高官，总统不仅具有废除部长和其他职能部门官员的权力，也有权提名绝大多数公共机构的负责人。第二，总统将不再受政党中立限制，可以继续担任政党主席。第三，总统可以宣布解散议会，议会对总统的监督和制衡权力被削弱。第四，议会制下，22 名最高法院成员中有 4 名由总统指派，剩余则由法官、检察官指定。总统制下，13 名最高法院成员中有 5 名由总统指派，其余由议会选派。第五，总统可以直接颁布行政法令。在总统制下，土耳其行政机构将更加政治化，正义发展党将在未来很长一段时间在土耳其国内政治中占据主流地位。

（二）土耳其宏观经济制度环境发生改变

政府在宏观经济中具有两个重要角色，一是负责国家货币政策的中央银行，二是负责财政政策的财政部。按照土耳其银行法，中央银行表面上是独立的，但随着总统权力的增大，中央银行不得不在利率决策中寻求埃尔多安的同意。

更为重要的是，土耳其尚未形成国家发展战略与财政规划的协调机制，财政部在协调、设计、实施和监督方面的职能仍需进一步加强。总统制下，土耳其在国家层面设立了财政部，由埃尔多安总统的女婿贝拉特·阿尔巴拉克（Berat Albayrak）担任部长一职。同时，埃尔多安总统任命自己为土耳其主权财富基金的董事长，任命其女婿为副董事长。同时，在公共财政管理方面，特别是实施公共采购法的例外情况越来越多，预算的采用延迟以及税收政策的频繁和未经宣布的变化。一个旨在确保财政纪律的独立财政委员会尚未建立。在没有充分的事后监测和报告的情况下，主要的公共投资方案缺乏透明度。

在地方层面，2018 年 8 月，埃尔多安总统发布总统令，将所有地方当局预算与国库和财政部长挂钩，建立单一的财政机构账户。与此同时，土耳其法律或宪法机构、基金会和社会保障机构设立的专业组织均受该法令管辖。虽然其目的在于确保公共机构之间的预算平衡，但由于任何预算盈余都将被分摊，增加了地方政府和国有企业对集中管理的依赖，破坏地方行政的自主权。

（三）经济运行监管体系发生改变

总统制下，埃尔多安总统对行政部门进行了广泛的重组，使政策制定系统进一步集中化。同时，成立了 9 个总统政策委员会，对部门政策置顶和实施起到咨询与协调职能，但它们与各政府部门工作的关系尚不清楚。比如在经济规划中，政策规划与财政规划缺乏系统的联系。

正义发展党执政后，土耳其逐步采用了有监管的自由主义运行模式，[①]其行业监管体系成为"土耳其模式"的重要构成。然而，在新的总统制下，土耳其的法律框架不再保护独立监管机构免受不当的政治干预。许多监管机

---

① Ziya Öniş, "Crises and Transformations in Turkish Political Economy", *Turkish Policy Quarterly*, Vol. 9, No. 3, 2010, pp. 45 – 66.

构,如竞争管理局、信息和通信技术委员会、网络安全委员会、广播和电视最高委员会、铁路监管总局、原子能工业监管机构和中央银行都需要直接向总统汇报,极大地降低了经济运行中行业监管的自主性和主动性,其监管力度和效率也受到极大质疑,增大了土耳其资本自由流动、公共采购以及经济和货币政策等领域的政策风险。

(四)土耳其微观经济环境

世界银行最近发布的《2019 年营商环境报告》中,土耳其因在过去一年中进行了 7 项商业改革,在全球营商环境十大改良国家中名列前茅。在 2019 年世界银行的"营商环境商业便利性"排名中由 2018 年的排名第 60 位上升了 17 位,至第 43 位。该报告跟踪了 2017 年 6 月 2 日至 2018 年 5 月 1 日世界 190 个经济体的经济改革举措,涵盖创业许可、建筑业许可、获得信贷的便利性、税收制度、跨境贸易、履行合同以及解决破产问题。[①] 这份报告内容对土耳其刺激投资、支持增长和就业是非常有利的。

2018 年,当全球外国直接投资总量出现严重下降时,土耳其的外国直接投资流入总额为 132 亿美元,同比增长 14%。这表明,尽管土耳其经历了货币危机,但投资者对土耳其经济增长的预期并未下降。据土耳其中央银行最新发布的投资趋势统计,2019 年春季,土耳其员工人数大于 500 人的制造业企业投资意向为 50.3%,员工人数为 250~499 人的企业投资意向为 11.7%,员工人数为 50~249 人的企业投资意向为 9.1%。[②] 目前,土耳其微观经济环境已经得到改善,企业预测风险和制定战略的能力在不断增强。

[①] "Turkey Earns Spot Among Top 10 Global Improvers According to World Bank", *Invest in Turkey*, http://www. invest. gov. tr/en-US/infocenter/news/Pages/turkey-earns-spot-among-top-10-global-improvers-according-to-world-bank. aspx, accessed June 4, 2019.

[②] "Invest Tendency Statistics", Türkiye Cumhuriyet Merkez Bankası, Spring 2019, http://www. tcmb. gov. tr/wps/wcm/connect/0dd9e2c3 – 5393 – 4e05 – 9594 – b01a6dd2d1cf/IS-Spring Report – 2019. pdf? MOD = AJPERES&CACHEID = ROOTWORKSPACE – 0dd9e2c3 – 5393 – 4e05 – 9594 – b01a6dd2d1cf-mFe9f77, accessed June 4, 2019.

同时提出了产业革命的口号，努力减少建筑项目的投资，转向推动工业制造业生产。[①] 未来土耳其经济增长可期。

四 总统制下土耳其政治社会走向

总统制的实行本质是一个复杂的制度变迁过程，是一场深刻的政治社会转型。2019 年，预计土耳其的外国直接投资将进一步增加，部分原因是全球经济改善，欧洲经济衰退担忧结束，土耳其政治体制向总统制稳步转型，这加强了土耳其的政治稳定，也增强了对于加快推行经济改革的市场预期。长期以来，围绕从议会制的政治转型、国内权力斗争和外交政策的挑战，延缓了改善土耳其商业和投资环境所需的经济改革。当前居高不下的失业率、无法遏止的衰退迹象将成为总统制下土耳其面临的最严峻考验，高度集权的政治风格无益于改变经济增长颓势。2019 年 3 月 31 日举行的市政选举中，反对派赢得了多个具有重要意义的城市，这虽然不会改变 2017 年 4 月 16 日的宪法公投以来确立的土耳其的政治制度，但也反映了伴随总统制的确立，中央集权发挥效力，土耳其将迎来一个稳定且充满挑战的发展时期。

在国内政治方面，正义发展党将会以发展经济为手段，进一步迎合土耳其国内民粹主义者和世俗精英阶层的诉求。2019 年 3 月 31 日地方选举后，土耳其国库和财政部宣布了一揽子经济改革计划，其中包括一系列以银行和金融部门为重点的结构改革措施。政府将提高银行业信贷水平，进一步支持实体部门的出口，同时对税收制度进行调整。2019 年 5 月 9 日，埃尔多安总统首次主持了由欧盟事务局、司法部、外交部、国库和财政部以及内政部组成的改革行动小组第六次会议。他表示土耳其将继续致力于成为欧盟正式成员的战略目标。并强调，

---

① Dogu Perincek, "The USA Can Not Be A Remedy for Turkey, It Can Only Ruin It, as Always Do", *Aydinlik Daily*, 30 April 2019.

土耳其加入欧盟和与欧盟缔结的关税同盟，不仅符合土耳其的利益，也符合欧洲利益，土耳其将对活跃经济的改革措施进行升级。这是2017年土耳其与欧盟关系交恶以来，埃尔多安总统第一次明确表示土耳其将继续其加入欧盟的进程。随后，埃尔多安总统还在土耳其出口商大会（TIM）组织的创新周和颁奖典礼上发表讲话，表示："我们不会停止或休息，直到我们达到2023年愿景目标。我们对世界的开放越多，我们就越接近实现目标。"① 经济的恢复和发展将成为土耳其政治稳定的压舱石和助推器。

在外交政策方面，经济外交将成为土耳其外交政策议程的决定性因素之一。② 虽然土耳其国内对于更为强调地缘经济的外交政策存在争议，但从土耳其过去十年的外交实践不难看出，土耳其外交关系中对经济关系的重视日益加强。土耳其将在更加独立的外交政策基础上，首先将加强土耳其与欧盟之间的联系，强调关税同盟的现代化，升级1995年的关税同盟，进一步开放包括农业、服务业和公共采购等相关领域。土耳其是欧盟的第五大贸易伙伴，而欧盟是土耳其最大的贸易伙伴，土耳其外国直接投资的2/3来自欧盟成员国，土耳其是欧盟的重要增长市场。关税同盟升级将为土耳其民主和社会融合发挥积极的调节作用。其次，目前土耳其与美国的关系为20世纪70年代以来最糟糕的时期，部分原因是土耳其决定购买俄罗斯导弹。未来土耳其与美国修复过去几年所造成的损害的同时，也会尝试改善与美国的关系，但重回之前的密切关系可能性不大。再次，若土耳其购买俄罗斯导弹成为事实，预示土耳其与俄罗斯关系将进入一个新的阶段，

综上，总统制给土耳其带来了新的发展蓝图，埃尔多安总统及其所

---

① "Reform Action Group Meets First Time Under Chairmanship of President Erdoĝan", *Invest in Turkey*, Issue 64, June 2019.

② Kılıç Buĝra Kanat, "Post-referendum Era Pushes Ankara to Reform Foreign Policy", Daily Sabah, https：//www.dailysabah.com/columns/kilic-bugra-kanat/2017/05/01/post-referendum-era-pushes-ankara-to-reform-foreign-policy, accessed May 23, 2019.

领导的正义发展党将在土耳其政坛继续占据主导地位。如果经济衰退得到遏止，经济增长重新回到快速发展的轨道。埃尔多安总统也将毫无悬念地继续执政至 2023 年。但是，应该看到，由于在野党及其政治新秀将在地方事务中发挥越来越重要的作用，土耳其政治、经济和社会发展将更加多元且富有活力。

Y.7
2018年中东地区的经济形势及未来展望

姜英梅*

摘　要： 中东经济发展从来都不是单纯的经济问题。2017年底以来，
全球经济稳步增长，能源价格（主要是石油、天然气价格）
上升，粮食和金属价格下降，地缘政治趋稳，都成为中东经
济发展的利好因素。中东石油出口国虽然从油价上涨中受益，
但由于国内财政赤字严峻、改革迟滞、就业不足，以及2018
年下半年全球经济增长乏力，石油出口国经济仍然低迷。但
是，经常项目和财政状况有所改善，这意味着中东地区将继
续成为重要的资本出口地区。中东石油进口国同样受益于改
革、与欧洲和中国不断增长的贸易以及石油出口国的资金流
入（主要是侨汇、投资和外援），经济保持中速增长。总体
来看，中东地区经济正处于缓慢复苏之中，但中期前景仍不
甚乐观，面临很多挑战。改革步伐缓慢、油价波动、债务水
平上升、贸易冲突和全球经济复苏乏力，以及地缘政治格局
都将阻碍中东地区中长期增长前景。

关键词： 中东经济　石油进口国　石油出口国　国际油价　经济改革

继2017年和2018年初的强劲增长之后，全球经济活动在2018年下半

---

* 姜英梅，法学博士，中国社会科学院西亚非洲研究所副研究员，主要研究中东经济发展和中
东金融问题。

年显著放缓，反映了影响主要经济体的多重因素的综合作用。中国增速下降，原因是为控制影子银行业务而实施了所需的监管收紧政策，加上与美国的贸易紧张局势加剧。欧元区经济增长势头的减弱程度超出预期，原因是消费者和商业信心走弱，德国的汽车生产因引入新排放标准而下降；意大利国内投资随着主权债券利差扩大而缩减；以及外部需求（尤其是来自新兴亚洲的需求）减弱。在其他地区，自然灾害打击了日本的经济活动。贸易紧张局势日益损害商业信心，金融市场情绪因此恶化；2018年春季，脆弱新兴市场的金融条件收紧，发达经济体下半年也出现收紧，导致全球需求承压。2019年，随着美联储释放出更宽松货币政策取向的信号，市场对中美两国达成贸易协议的态度更加乐观，金融条件有所放松，但相比2018年秋季，金融条件的限制程度仍略有增强。

一　2018年中东经济进一步放缓

根据国际货币基金组织（IMF）数据，中东21个国家总人口占世界总人口的6.2%。2018年中东GDP占新兴市场和发展中经济体GDP总额的10.9%，占世界GDP总量的6.5%；商品和服务出口额占新兴市场和发展中经济体出口总额的14.7%，占世界商品和服务出口总额的5.4%。[1] 2017年和2018年初以来，能源价格主要是石油和天然气价格上升，粮食和金融价格下降，全球几乎所有地区的经济活动都在加速。然而，由于一些主要经济体的前景仍具挑战性，不确定性增加，[2] 2018年下半年以来，全球经济增长疲软。根据国际货币基金组织2019年4月的《世界经济展望》报告，2018年全球经济增长率从2017年的3.8%放缓至3.6%，2019年将继续放缓至3.3%。[3] 与2018年10月的报告相比，2018年和2019年的增长率分别下降了0.1个和0.4个百分点，尽管仍处于合理水平。

---

[1]　IMF, World Economic Outlook, April 2019, p. 135.

[2]　IMF, World Economic Outlook, October 2018, p. 5.

[3]　IMF, World Economic Outlook, April 2019, p. 1.

（一）中东地区经济继续低位运行

2018 年初以来，中东地区出现了一些积极的发展态势，伊拉克消灭"伊斯兰国"后举行了大选，正在进行恢复和重建工作。在国际社会的帮助下，叙利亚出现了结束战争的趋势，利比亚石油出口开始恢复，也将在 2019 年举行大选。而埃及和沙特等国则进行了重大的经济和社会改革，减少或取消能源补贴、促进非石油部门发展、引进增值税等。① 受外部需求、油价波动、国内改革迟滞、就业严重不足以及地缘政治风险因素影响，2018 年和 2019 年中东地区经济增长率将分别放缓至 1.4% 和 1.3%，均低于 2018 年 10 月的预测（见表 1）。② 与此同时，叙利亚、也门和利比亚仍然受到冲突和战争的影响，巴以和平进程停滞不前。世界银行的报告指出，中东战乱国家可能因为暴力和冲突出现整整一代失学儿童。根据世界银行最近发布的《2019 年营商环境报告》，中东地区实施了大量改革措施为国内中小企业改善营商环境。2018 年一年实施了 43 项商业改革，2017 年是 29 项。20 个经济体中有 14 个国家通过改革促进了就业和私营部门发展。然而，在获得信贷融资方面，相比其他地区，中东地区仍然很困难。③ 受全球金融紧缩和 FDI 流入减少影响，2018 年流入西亚的 FDI 为 260 亿美元，与 2017 年水平持平，土耳其吸引了 110 亿美元 FDI，沙特吸引的 FDI 达 30 亿美元。流入北非地区的 FDI 从 2017 年的 134 亿美元上升到 139 亿美元，其中埃及是北非和非洲最大外资流入国，从 2017 年的 74 亿美元增加到 2018 年的 79 亿美元，同比上升 7%。④

受益于外部需求增长和油价上涨，2018 年中东地区经常项目状况有所改善，经常项目余额从 2017 年的 −86 亿美元上升至 2018 年的 973 亿美元，

① World Bank, Middle East and North Africa—Overview, Nov. 2018, http://www.worldbank.org/en/region/mena/overview.

② IMF 2018 年 10 月《世界经济展望》报告预测 2018 年和 2019 年中东地区经济增长率将缓慢回升至 2.0% 和 2.5%。

③ A World Bank Group Flagship Report, Doing Business 2019, p. 152.

④ UNCTAD, Investment Trends Monitor, January 2019, p. 5.

占 GDP 比例从 2017 年的 –0.3% 上升至 2018 年的 3.1% （见表1）。[1] 同时，由于各国国内财政整顿和补贴改革，中东地区财政赤字状况也有所改善，财政赤字占 GDP 比例从 2017 年的 –5.5% 上升至 2018 年的 –2.8%。但是，中东地区的通货膨胀率仍居高不下，从 2017 年的 6.7% 攀升至 2018 年的 11.4%。[2]

表1　中东地区主要经济指数

单位：%

国家和地区	实际 GDP 增长率			通货膨胀率			经常项目余额占 GDP 比例		
	2017	2018	2019	2017	2018	2019	2017	2018	2019
中东地区	1.8	1.4	1.3	6.7	11.4	10.0	–0.3	3.1	–0.5
石油出口国	1.3	0.6	0.4	3.6	9.2	9.0	1.6	5.3	0.9
沙特	–0.9	2.2	1.8	–0.9	2.5	–0.7	2.2	8.3	3.5
伊朗	3.7	–3.9	–6.0	9.6	31.2	37.2	2.2	4.3	–0.4
阿联酋	0.8	1.7	2.8	2.0	3.1	2.1	6.9	6.6	5.9
阿尔及利亚	1.4	2.1	2.3	5.6	4.3	5.6	–13.2	–9.1	–12.5
伊拉克	–2.1	0.6	2.8	0.1	0.4	2.0	2.3	4.9	–6.7
卡塔尔	1.6	2.2	2.6	0.4	0.2	0.1	3.8	9.3	4.6
科威特	–3.3	1.7	2.5	1.5	0.7	2.5	5.9	12.7	7.4
利比亚	64.0	17.9	4.3	28.5	23.1	15.0	8.4	2.0	–0.2
也门	–5.9	–2.7	2.1	24.7	41.8	20.2	–4.0	0.0	0.7
石油进口国	4.1	4.2	3.6	12.4	12.8	11.0	–6.6	–6.5	–6.1
埃及	4.2	5.3	5.5	23.5	20.9	14.5	–6.3	–2.4	–2.4
摩洛哥	4.1	3.1	3.2	0.8	1.9	1.4	–3.6	–4.5	–4.1
苏丹	1.4	–2.1	–2.3	32.4	63.3	49.6	–10.5	–11.5	–9.9
突尼斯	2.0	2.5	2.7	5.3	7.3	7.5	–10.5	–11.2	–10.1
黎巴嫩	1.5	0.2	1.3	4.5	6.1	2.0	–22.8	–27.0	–28.2
约旦	2.0	2.0	2.2	3.3	4.5	2.0	–10.6	–7.4	–8.2
以色列	3.3	3.3	3.3	0.2	0.8	0.9	2.9	1.9	1.7
土耳其	7.4	2.6	–2.5	11.1	16.3	17.5	–5.6	–3.6	–0.7

资料来源：IMF，World Economic Outlook，October 2018，p.65；IMF，World Economic Outlook，April 2019，p.50。

---

[1]　IMF，World Economic Outlook，April 2019，p.171.

[2]　IMF，Regional Economic Outlook Update，April 2019，p.17.

（二）石油出口国经济持续低迷

中东地区石油出口国受益于油价上涨、外部需求保持高位和国内改革，经常项目状况和财政状况大幅改善。IMF 指出 2018 年国际平均油价[①]为 68.33 美元，同比上涨 29.4%（见图 1）。石油出口国的经常项目从 2017 年逆差 99 亿美元恢复到 2018 年的顺差 801 亿美元。[②] 这意味着中东地区仍将继续成为重要的资本出口地区，流动性充足。2018 年中东地区 100 强企业的市值达到 2014 年以来的最好水平，为 9050 亿美元，同比增加 6.6%。与此同时，石油收入增加为政府财政整顿提供空间，石油出口国财政赤字占 GDP 比例从 2017 年的 5.1% 改善至 2018 年的 1.9%。然而尽管油价上涨，仍低于许多石油出口国的财政平衡油价，加上"OPEC +"在 2018 年 8 月达成的减产协议，以及非石油 GDP 增长乏力，私人投资和就业不足，石油出口国经济增长率从 2017 年的 1.3% 进一步下滑至 2018 年的 0.6%。海合会国家则受益于经济多元化改革和政治稳定，经济增长率从 2017 年的负增长攀升至 2018 年的 2.0%。同时，由于国内宏观经济前景低迷，石油出口国通货膨胀率走高，从 2017 年的 3.6% 大幅上升至 2018 年的 9.2%。[③]

（三）石油进口国经济继续保持中速增长

石油进口国同样受益于改革、与欧洲和中国不断增长的贸易以及石油出口国的资金流入（主要是侨汇、投资和援助），2018 年以温和的速度继续下去，经济增长率从 2017 年的 4.1% 略上升至 2018 年的 4.2%。大多数国家的银行稳定，对私营部门的信贷保持温和增长。由于油价上涨、进口支出增加，经常账户状况依然不容乐观，2018 年经常项目余额占 GDP 比例为 -6.5%，仅比 2017 年提升了 0.1 个百分点。由于社会支出增加，石油进口国面临严峻的财政赤字问题，2018 年财政余额占 GDP 比例小幅下滑至

[①] 平均油价为英国布伦特原油价格、西得克萨斯原油价格和迪拜 Fateh 原油价格的平均油价。

[②] IMF, Regional Economic Outlook Update, October 2018, p.12.

[③] IMF, Regional Economic Outlook Update, April 2019, p.17.

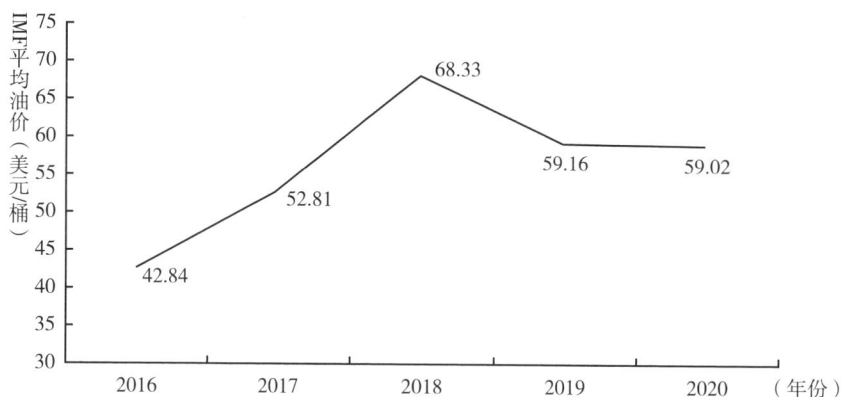

图1　国际原油价格趋势

资料来源：IMF，World Economic Outlook，April 2019，p.170。

-6.7%，通货膨胀率有所下降，但仍高达12.8%。与此同时，石油进口国2018年的经济增长不均衡，埃及经济增长率超过5%，黎巴嫩只有0.2%，苏丹则出现负增长（-2.1%）。而且，与以前相比，石油进口国增长率仍偏低，而失业率仍然居高不下，许多国家失业率高达10%以上。例如，苏丹的失业率达19.5%，突尼斯为15.6%，约旦为18.3%，土耳其、埃及和摩洛哥分别为11.0%、10.9%和9.8%。此外，2018年底以来油价上涨、全球贸易摩擦和金融紧缩正在影响已经疲软的外部和财政平衡。

二　中东主要国家经济发展态势

受外部环境和国内资源禀赋以及政府政策的影响，中东国家经济发展参差不齐，发展不均衡。

（一）沙特经济反弹

受益于高油价和经济多元化改革，沙特经济反弹，经济增长率从2017年的-0.9%上升到2018年的2.2%，经常项目余额达到600亿美元，占GDP比例大幅攀升至8.3%。政府财政状况大幅改善，这既有油价上涨原因，也得益于成功采取多项措施提高了非石油部门收入和财政支出效率。当然，沙特公共财政挑战依然存在。2018 年 8 月底国王叫停沙特阿美 IPO，以及"卡舒吉事件"对王储地位、沙特改革进程都产生了负面影响。从长期来看，美国 – 沙特盟友关系不会改变，沙特王储地位依然稳固，未来仍将推进经济改革。沙特 2019 年财政预算支出将增加 7%，以拉动受低油价冲击的经济增长。沙特政府一直将吸引外资作为实现"2030愿景"的基石，加大对工业、服务业和物流项目的投资力度，减少对石油依赖，促进经济多元化。根据沙特经济和计划部数据，2018 年沙特吸引外资同比增长 110%，达到 35 亿美元。① 2019 年将有 5 个行业实现私有化，到 2020 年将通过私有化计划让非石油产业产生 350 亿至 400 亿里亚尔的收入，并创造 12000 个就业岗位。沙特阿美计划发行百亿美元规模的债券，上市计划也将继续进行。② 据 2019 年 5 月 14 日的报道，沙特国际石化公司（Sipchem）和撒哈拉石化公司将进行合并，并计划在美国和亚洲开展收购和合资，以扩大其市场范围。合并后的撒哈拉国际石化公司将拥有价值超过 220 亿里亚尔（59 亿美元）的资产，仅次于世界排名第 4 位、本国最大的 SABIC。

（二）阿联酋经济多元化最为成功

阿联酋是中东最具竞争力、经济多元化和自由化程度最高的国家。根据世界银行和世界经济论坛 2018 年 8 月发布的《2018 年阿拉伯世界竞争力报告》，阿联酋竞争力排在全球第 17 位（在阿拉伯国家中为第 1 位）③。2018

---

① 《沙特经济部长：2018 年沙特吸引外资同比增长 110%》，2018 年 12 月 25 日，同花顺财经网，http://news.10jqka.com.cn/20181225/c608867759.shtml，最后访问日期：2019 年 3 月 2 日。

② 《沙特经济部长：2018 年沙特吸引外资同比增长 110%》，2018 年 12 月 25 日，同花顺财经网，http://news.10jqka.com.cn/20181225/c608867759.shtml，最后访问日期：2019 年 3 月 2 日。

③ World Bank，World Economic Forum，*The Arab Competitiveness Report 2018*，October 2018，pp. 166，118，122. 卡塔尔和沙特分别列第 25 位和第 30 位，是除阿联酋外挺进全球前三十位的阿拉伯国家。

年阿联酋通过了新投资法，地区金融中心、物流中心的地位，使阿联酋有能力应对低油价和全球贸易冲突的影响。2018 年阿联酋宏观经济继续稳步增长，预计吸引外国直接投资总额达到 115 亿美元（2017 年为 104 亿美元），约占西亚和阿拉伯国家的 40%、占中东地区的 23%。同时，阿联酋还是中东地区对外投资大国，2017 年对外投资排在全球第 21 位。①

（三）伊朗经济恶化

伊朗本应在伊核协议签署后成为中东最具潜力的国家，但是 2018 年 5 月以来，美国退出伊核协议，并在 8 月和 11 月相继实施新一轮最严厉的制裁，涉及能源、金融、贸易、运输以及航天、金属等领域，并对与伊朗有经贸往来的企业和个人实施"二级制裁"。西方公司和银行纷纷撤出伊朗，伊朗石油出口大幅下降。虽然美国给予 8 个进口伊朗石油的国家和地区 6 个月豁免期，但是在 2019 年 4 月美国宣布结束对伊朗原油的豁免，意图使伊朗石油出口降至零。伊朗通货膨胀率急剧上升，2018 年平均为 31.2%，2019 年将上升至 37.2%。汇率大幅贬值，虽然官方汇率维持在 1∶42000，但黑市汇率一度高达 1∶18000，伊朗经济出现了严重危机，鲁哈尼的个人信誉和政治地位受到严重打击，国内保守势力上升。2018 年，伊朗经济出现负增长，为 - 3.9%，2019 年将进一步恶化，降至 - 6.0%（2017 年经济增长率为 3.7%）。受经济恶化影响，伊朗失业率也将从 2018 年的 13.9% 进一步上升至 15.4%。② 当前，欧洲和中国、俄罗斯等国际社会正努力保持与伊朗的经贸联系，但大多数国家已停止从伊朗进口原油。伊朗人口众多、国内农业自给自足，工业有一定基础，且多年处于制裁之下，有应对制裁的经验。因此，尽管经济遭受重创，伊朗人民仍可维持基本生活，国内保守和改革势力也会团结起来，共克时艰，短期不会出现政权更迭的现象。普遍认为，安全问题将超越发展问题，成为伊朗领袖和政府的首选。

---

① 《预计 2018 年阿联酋吸引外国直接投资约 115 亿美元》，搜狐网，2018 年 11 月 22 日，http：//www.sohu.com/a/276875011_498526。

② IMF，Regional Economic Outlook Update，April 2019，p.12.

（四）阿尔及利亚政局不稳影响经济前景

阿尔及利亚经济规模在非洲位居前列。近几年阿尔及利亚启动了旨在振兴经济、加快发展、改善民生的国家投资计划，但成效并不显著。石油天然气仍是国民经济支柱产业，油气产业占国内生产总值45%左右，制造业仅占5%。油气产业税收占国家财政收入的60%，油气出口占国家出口总额的97%以上，粮食与日用品主要依赖进口。① 2018年，尽管"OPEC +"减产协议导致石油产量下降，但是由于油价上涨，阿尔及利亚的经济增长率仍从2017年的1.4%上升到2.1%。GDP增长受到石油产量下降的冲击，尽管这一趋势在2018年末有所逆转。随着新的气田投产，2019年的经济增长将略微恢复到2.3%。然而，油价长期低迷、私人消费疲软、私营部门投资下降（由于政治动荡），将使GDP整体增长失去优势。随着全球需求的减弱，2020年的增长将减缓至1.8%。2019年2月，阿尔及利亚局势发生重大变化，民生压力与老人政治导致阿尔及利亚国内爆发大规模示威游行，4月，曾四度连任的总统布特弗利卡宣布辞职。未来总统选举有可能在2019年7月初举行，阿尔及利亚政局稳定性堪忧。与此同时，精英争夺政权将导致政局不稳，政策难以实施，并推迟改革，这将阻碍阿尔及利亚经济多元化的发展。

（五）埃及经济保持中高速增长

埃及自总统塞西执政后，大力推动经济改革，在2016年从IMF获得120亿美元贷款，分6次获得，实施改革计划，包括减少能源补贴、增加税收、埃镑贬值、国企改革和打击腐败等。改革进程获得了埃及上下和IMF的认可，埃及守住了1:18的汇率红线，政府在2017年10月推出新投资法为政府调控通胀、稳定经济、推进改革、吸引外资做出重大贡献。2018年

---

① 《阿尔及利亚国家概况》，中华人民共和国外交部网站，https：//www.fmprc.gov.cn/web/gjhdq_676201/gj_676203/fz_677316/1206_677318/1206x0_677320/，最后访问日期：2019年4月28日。

11月埃及获得了IMF第5个20亿美元贷款，埃及还和世界银行达成了30亿美元的融资协议。由于政局稳定、外部需求增长，埃及四大外汇收入——侨汇、旅游、石油和运河收入稳中有升，经常项目状况逐渐改善。总体来看，埃及经济前景比较乐观，在未来两年将保持5%以上的中速增长。[①]未来，面对改革阻力和债务上升，保持改革势头至关重要，同时注意解决通胀率居高不下的问题。

（六）土耳其经济脆弱性凸显

土耳其由于国内脆弱的经济基础和美国制裁，经济大幅下滑，从2017年的7.4%下降至2018年的2.6%，8月还出现了里拉危机，从1月到8月中旬，汇率大跌40%。土耳其拉近了与欧洲的关系，释放美国牧师缓和美土关系，提升自身声望和国际影响力，缓解内外压力。土耳其货币危机从表面上看是美国制裁和贸易战所致，但根本上是国内经济脆弱性的表现。土耳其和其他新兴经济体一样，实施新自由主义的发展模式，对外部高度依赖，包括大量的经常账户赤字、外部融资需求和对短期资本过度依赖，国内外汇储备低、储蓄率低，中央银行缺乏独立性。尽管土耳其通过行政手段压制本国价格水平，通胀率依然上升至2018年的16.3%。2018年下半年土耳其里拉汇率也有所回升，还在国际市场成功发行了几次债券，由于利息率高，得到超额认购。然而，土耳其的经济脆弱性没有得到根本改善。2019年，由于外部融资条件收紧和需求疲软，土耳其仍将实施紧缩政策，经济出现负增长（-2.5%）。2019年下半年后，随着全球经济缓慢复苏和国内需求改善，土耳其经济活动将逐步加强，2020年经济预计缓慢增长到2.5%。[②]

三　中东经济形势展望

未来两年，中东地区经济增长率将从2019年的1.3%恢复到2020年的

---

① IMF, World Economic Outlook, April 2019, p. 50.

② IMF, World Economic Outlook, April 2019, p. 46.

3.2% 。其中，石油出口国经济增长率从 2019 年的 0.4% 提升到 2020 年的 2.8%；石油进口国经济略有放缓，2019 年和 2020 年的增长率将分别为 3.6% 和 4.0% 。① 中东经济前景受到多种因素的影响，包括产油国较慢的石油 GDP 增长；大多数国家持续的宏观经济调整挑战，尤其是在阿尔及利亚、突尼斯、苏丹等国；美国对伊朗的制裁及美伊关系持续恶化带来的地缘政治风险；以及其他几个国家的国内紧张局势和冲突，包括叙利亚、伊拉克、也门、利比亚等国，经济恢复与重建进程会比预期慢。而从中长期来看，中东经济前景在很大程度上取决于石油、天然气价格、结构调整和地缘政治局势。

（一）全球经济不稳定复苏

2018 年底以来全球经济疲弱态势将延续至 2019 年上半年。国际货币基金组织 2019 年 4 月的《世界经济展望》报告预测，2019 年全球的 70% 经济体增速会下降，全球增长将进一步放缓至 3.3%（尽管 3.3% 的全球扩张仍处于合理水平），2020 年将缓慢恢复到 3.6% 。很多国家的经济前景仍极具挑战性，短期内将面临重大不确定性，尤其是随着发达经济体增速趋向于适中的长期潜在水平（见表 2）。外部需求减弱，特别是来自主要贸易伙伴（中国、欧洲和俄罗斯）的需求减弱，是中东国家面临的主要挑战。

表 2　世界与主要经济体和地区实际 GDP 增长率

单位：%

国家或地区	2017 年	2018 年	2019 年	2020 年	2021~2024 年
世　界	3.8	3.6	3.3	3.6	3.6
欧　盟	2.4	1.8	1.3	1.5	1.4
美　国	2.2	2.9	2.3	1.9	1.6
中　国	6.8	6.6	6.3	6.1	5.7
俄罗斯	1.6	2.3	1.6	1.7	1.6
中　东	1.8	1.4	1.3	3.2	2.8

资料来源：IMF, Regional Economic Outlook Update, April 2019, p. 2。

---

① IMF, Regional Economic Outlook Update, April 2019, p. 17.

国际油价变得越来越不稳定。2019年以来油价下跌也对石油出口国造成负面影响。2018年10月，国际油价达到每桶80美元以上的峰值后逐渐下跌，12月底油价下跌到60美元/桶以下。随着伊朗、利比亚和委内瑞拉的供应中断以及"OPEC＋"减产协议的达成，油价逐渐回升至2019年4月的70美元/桶以上。但由于全球经济增长疲软和美国生产强劲，5月石油价格再次大幅下跌（见图2）。尽管从很长一段时间来看，石油前景基本保持不变，但价格预计将在几年内保持低于预测的下跌水平。油价波动和下行风险无疑对石油出口国的经常项目、财政状况产生不利影响，同样会影响石油进口国的侨汇和外来援助。

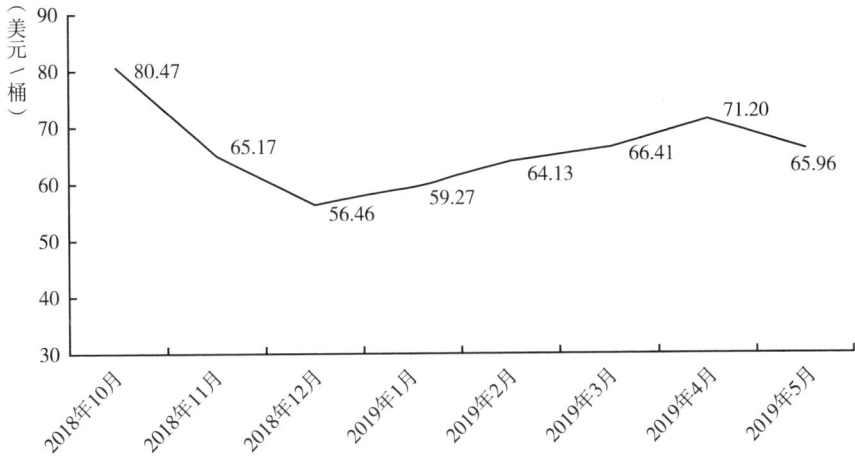

图2　2018年10月至2019年5月原油价格走势

资料来源："Commodity Markets"，World Bank，http：//www. worldbank. org/en/research/commodity-markets，accessed May 27，2019。

美国和中国之间的贸易紧张关系可能会持续下去，但也可能迅速得到解决。但无论近期中美达成何种贸易协议，贸易摩擦和持续的地区安全争端都可能通过供应链中断和投资减少继续影响该地区的前景。

全球金融状况最近有所缓解，但很可能仍不稳定，市场情绪可能会突然改变。如果发生这种情况，利差可能急剧增加，使各国面临更高的利息负担（巴林、埃及、黎巴嫩）、外债重估和金融风险。

地缘政治风险仍然很高。该地区的一些国家仍处于冲突中,一些国家已经从冲突中走出来。叙利亚战后重建、也门冲突、利比亚和阿尔及利亚的政治不确定性、阿富汗可能的和平以及对伊朗的制裁等主要地缘政治发展的影响和时机尚不清楚。这种不确定性可能会增加投资者对整个地区风险的感知,导致资本外流和汇率压力。反过来,这可能会反馈到进一步的石油价格波动和地区不确定性,进而影响政府政策,甚至可能引发社会紧张局势。

(二)石油出口国:感受石油价格波动的影响

未来两年,在油价下跌、石油产量受到限制、全球经济增长放缓和地缘政治紧张局势的情况下,中东地区石油出口国的增长仍比较低迷(尽管2020年增长率将从0.4%回升至2.8%)[1](见表3)。

预计2019年和2020年海湾合作委员会(GCC)国家的增长率将缓慢提升至2.1%和2.8%。政府支出和多年基础设施计划可能会对科威特和沙特阿拉伯的经济活动提供一些支持;2020年世博会-迪拜相关支出和阿布扎比的财政刺激计划预计将支持阿拉伯联合酋长国的短期增长。在卡塔尔,巴赞天然气项目开始运营将支撑碳氢化合物生产,但预计2019年非碳氢化合物增长将放缓。根据当局的财政平衡计划,巴林的非石油增长预计也将因财政整顿计划而放缓。

2019年,非海湾合作委员会石油出口国的经济增长率将下降1.7%,而2018年经济增长率下降1.1%。这主要是由伊朗的事态发展推动的,预计经济衰退将进一步加剧,2018~2020年,预计增长率将下降近10个百分点。由于石油和天然气产量的反弹,阿尔及利亚的经济增长预计在2019年略高。中期预测在很大程度上取决于实施必要的调整和改革方案的程度,鉴于最近的政治发展,目前还不确定。尽管冲突不断,也门很可能提高石油产量。由于伊拉克联邦政府和库尔德斯坦地区政府就石油出口达成协议,石油产量适度增加,财政支出增长,伊拉克经济增长将从冲突中恢复过来。非海湾合作

---

① IMF, Regional Economic Outlook Update, April 2019, p. 10.

委员会石油出口国的中期增长预测认为，地区紧张局势将逐渐消散。然而，紧张局势升级仍将对前景构成下行风险。

全球金融环境的支持力度减弱，导致外部主权借贷成本上升，并将影响外来直接投资，特别是在宏观经济基本面较弱的国家（巴林、阿曼和阿尔及利亚）。与此同时，国内紧张的财政状况也对经济和银行造成压力，大多数国家的财政收支平衡油价仍明显高于当前的油价水平，这导致未来两年石油出口国财政整顿将持续放缓，从而限制非石油经济增长，影响国内信贷，并增加政府短期脆弱性。与此同时，尽管石油出口国银行总体上稳定，但是，流动性下降可能加剧一些银行的脆弱性，并导致不良贷款率上升。

（三）中东石油进口国：在经济前景不确定时管理脆弱性

受到持续的结构刚性的约束，中东石油进口国经济增长预计将保持相对温和（见表3）。许多国家公共债务的增加限制了关键社会支出和基础设施支出所需的财政空间，使经济体容易受到不利的财政条件的影响。全球贸易紧张和金融市场不确定性加剧，前景依然黯淡。随着失业率居高不下和社会经济状况恶化，许多国家的社会紧张局势正在加剧。持续增长需要友好的财政巩固，以重建缓冲区，增强弹性，同时加强结构和治理改革，以提高竞争力、促进私人投资、增加就业。加强区域一体化也将有助于支持中期增长。

适度和不平衡的增长。在外部环境较弱的情况下，一些国家（约旦、黎巴嫩、摩洛哥、苏丹）的增长预测已稳步下调。在2018年10月的地区经济展望中，2019年石油进口国增长预计为4.0%，而2019年4月的预测为3.6%，然后在2020年反弹至4.0%。[①] 由于宏观经济失衡严重，政策调整面临挑战，私人投资低，改革迟滞，区域增长前景承压。全球贸易紧张局势给主要贸易伙伴的增长前景蒙上了一层阴影，并增加了投资者对新兴市场的风险厌恶情绪。尤其是中东石油进口国在对中国、欧盟和美国的出口中占有很大份额。这些国家（例如约旦、毛里塔尼亚、摩洛哥和突尼斯）面临增

---

① IMF, Regional Economic Outlook Update, April 2019, p.19.

长疲软带来的下行风险。对旅游业的严重依赖也使一些国家（埃及、约旦）面临全球经济放缓带来的风险。与持续的冲突和安全问题相关的不确定性也对前景构成了不利风险。区域不确定性（阿富汗、黎巴嫩、叙利亚）、安全担忧、公共投资弱于预期、外部失衡严重预计将影响中期前景。

降低油价有助于解决问题，但外部脆弱性依然存在。根据 IMF 2019 年4 月的《地区经济展望报告》，由于较低的油价有助于改善石油进口国的贸易条件，预计区域经常账户赤字将从 2018 年占 GDP 的 6.5% 分别下降到2019 年和 2020 年的 6.1% 和 5.3%（见表 3）。然而，尽管预计到 2020 年，埃及和摩洛哥的经常账户赤字将缩小至国内生产总值的 2% 左右，该地区其他地方的外部赤字仍相当大。由于在地缘政治紧张局势持续的背景下，石油价格可能保持波动，石油进口国贸易条件的改善也面临不确定性。

预计 2019 年和 2020 年区域出口增长将分别放缓至 7% 和 6.5%，这主要是由于主要贸易伙伴的需求减弱。预计埃及出口增长将保持强劲（从早期旅游业和天然气新生产的冲击中持续复苏），约旦（旅游业和与欧盟的主要边界和贸易协定开放后进入市场的改善）和毛里塔尼亚（铁矿石和黄金出口量增加）的出口将保持强劲；预计该地区其他地方贸易出口将放缓。贸易紧张局势给该地区所有国家带来了额外的下行风险。此外，尽管汇款有助于为许多国家（摩洛哥）的经常账户赤字提供缓冲，但汇款来源国经济（其中大部分来自欧洲或海湾合作委员会）存在放缓的下行风险，从而影响汇款。

公共债务增加了风险，限制了财政空间。尽管该地区的国家近年来已采取措施巩固财政状况，但公共债务比例在过去 10 年中大幅增长，自 2008 年以来平均增长了 GDP 的 20%。中东和大多数石油进口国的公共债务门槛远远高于新兴市场，埃及、约旦、黎巴嫩和苏丹公共债务占国内生产总值的比例超过了 80%。增加借贷意味着更高的利息支出，限制财政空间，并挤出其他优先支出。此外，许多国家的巨额外币债务约 270 亿美元将在未来两年内到期，使它们更容易受到增长放缓和金融市场波动的影响。[1] 尽管近几个

---

① IMF, Regional Economic Outlook Update, April 2019, p. 22.

月来，对金融流动的直接压力有所缓解，但全球金融状况仍不确定。在人口比例失调的国家应该用有针对性的社会转移取代补贴；而重组国有企业（埃及）也将有助于提高支出效率。在税收水平较低的国家（阿富汗、苏丹），还有相当大的空间来改善税收，包括消除扭曲的免税，对较富裕的人口征税，如征收财产和财富税、改善税基、减少随意性。石油进口国通胀压力不大，通胀预期将保持大体稳定，在能源价格下降的帮助下，该地区大多数国家预计将出现1位数的通货膨胀率。

表3　中东地区经济指数（2000~2020年）

单位：%

项目	2000~2015年	2016年	2017年	2018年	2019年	2020年
中东地区						
实际GDP增长率	4.6	5.3	1.8	1.4	1.3	3.2
经常项目余额占GDP比例	8.8	-4.2	-0.3	3.1	-0.5	-0.4
财政余额占GDP比例	3.6	-10.0	-5.5	-2.8	-4.7	-3.6
通货膨胀率(年平均)	6.3	5.4	7.4	10.5	9.8	9.3
石油出口国						
实际GDP增长率	4.8	5.9	1.3	0.6	0.4	2.8
经常项目余额占GDP比例	11.6	-3.1	1.6	5.3	0.9	1.0
财政余额占GDP比例	5.7	-10.4	-5.1	-1.9	-4.2	-3.1
通货膨胀率(年平均)	6.9	4.0	3.6	9.2	9.0	8.8
海合会国家						
实际GDP增长率	4.8	2.3	-0.3	2.0	2.1	2.8
经常项目余额占GDP比例	15.3	-2.8	2.5	7.3	3.9	3.4
财政余额占GDP比例	8.6	-10.7	-5.5	-1.7	-3.1	-2.2
通货膨胀率(年平均)	2.7	2.1	0.2	2.1	0.4	2.4
石油进口国						
实际GDP增长率	4.3	3.7	4.1	4.2	3.6	4.0
经常项目余额占GDP比例	-2.2	-5.6	-6.7	-6.5	-6.1	-5.3
财政余额占GDP比例	-5.6	-7.2	-6.5	-6.7	-6.8	-6.5
通货膨胀率(年平均)	6.0	7.5	14.4	10.4	10.5	9.5

资料来源：IMF，Regional Economic Outlook Update，April 2019，p.17。

总体来看，中东地区经济仍处于缓慢复苏之中，但中期前景仍不甚乐观，面临很多挑战，经济增长率总体处于低位。全球不确定性，包括外部需求、全球经济增长前景、油价波动和地缘政治局势不稳定，成为影响中东地区经济前景的主要因素。面对不太确定的油价前景，外部条件较弱、停滞的非石油部门增长、中东石油出口国必须继续逐步调整财政以重建缓冲器，同时加深和扩大经济多元化的结构性改革，促进更高、更具包容性的增长。鉴于财政放缓带来的经济增长效果不佳、高企的失业率（尤其年轻人），改革变得更加紧迫。中东石油进口国需要关注结构改革以改善增长前景，促进私营部门发展，创造就业机会，并增强包容性。整个中东地区的私人投资相对减少，应改善营商环境，从而有利于私人投资。这需要改善基础设施和教育，加强治理和制度建设，扩大中小企业获得信贷的机会。

专题报告

Special Report

Y.8

大国在海湾竞争的新态势及影响

余国庆　陈瑶*

摘　要： 海湾地区是当今全球重要的油气产地和重要的能源通道，近年来，地缘政治的变化等因素导致海湾局势错综复杂，安全形势不容乐观。伊朗核问题全面协议依然前景不明，并由此导致美国与伊朗关系的持续紧张。沙特阿拉伯与伊朗在海湾地区的对抗和角力愈益明显。美国、俄罗斯、欧盟等大国和组织在海湾地区纷纷扩展自己的影响和势力，加深了海湾地区局势的复杂性。为了维护自身利益和打击敌对力量，海湾地区国家正处在新一轮的盟友体系缔造过程中，加大了海湾地区局势的不可预测性。

* 余国庆，中国社会科学院西亚非洲研究所研究员；陈瑶，中国社会科学院大学硕士研究生。

关键词： 海湾　大国竞争　安全形势

自 2011 年中东剧变以来，中东不少国家出现了不同程度的政治和社会动荡，而海湾国家在乱局中相对稳定，但近年来一些海湾国家的内部局势和外部环境出现了重大变化。特朗普就任美国总统后，美国对伊朗的制裁层层加码以及对伊朗核问题全面协议的态度发生重大转折，致使美国和伊朗的关系持续紧张。近年来，在海湾地区具有重要地位的沙特阿拉伯与伊朗的争斗愈演愈烈，加剧了地区局势的复杂性。海湾地区拥有大量石油资源，沙特和伊朗都是中东重要的产油国，美国、俄罗斯和欧盟一直以来都高度重视与沙特、伊朗等海湾国家之间的关系。由于美国、俄罗斯、欧盟等大国和组织加大对海湾地区的战略投入，海湾地区的安全形势与力量重组正处于复杂的演变过程中。

一　美国与海湾国家关系的新发展

海湾地区一直以来都是美国的重点关注地区，冷战结束后，美国在海湾地区拥有绝对的影响力。奥巴马时期美国开始在中东地区实施"战略收缩"，但并未影响到海湾地区在美国中东政策中的重要性。2015 年伊核协议的达成是美国在海湾地区政策转变的重要成果，但特朗普总统上台后，美国宣布退出伊核协议并重新对伊施加制裁，引发海湾局势新危机。

（一）美国与海合会国家关系的历史演变

海合会国家是美国在阿拉伯世界重要的盟友。1973 年之前，美国通过石油公司控制海湾地区的石油资源；1973 年石油危机爆发后，以沙特为首的阿拉伯产油国第一次成功运用石油武器对西方经济造成严重打击。阿拉伯产油国于 1974 年 4 月撤销对美石油禁运后，美国愈加重视自身能源安全，重视发展与海湾国家之间的关系。冷战期间，美国在海湾地区的影响力远远超过苏联。1991 年海湾战争期间，受海合会国家邀请，美国驻军沙特，进一步确立了美国在海湾地区的绝对领导地位。美国在 2003 年发动伊拉克战争后，对海湾地区的影响力达到顶峰。

第一，美国在海湾地区的外交首要目标是保障能源安全。2017 年，美国从海湾地区进口的原油占其进口原油总量的 17%①，其中大多数来自海合会国家。页岩油开采技术的成功运用使美国的原油产量在 2018 年 6 月和 8 月分别超过沙特与俄罗斯，一跃成为世界上最大的原油生产国，当年 12 月美国首次实现石油出口超过进口。美国对于中东地区的能源需求有所下降，美国与海合会国家关系进入新的调整时期。但这并不意味着海合会国家对美国能源安全的重要性已经消失，美国在海湾地区的石油利益从以保障石油进口为主调整为兼顾美国页岩油出口。

第二，军事合作是美国与海合会国家关系中的重要内容。由于中东地区局势长期动荡但自身军事实力发展缓慢，海合会国家在安全方面高度依赖美国，后者在海湾地区维持了很高水平的军事存在。美国于 1983 年 1 月在快速部署联合任务部队（RDJTF）的基础上设立了中央司令部，管辖范围涵盖中东、北非和中亚地区，其总部基地设于沙特，后迁到卡塔尔首都多哈。2001 年"9·11"事件后，美国在海合会国家的军事存在从基本限制在沙特扩展到所有海合会国家。目前美国在 6 个海合会国家境内均设有军事基地，其中在卡塔尔设立的乌代德空军基地是美国在中东地区规模最大的军事基地，2008 年以来美国在海合会国家驻军人数达到 1.1 万人②。美国对海合会国家的军售是双方军事合作的重点，2009～2016 年美国向海湾国家出售了

---

① "U. S. Imports by Country of Origin", EIA, https：//www. eia. gov/dnav/pet/pet _ move _ impcus_ a2_ nus_ ep00_ im0_ mbbl_ a. htm, accessed May 5, 2019.

② Jules Dufour, "The Worldwide Network of US Military Bases：The Global Deployment of US Military Personnel", Global Research, July 2007, pp. 2 - 7; Richard F. Grimmett, "Instances of Use of United States Armed Forces Abroad, 1798 - 2009", Congressional Research Service, January 27, 2010, pp. 2 - 3, 转引自孙德刚、邓海鹏《美国调整海湾地区军事基地探析》，《现代国际关系》2010 年第 5 期，第 20 页。

约 1980 亿美元的武器装备①。沙特是中东地区军费开支最高的国家，在世界排名前五位，其中很大一部分军费用于向美国购买武器。其他海合会国家也是美国武器装备出口的重要买家，阿联酋在 2007～2017 年向美国购买的军事装备和服务超过 200 亿美元②；卡塔尔与美国在 2014 年 7 月敲定 110 亿美元军购订单后，又于 2017 年 6 月签署价值 120 亿美元的军售初步协议。

第三，中东剧变以来，美国与海合会国家的关系因为叙利亚问题、也门问题等一系列地区事务而有所下降。以沙特和阿联酋为首的海合会国家一方面极力避免国内出现政治社会动荡，另一方面又积极介入发生政治社会动荡的地区国家，或维护亲海合会国家的政权，或扶持符合其利益的反对派力量，并希望获得美国的外交支持，以谋求对整个中东地区的领导权。特别是在叙利亚问题上，海合会国家希望重复利比亚模式，要求美国直接军事介入；但美国对叙利亚局势的自然演变持乐观态度，且美国正从阿富汗和伊拉克撤军，不愿意再投入大规模军事力量，美国与海合会国家关系遇冷。

第四，美国与沙特盟友关系的跌宕起伏。在 6 个海合会国家中，美国与沙特的关系最为密切，美国早于 1933 年就获得在沙特开采石油的特许权，并建立阿美石油公司。沙特目前是美国第二大原油进口来源地，仅次于墨西哥，并与美国在打击恐怖主义上加强合作。奥巴马时期导致美沙关系下降的关键原因是美国在伊朗核问题上的政策转折，伊核协议的达成与美伊关系的缓和直接威胁到沙特在海湾乃至中东地区的战略利益；在叙利亚问题、也门问题等地区事务上，美国与沙特意见相左，美国罕见地抨击沙特对外输出"瓦哈比主义"，导致双方矛盾公开化③；而美国国会在 2016 年 9 月推翻奥

---

① Imad K. Harb, "The US Military Posture in the Gulf: Future Possibilities", Arab Center Washington DC, April 2017, p. 2, http://arabcenterdc.org/wp-content/uploads/2017/04/IH-US-Military-Posture-in-the-Gulf. pdf, accessed May 7, 2019.

② 《双边关系：阿联酋－美国经贸关系蓬勃发展》，中华人民共和国驻阿拉伯联合酋长国大使馆经济商务参赞处，http://ae.mofcom.gov.cn/article/jmxw/201707/20170702604871.shtml，最后访问日期：2019 年 5 月 6 日。

③ 马晓霖：《奥巴马时代美国与沙特关系缘何渐行渐远?》，《西亚非洲》2016 年第 6 期，第 6～8 页。

巴马的否决，正式通过有关"9·11"恐怖袭击法案，允许受害者及其家属向沙特政府追偿，使美沙关系进一步恶化。2015 年 5 月，沙特、巴林、阿曼、阿联酋四国元首缺席在美国戴维营举行的美国 – 海合会峰会，显示美国与海合会国家关系的亲疏不均。

第五，特朗普上台后，美国与海合会国家关系再度升温。尽管特朗普对穆斯林态度存在不友好的一面，但其对伊朗的强硬立场和强化美国在海湾地区盟友体系的表态，使得海合会国家恢复对与美国关系的信心。特朗普奉行"美国优先"原则，在中东地区延续奥巴马时期的"战略收缩"政策，要求地区盟友承担更多责任，希望通过依赖盟友体系而非高经济投入和大规模军事存在继续维持美国在海湾地区乃至整个中东地区的影响力。特朗普上台后，将沙特作为首次出访的目的地，双方签订 1100 亿美元军售协议；2018 年 3 月沙特王储小萨勒曼访美，签署 125 亿美元军售大单和 2000 亿美元的投资计划。其他海合会国家也积极回应特朗普政府释放的友好信号，阿联酋阿布扎比王储于 2017 年 5 月访问美国，双方签订新的国防合作协议。

第六，美国暗中推动沙特阿拉伯等海合会国家与以色列改善关系。维护以色列的安全是美国中东政策的重要目标，但历史上海合会国家对以色列一直采取比较敌视的态度。近年来随着巴以问题的边缘化，海合会国家与以色列关系日益缓和，海合会国家对美国承认耶路撒冷为以色列首都，以及承认以色列对戈兰高地的主权等一系列偏袒以色列的政策都没有做出激烈反映。海合会国家与以色列展开非正式接触，在叙利亚问题、伊核问题上合作，以色列总理内塔尼亚胡更是于 2018 年 10 月 23 日突访阿曼。海合会国家对美国主导的"世纪协议"基本持支持态度，据黎巴嫩媒体报道，沙特更是有意承诺向巴勒斯坦提供 100 亿美元要求后者接受"世纪协议"①。2019 年 4 月 9 日，以色列大选获胜的利库德集团领导人没能在规定时间内完成组阁，以色列将在 2019 年 9 月重新举行大选，从而使原先打算在以色列大选后推

---

① Khaled Abu Toameh, "Saudi Arabia Offered Abbas $ 10 Billion to Accept Trump's Peace Plan: Report", The Jerusalem Post, https://www.jpost.com/Middle-East/Saudi-Arabia-offered-Abbas-10-billion-to-accept-Trumps-peace-plan-report-588294, accessed May 15, 2019.

出的"世纪协议"再遇挫折,海合会国家与以色列改善关系的前景仍然不明朗。

(二)美国调停沙特与卡塔尔外交危机效应分析

2017年6月5日,沙特、阿联酋、巴林等国突然指责卡塔尔支持恐怖主义和破坏地区稳定,并先后宣布与卡塔尔断交。但事实上,卡塔尔外交危机是沙特与伊朗争夺地区领导权在海合会内部的表现,卡塔尔亲伊朗的立场触碰了沙特的利益,同时也是沙特与卡塔尔在海湾地区争夺影响力导致的结果。沙特与卡塔尔之间的外交危机凸显海合会内部分裂日益严重,沙特、阿联酋和巴林不仅与卡塔尔断交,还对卡塔尔实行陆地和空中封锁及禁运,而科威特没有选择与卡塔尔断交并有意在沙特与卡塔尔之间斡旋,阿曼则持中立态度。沙特与阿联酋等四国要求卡塔尔在10天内执行13点要求以结束断交危机,其中包括关闭半岛电视台、减少与伊朗的联系等,遭到卡塔尔方面拒绝。

美国在沙特阿拉伯与卡塔尔断交后充当了调停人的角色,其主要原因在于:首先,沙特和卡塔尔都是美国在海湾地区的重要盟友,而且卡塔尔境内还拥有美国在中东地区规模最大的军事基地,沙特与卡塔尔之间的外交冲突会损害美国在海湾地区的利益;其次,沙特和卡塔尔双方都在争取美国的支持,因此美国迅速在双方间展开调解斡旋工作。时任美国国务卿蒂勒森在2017年7月前往海湾地区展开穿梭外交斡旋,到访卡塔尔,并与其余四国外长在沙特举行会谈,但双方强硬的立场使蒂勒森无功而返。此后,美国没有放弃调解,支持科威特对卡塔尔外交危机的调停,并派出特使安东尼·津尼(Anthony Zinni)参加调解委员会的工作。但由于调停效果不佳,美国调停卡塔尔危机特使已于2019年初辞职。

卡塔尔断交风波至今已过两年,海合会国家与卡塔尔的紧张关系仍没有出现明显的缓和迹象,但也没有进一步升级,目前基本处于僵持局面。尽管美国一直从中斡旋,但是沙特与卡塔尔之间的分歧过大且双方立场都非常强硬。更重要的是,沙特与伊朗争夺地区领导权的对抗仍然持续且不断恶化,沙特与卡塔尔之间的僵持关系在沙特与伊朗紧张关系降级前不会出现太大的转变。

虽然沙特与卡塔尔关系紧张在一定程度上影响了美国在海湾地区的行动效率，但是沙、卡双方与美国之间的关系没有动摇，双方与美国的合作没有受到影响，甚至双方都通过游说集团积极争取美国的支持。沙特与卡塔尔的外交危机对美国在海湾地区的利益没有产生根本性的损害，甚至还有利于加强美国对双方的影响力，鉴于调停卡塔尔外交危机存在很多困难，只要情况不再继续恶化，维持目前的僵持局面对美国而言几乎没有坏处。

（三）美国对伊朗"极限施压"政策及影响

巴列维王朝时期的伊朗曾经是美国在中东的重要盟友，1979 年伊朗伊斯兰革命后，伊朗高举反美大旗，德黑兰人质事件使美国与伊朗之间的关系迅速跌入谷底，美国于 1980 年开始对伊朗进行包括石油禁运在内的制裁，一直延续至今。21 世纪初伊朗加速发展核能力和弹道导弹技术引发地区安全忧虑，伊朗核问题逐渐上升为海湾地区最受关注的热点问题。

2015 年 7 月 14 日，美、伊、俄、中、英、法、德达成《共同全面行动计划》（Joint Comprehensive Plan of Action，JCPOA）。伊核协议的核心内容是：伊朗减少和限制铀浓缩活动以换取美国和欧盟解除对其的经济制裁。但伊核协议并未完全禁止伊朗的核活动，且该协议有效期仅为 15 年，引发美国国内鹰派和沙特等国家的不满。而在地区事务上，伊朗与以美国为首的西方国家存在冲突：伊朗在叙利亚问题上积极支持巴沙尔政权，与支持反对派的美国等西方国家的立场根本对立；在也门内战中支持胡塞武装，与以沙特为首的逊尼派国家爆发"代理人战争"，美伊关系再度紧张。

特朗普上台后对伊朗态度强硬，退出伊核协议并恢复对伊朗的制裁。美国总统特朗普在竞选期间就曾表示将退出伊朗核协议。2018 年 5 月 8 日，特朗普宣布美国退出伊核协议，并分两阶段重新对伊朗施加最高级别的制裁，对伊朗采取所谓的"极限施压"政策，美伊关系迅速恶化。在 90 天和180 天缓冲期结束后，美国对伊朗重新施加的第一阶段制裁于 2018 年 11 月

5 日正式生效，主要是对后者的能源、金属、造船和金融等领域实施制裁，但是向包括中国、日本、印度和土耳其在内的 8 个国家提供为期 180 天的石油贸易制裁豁免期。美国在 2019 年 4 月 8 日宣布将伊朗伊斯兰革命卫队列为恐怖组织，伊朗也迅速做出反制措施，将美国中央司令部及其相关部队认定为恐怖组织，但其象征意义远大于实际意义。

美国对伊朗的制裁自 2019 年 5 月 2 日起进入第二阶段，美国在对 8 个国家和地区的 180 天豁免期到期后不再延长，对伊朗石油出口实施全面制裁。在全面制裁伊朗石油出口的同时，美国进一步加紧对伊朗其他领域的制裁，并在 5 月 9 日宣布对包括钢铁、铝在内的伊朗金属产品出口实施制裁，进一步切断伊朗的出口外汇来源。伊朗则宣布暂停履行核协议中的部分条款，并在 60 天内停止出售重水。美国第二阶段的制裁措施使美伊之间的紧张关系再度升级。美国声称"为应对伊朗及其代理人的威胁"，派出"林肯"号航母战斗群和 B－52 轰炸机前往海湾地区，并计划在该地区部署 12 万名美军士兵，以保护美国在该地区的利益。此外，美国国务院要求驻伊拉克大使馆和驻埃尔比勒领事馆的非紧急工作人员立即撤离，美伊之间的军事冲突似乎一触即发。

但值得注意的是，尽管海湾紧张局势不断升级，但美、伊、沙等各方都保持克制，美国对伊朗直接发动大规模军事打击的可能性不大。美国总统国家安全事务助理博尔顿称在波斯湾地区的军事部署并非意味着将向伊朗开战，派遣军事力量前往周边地区仅为威慑伊朗，通过"极限施压"逼迫伊朗就伊核问题重新谈判；而且美国国会授权特朗普采取军事行动的可能性不大。伊朗方面则认为美国是在打"心理战"，伊朗外长扎里夫 2019 年 5 月也向伊朗伊斯兰共和国通讯社（IRNA）重申伊朗最高领袖哈梅内伊关于海湾地区不会发生战争的指示①。然而，美国与伊朗之间爆发强烈军事冲突的可能性依然存在。特朗普在推特表示："如果伊朗攻击美国的利益，将是伊

---

① "Iran FM: No War Expected in Region", Islamic Republic News Agency, 18 May 2019, http://www.irna.ir/en/News/83318765, accessed May 21, 2019.

朗的正式终结"。因此，各方必须保持克制，避免发生直接的军事摩擦。美代理国防部长沙纳汉也强调要防止伊朗误判美国的意图。

"极限施压"政策的影响主要有以下四个方面。其一，"极限施压"政策对伊朗经济造成的损害有限，伊核问题将进入新一轮僵持阶段。在美国宣布退出伊核协议后，一度使伊朗国内出现经济危机，但是美国自1980年起就对伊朗石油出口实施制裁，伊朗已发展出较为完善的抵抗型经济体系。由于土耳其、一些欧盟国家对伊朗石油依赖性高，将通过多种途径进口伊朗石油以规避美国制裁。自美国重施制裁以来，美国将伊朗石油出口"清零"的目标并未实现，伊朗改变石油出口策略，通过"灰色市场"出售石油，自2018年10月起不再向欧佩克通报石油产量。此外，伊朗国内反美情绪自美国退出伊核协议以来一直高涨，这也意味着鲁哈尼政府不可能轻易向美国屈服。因此，美国通过"极限施压"政策逼迫伊朗在短期内重返谈判桌的效果不会太理想。

其二，伊朗可能对美国在海湾地区的机构和盟友采取报复措施，与沙特等美国地区盟友之间发生冲突的可能性大增，海湾地区局势不稳定性增加。在美国向波斯湾附近海域增加军力部署后，4艘商船在阿联酋富查伊拉港区遭到破坏，其中包括2艘沙特油轮；沙特利雅得地区多处储油设施遭到也门胡塞武装无人机袭击；美国驻伊拉克大使馆附近区域遭受火箭弹袭击。尽管仍未有实质证据证明是伊朗实施这些针对美国及其盟友的破坏行为或对此提供了支持，但沙特和美国方面都在暗示是伊朗支持了这些破坏行为，在当前紧张局势下，这些破坏行为很可能会催化和引爆更大规模的冲突。霍尔木兹海峡是伊朗手中的一张"王牌"，霍尔木兹海峡连接波斯湾与阿拉伯海，是海湾国家石油出口的重要通道，伊朗威胁若事态升级将封锁霍尔木兹海峡。此外，以沙特为首的逊尼派国家在美国的支持下与伊朗之间的对抗会进一步加剧，发生小规模军事冲突的可能性增加。美国曾企图联合海合会国家、埃及和约旦打造"中东战略联盟"，即所谓的"阿拉伯版北约"，以抗衡伊朗。2019年5月24日，特朗普以"应对伊朗威胁"为由绕过国会向包括沙特、阿联酋在内的国家出售81亿美元的武器。美国这一系列给海合会国家"撑腰"的行为都将加剧海湾地区局势的不稳定性。

其三，制裁伊朗石油出口的行为伤害美国与地区内外部分盟友的关系。尽管在美国对伊朗重施第一阶段制裁后，绝大多数美国盟友已经停止从伊朗进口石油，但是依赖于从伊朗进口石油的土耳其和与伊朗有紧密经贸关系的卡塔尔及欧盟国家仍与伊朗保持合作。在美国对伊朗重施第一阶段制裁后，土耳其宣布将继续执行与伊朗的天然气合同；但在美国于2019年5月2日正式向伊朗施加第二阶段制裁后，土耳其停止从伊朗进口石油。欧盟与美国在伊核问题上存在较大分歧，美国副总统彭斯于2019年2月13~14日在华沙举行的中东和平会议上要求欧盟退出伊核协议，但主要欧盟国家并未派高级代表团出席该会议以表示其继续留在伊核协议内的立场①。

其四，退出伊核协议和重新制裁伊朗透支美国在中东地区的权威。首先，伊核协议除美、伊外，还有俄、中、英、法、德，美国单方面退出伊核协议是对契约精神的践踏，更是对其软实力的消耗；其次，中国、欧盟和俄罗斯与伊朗之间仍有密切的经济联系，美国对伊朗制裁的效果因此而大打折扣，美国在海湾地区的绝对权威遭到动摇，从长期来看将削弱美国在中东地区的影响力。

二 俄罗斯与海湾国家关系的新发展

自冷战结束后，俄罗斯在海湾地区的影响力被大大削弱，在海湾地区难以与美国抗衡。随着俄罗斯在中东地区影响力的恢复，俄罗斯与海湾国家之间的关系进入了新的发展时期，双方在经贸、投资、能源、政治、安全、军事等领域的合作不断深化。

（一）俄罗斯与海合会国家关系的新发展

长期以来，俄罗斯与海合会国家之间总体关系较为平淡，双方还在国际

---

① "Pence Says EU Must Withdraw from Iran Deal & Stop Trying to 'Break up' Sanctions on 'Vile Regime'", RT News, https://www.rt.com/news/451471-pence-europe-withdraw-iran-deal/, accessed May 5, 2019.

能源出口市场相互竞争。叙利亚危机爆发后，海合会与俄罗斯的立场存在分歧，前者声称俄罗斯敌视阿盟的外交努力，甚至要求成员国减少与俄罗斯商界的来往①。随着俄罗斯深度介入叙利亚问题，其在中东地区的影响力快速提升，俄罗斯与海合会国家的关系也进入了快速发展时期。

第一，俄罗斯与海合会国家联手促成石油减产协议。俄罗斯作为世界上最大的石油和天然气出口国之一，与同为重要石油出口国的海合会国家在能源合作方面有着良好的合作基础和广阔的合作空间。国际油价持续疲软，俄罗斯与以沙特为代表的欧佩克国家就减产进行磋商，经过艰难谈判于2016年11月第一次达成持续6个月的减产协议，欧佩克国家总减产额为120万桶/日，其中沙特每日减产48.6万桶；独立石油出口国每日减产60万桶，其中俄罗斯每日减产30万桶②。减产协议的达成推动国际油价反弹走高，双方于2017年5月宣布将减产协议有效期延长9个月。而在天然气领域，俄罗斯与卡塔尔、伊朗在2001年发起天然气出口国论坛，并在2008年将总部设于多哈，2017年该论坛举行了第四届首脑峰会。

第二，俄罗斯与海合会国家之间的服务贸易和双边投资快速增长。由于俄罗斯与海合会国家的主要出口产品都是能源产品，双方商品贸易额不大。而在服务贸易方面，海合会国家接待的俄罗斯游客数量呈快速增长趋势，阿拉伯旅游展（Arabic Travel Market）数据显示，赴海合会国家旅游的俄罗斯游客在2020年将比2016年增长38%③，到2023年将增加125%④。当前俄罗斯经济仍处于美国等西方国家的制裁之下，海合会国家对俄投资在一定程度上缓解了俄罗斯的经济压力。俄罗斯直接投资基金中来自海合会国家的投

---

① 《海合会要求成员国减少与俄罗斯贸易》，中华人民共和国驻吉达总领事馆经济商务处网站，http://jedda.mofcom.gov.cn/article/jmxw/201202/20120207957461.shtml，最后访问日期：2019年5月7日。

② 王宝龙：《21世纪俄罗斯中东能源外交研究》，博士学位论文，上海外国语大学，第73页。

③ "Russian Visitors to GCC to Increase 38% by 2020", https://gulfnews.com/business/tourism/russian-visitors-to-gcc-to-increase-38-by-2020-1.2156253, accessed May 10, 2019.

④ "GCC Forecast to see 125% Jump in Russian Tourists by 2023", https://www.arabianbusiness.com/travel-hospitality/406682-gcc-forecast-to-see-125-jump-in-russian-tourists-by-2023, accessed May 10, 2019.

资占据了主要份额①，卡塔尔主权财富基金在 2014 年向其投资 20 亿美元，2015 年沙特公共投资基金（PIF）宣布分三年向其投资 100 亿美元。

第三，由于奥巴马时期美国与海合会国家关系下降，俄罗斯与海合会国家关系快速升温，其中俄罗斯与沙特的关系进入历史以来最好时期。沙特国王萨勒曼于 2017 年 10 月历史性访问俄罗斯，是自两国建交以来沙特国王首次到访俄罗斯，双方就能源等问题达成了一系列协议。2018 年 9 月"卡舒吉案件"发生后，于当年 10 月 23 日开幕的利雅得"未来投资计划"会议遭到众多西方投资者抵制，俄罗斯则派出由俄罗斯直接投资基金（RDIF）主席基里尔·德米特里耶夫（Kirill Dmitriev）率领的 30 余人代表团参加。此外，卡塔尔埃米尔于 2018 年 3 月访问俄罗斯，与普京讨论包括叙利亚问题在内的中东地区事务；俄罗斯与阿联酋于 2018 年 6 月签署战略合作伙伴关系协议，在能源、经贸、安全、政治等方面进行合作。

第四，随着双方合作的增加，俄罗斯与海合会在多个领域建立起了一系列对话机制。俄罗斯与海合会国家于 2011 年 11 月在阿布扎比举行了第一轮海合会－俄罗斯战略对话（GCC-Russia Strategic Dialogue），2016 年在俄罗斯举行了第四轮战略对话，双方在能源、经贸、安全、地区事务等方面展开全面合作。2014 年双方举行了第一届俄罗斯－海合会贸易与工业对话（Russia-GCC Trade and Industry Dialogue）。俄罗斯外长拉夫罗夫在 2019 年 3 月访问海湾地区期间，表达了俄方重启俄罗斯－海湾论坛的意愿。

但是值得注意的是，海合会国家与俄罗斯关系的走近并不代表前者与美国的传统盟友关系发生了质的变化，当前俄罗斯与海合会国家之间深层次合作较少，且双方在叙利亚问题以及伊朗核问题上存在不少分歧，双方关系在未来的进一步发展仍然有待观望。

（二）俄罗斯与伊朗关系的进一步发展

冷战时期，巴列维王朝治下的伊朗是美国遏制苏联的桥头堡。1979 年

---

① "GCC Trade and Investment Flows", The Economist Intelligence Unit, 2014, p. 24, https://perspectives.eiu.com/sites/default/files/GCC%20Trade%20and%20investment%20flows.pdf.

伊朗伊斯兰革命后，伊朗既反美也反苏，在苏联入侵阿富汗后，伊朗为阿富汗游击队提供大量援助，苏伊关系陷入低谷。冷战结束后，俄罗斯寻求与伊朗改善关系，核能合作成为俄伊关系的突破口。1992年俄伊签署《和平利用核能协议》；1994年俄伊达成协议，由俄罗斯帮助伊朗建造两座轻水反应堆；1995年俄罗斯接手帮助伊朗完成布什尔核电站的建设，并向伊朗核电站提供核燃料。

俄伊双方高层互访频繁。2007年普京前往伊朗参加里海沿岸国家峰会，成为继斯大林后第二位到访伊朗的俄罗斯领导人。自此之后，俄罗斯与伊朗之间的高层互访进入高频阶段。伊朗总统鲁哈尼自2014年以来4次访问俄罗斯，俄罗斯总统普京于2015年11月和2017年11月2次访问伊朗，并与伊朗最高领袖哈梅内伊进行了会晤。

俄罗斯与伊朗的能源合作领域广阔、方式多元。为了帮助伊朗规避美国制裁出口石油，俄罗斯与伊朗在2014年签署"石油换商品"协议，采用以物易物的方式，伊朗每天向俄罗斯出口50万桶石油，俄罗斯则每年向伊朗提供200万吨谷物，此协议在伊核协议达成后废止。2017年特朗普上台后，因担心美国会退出伊核协议，俄伊签署了新的"石油换商品"易货贸易合同，伊朗每日向俄罗斯供应10万桶石油，俄罗斯则每年向伊朗提供450亿美元的商品①。俄罗斯帮助伊朗发展石油工业，2016年俄罗斯与伊朗签订石油和能源合作备忘录，在勘探和开采石油、开发油田和石化产品贸易等方面进行合作；2018年俄伊首次进行油田开发合作。

俄罗斯与伊朗在叙利亚问题上合作紧密。叙利亚危机爆发后，由于俄伊在叙利亚都有重要利益，也一致支持巴沙尔政权，双方在叙利亚问题上有良好的合作基础。特别是俄罗斯于2015年9月军事介入叙利亚后，俄罗斯与伊朗的合作愈加紧密。俄罗斯、伊朗、叙利亚和伊拉克合作建立四国联合情报中心，为打击"伊斯兰国"的军事行动共享情报信息；2016年俄军机甚

---

① 《俄与伊朗签订"石油换商品"易货贸易合同》，中华人民共和国驻俄罗斯联邦大使馆经济商务参赞处网站，http://ru.mofcom.gov.cn/article/jmxw/201706/20170602585088.shtml，最后访问日期：2019年5月8日。

至被允许从伊朗空军基地起飞对"伊斯兰国"进行空中打击。在推动叙利亚问题的政治解决上，俄、土、伊三国主导的阿斯塔纳进程，在叙利亚停火机制和设立冲突降级区等议题上也取得了重要进展。

俄罗斯是国际社会解决伊核问题的重要参与方，与伊朗在民用领域展开核能合作。伊核问题于2003年浮出水面后，俄罗斯一方面积极参与六方会谈，另一方面又通过帮助伊朗建设民用核设施推动伊核问题解决。2014年俄伊签署协议，俄罗斯将帮助伊朗在布什尔核电站建造两座新的核反应堆，伊朗境内的核反应堆将增加至8座。值得一提的是，俄罗斯与伊朗展开核能合作在一定程度上能够制约伊朗发展武器级核能力。由于伊核危机发酵，布什尔核电站交付使用的日期一拖再拖，直至2011年才建成并投入使用。2015年俄罗斯作为参与方达成伊核协议，伊朗按照伊核协议移交的核原料运往俄罗斯。由于伊核协议没有限制民用核设施，俄罗斯与伊朗在建设民用核设施上的合作更加紧密。在美国宣布退出伊核协议后，俄罗斯支持伊朗继续留在伊核协议内。在海湾局势日趋紧张之际，俄罗斯外长拉夫罗夫与伊朗外长扎里夫会谈，为挽救伊核协议做外交努力，寻求绕过美国制裁的方式继续合作。

随着伊核协议的达成，俄罗斯与伊朗在军事领域的合作进一步增加。俄罗斯与伊朗在2015年1月俄罗斯国防部长绍伊古访伊期间达成长期军事合作协议；2015年4月俄罗斯恢复向伊朗出口S－300导弹防御系统；2016年2月俄罗斯与伊朗签订80亿美元的武器交易协议。

尽管近年来俄罗斯与伊朗的关系获得了全方位的发展，但应该说"俄罗斯和伊朗之间远没有到达真正的战略伙伴关系"[①]。随着叙利亚局势基本稳定，俄罗斯与伊朗的分歧日益浮出水面，特别是在关于伊朗军事力量在叙利亚继续存在、最后清剿伊德利卜极端分子的时间以及叙利亚战后安排等问题上，双方存在利益冲突。

---

① 唐志超：《俄罗斯与伊朗：战术"联盟"还是战略伙伴?》，《世界知识》2018年第9期，第44页。

（三）俄罗斯的海湾政策评估

自叙利亚问题爆发以来，特别是俄罗斯在 2015 年 9 月全方位介入叙利亚问题后，俄罗斯在中东地区的影响力迅速提升。在美国继续实行"战略收缩"的背景下，中东地区看似呈现出"俄进美退"的新局面，但事实上俄罗斯没有意愿也没有能力取代美国成为中东地区的新霸权。在未来相当长一段时期内，俄罗斯在海湾地区的政策仍侧重于能源合作与维护本土安全。

与海湾国家进行能源合作是俄罗斯海湾政策的传统目标。俄罗斯经济高度依赖能源出口，以沙特和伊朗为代表的海湾国家又是世界上主要的石油出口国，协调产量并推动国际油价稳步增长符合双方共同利益。随着美国页岩油出口量大增，石油在国际市场上的供求关系平衡被逐渐打破，并呈现供过于求的趋势，国际油价持续疲软，导致俄罗斯与海湾国家经济增长乏力。此外，俄罗斯正在遭受美国等西方国家施加的经济制裁，需要更多的石油出口收入来维持国家经济的运行。目前的"欧佩克＋"（OPEC＋）减产协议有效期只到 2019 年底，且俄罗斯与海湾国家减产对国际油价的拉动作用受美国页岩油持续增产的影响而大幅削弱。为了进一步平衡国际油价，俄罗斯与海湾国家需要就接下来的减产计划继续进行谈判。除了在减产方面的合作，俄罗斯与海湾国家还在能源运输、石油开采和炼化技术等方面展开合作。海湾国家的投资也促进俄罗斯能源产业的发展，2016 年卡塔尔投资局与瑞士交易商嘉能可（Glencore）联合收购俄罗斯石油公司（Rosneft）19.5％的股份；2018 年，沙特宣布向俄罗斯的北极液化天然气项目投资 50 亿美元。

安全问题日益成为俄罗斯海湾政策的首要考虑因素。俄罗斯北高加索地区和紧邻的中亚地区拥有大量穆斯林人口，是宗教极端主义渗透的重点地区之一，对俄罗斯本土安全构成严重威胁。中东地区日益成为恐怖主义策源地，合作打击恐怖主义和极端主义在俄罗斯与海湾国家交往中的重要性不断提升。特别是"伊斯兰国"在叙利亚和伊拉克趁乱崛起后，在北高加索地区建立分支，俄罗斯面临严峻而紧迫的国内反恐新形势。俄罗斯需要将恐怖分子拦截在国门之外或者引渡俄籍恐怖分子回国定罪，因此与海湾国家合作打击恐怖主义非常有必要。

除了能源出口以外，武器装备出口是俄罗斯经济的另一重要支柱，海湾国家是俄制军事装备的重要潜在客户。随着国际油价的平稳走高和海湾局势的日益紧张，海湾国家购买武器装备的意愿和经济实力增加，预计海湾国家将加快购买武器装备，除了向美国、西欧等传统军火出口大国购买武器装备，俄制武器也因经过实战检验而越来越受青睐。近年来在科威特防务展、阿布扎比国际防务展等海湾地区大型防务展上都能看到俄罗斯军工企业的身影。俄罗斯向科威特出售 T–90MS 坦克，卡塔尔则寻求购买包括 S–400 防空导弹系统在内的俄制武器，沙特也有意购买 S–400 防空系统。随着海湾国家军购本土化趋势加强，俄罗斯帮助海湾国家发展军工业，俄军工企业与海湾地区本土军工企业进行研发合作。例如，2018 年俄罗斯国防出口公司（Rosoboronexport）与沙特国防公司（SAMI）达成协议联合生产 AK–103 突击步枪[①]。

通过能源和安全合作，俄罗斯与海湾国家关系日益密切，俄罗斯在一定程度上成为在中东地区抗衡美国的主要域外力量。中东日益成为美俄博弈的新"战场"，俄罗斯与海合会国家关系的改善、俄罗斯与伊朗的紧密合作是对美国在海湾地区绝对权威的挑战；但美俄在中东既有利益冲突又有合作空间，特别是在伊核问题上美俄存在一定的共同利益。鉴于海湾地区对美国的重要性，俄罗斯一方面要通过拉拢美国盟友与美国竞争在海湾地区的影响力；另一方面又可以通过与美国在海湾地区的合作改善俄美关系，缓解俄罗斯的外交压力。

总之，俄罗斯与海湾国家的政治、经济、军事、安全等领域的双边关系在不断缓慢推进中，其中与伊朗的双边多领域合作关系达到了前所未有的程度。2019 年 5 月 27 日，俄罗斯外交部长拉夫罗夫针对伊朗外长扎里夫此前提出与周边国家签订《互不侵犯条约》的建议做出积极回应，认为伊朗的

---

① "Saudi Arabia to Produce Russian Kalashnikovs under New Deal", RT, https：//www.rt.com/business/405820-kalshnikov-russia-saudi-salman/, accessed May 5, 2019.

提议是"正确的"。在目前复杂的海湾安全环境演变过程中，俄罗斯一方面不愿看到美国军事打击伊朗的前景，另一方面也在利用与伊朗及海湾阿拉伯国家的良好关系，积极斡旋海湾局势。

三 欧盟与海湾国家关系的新发展

（一）欧盟成立后与海湾国家关系的回顾

海合会与欧盟的前身欧洲共同体在 1988 年 6 月签订双边合作协议，建立了以政治对话、自贸协定谈判和经济合作为支柱的合作伙伴关系[①]。1993年欧盟正式成立后，继承和延续了欧共体与海合会国家的合作关系，在能源、经贸、政治、军事等方面进行全方位合作。能源和经贸是欧盟与海合会关系中最重要的内容，近年来政治和安全议题在双方合作中的重要性日益提升。

第一，海合会国家是欧盟在中东重要的贸易伙伴。欧盟曾是海湾地区石油的重要出口市场，然而由于中东地区局势不稳定，欧盟能源进口来源呈现多元化趋势，但来自海湾国家的原油在欧盟石油进口中仍占较大比重，其中沙特是欧盟第四大原油来源地（2016 年）[②]，从沙特进口的石油占欧盟石油总进口量的 7.58%（2018 年）[③]。2016 年，卡塔尔成为欧盟天然气的第四大来源国。尽管欧盟各国近年来开始大力提倡使用清洁能源，但欧盟对石油、天然气等能源依然存在很大的依赖性。

第二，近年来，欧盟与海合会国家的经贸规模稳定增长。欧盟与海合会国家的贸易额在 2006~2016 年增长 53%，海合会国家在 2016 年成为欧盟第

---

① 汪波：《欧盟与海湾国家合作伙伴关系的建立与发展》，《阿拉伯世界》2005 年第 3 期，第 3 页。

② EU Energy in Figures，European Commission，August 2018，Imprimerie Centrale SA in Luxembourg，p. 64.

③ "EU Crude Oil Imports and Supply Cost"，EUROPA，https：//ec. europa. eu/energy/en/data-analysis/eu-crude-oil-imports，accessed May 15，2019.

四大出口市场；2017 年欧盟与海合会国家双边贸易额达到 1437 亿欧元，2018 年海合会国家与欧盟的贸易额占前者总对外贸易额的 14.6%，欧盟成为海合会国家最大的贸易伙伴①。1990 年启动的欧盟－海合会自由贸易谈判持续近 20 年，双方在 2007 年一度已经确定 95% 的条款，但是海合会秘书长阿提亚却在 2008 年 12 月 24 日宣布搁置与欧盟的自贸协定谈判。此后双方一度考虑重启自贸谈判，尽管欧盟仍有意与海合会国家达成自贸协定，但由于海合会内部分裂日益严重，欧盟恐难如愿。

第三，海湾国家既是欧盟重要的投资目的地，也是欧盟的主要投资来源地之一。然而，2008～2016 年欧盟向海合会投资额呈逐年递减趋势，2015 年和 2016 年更是不足 200 亿美元，除了阿联酋接受的欧盟国家投资增加外，欧盟对其他海合会国家的投资都大幅减少，其中欧盟在阿曼的投资减少 95%②。与之相反的是，海合会国家将巨额石油财富通过主权财富基金对欧盟国家进行了大量投资。在 2008 年欧债危机期间，海合会国家主权财富基金对欧洲银行业的投资在一定程度上帮助欧洲经济实现复苏，同时也增加了其在欧洲国家的经济影响力。

第四，欧盟是中东问题的重要参与方，积极参与解决海湾热点问题。2003 年伊核问题白热化后，欧盟、英国、德国、法国以"欧盟＋3"的形式介入伊核问题，在 2006 年提出一揽子解决方案失败后将伊核问题提交联合国安理会，此后欧盟采取制裁与外交的双重手段迫使伊朗转变其核政策。2015 年各方达成伊核全面协议，英、法、德三个欧盟国家是缔约方，欧盟是伊核协议履行情况的监督方。"阿拉伯之春"后，欧盟与海合会在也门、叙利亚和利比亚问题上合作，但是欧盟与海合会国家也因在这些地区事务中的立场存在分歧而发生摩擦。

第五，安全合作在欧盟与海湾国家关系中占有重要地位。自 1990 年起每年

---

① "Countries and Regions", EUROPA, http：//ec. europa. eu/trade/policy/countries-and-regions/regions/gulf-region/, accessed May 13, 2019.

② "2017 EU-Gulf Cooperation Council Investment Report", July 2017, p. 10, http：//trade. ec. europa. eu/doclib/docs/2018/april/tradoc_ 156661. pdf.

召开欧盟－海合会联合部长理事会会议（The Joint Council and Ministerial Meeting），至 2016 年已经连续举行 25 届，主要讨论安全事宜。自"9·11"恐怖袭击以来，欧盟国家遭受恐怖袭击的风险陡增，恐怖主义活动成为欧洲国家面临的头号安全威胁，欧盟国家反恐进入新阶段。由于两次恐袭中恐怖分子的伊斯兰属性，欧盟与阿拉伯世界特别是与海合会展开国际反恐合作。例如，2005 年 2 月，英、法、德等欧盟国家参加在利雅得举行的国际反恐会议；欧盟与海合会在 2007 年共同举行反恐怖融资国际会议，并承诺将定期举办反恐专家会议。自 2011 年法国《查理周刊》遭恐袭以来，欧洲恐怖袭击进入高发期，"伊斯兰国"在欧洲建立了分支。欧盟国家加入美国主导的国际联盟打击"伊斯兰国"，与同在国际联盟中的海合会国家协调行动。2017 年欧盟与海合会国家在利雅得举行会谈，主要讨论反恐合作等相关事宜。

（二）英国、法国、德国与海合会国家关系的新发展

欧盟与海合会是两个具有重要地区影响力的区域化国际组织，除了在政治与安全领域整体与海合会国家开展对话与合作外，欧盟内部重要国家近年来与海合会成员国的双边关系也有新的进展。

1. 英国：在"脱欧"背景下寻求与海合会国家深化合作

英国在海湾地区深耕多年，一战结束后在科威特和阿拉伯诸酋长国实行委任统治，但自 1956 年苏伊士运河战争后，英国在中东地区的影响力一落千丈，此后一直追随美国的中东政策，最终导致陷入伊拉克战争的泥潭。近年来，英国在中东事务上采取更加积极主动的姿态，以促进经贸往来，应对恐怖主义威胁，并企图填补美国"战略收缩"后留下的战略空缺，海合会国家是英国在中东地区关注的重点。

军事合作是英国与海合会国家关系中的重点内容。近年来，英国国防出口大增，其中向海合会国家的军售占英国武器出口总额超过一半；英国也成为对海合会国家军售第二多的国家，仅次于美国。2018 年 3 月沙特王储穆罕默德访问英国，与英国签署军火采购意向和商业合同；英国与卡塔尔达成 24 架"台风"战斗机的交易。除了对海合会国家军售外，英国还大力维持

和增加在海合会国家的军事存在。例如，2016年英国在巴林建立永久军事基地，英国与阿曼联合举行了近20年来规模最大的军事演习并有意在阿曼建立永久性军事基地。2017年英国首相特蕾莎·梅在访问巴林期间强调要加强与海湾国家的军事和安全合作。

共同应对恐怖主义也是英国与海合会国家合作的重点领域。2015年英国发布了新的反恐政策，指出恐怖主义是英国面临的主要威胁，要与中东地区国家协调行动应对恐怖主义，深化与沙特、科威特、卡塔尔和巴林等国家的安全关系，协助训练并提供援助①。此外，英国还积极参与斡旋热点问题以提高在海湾地区的影响力。卡塔尔外交危机发生后，英国迅速做出反应，时任英国外交大臣鲍里斯·约翰逊访问卡塔尔和科威特进行斡旋。

英国与海合会国家加深合作在一定程度上是英国为其"脱欧"后寻求新的贸易伙伴和维持自身国际影响力做准备，但由于英国受困于"脱欧"僵局和国内问题，很难将大量精力投放在海湾地区，短期内仍将跟随美国的海湾政策。但从长期来看，英国正在逐步提升自身在海湾地区的影响力，并试图辐射整个中东地区。

2. 法国：参与海湾地区事务，谋求更高的国际地位

法国将加强与海合会国家的关系作为提高其国际地位的手段。法国于1995年组建"地中海联盟"，成员国包括地中海沿岸的中东北非国家；2011年中东剧变以来，法国积极参与中东地区事务，在利比亚和叙利亚危机中都进行了不同程度的军事介入。由于海合会国家也是中东地区各热点问题的重要参与方，为了进一步提高国际地位，法国从地中海沿岸深入中东腹地，加强与海合会国家在政治领域和地区事务上的合作。

法国积极参与对海湾地区事务的政治解决过程。2017年卡塔尔外交危机爆发后，法国外长勒德里昂在当年7月访问沙特、阿联酋和科威特，派出卡塔尔外交危机特使布尔特朗前往海湾地区调停；2019年5月14日，阿联

---

① *The United Kingdom's Strategy for Countering Terrorism：Annual Report for 2015*，London：Crown，July 2016，https：//assets. publishing. service. gov. uk/government/uploads/system/uploads/attachment ＿ data/file/539683/55469＿ Cm＿ 9310＿ Web＿ Accessible＿ v0. 11. pdf.

酋方面宣布法国、美国和挪威将对 4 艘商船在阿联酋水域遭袭事件进行联合调查①。此外，法国还增加在海湾地区的军事存在，在科威特、卡塔尔和阿联酋都驻有军事基地和指挥中心。

协调解决难民问题与反恐合作成为法国和海合会国家关系中的新议题。自中东剧变以来，大量来自中东北非难民涌入法国，进一步加剧法国的社会矛盾。法国还成为欧洲大陆遭受恐怖袭击最严重的国家，自 2011 年以来已发生多起恐怖袭击。法国积极加入美国主导的"国际联盟"对"伊斯兰国"实施打击，同时与海合会国家在叙利亚问题、利比亚问题和也门问题上进行磋商。

除了提高政治地位外，增加对海湾地区的军售也是法国的目标之一。法国是西欧主要的军火出口国之一，其军事装备出口最多的前 5 个国家中有 4 个都是海湾国家②。法国在 2018 年与沙特达成新的国防合作战略协议，对沙特军售；法国还是卡塔尔的武器主要供应国之一，双方在 2015 年签下价值 70 亿美元的 24 架"阵风"战斗机订单。2019 年 2 月，双方签署战略对话意向协议，启动全面合作机制。

3. 德国：推动难民问题解决和反恐合作

难民问题与中东地区局势密切相关，德国与海合会国家在推动中东局势稳定和减少难民上有很大的合作空间。德国深受难民和非法移民问题困扰，德国社会分裂日益加深，右翼势力崛起，总理默克尔也因在难民问题上应对不力而支持率大幅下降。"伊斯兰国"恐怖分子跟随难民混入也导致德国面临严重的安全威胁，德国仅在 2017 年下半年就遭受了 6 次恐怖袭击。为了缓解国内的难民和移民压力，德国与海合会国家在推动中东地区冲突政治解决上进行了合作。

---

① "US, France, and Norway Involved in Investigation of Attacks on Ships in Gulf", Al Arabiya, https：//english. alarabiya. net/en/News/gulf/2019/05/14/US-France-and-Norway-involved-in-investigation-of-attacks-on-ships-in-Gulf. html, accessed May 20, 2019.

② Theodore Karasik and Tristan Ober, "France's Expanding Military Influence in the Arabian Gulf", https：//insidearabia. com/france-expanding-military-influence-arabian-gulf/, accessed May 14, 2019.

此外，德国与海合会国家在产业升级和科技合作方面取得了重要成果。当前海合会国家纷纷推行经济改革和产业转型以摆脱对能源出口的依赖，以高科技产业作为突破口，与德国开展科技合作。2017 年 5 月，德国总理默克尔在阿联酋期间，与后者在清洁替代能源领域达成合作意向；在 2018 年的利雅得"未来投资计划"论坛上，德国光伏设备制造商施密德集团与沙特基础工业公司就建立合资企业进行创新硅材料和工业储能领域的技术开发达成协议。

德国与海合会国家的关系存在诸多不确定因素，其中人权问题是德国与海合会国家加深交往的一大阻碍因素。德国与沙特关系近年来不太稳定，2017 年 5 月德国总理默克尔曾对沙特进行访问，然而当年 11 月时任德国外长加布里尔批评沙特干涉黎巴嫩内政而引发德沙外交争端，沙特随即宣布召回驻德大使，直至 2018 年 9 月两国才结束此次外交争端。但在"卡舒吉事件"发生后，德国政府迫于国内压力完全取消与沙特的武器交易，并于2019 年 3 月延长对沙特的武器禁运。

（三）欧盟与伊朗关系的未来发展展望

2015 年 7 月伊核协议达成后，欧盟国家积极展开与伊朗的经贸合作和对伊投资。2016～2018 年，欧盟与伊朗的贸易总额达到 530 亿欧元，欧盟成为伊朗的主要贸易伙伴之一，占后者对外贸易额的 16.3%，仅次于中国（19.5%）和阿联酋（16.8%）[1]。在西方解除对伊朗的制裁后，伊朗总统鲁哈尼于 2016 年 1 月访问意大利和法国，是自 2005 年 4 月时任总统哈塔米访问奥地利和法国后伊朗总统首次出访欧洲。伊朗与意大利签订了价值 170 亿欧元的 14 项合同[2]，并有意向空客公司购买 114 架客机[3]。欧盟国家也派出

---

① "Countries and Regions", Europa, http：//ec. europa. eu/trade/policy/countries-and-regions/countries/iran/, accessed May 17, 2019.

② "Italian Companies Sign Deals Worth 16－17 Billion with Iran", Il Sole 24 Ore, http：//www. italy24. ilsole24ore. com/print/ACNrQjGC/0? refresh_ ce＝1, accessed May 15, 2019.

③ "Iran Plans to Buy 114 Airbus Planes", *The Guardian*, https：//www. theguardian. com/world/2016/jan/24/iran-plans-to-buy-114-airbus-planes, accessed May 15, 2019.

多个代表团前往伊朗商洽贸易和投资事宜，截至2017年4月30日，欧盟对伊朗的能源产业投资超过36亿欧元①。

第一，欧盟不会因为美国的制裁而放弃在伊朗的经济利益。在美国宣布重新对伊朗施加制裁后，欧盟国家基本停止从伊朗进口原油，对欧盟的能源安全影响较小。伊朗石油的主要出口市场是中国、日本、印度等亚洲国家，欧盟仅有少数国家从伊朗大规模进口石油，除了处于美国180天制裁豁免八国名单中的意大利和希腊，其他欧盟国家基本停止从伊朗进口石油；在美国对伊朗施加第二阶段制裁后，希腊和意大利也停止从伊朗进口石油。但是欧盟在伊朗的经贸和投资利益也受到美国制裁的影响，由于前者在伊朗的经济利益达到历史最大规模，欧盟不会轻易放弃，将尽最大努力挽救伊核协议。

第二，欧盟可能发挥第三方作用，成为美国与伊朗之间的调停者。尽管欧盟国家在美国施压下停止从伊朗进口石油，但英、法、德三方将仍在伊核协议内。同时，欧盟努力挽救伊核协议，向伊朗提供援助以将其留在伊核协议内。欧盟也面临着来自伊朗方面的压力，伊朗向欧盟发出"最后通牒"，要求欧盟在60天限期内就继续履行伊核协议进行磋商，遭到欧盟拒绝。在海湾紧张局势升级后，欧盟呼吁美国保持克制。欧盟在伊朗核问题上将承受更大压力，一方面欧盟希望继续维持其在伊朗的经贸和投资利益；另一方面，欧盟企业迫于美国方面的压力而减少与伊朗的经贸往来和投资。在伊朗核问题可能重新陷入僵局的情况下，欧盟可能寻求包括用欧元代替美元进行结算、以物易物等特殊途径规避美国的制裁继续与伊朗的合作。

第三，在伊核协议问题上，欧盟除了发挥自身作用外，需要与相关国家共同努力。首先，欧盟内部对伊朗的态度存在分歧。在欧盟为挽救伊核协议奔走的同时，波兰外交部长恰普托维奇（Jacek Czaputowicz）公开反对欧盟

---

① "Energy Sector Receives $3.6bn Foreign Investment Post JCPOA", Mehr News Agency, https：//en. mehrnews. com/news/125103/Energy-sector-receives-3-6bn-foreign-investment-post-JCPOA, accessed May 15, 2019.

任何削弱美国对伊朗制裁的行为①；而在美国与伊朗紧张关系不断升级之际，英国派出两支特种部队前往波斯湾地区监控伊朗海军舰艇所在的格什姆岛（Qesham）②，但德法则表示将继续与伊朗进行经贸合作。其次，自2018年5月美国单方面推出伊核协议后，欧盟主要国家一直在设法建立一个旨在帮助伊朗规避美国制裁的贸易结算机制——"贸易往来支持工具"（INSTEX），但进展并不顺利。2019年1月，英、法、德三国外长曾发表联合声明，加快创立INSTEX机制与伊朗的谈判，但此后不断遭到美国的指责。2019年6月10日，德国外长海科·马斯访问德黑兰，表示欧盟相信伊核协议"值得挽回"，但与伊朗磋商建立INSTEX机制的谈判并不顺利。作为伊核协议重要的参与方，欧盟一方面在努力维持与伊朗的最低程度合作，另一方面，面对美国对伊朗的"极限施压"，欧盟仍然需要与俄罗斯、中国等协商，保持对伊朗的影响力。

---

① "Poland Supporting US Sanctions", Financial Tribune, https：//financialtribune. com/articles/national/87390/poland-supporting-us-sanctions, accessed May 15, 2019.

② Marco Giannangeli, "Iran Threat：UK Special Forces Join US Strike Group in Persian Gulf as Tensions Mount", Sunday Express, https：//www. express. co. uk/news/world/1129203/iran-news-uk-special-forces-us-strike-group-persian-gulf-ww3, accessed May 21, 2019.

Y.9
2018年海湾地区的安全形势与困局

刘林智*

摘　要： 在后冷战时代，海湾地区是中东乃至世界安全问题最为复杂、安全困境最为突出的区域之一。2018年，海湾地区的整体安全局势依旧高度复杂，地区冲突、恐怖主义和极端主义、难民危机、地区国家间的战略博弈、域外大国对地区事务的介入等各类安全问题的交互影响，为海湾地区的安全和稳定带来严峻挑战。在可预见的未来，地区固有安全问题和各类不确定因素将共同对海湾地区的安全形势造成深刻影响，要实现地区持久和平与总体稳定仍有很长的路要走。

关键词： 海湾　安全问题　伊朗　沙特　海合会

进入后冷战时代，中东地区一直是世界上安全局势最为严峻、安全问题最为突出的区域之一，而地处中东核心地带的海湾地区，又是区域安全问题高度集中、安全困境最为难解的"暴风眼"。回顾冷战结束后的历史，1991年海湾战争、2003年伊拉克战争、石油危机、伊朗核危机、"阿拉伯之春"大动荡、叙利亚战争、"伊斯兰国"崛起带来的恐怖浪潮，几乎每一次影响中东乃至世界局势发展的军事冲突或重大安全事件都发生在海湾地区或波及了海湾地区，充分显示出海湾地区在全球地缘格局中的重要性，以及区域内安全问题的高度复杂性和密切关联性。

---

* 刘林智，中国社会科学院西亚非洲研究所助理研究员，主要从事中东地区军事和战略研究。

2018 年，海湾地区的安全局势依旧动荡，叙利亚和也门的战事经久不休，伊朗、沙特的战略竞争持续深化，美、俄两大国间的战略博弈依旧剑拔弩张，"伊斯兰国"等极端主义组织衰而未灭，各类安全问题和突发事件叠加联动，交互影响，共同构成了当前海湾波诡云谲、危机四伏的安全态势。

一 叙利亚、也门战事的长期化带来复合型安全问题

始于 2010 年底的中东政治抗议浪潮严重冲击了西亚北非的政治格局和地缘版图，这场被西方媒体形容为"阿拉伯之春"的区域剧变对中东各国造成了程度不一的影响，突尼斯、埃及和利比亚等国发生政权更迭。叙利亚抗议总统巴沙尔·阿萨德（Bashar al-Assad）的示威活动迅速升级，于 2011 年春季演变为全面内战；也门前总统萨利赫（Ali Abdullah Saleh）迫于压力在 2012 年宣布移交权力后，国家动荡状态未有改变，原先盘踞北部地区的胡塞武装（al Houthi）趁乱发展壮大，在 2014 年 9 月攻陷首都萨那（Sana'a），并很快夺取南部港口城市亚丁（Aden）。总统哈迪（Abd-Rabbu Mansour Hadi）逃亡沙特，以沙特为首的海湾阿拉伯国家联军随即于 2015 年 3 月发动对胡塞武装的军事打击，从而导致也门内战全面爆发。截至 2018 年，叙利亚战争已进入第八个年头，也门内战也已持续四年。叙利亚战争和也门内战的长期化，既是国家内部多年以来积累的各种矛盾集中爆发和外部势力介入共同作用的结果，同时也导致两国战乱造成的危机不断向周边地区外溢，对整个海湾地区的安全局势形成持续冲击。

（一）叙利亚战争走向缓和但仍存诸多变数

2018 年，在俄罗斯和伊朗等国的支援下，叙利亚政府军继续保持进攻态势，在与反对派武装和"伊斯兰国"残余势力的战斗中不断取得战果。4月中旬，叙利亚政府军全面控制大马士革以东的东古塔地区（Eastern

Ghouta）。7月，叙利亚政府军收复德拉（Deraa），其后基本扫清了南部省份的反对派武装力量。在南线战事取得大捷后，叙利亚政府军开始将目标锁定在反对派武装集中的西北部伊德利卜省（Idlib）。伊德利卜是叙利亚反对派控制的最后一个主要据点，一旦其被收复，将使叙利亚政府军向全面胜利迈进一大步，对叙利亚战争走势和国家重建进程都有着极其重要的意义。但是，由于据守伊德利卜的反对派武装派系众多，实力较强，不仅美国和土耳其就伊德利卜形势对叙利亚政府多次施压，俄罗斯也不希望大战导致伊德利卜局势失控，① 从而使叙利亚政府军在收复伊德利卜问题上一直较为谨慎，没有采取大规模军事行动。9月，俄罗斯、土耳其达成"索契协议"，两国决定在伊德利卜建立非军事区，俄军和土耳其军警将在伊德利卜进行巡逻，以避免叙利亚政府军和反对派武装发生直接交火。虽然"索契协议"受到一些反对派武装的反对，但在总体上，协议使伊德利卜的形势得到暂时缓和，各方之间在2018年内没有爆发严重冲突。

虽然叙利亚政府军在盟友的援助下不断取得胜利，基本取得了战场主导权，但仍未能从根本上打破叙利亚的"碎片化"局面。在西北部，反对派武装仍控制着伊德利卜省大部分地区，盘踞该省的反对派武装包括获得土耳其支持的"叙利亚自由军"（Free Syrian Army，FSA）和曾经隶属于"伊斯兰国"的极端组织"沙姆解放阵线"（Hay'at Tahrir al-Sham），各股反对派武装虽然在战略目标和意识形态上并不一致，但都与叙利亚政府军处于敌对关系。在伊德利卜之外的叙利亚北方大片地区，则分别由库尔德势力和土耳其军队及其支持的反对派武装控制。通过抗击"伊斯兰国"的军事行动，聚居于叙利亚北方的库尔德人实力在近年有显著增强，自治态势日趋明显。自2014年开始，叙利亚北部的库尔德聚居区陆续建立地方自治机构。2016年3月，主要库尔德自治机构共同建立"北叙利亚民主联邦"（Democratic Federation of Northern Syria），使叙利亚库尔德人力量获得进一步整合，也使

---

① Leonid Issaev, "What Does Russia Want in Northwest Syria？", September 19, 2018, https：//www. aljazeera. com/indepth/opinion/offensive-idlib - 180919084340375. html.

其在与叙利亚政府的谈判博弈中获得更大优势。目前，以库尔德武装为主体的"叙利亚民主军"（Syria Democratic Forces, SDF）控制着贾兹拉（Jazira）、科巴尼（Kobane）、塔巴卡（al-Tabaqa）、拉卡（Raqqa）等重要地区，占叙利亚国土约1/4的东北部地区处于库尔德力量的实控之下。2018年1月，土耳其军队和"叙利亚自由军"对叙利亚阿夫林地区（Afrin）的库尔德武装"人民保护部队"（YPG）发动代号为"橄榄枝"的军事打击行动，在3月成功占领阿夫林后，土耳其在当地建立了地方自治机构，实现了对这一战略要地的有效控制。截至2018年，土耳其和"叙利亚自由军"已实际控制了阿夫林、杰拉布鲁斯（Jarabulus）、达比克（Dabiq）等一些叙土边境重镇，依托这些控制区，土耳其存在进一步扩大在叙利亚军事行动的可能。

值得注意的是，在主导叙利亚战局的天平逐渐向政府军倾斜的同时，世界大国和地区国家介入叙利亚战争的态势也在相应发生变化。一方面，俄罗斯、伊朗、土耳其在叙利亚战场的合作稳步推进，由三国共同发起的阿斯塔纳和平进程（Astana Peace Process）取得明显成效。阿斯塔纳和平进程于2017年1月由俄罗斯、伊朗、土耳其在哈萨克斯坦首都阿斯塔纳会晤时建立，该机制旨在通过建立冲突降级区减小战争各方的交火烈度，进而推动叙利亚的政治和解进程，其在促进叙局势的基本稳定上已发挥非常重要的作用。另一方面，虽然美国一直以打击恐怖主义的名义深度介入叙利亚战争，并不时对叙利亚政府军和其盟友进行威慑式攻击，[①] 但其支持的亲西方反对派武装在叙军进攻下已难有作为，使其在与俄罗斯在叙利亚的博弈中逐渐处于下风。2018年12月19日，美国总统特朗普在推特上宣布美国已取得打击"伊斯兰国"军事行动的胜利，将撤出美国在叙利亚的2000余名驻军。虽然在宣布撤军计划后，特朗普政府的表态屡次出现反复，但其举动仍显示出美国欲从叙利亚战略收缩的意图。在美国试图收缩力量的同时，与叙利亚存在

---

① 例如，2018年4月7日，叙利亚东古塔发生疑似化学武器袭击事件，其后美国联合英国、法国军队对叙利亚政府军目标发动空袭，破坏了位于大马士革、霍姆斯等地的多处"涉化武地点"，美国通过此次短时但高强度的军事打击行动，警告叙利亚政府不得再次使用化学武器。

领土争端的重要邻国以色列则明显加大了对叙利亚战争的介入力度。以色列在 2018 年内对叙利亚政府军、伊朗和黎巴嫩真主党（Hezbollah）在叙利亚境内的军事目标发动百余次打击，摧毁了包括伊朗军事据点在内的一系列军事设施。特别是在 2018 年 9 月，叙利亚防空系统的导弹在追击以色列战机的过程中误击中一架俄罗斯伊尔－20 侦察机，造成机上 15 名俄军人死亡。事件导致俄以两国关系一度紧张，并促使俄罗斯决定在叙利亚境内部署 S－300 防空反导系统。在以色列看来，伊朗和黎巴嫩真主党在叙利亚影响力的提高将使叙利亚变成对抗以色列的前沿阵地，给以色列的国家安全带来严重威胁，通过定点军事打击遏制两者的扩张是其必须采取的战略选择。① 但到目前为止，以色列的主要战略目标仍是对叙利亚境内的伊朗和黎巴嫩真主党力量进行威慑和削弱，并不想大规模卷入叙利亚战事，其军事活动并未改变叙利亚战局的总体走向。

当前，随着叙利亚政府重新控制全国大部分地区，叙利亚局势已明显趋于缓和，但仍存变数。一方面，叙利亚政府军虽然在军事层面越来越接近胜利，但国家的失序状态依旧严重，安全形势仍然严峻，一些反对派武装和极端组织成员潜入地下，伺机发动袭击，重大恐袭和暴力事件不时发生，严峻的安全形势将对叙利亚的社会稳定和重建工作造成难以忽视的威胁；另一方面，巴沙尔·阿萨德政权若要实现真正意义上的全国统一，则必然会触动库尔德人与土耳其的利益，很有可能使其与后两者的关系进一步恶化，甚至会影响俄、土、伊三国的合作局面。如何在扩大战场优势和政治和解、国家重建间取得平衡，将是巴沙尔政权面对的一个重大考验。

（二）也门战事深陷焦灼局面

相较于叙利亚局势出现的缓和趋势，2018 年的也门战局则继续呈现对峙状态，战场两大对垒方——什叶派胡塞武装与沙特主导的多国联军持续在也门多地激战，双方在战场上互有胜负，但在短期内都不具备将对方完全消

---

① Herb Keinon, "Netanyahu: Israel will Hit Iran throughout Syria, Not Only along Border", June 17, 2018, https://www.jpost.com/Israel-News/PM-Israel-will-hit-Iran-throughout-Syria-not-only-along-border-560165.

灭或彻底驱除的力量。与此同时，也门国内其他势力为了实现自身利益的最大化，也在战争过程中不断进行分化重组，进一步增加了战局的复杂性。

也门 2018 年的战场乱象，发端于 2017 年末前总统萨利赫之死。萨利赫曾是胡塞武装的重要盟友，双方在 2014 年底结盟。2017 年 11 月底，效忠萨利赫的武装与胡塞武装在萨那爆发激烈冲突。12 月 2 日，萨利赫表示愿意与沙特和哈迪政府进行和谈，并号召自己的支持者攻击胡塞武装，此举更为激怒胡塞武装。12 月 4 日，萨利赫在逃离萨那的途中被胡塞武装枪杀。萨利赫身亡后，沙特对胡塞武装进行严厉谴责，并指责伊朗是杀害萨利赫的幕后黑手，总统哈迪则号召全体也门人团结起来推翻伊朗所支持的胡塞武装的统治，[①] 其后多国联军开始加大对胡塞武装的打击力度。2018 年 4 月 19 日，胡塞武装"最高政治委员会"主席萨利赫·萨马德（Saleh al Samad）在沙特发动的空袭中被炸身亡，成为胡塞武装领导层遭受的一次重大损失。自 6 月起，多国联军和也门政府军向西部港口城市荷台达（Hudaydah）发起全面进攻，沙特希望通过收复荷台达切断伊朗向胡塞武装提供援助的通道。荷台达之战爆发初期，联军取得一些重要进展，如在 6 月 19 日占领荷台达国际机场。但随着战事推进，本来处于下风的胡塞武装对联军进行激烈反击，使联军进军明显受阻，双方进入拉锯战阶段。11 月，荷台达战事进一步升级，联军宣布从胡塞武装手中夺取部分城区重要据点，但胡塞武装总体上仍保持着对荷台达的控制。

荷台达战事的僵持局面造成了当地严重的人道主义危机，国际社会一直在为双方达成停火协议而努力。2018 年 12 月 6 ~ 13 日，在联合国斡旋下，胡塞武装和也门政府在瑞典进行谈判，并于 13 日达成《斯德哥尔摩协议》，协议规定交战方在荷台达及其周边港口实施停火。12 月 18 日，停火协议正式生效，但其后胡塞武装和也门政府军皆屡次指责对方破坏停火协议，交火事件不时发生。2019 年 2 月 17 日，也门政府和胡塞武装就荷台达

---

① "Hadi Urges Yemenis to Join Fight against Iran-backed Houthis after Saleh Murder", December 5, 2017, http://www.arabnews.com/node/1203936/middle-east.

第一阶段撤军达成协议，按照协议胡塞武装将于 25 日执行撤军计划，但在之后胡塞武装一再拖延撤军，荷台达局势仍处于紧张状态。

荷台达之战可以说是也门内战僵局的缩影。一方面，经过多年激战，战场两大对立方皆已呈疲态，沙特初期介入也门战事的速胜企图早已破产，胡塞武装虽然顶住了联军的攻势，但军力也在不断遭到削弱，双方都出现了通过谈判结束也门混乱局面的意愿；另一方面，联军和胡塞武装在战场上也都未到穷途末路的境地，都不愿做出重大让步，加上双方之间严重缺乏互信，导致和谈难以取得实质性成果，令也门的战火至今仍没有平息的迹象。

（三）恐怖主义和极端主义阴霾难消

恐怖主义和极端主义长期以来一直是威胁中东地区和平与安全的主要因素，特别是 2014 年极端组织"伊斯兰国"在伊拉克、叙利亚的强势崛起，不仅令海湾地区的安全局势急剧恶化，而且该组织成员跨国流动造成的恐怖外溢对全球安全态势都构成了严重威胁。"伊斯兰国"的快速发展和一系列暴行引起国际社会的普遍担忧并受到强烈谴责，自 2014 年下半年起，美国、俄罗斯等世界大国和伊朗、土耳其等地区国家相继加入打击"伊斯兰国"的行列。在各方的共同打击下，"伊斯兰国"由盛转衰，逐渐丧失原先控制的叙利亚、伊拉克大片区域，最终在 2017 年呈现溃败之势。继 2017 年 10 月"伊斯兰国"在叙利亚的大本营拉卡（Raqqa）失守后，该组织在 2018 年内未能扭转衰败势头，残存地盘相继被攻陷。10 月 20 日，俄罗斯国防部长绍伊古（Sergei Shoigu）在参加第五届东盟防长扩大会议时宣布，"伊斯兰国"在叙利亚境内的武装已被彻底消灭。虽然在实际上"伊斯兰国"目前仍有一定数量的武装分子分散在叙利亚、伊拉克等国活动，但该组织不可逆转地走向衰亡已是不争的事实。

然而，尽管"伊斯兰国"已步入穷途末路，海湾地区依旧没有摆脱恐怖主义和极端主义的阴影。2018 年内，地区内各类恐怖袭击和暴力事件频发，造成大批平民和军事人员伤亡。

海湾地区的恐怖主义和极端主义之所以难以根除，其原因大致可以总结为以下几点。第一，随着"伊斯兰国""胜利阵线"等极端组织在叙利亚、伊拉克正面战场的失利，这些组织开始化整为零，重新转入地下，回归传统的潜伏恐袭模式，对于力量遭到严重削弱的极端组织，转向以实施恐袭为主的活动模式有利于其保存自身实力，并能最大限度地向其敌对方施加威慑。第二，漫长的战争严重破坏了叙利亚等国政府的社会控制力和治理能力，出现了大片失去政府管控的"真空地带"，这些"真空地带"往往既无政府的有效管理，也缺乏民众社区的自我治理，社会失序现象严重，从而为极端组织和暴恐势力的长期潜伏提供了"庇护所"。第三，西亚北非的政治大动荡提高了政治伊斯兰的影响力，与之伴生的以"圣战萨拉菲主义"（Jihadi-Salafism）为代表的宗教极端主义思潮在地区民众中的影响也相应扩大。特别是当前中东地区国家普遍存在着经济发展迟滞、贫富分化加剧、高失业率、政府腐败、族群冲突等一系列社会问题，各国民众特别是青年人群体对社会现实感到失望，迷茫和愤怒情绪使他们更容易受到极端思想蛊惑，进而成为极端组织的潜在发展对象。因此有评论认为，"伊斯兰国"虽然遭受了军事层面的失败，其宣扬的意识形态却将长期存在下去。①

（四）长期战乱和动荡导致难民危机等安全问题持续发酵

叙利亚和也门内战不仅直接造成大批平民的伤亡，长期战争导致的政府治理失效和社会动荡还引发了难民、饥荒、公共卫生危机等一系列非传统安全问题，这些安全问题相互交织，持续发酵，为本就复杂的地区局势带来了更多不确定性。

难民问题是由海湾战乱所造成的最为直接而突出的非传统安全问题。以难民问题最为严重的叙利亚为例，大批难民在2011年战争爆发后离开原居地或逃离出国，他们近则逃至土耳其等地区周边国家，远则逃往欧洲各国。据联合国难民署（UNHCR）统计，截至2018年4月，共有约560万人在内

---

① Farah Najjar, "Anatomy of A 'Caliphate': The Rise and Fall of ISIL", https://www.aljazeera.com /news/2019/03/anatomy-caliphate-rise-fall-isil-190320140536453.html.

战爆发后逃离了叙利亚，大部分难民逃至土耳其、黎巴嫩、约旦三国，其中土耳其接收的难民人数最多，达到 330 万人。① 大批难民的长期居留给土耳其、黎巴嫩等接收国带来沉重的经济负担和治理困境，绝大部分难民没有正式工作赖以谋生，生活非常贫困，同时也对接收国的治安、环境、社会稳定造成巨大压力。目前，随着叙利亚战事的缓和与重建工作的启动，部分难民开始陆续返回家园，但这些回国难民能否得到妥善安置仍是一个未知数。与此同时，由于担心国内局势仍不稳定，更多的难民对回国持观望态度，仍旧滞留在接收国。可以说，只有战乱国家真正停止冲突，实现持久和平，难民才有可能无后顾之忧地返回国家，也唯有如此，海湾地区的难民问题才能在根本上得到缓解。

相较于主要因战乱而催生的难民问题，粮食安全长期以来一直是海湾地区的重要非传统安全问题，② 而持久不息的战争和社会混乱状态无疑会进一步加剧粮食紧张状况。2019 年 4 月，联合国发布《2019 年全球粮食危机报告》，该报告显示叙利亚和也门都属于全球粮食短缺问题最严重的国家，其中也门的问题尤其严重。截至 2018 年底，也门全国有超过 2000 万人（约占全国总人口的 70%）的食物难以得到保障，其中约一半的人处于极度饥饿状态。③ 虽然世界粮食计划署（WFP）一直在为也门民众提供食品援助，但在战乱持续的状况下，也门粮食危机仍没有好转迹象。

在粮食问题日趋严峻的同时，也门的卫生安全形势也不容乐观。自 2017 年起，也门霍乱疫情严重恶化，造成全国大批民众染病和死亡，在胡塞武装控制的萨那、荷台达等城市和北部地区的疫情尤其严重。在 2018 年全年，也门累计报告霍乱疑似病例 369133 例，其中 504 人死亡。④ 在红十字国际委员会（ICRC）等国际组织的援助下，也门部分地区的疫情出现好转，

---

① "Syria Emergency", The UN Refugee Agency, https：//www.unhcr. org/syria-emergency. html.

② 肖洋：《非传统威胁下海湾国家安全局势研究》，时事出版社，2015，第 1 ~ 35 页。

③ "Humanitarian Crisis in Yemen Remains the Worst in the World, Warns UN", February 14, 2019，https：//news. un. org/en/story/2019/02/1032811.

④ 李硕等：《2018 年国内外传染病领域重要事件回顾》，《传染病信息》2019 年第 1 期，第 8 ~ 15 页。

但全国疫情的整体扩大趋势仍未得到扭转。也门霍乱疫情之所以难以控制，主要仍是因为战争导致的社会失序和治理失灵。长年的战争导致居民难以获得洁净的食物和饮水，国内大批医疗机构也在战乱中被摧毁，加上交战方实施的道路封锁和围城等行动使药品与援助物资难以到达病患手中，以上因素的共同作用导致了疫情的蔓延。在未能恢复也门社会稳定和卫生治理能力的情况下，想要有效遏制疫情无疑是一件极其困难的工作。

二 伊朗、沙特两大阵营博弈升级持续搅动地区局势

在海湾地区，伊朗和沙特同为具有影响力和发展潜力的地区性大国，但两国的关系在近年一直处于紧张状态。两国间存在的深刻矛盾，不仅表现为什叶派和逊尼派的教派对立，同时也是政治体制、国家发展模式和地区领导权之争。特别是 2011 年"阿拉伯之春"政治大动荡横扫中东，叙利亚危机和也门内战相继爆发，进一步激化了海湾地区什叶派和逊尼派间的教派矛盾，从而导致伊朗和沙特的博弈竞争也趋于激烈。2016 年 1 月，伊朗和沙特关系因沙特处决什叶派激进教士尼米尔（Sheikh Nimr al-Nimr）迅速恶化，两国旋即宣布断交。沙特、伊朗断交事件掀起了阿拉伯国家和伊朗的断交浪潮，导致伊朗在 2015 年达成伊核协议后出现好转的外部环境又骤然趋紧。面对地区环境的紧张化，伊朗并未妥协，而是继续大力支持中东什叶派力量，推进构筑"什叶派新月地带"（Shiite Crescent）的地区战略，其与沙特的地缘政治矛盾也日益突出。2018 年，伊朗和沙特继续在军事、外交等多领域进行竞争，两国的持续对立态势使海湾地区的紧张气氛难以缓解。

（一）伊朗、沙特军事对抗加剧海湾地区安全困境

近年来，伊朗和沙特都非常注重运用军事力量扩展自身地区影响力，两国间进行的军事博弈也从未间断。目前，伊朗和沙特的军事竞争突出表现在两国对叙利亚战争和也门内战的深度介入上。

在叙利亚战场，伊朗一直旗帜鲜明地支持同属什叶派的巴沙尔·阿萨德政权，不仅向叙利亚政府提供大量援助物资和武器装备，还派出军事顾问和伊斯兰革命卫队"圣城旅"（Al-Quds Force）等精锐部队进入叙利亚参与作战。伊朗军事力量既是叙利亚战局的直接参与方，同时也是黎巴嫩真主党、伊拉克和阿富汗什叶派民兵等什叶派力量的协调者和领导者，其军事行动提高了在叙利亚什叶派军事力量的战斗力。① 通过在叙利亚的军事活动，伊朗加强了与地区什叶派力量的关系，同时也进一步确立了自身在什叶派国家和组织中的领导地位。与伊朗在叙利亚战场取得的优势相比，沙特支持的反对派武装则不断失利，连遭败绩，已明显处于边缘化的位置。针对自身在叙利亚博弈中所处的不利局面，沙特试图寻求美国的支持组建新的叙利亚反对派军事组织，但并未得到美国的积极回应。②

在也门战场，伊朗虽未直接派遣军事人员参战，但持续为胡塞武装提供物资、武器以及军事技术支持，与伊朗关系密切的真主党也为胡塞武装提供了支援，这些援助提高了胡塞武装的作战能力。③ 作为胡塞武装的对立方，哈迪政府及其支持者沙特一直指责伊朗对胡塞武装提供支持，应当为也门局势的恶化负责。特别是在近年，胡塞武装使用导弹、无人机等武器频繁对沙特境内的目标发动袭击，对沙特与也门接壤的边境地区构成了严重威胁，沙特认为这些武器也是由伊朗所提供，更将其视作来自伊朗的军事挑衅。2018年，沙特领导的多国联军试图攻占也门西部港口城市荷台达，其中一个目的就是阻断伊朗为胡塞武装提供援助的海上通道。

在叙利亚、也门战场进行军事竞争的同时，通过军事演习增加威慑力是伊朗和沙特提升军事影响的另一种主要手段。2018年1月22日，伊朗在南部海域进行军演，参演部队包括陆军、海军、空军和防空部队等多个军种，

---

① 唐志超：《叙利亚战争与大国的地缘政治博弈》，《当代世界》2018年第11期，第51～55页。
② 王晋：《叙利亚重建的困境、归因与超越》，《西亚非洲》2019年第1期，第3～29页。
③ Katherine Zimmerman, "Pushing Back on Iran: Policy Options in Yemen", February 7, 2017, https：//www. criticalthreats. org/analysis/pushing-back-on-iran-policy-options-in-yemen.

伊朗官方称演习旨在提升伊朗的军事防御能力和作战水平。8月，伊朗伊斯兰革命卫队在波斯湾举行大规模海上军事演习，伊朗将演习目标定位为维护国际水域航线安全。12月，伊朗再次在波斯湾举行大规模演习，参与演习的包括伊斯兰革命卫队空降部队、快速反应部队和特种部队。同年4月，沙特在东部沿海举行共计25国参加的大规模联合军演，参加国不仅包括阿联酋、科威特、巴林等海湾国家，美国、英国、印度、巴基斯坦等国也派出军队参加了此次军演。可以看出，伊朗和沙特虽然都很重视军事演习的战略威慑作用，但两国的侧重点则有所差异。伊朗频繁军演的主要目的是向外释放不惧美国和地区敌对国家威胁的信号，特别是通过海上军演的形式对国际社会宣示其有能力封锁霍尔木兹海峡（Strait of Hormuz）这条海上战略要道，以警告美国和沙特等对手不要试图阻遏其石油出口。而沙特的军演则着重于彰显其军事盟友的"人多势众"和同盟体系的稳固，借此对伊朗施加战略压力。

一方面，伊朗和沙特的军事竞争加剧了海湾地区的教派敌对情绪，增加了叙利亚战争和也门战争的复杂性，在一定程度上加大了结束两场战争的难度，并给美国等域外大国进一步介入地区事务提供了可乘之机，这些因素都加深了海湾地区的安全困境。另一方面，虽然伊朗和沙特近年的军事斗争态势十分尖锐，但两国仍保持了一定的战略克制，并未发生直接军事冲突。不过，在军事关系高度对立的大背景下，伊朗和沙特未来发生擦枪走火等突发事件的可能性仍将难以排除，一旦出现这种情况，两国间维持的有限战略克制态势很可能遭遇挑战。

（二）伊朗、沙特在海湾地区地缘政治竞争的动向

除了在叙利亚、也门持续进行军事对抗，伊朗、沙特近年在海湾地区的地缘政治博弈也呈现出越来越针锋相对的特点。对伊朗来说，其首要战略目标是维护"什叶派新月地带"的稳固，其次则是寻找外交突破口，加强与俄罗斯等域外大国及地区友好国家的关系，以尽量抵消美国制裁的影响和区域对手的包围封锁。而在沙特看来，伊朗的主流教派和政治体制都与己差异

巨大，其一直没有放弃发展核武器的企图，并在"阿拉伯之春"浪潮中支持了海湾阿拉伯国家的什叶派民众抗议活动，这些因素都促使沙特将伊朗定位为海湾地区的主要安全威胁，进而选择了高度敌视伊朗的政策取向。2018年，伊朗和沙特地缘政治博弈中主要出现了以下值得关注的动向。

第一，伊朗构筑"什叶派新月地带"的战略规划同时面对机遇与挑战。随着极端组织"伊斯兰国"的衰败和叙利亚局势趋于稳定，原先受到撼动的"什叶派新月地带"重新巩固，这也使伊朗的区域地缘环境有了较大程度的好转。但是，在海湾国家内部政局、社情多变和域外大国持续介入共同作用的复杂局面下，"什叶派新月地带"目前较为稳定的形势仍可能发生变化。在伊拉克，部分民众对伊朗干预伊拉克国内事务的状况逐渐不满，要求疏远伊朗的声音不断增多，2018年7月巴士拉（Basra）大规模骚乱事件中，伊朗领事馆首当其冲遭到焚毁，就是这种情绪的突出反映；在黎巴嫩，真主党在2018年5月的议会选举中取得大胜，且一直在叙利亚战争中出力甚多，但其实力的增长将很可能招致以色列更大规模的打击，同时还将可能面临西方国家更为严厉的制裁。更为关键的问题是，"什叶派新月地带"目前的稳定在很大程度上依赖于伊朗的巨大战略投入，但随着美国制裁力度的加大，伊朗维持如此规模战略投入的难度也在不断加大。一旦伊朗国内形势发生变化或减少对地区什叶派力量的支持，"什叶派新月地带"很有可能将再次面临遭到削弱甚至消解的风险。

第二，土耳其出现"友伊疏沙"倾向。土耳其是中东地区重要的区域大国和传统军事强国，也是叙利亚的北方邻国，埃尔多安（Recep Tayyip Erdogan）政府在叙利亚危机爆发后一直积极插手叙利亚事务。随着叙利亚局势的发展和土耳其国内局势的变化，土耳其在叙利亚的主要战略目标从推翻巴沙尔政权转为打击库尔德分离势力和极端组织，从而具备了与伊朗、俄罗斯进行合作的基础。通过推动建立冲突降级区，土耳其近年与伊朗、俄罗斯的合作关系不断加深，土、伊、俄三国的密切协作维护了土耳其的战略利益，但也得罪了沙特。2018年3月，沙特王储本·萨勒曼（Mohammed bin Salman）在访问埃及期间，声称伊朗、土耳其和伊斯兰好战组织为"新邪恶轴心"，显示出其对土耳其现行政策的不满。[1] "卡舒吉事件"发生后，土耳其以此事件为抓手频频向沙特发动攻势，使沙特的国际形象大为受损，虽然土耳其方面称不希望"卡舒吉事件"损害土沙关系，[2] 但这一事件仍让两国关系变得更为复杂。总体上看，土耳其和沙特的关系并不会走向破裂，但其与伊朗合作的加深必然使沙特在叙利亚战争等地缘政治竞争中的战略目标更加难以达成。

第三，沙特与以色列为遏制伊朗逐步走近。沙特和以色列虽然存在分歧，但两国都视伊朗为地区内最主要的安全威胁，遏制伊朗的共同目标使沙特和以色列逐渐走近。在2018年访美期间，沙特王储本·萨勒曼特意在纽约会见犹太教拉比，并与犹太人北美联合会（JFNA）等右翼犹太组织进行跨信仰对话。在接受采访时，本·萨勒曼表示，以色列拥有属于自己家园和土地的权利，实际等于承认了以色列的土地权，显示其在巴以问题上的立场出现明显转变，为了加强与以色列的合作而在巴勒斯坦问题上向以让步。2018年10月，在美国华盛顿召开的"反暴力极端主义峰会"上，以色列国防军总参谋长加迪·埃森科特（Gadi Eisenkot）与沙特武装部队总参谋长法耶兹·本·哈米德·鲁韦利（Fayyad bin Hamed al-Ruwayli）进行会晤，双方讨论了包括伊朗形势在内的地区安全问题，此次会晤是首次对外公开的沙特和以色列高层官员间会谈活动，显示出两国推动防务合作关系的意愿。[3] 就目前看，沙特和以色列的合作正从以前的台下操作日益转向公开化，两国的战略关系如能进一步深化，势必更加压缩伊朗的战略活动空间。同时也应看到，沙特和以色列关系的提升也存在着一定限度。在巴以冲突、巴勒斯坦

---

[1] "Saudi Prince Says Turkey Part of 'Triangle of Evil'-Egyptian Media", March 7, 2018, https://www.middleeastmonitor.com/20180307-saudi-prince-says-turkey-part-of-triangle-of-evil-egyptian-media/.

[2] "Turkey Says Does not Want Saudi Relations Hurt by Khashoggi Case", October 22, 2018, https://english.alarabiya.net/en/News/middle-east/2018/10/22/Turkey-says-does-not-want-Saudi-relations-hurt-by-Khashoggi-case.html.

[3] Elie Podeh, "Saudi Arabia and Israel: From Secret to Public Engagement, 1948–2018", *The Middle East Journal*, Volume 72, Number 4, Autumn 2018, p. 563.

建国、戈兰高地归属等地区热点问题上，沙特可以做出一定让步，但很难完全认同以色列的立场，因为这样做将严重损害沙特在伊斯兰世界中的威信。尽管有特朗普的"牵线搭桥"，以色列和阿拉伯国家的矛盾仍是沙以关系进一步发展不可忽视的阻碍。

三 美国、伊朗关系恶化加深海湾地区紧张态势

美国一直是海湾地区实力最强、渗透程度最深的外部介入力量，其政策的变化和调整对海湾安全局势具有深远影响，美国和伊朗关系的走势是影响海湾地区整体安全态势的一个关键变量。特朗普于2017年就任美国总统后，大幅改变了奥巴马政府的对伊接触政策，开始大力推行遏制伊朗的强硬路线。在特朗普看来，伊朗不仅一直插手叙利亚、黎巴嫩、也门等地区国家事务，还执意发展核武器和其他杀伤性武器，是中东地区最大的麻烦制造者，奥巴马政府的伊朗政策过于软弱，其与伊朗达成的伊核协议是"史上最糟糕的协议之一"。[①] 2017年10月，白宫发布特朗普政府对伊朗新战略报告，该文件指出伊朗给美国和中东地区带来全方位的威胁，美国将对伊朗实施全面遏制战略，以改变伊朗政权的行为。进入2018年后，美国进一步加大对伊朗的施压力度，使伊朗面临巨大的战略压力，伊朗则不甘示弱，对美国提出的要求基本采取拒斥态度，两国关系的持续紧张为海湾安全形势投下了浓重的阴影。

（一）美国以严厉制裁和战略围堵为主要手段加大遏制伊朗力度

为了在国际事务中取得主导权，特朗普政府近年频繁采取"极限施压"（Maximum Pressure）策略，即通过严厉制裁和战争威胁"恐吓"对手，迫使其改变立场和行为，以达到美国的战略目的。2018年成为美国对伊朗大

---

① Aaron Arnold, "How Trump Can Strengthen US Leverage Against Iran", November 30, 2016, https://thediplomat.com/2016/11/how-trump-can-strengthen-us-leverage-against-iran/.

举发动"极限施压"攻势的一年。5月8日，特朗普不顾国际社会的反对，宣布退出伊核协议，并称将进一步加大对伊制裁。5月21日，美国国务卿蓬佩奥（Mike Pompeo）向伊朗提出12点要求，包括要求伊朗停止铀浓缩活动、终止弹道导弹研发和从叙利亚撤军，声称伊朗如果不能满足这些要求，特朗普政府就会对伊朗实施最严厉的制裁。8月6日，特朗普在第一个90天的制裁宽限期后对伊朗的美元、黄金、贵金属交易等非能源领域发起制裁。11月2日，国务卿蓬佩奥和财政部长姆努钦（Steven Mnuchin）共同发布声明，宣布从5日开始重启对伊朗能源和银行等领域的制裁，这也标志着美国全面恢复了因伊核协议而解除的对伊制裁。

在加强制裁之外，特朗普也在积极谋划建立包括沙特等海合会国家在内的"中东战略联盟"（MESA），以打造能够更为有力遏制伊朗的"地区朋友圈"。2018年7月，多名美国和阿拉伯国家官员披露，美国正与其中东盟友组建一个以北大西洋公约组织（NATO）为蓝本的新式区域军事联盟，其名称被暂定为"中东战略联盟"。这一被媒体形容为"阿拉伯版北约"的区域联盟将加强成员国在军事训练、导弹防御、反恐等方面的合作，帮助成员国建立地区反导系统和升级军备，以抵御伊朗的"侵略"和恐怖主义的扩散。10月27日，沙特、约旦、埃及等8国在巴林首都麦纳麦举行安全峰会，与会国家对组建"中东战略联盟"的倡议反应积极，巴林外交大臣阿勒哈利法（Khalid al Khalifa）称"中东战略联盟"将在2019年正式建立。2019年1月，美国国务卿蓬佩奥访问中东多国，试图推进组建"中东战略联盟"相关事宜，尽管沙特态度积极，但在卡塔尔等国反对下，其行程未取得实质性成果。虽然在目前，"中东战略联盟"因为沙特与卡塔尔交恶等因素难以得到有效整合，但如果美国在今后加大力度发挥协调作用，这一联盟仍有可能成功组建并对伊朗发挥遏制作用。

特朗普政府对伊朗力推"极限施压"式制裁，其主要目的在于破坏伊朗的经济发展，恶化伊朗的民生状况，加剧伊朗民众与政府的矛盾，以促使伊朗"由内生变"；其与地区国家组建遏伊同盟，则是为了全面压缩伊朗的地缘活动空间，最大限度地抵消伊朗近年不断增长的地区影响力。当前，美国的对伊遏制战略显示出多线出击、多路并进的特点，在美国"组合拳"的影响下，伊朗的内政外交都在经受着严峻考验。

（二）伊核问题出现明显恶化趋势

伊核问题是伊朗和美国关系中最为复杂、敏感的安全问题，同时也是伊朗多年以来融入国际社会的重要阻碍。特朗普上台后，开始对奥巴马时期的"政治遗产"进行"全面清算"，频频对2015年7月达成的伊核问题全面协议发表批评言论，指责伊朗并未真正履行伊核协议，并多次称如果伊朗不能切实履行协议，美国将退出伊核协议。2018年5月，特朗普宣布美国正式退出伊核协议，使伊核问题形势发生急剧逆转，伊核协议能否存续成为国际社会高度关注的热点。

美国单方面退出伊核协议，使鲁哈尼在伊核谈判上取得的政绩严重受损，伊朗强硬派以此为契机向鲁哈尼不断施压，要求检讨伊核协议、重启核活动的呼声不断升高。2018年5月13日，伊朗强硬派教士、专家委员会主席艾哈迈德·贾纳提（Ahmad Janati）要求鲁哈尼向人民公开道歉，因为其没有在与西方国家的核谈判中坚守底线。[①] 6月4日，伊朗最高领袖哈梅内伊（Grand Ayatollah Seyyed Ali Khamenei）要求原子能组织立即提高铀浓缩能力，以回击特朗普退出伊核协议的决定。8月29日，哈梅内伊在会见鲁哈尼和内阁成员时称，如果伊核协议不再符合国家利益，伊朗就将予以放弃。伊朗对伊核协议日渐消极的态度，不仅是对美国蛮横行为的对等回应，而且源于自身对安全环境的迫切需求。特朗普政府不断增强对伊朗的军事威慑并鼓动沙特、以色列等地区国家对伊朗进行战略围堵，使伊朗感到国家安全受到的威胁越来越大，"研核自保"正在重新成为伊朗政界广泛认可的战略选项。

尽管中国、俄罗斯、欧盟都在为维持伊核协议而努力，鲁哈尼也屡次强调伊朗会继续遵守伊核协议，但由于美国是伊核问题中最具实力的参与方，在其排斥伊核协议并持续敌视伊朗的大背景下，伊核协议想要得到充分落实几乎是

---

① Saeid Jafari, "How US Hawks are Boosting Iranian Radicals", May 22, 2018, https://www.al-monitor.com/pulse/originals/2018/05/iran-jcpoa-pompeo-speech-hardliners-empowered-nuclear. html.

一件"不可能的任务"。一旦伊朗"报复性"地全面重启核活动，将很有可能导致伊核协议沦为一纸空文，届时海湾地区的核安全形势又将重新恶化。

（三）伊朗政局、社会在美国重压下变数增多

美国的高强度制裁和战略围堵无疑给伊朗带来沉重的负担，特别是让伊朗本就不佳的经济形势雪上加霜，经济的恶化又导致了国内民众不满情绪的大幅上升。2017 年和 2018 年之交，伊朗全国 100 多个城市发生大规模抗议活动，抗议者要求伊朗政府改善经济状况和改变对外政策，一些抗议者更是将矛头直指鲁哈尼政府和哈梅内伊教士阶层，此次抗议事件因发生于伊朗历十月，故又称"十月抗议"事件。虽然"十月抗议"事件在一周内即被平息，但其后伊朗的社会局势一直不甚平静，民众抗议活动和以卡车司机、商人为主体的罢工罢市事件频发，这些抗议活动都和伊朗经济的恶化直接相关。① 在民众不满情绪上升的同时，伊朗的内部政局也在发生变化。随着美国和伊朗对立关系的加剧，代表温和改革派的总统鲁哈尼正在受到强硬保守派人士越来越大的压力，一些强硬派甚至喊话要鲁哈尼下台，政治斗争加剧了民众的彷徨感，进一步增加了社会不稳定因素。近年来，伊朗国内一直有相当人数的民众希望推进政治改革，经济恶化和其他社会问题正在逐渐导致民众将对改革的期许化为对政府现行政策的不满，如何在美国的高强度施压下化解民众不满情绪、保持国家的稳定和发展，已成为摆在鲁哈尼政府面前的突出难题。

从总体上看，遏制伊朗是特朗普新中东战略的核心内容，美国对伊强硬路线不会轻易发生改变。随着制裁力度的加大和遏制战略的推进，伊朗的战略压力势必会不断上升，其对叙利亚、也门的战略投入也很难不受到影响，这无疑是沙特、以色列等伊朗的地区对手所乐见的。但在另一方面，特朗普政府的对伊战略目前仍聚焦于"以压促变"模式上，在美国未对伊朗直接

---

① 刘岚雨、陆瑾：《浅析伊朗"十月抗议"的前因后果》，载冀开运主编《伊朗发展报告（2017～2018）》，社会科学文献出版社，2019，第 158～171 页。

采取军事打击行动的情况下，伊朗仍然有着改善自身战略环境的操作空间。

迄今为止，特朗普的施压手段虽然在打击伊朗经济、为伊朗社会制造紧张气氛上取得一些效果，但尚未造成伊朗的政治格局和社会形势出现巨大变动，也未能从根本上改变伊朗的现行地区战略。特朗普的全面遏伊政策和战略挑衅在短期内不仅难以让伊朗屈服，而且可能进一步提高伊朗国内强硬保守派的话语权，从而刺激伊朗采取更具对抗性的对外政策。美国和伊朗的对立态势如果不断升级，不仅将使伊朗陷入前所未有的困境，也将给海湾地区的安全局面带来极大不确定性。

四　中东变局下海合会的分化调整及其对地区安全的影响

自 1981 年成立以来，由沙特、阿联酋、卡塔尔、科威特、巴林和阿曼六国共同组建的海湾合作委员会（GCC）在地区事务中一直扮演着举足轻重的角色。基于相似的政治体制、经济模式和教派背景，海合会国家在经贸、能源、军事等领域的合作不断推进，在经济一体化和防务一体化上都取得了令人瞩目的成绩，因此被誉为中东最为成功的区域合作组织。而在海合会集团中，沙特凭借强大的经济实力、军事力量和宗教号召力，一直处于领导地位。对于沙特在海合会"一家独大"的局面，海合会其他成员长期以来选择了认可和支持的态度，"沙特牵头，各国跟进"成为海合会的标准行动模式。但在中东局势大变革的背景下，海合会各国的国内形势和外部地缘环境也都在相应发生变化，内外部变化促使各国更为积极地调整政策导向，这在一定程度上削弱了海合会集体行动的基础，同时也对海湾地区地缘政治关系和安全态势造成新的影响。

（一）美国与沙特关系的发展和变化

长期以来，以沙特为首的海合会国家与美国一直保持着紧密的合作关系。海合会国家为了确保自身的国家安全，愿意将安全政策和外交事务纳入美国的战略布局和同盟体系之下，美国则依靠海合会国家的支持巩固自身在海湾地区的地区利益和战略领导地位。但在奥巴马时期，由于美国积极改善同伊朗的关系，特别是2015年伊核协议的签订，招致沙特等海合会国家强烈不满，沙特和美国关系遭遇波折。

特朗普上台后，明显改变奥巴马在沙特和伊朗间寻求平衡外交的中东政策，为了打造遏制伊朗的地区包围网，开始积极改善与沙特的关系，两国关系迅速回温。进入2018年，美国和沙特的关系继续推进，两国的战略合作水平进一步提升。2018年3月，沙特王储本·萨勒曼对美国进行为期三周的访问，其间签署了总价值超过4000亿美元的订单，46项协议涉及油气、科技、防务等多个重要领域，美国总统特朗普在会见本·萨勒曼时称沙美关系处于历史最好时期。①

但就在美、沙关系趋于稳定并在加快发展的时刻，"卡舒吉事件"的爆发为两国关系带来了新的变数。在"卡舒吉事件"刚发生时，特朗普总体上采取了回避态度，要求进一步查清事件，但并不想对沙特发表批评言论。然而，随着"卡舒吉事件"的持续发酵，特朗普政府也不得不调整立场，开始对沙特进行有限度的施压。10月23日，国务卿蓬佩奥表示参与杀害卡舒吉的沙特公民的美国签证将被撤销，并将对沙特实施有关人权方面的制裁。11月15日，美国财政部宣布对涉嫌参与谋杀卡舒吉的17名沙特政府官员进行制裁，被制裁对象的在美资产将被冻结。11月20日，特朗普就"卡舒吉事件"发表声明，称卡舒吉遇害是不可接受的、可怕的犯罪，但也强调了美、沙伙伴关系的重要性，美国会继续保持同沙特的盟友关系。特朗普政府一系列自相矛盾、左右摇摆的表述充分反映美国在卡舒吉事件上的纠结态度，基于国际道义，美国必须做出对沙特的批判姿态，但为了确保现实层面的战略利益，美国又绝不能让此事件过多影响美沙关系，这决定了美国对沙特的惩罚手段只会是适度敲打，而非重拳打击。

从现在看，"卡舒吉事件"虽然不太可能直接造成沙特国内政局的变

---

① Sommer Brokaw, "Trump Meets with Saudi Arabia's Crown Prince", March 20, 2018, https: // www. upi. com/Top_ News/US/2018/03/20/Trump-meets-with-Saudi-Arabias-crown-prince/6521521559786/.

动，也不会从根本上改变美沙战略同盟关系，但这一事件严重损害了沙特的国际声望，特别是对王储本·萨勒曼树立的清新改革形象造成了重大打击。对于沙特来说，由"卡舒吉事件"引起的一系列国际制裁虽然为其推进地区战略带来一定阻力，但并未造成"伤筋动骨"的影响。不过，此次事件无疑给沙特带来一个警示信号，即如果今后继续在地区事务中"任性行事"，将可能招致比其想象大得多的反弹。

（二）卡塔尔断交事件的发展及其影响

卡塔尔断交危机是近年海合会内部发生的一次巨大变动，也是影响地区安全稳定的突出事件。2017年6月5日，沙特、巴林、阿联酋和埃及以卡塔尔支持恐怖主义和破坏地区安全为由，宣布与卡塔尔断交，其后也门、毛里求斯、马尔代夫、乍得等国也先后与卡塔尔断交，使卡塔尔陷入前所未有的外交困境之中。宣布断交后，沙特等国旋即开始对卡塔尔施行经济制裁和海陆空全方位封锁，卡塔尔一度陷入严重物资短缺状态。与此同时，伊朗和土耳其向卡塔尔伸出援手，为卡塔尔提供食品等物资。6月底，沙特向卡塔尔提出13点复交要求，包括进一步降级与伊朗关系、停止支持穆斯林兄弟会等，这些要求遭到卡塔尔拒绝。8月，卡塔尔与伊朗恢复外交关系，被认为是其不屈服于沙特压力而采取的反制行动。在12月科威特举行的第38届海合会峰会上，只有东道主科威特和卡塔尔元首参会，沙特和其他成员国的元首都未出席，显示出卡塔尔遭受高度孤立的处境。

2018年，卡塔尔危机整体上仍陷僵局，事态既没有加剧恶化，也没有明显松动的迹象。4月，卡塔尔派兵参加沙特举行的联合军演，但此举并未让两国的矛盾消除。5月26日，卡塔尔经济和贸易部发表声明，要求卡塔尔国内所有商店将沙特、巴林、阿联酋和埃及的产品下架（这些商品很大一部分来自走私），并禁止从四国进口商品。在9月28日的联合国大会上，沙特外交大臣朱拜尔（Adel bin Ahmed Al-Jubeir）称封锁卡塔尔是沙特和其盟友为打击恐怖主义而付出的努力，卡塔尔如果不改变其行为，对其进行封锁就是唯一的选择。① 12 月 9 日，第 39 届海合会峰会在沙特首都利雅得举行，卡塔尔埃米尔塔米姆（Tamim bin Hamad Al-Thani）在受到邀请后仍未出席峰会，显示卡塔尔与沙特间的裂痕仍未弥合。在 2018 年末，卡塔尔还表示 2019 年将退出石油输出国组织（OPEC），这一决定随即在 2019 年 1 月 1 日正式生效。虽然卡塔尔方面称退出欧佩克并无政治原因，但外界舆论普遍认为这一决定是其在能源领域摆脱沙特掣肘、寻求能源市场独立地位的一次尝试。

从根本上说，卡塔尔断交危机是卡塔尔追求独立外交权和沙特主导下的海合会"集体行动"模式之间的矛盾，这种矛盾并不仅仅存在于卡塔尔和沙特之间，只是在两国间以公开的形式爆发出来。就目前看，一方面，卡塔尔在沙特等国的封锁下仍保持了较好的经济状况和总体稳定的社会形势，没有必须屈服于沙特的迫切性，在沙特不做出一定让步的情况下卡塔尔并不急于与沙特修复关系。另一方面，卡塔尔断交事件也并未在海合会内部造成"骨牌效应"，其他海合会国家仍然重视海合会的作用，在地区事务上不愿和沙特公然"唱反调"，显示出沙特仍然保持着对海合会的领导力。还有一点值得注意，虽然伊朗通过断交危机与卡塔尔改善了关系，但卡塔尔作为美国的重要盟友，美塔关系的重要性远高于伊塔关系，这决定了卡塔尔不会完全倒向伊朗，其对伊朗的战略支持仍将非常有限。

（三）海合会成员在地区事务上逐渐显现出的立场分歧

作为海合会中实力最强、影响力最大的国家，沙特一直试图将海合会打造为实现自身战略目标的平台，时常要求其他成员国在地区事务政策上与其保持一致。但在海合会内部，各国也都有着自身国家利益和战略考量，并不愿意将对外政策完全与沙特进行捆绑。海合会国家在地区事务上出现的不同政策取向，不仅将考验海合会的组织协调能力，同时也将对海湾地区的战略

① "Saudi FM Jubeir in UN Speech: Kingdom's Sovereignty is a 'Red Line'", September 29, 2018, https://english.alarabiya.net/en/News/gulf/2018/09/29/Saudi-foreign-minister-Jubeir-at-UN-says-kingdom-s-sovereignty-is-a-red-line-.html.

格局和安全局面形成潜在影响。

首先，在与伊朗关系上，海合会的立场就不尽统一。沙特与伊朗的对立态势明显，两国为竞争地区领导权在军事、外交等多领域进行激烈博弈。阿联酋和巴林与沙特保持一致，对伊朗采取敌视态度。卡塔尔虽然在叙利亚问题上与伊朗存在矛盾，也在 2016 年阿拉伯国家与伊朗集体断交事件中召回了驻伊大使，但其仍希望与伊朗发展正常的外交关系，从而增大了与沙特的分歧，两国矛盾的激化最终导致了卡塔尔断交危机。阿曼虽为海合会成员，但一直与伊朗保持良好关系，两国在外交、经贸、能源、安全等各层面的合作从未间断。对于阿曼与伊朗的友好关系，沙特多次表达不满，但由于阿曼长期以来一直奉行"孤立主义"外交政策，其外交活动并未明显触犯沙特的战略利益，沙特和阿曼的关系仍维持在正常水平。

在始于 2017 年的卡塔尔断交事件中，同样反映出海合会各成员的不同态度。沙特在敲打卡塔尔上态度坚决，高调与卡塔尔断交并对其实施封锁。巴林、阿联酋追随沙特，与沙特一道同卡塔尔断交，但阿联酋也并未完全切断与卡塔尔的合作关系，2018 年 3 月，卡塔尔石油公司与阿联酋阿布扎比石油公司等 4 家公司签订共同开发本杜克海上油田（Al-Bunduq Oilfield）的协议，成为卡塔尔断交危机爆发后阿联酋与卡塔尔签订的首个合作协议。①科威特在沙特和卡塔尔的争端中显示了较为中立的姿态，并扮演了调解者的角色，一直试图促成两方和解。阿曼则在卡塔尔问题上相对超脱，其仍与卡塔尔保持外交关系，同时也未积极参加对卡塔尔的封锁，不仅继续向卡塔尔出口食品等商品，其领空也一直向卡塔尔飞机保持开放。

近期，随着叙利亚局势趋于稳定，海合会国家对叙利亚的立场也在发生变化。2018 年 8 月，由阿联酋情报部长带领的代表团访问叙利亚，与叙利亚国家安全局长等官员进行有关恢复两国关系的会谈。12 月 28 日，阿联酋驻叙利亚大使馆在关闭七年后正式重新开放，标志着两国关系的明显改善。

---

① "Qatar Petroleum Signs Deal with Abu Dhabi to Develop, Operate Al Bunduq Offshore Oilfield", March 14, 2018, http://www.qatar-tribune.com/news-details/id/116149.

仅一日后，巴林也宣布重新开放驻叙利亚大使馆，此前巴林外交大臣发表言论指出虽然经历困难，巴林一直没有中断与叙利亚的关系，并称尊重叙利亚的独立和领土完整，显示出巴林与叙利亚进一步改善关系的意图。对于阿联酋、巴林与叙利亚关系的改善，沙特没有明显表达反对意见，但在叙利亚重回阿盟（LAS）问题上，沙特仍持保留态度，从而成为叙利亚回归阿盟的关键性障碍。海合会国家与叙利亚关系的改善，主要是基于巴沙尔·阿萨德政权重新稳固的现实考虑，同时叙利亚重建工作的展开也将为海湾国家带来商机。沙特虽因支持逊尼派背景的叙利亚反对派武装而与巴沙尔·阿萨德政权不睦，但其如果过度干涉海合会成员与叙利亚改善关系的合理诉求，将可能加大自身与盟友的隔阂，因此沙特在相关问题上总体采取了包容态度。总体来看，如果叙利亚局势能持续好转，沙特继续孤立叙利亚的行动就会变得越发困难，如何处理与叙利亚的关系，将是沙特和海合会其他成员今后所要面对的一个重要议题。

结　语

海湾地区安全问题之所以纷繁曲折、复杂难解，有着深刻的内外部原因。就内因看，地区国家间长期存在着民族、部落、宗教、教派和政治制度差异所造成的深刻矛盾。其中部分国家因为社会、历史等因素长期由政治强人统治，强人政治在一定时期内为国家带来政治稳定和经济发展，但也压制和遮盖了国家内部本身存在的各类矛盾，一旦政局发生变化，长期积累的矛盾集中爆发，往往就会造成破坏力惊人的动乱。而在外因方面，以美国为首的西方世界长期干涉地区事务，对不合己意的国家滥用武力，其战略部署和军事活动破坏了海湾地区的战略平衡，并加剧了区域国家的紧张关系，同时西方国家将自身政治制度和意识形态强制"推销"给地区国家，往往造成严重"水土不服"现象，导致一些地区国家出现政治危机和社会分裂，为出现更大规模的冲突和动荡埋下了隐患。

内外部原因的持续固化和联动影响，决定了海湾地区存在的各类安全问题不可能在短期内得到根本解决。通观 2018 年，一些地区热点安全问题正在朝积极方向发展，如叙利亚局势的缓和与地区恐怖主义势力的衰退，但这些积极态势仍具有不稳定性和可逆性，特别是伊朗和沙特的战略竞争如果持续升级，将很有可能使整个海湾地区的安全形势进一步紧张化，甚至酝酿出新的冲突点。还应看到，尽管美国显现出从叙利亚收缩力量的意图，但域外大国高度介入海湾地区局势的基本格局仍不会发生改变。美国即使实现从叙利亚撤军，也会将战略资源投入遏制伊朗的活动中，同时其还将充分利用与沙特、以色列等地区强国的同盟关系，进一步调动这些国家对抗伊朗的积极性，以实现用有限资源更为有效打压伊朗的战略目标；俄罗斯通过有力的军事行动确保了叙利亚巴沙尔政权的存续，其无疑将努力保持至今取得的战略优势，继续支持叙利亚政府的军事行动和重建工作，并推进和土耳其、伊朗等重要地区国家的关系，以巩固和扩大自身在海湾地区的战略存在。美国和俄罗斯在海湾安全事务上既有合作，亦有竞争，但竞争的一面明显大于合作，美、俄两大国的战略博弈仍将是影响今后海湾安全走向的一条主线。

从根本上看，海湾地区迄今为止仍没有构建起有效的安全治理模式，地区国家间既缺乏明确的安全治理目标，也没有建立能够切实发挥作用的安全管控机制。[①] 要真正实现海湾地区的持久和平与总体稳定，既有赖于地区国家和不同社会群体克服"零和思维"，以对话、合作取代冲突、对抗，同时也需要国际社会以更加务实、开放和包容的态度开展合作与交流，合力推动海湾地区逐步形成稳健的安全秩序和有效的安全机制。而在海湾地区的国际安全治理工作中，不仅美国、俄罗斯等世界传统强国仍将扮演主要角色，以中国为代表的新兴国家也必然会发挥越来越重要的作用。

---

① 王林聪：《中东安全问题及其治理》，《世界经济与政治》2017 年第 12 期，第 4 ~ 25 页。

Y.10
《斯德哥尔摩协议》后的也门局势进展及其对海湾地区安全的影响

朱泉钢[*]

摘　要： 2018 年，亲胡塞力量与反胡塞集团在荷台达紧张对峙，造成荷台达危机。在联合国也门问题特使格里菲斯的积极斡旋以及美国对沙特施加的强压下，胡塞运动与哈迪政府于 2018 年末在瑞典达成《斯德哥尔摩协议》。然而，协议包含的三个主要内容——战俘交换、荷台达停火和塔伊兹地位协商均进展有限。此外，双方在南北战线的冲突加剧，并围绕议会合法性问题展开争夺。也门战争迟迟无法结束，不仅造成也门大量的人员伤亡和严峻的人道主义危机，而且加剧了海湾国家间的战略竞争和敌对。此外，战争造成的恐怖主义、环境破坏和女性不安全问题将对海湾地区安全造成长期影响。目前来看，也门实现全面和平仍然困难重重，也门民众和国际社会需要共同努力，构建解决也门问题的综合框架。

关键词： 也门　《斯德哥尔摩协议》　和平进程　海湾地区　安全形势

　　2017 年底，也门前总统萨利赫被胡塞武装杀害。之后，也门不同力量之间出现新的分化组合，也门局势也随之发生变化。2018 年中，阿联酋领

---

* 朱泉钢，法学博士，中国社会科学院西亚非洲研究所助理研究员，主要从事中东政治和中东国际关系问题研究。

导的反胡塞力量大军迫近荷台达港，造成荷台达危机。在亲胡塞力量与反胡塞集团保持荷台达的战略均势以及美国主导的国际社会反对联军攻打荷台达的双重压力下，危机不仅没有演变为大规模战争，而且促使也门战争最主要的交战方——哈迪政府和胡塞武装达成了《斯德哥尔摩协议》。然而，该协议的落实和执行十分缓慢，也门局势依然不容乐观，也门战争对海湾地区安全局势的消极影响仍在加剧。

一 荷台达危机及《斯德哥尔摩协议》的达成

在国际政治中，冲突升级问题相对常见，但成功的冲突去升级现象则不多。2018 年的荷台达危机，为我们理解冲突升级和去升级问题提供了一个很好的案例。

（一）荷台达危机的爆发及其僵局

2014 年 10 月，胡塞武装和萨利赫集团组建的机会主义联盟利用哈迪政府的脆弱，轻松控制了红海沿岸的荷台达港。事实上，荷台达港战略和经济地位十分重要。它是也门最大的港口，也门 70% 的食品和燃料进口是通过荷台达港进行的，并在战前创造了也门 40% 的海关收入。战争爆发之后，荷台达港是全球人道主义物资运抵也门的重要关口。在战争开始后的前两年，荷台达港并不是主要的军事目标。随着沙特领导的国际联军对胡塞－萨利赫联盟利用荷台达港攻击红海海域舰船，以及获取大量经济收益越发不满，2016 年底联军开始讨论武装夺取荷台达港的问题。2017 年初，联军虽然沿红海海岸向荷台达推进，但整体上进展有限。

2017 年底，也门前总统萨利赫遇害身亡，胡塞－萨利赫联盟宣告破裂，萨利赫集团的核心武装力量转而加入联军阵营对抗胡塞武装，这加速了联军向荷台达港的推进，荷台达危机不断升级。2018 年 5 月底，在阿联酋的协调和哈迪政府领导下，国民抵抗军——塔里克·萨利赫（前总统萨利赫的侄子）领导的前共和国卫队军团与地方性的武装力量蒂哈马抵抗军、南部分离主义运动力量、巨人旅等快速推进到邻近荷台达港的杜拉西米（al-Durayhimi）。虽然联军不时发动一些战斗，但不断叫嚣的彻底夺取荷台达港的大规模军事行动并未发生，这主要迫于两方面的限制。

一方面，阿联酋支持的武装力量缺乏城市战的经验。2018年上半年，联军武装沿红海海岸快速推进，这主要是由于作战环境相对简单。在阿联酋的无人机、阿帕奇直升机和战斗轰炸机的帮助下，反胡塞武装在平原地区势如破竹。然而，荷台达是一个有60万人的城市，胡塞武装在那里修战壕、埋地雷、设狙击手。因此，艰难的安全环境对联军来讲极具挑战。此外，阿联酋领导的武装力量并非铁板一块，对这些力量的协调并非易事，这影响着联军的战斗力。在不能确保军队能力的情况下，联军不敢贸然行动。反观胡塞武装，虽然能固守荷台达，但并不具备正面击溃联军的能力。① 因此，双方都缺乏击败对手的实力，这是荷台达港陷入战略僵持的最重要原因。

另一方面，联军进攻荷台达的企图面临国际社会的压力。阿联酋一直希望获得美国的直接军事帮助，以求在荷台达实现速胜。然而，特朗普政府的政策是对联军提供间接军事支持，而不直接参与军事行动。这主要是因为美国认为，即使美国提供直接军事支持，联军也难以在不造成重大人道主义灾难的情况下占领荷台达。荷台达港是也门北部人道主义物资的重要入口，2018年上半年，也门37%的燃料和69%的食品由该港进入。2017年11月，沙特为了报复胡塞武装向利雅得发射导弹的举动，对荷台达港实行了16天的禁运，造成也门的食品和燃料价格飙升1倍。② 鉴于荷台达港对于维持也门人道主义状况的重要地位，国际社会反对联军在荷台达港进行大规模军事进攻，这限制了反胡塞武装的行动自由。

---

① Daniel Byman, "Yemen's Disastrous War", *Survival*, Vol. 60, No. 5, 2018, p. 154.
② "Yemen: Averting a Destructive Battle for Hodeida", Crisis Group Middle East Briefing No. 59, 11 June 2018, https: //www.crisisgroup.org/middle-east-north-africa/gulf-and-arabian-peninsula/yemen/b59-yemen-averting-destructive-battle-hodeida.

（二）格里菲斯的斡旋努力及和谈的艰难重启

2018 年 2 月，英国人马丁·格里菲斯出任联合国也门问题特使。之后，他便积极促使胡塞运动与哈迪政府恢复和谈进程，签署新的和平框架计划。然而，由于严重的承诺难题以及沙特联军的不支持，和谈进程举步维艰。荷台达危机升级之后，格里菲斯加大了斡旋的力度，并试图促成双方于 9 月在日内瓦进行和谈。然而，由于胡塞运动代表没能前往日内瓦，和谈未能如期举行。随后，双方不断相互攻讦，沙特联军指责胡塞运动不愿做出妥协，而胡塞运动则抱怨联军阻止胡塞代表顺利参加和谈。再加上联军进攻荷台达的军事行动没有太多实质性的进展，缺乏促使胡塞运动参与和谈的压力。

2018 年 10 月，"卡舒吉事件"发生，加剧了沙特的外交窘境，促使美国向沙特施压，以及沙特向哈迪政府施压参与和谈。虽然预想的日内瓦和谈未能举行，但格里菲斯并未放弃斡旋活动，他与胡塞运动、沙特联军、哈迪政府和西方大国积极接触，商谈也门和平事宜。10 月 2 日，在沙特驻土耳其伊斯坦布尔领事馆发生了震惊全球的"卡舒吉事件"，这不仅导致沙特遭受强烈的国际谴责，而且使美国政府无条件支持利雅得承受巨大压力。事实上，早在"卡舒吉事件"之前，美国国会就对美国支持沙特在也门战场上的军事行动存在争论。"卡舒吉事件"进一步迫使美国反思其对沙特的支持，美国加大了对沙特接受和平谈判的压力。10 月中旬，格里菲斯在华盛顿与美国国防部长马蒂斯以及其他高官和议员会晤时，要求美国支持也门和平进程，并向沙特联军施压，促使他们支持和谈与和平计划。10 月 30 日，马蒂斯发表声明称，美国支持联合国在瑞典举行也门和平对话。同日，美国国务卿蓬佩奥发表声明，敦促美国的海湾盟友有条件地停止在也门的敌对行动，并敦促在未来 30 天内重启也门和谈。至此，美国支持也门和谈的政策基本确立。

在国际社会的压力之下，亲胡塞力量与反胡塞集团经过不断地试探和互动之后，哈迪政府和胡塞运动同意参加和谈。迫于压力，阿联酋领导的联军在 2018 年 11 月初中止了向荷台达港的继续推进。11 月 10 日，美国宣布，应沙特政府要求，停止对联军飞机提供空中加油服务。与此同时，11 月 19 日，胡塞武装宣布，停止对沙特、阿联酋和盟军的无人机和导弹袭击，但全面停火需要沙特联军做出互惠性的举动。显然，沙特联军与胡塞运动的策略属于艾克斯罗德提到的积极意义的"一报还一报"互动模式①，这种策略鼓励合作，是双方能够最终重启和谈的重要原因。

（三）《斯德哥尔摩协议》的达成及其意义

2018 年 12 月初，哈迪政府与胡塞运动的代表在瑞典斯德哥尔摩展开和谈。起初，格里菲斯期待双方能在以下问题上达成协议，包括战俘互换、重开萨那机场、重建统一的也门中央银行并发放公务员工资、结束荷台达和塔伊兹的战斗，以及达成和平进程的共识性框架。此外，他还希望双方同意在 2019 年 1 月底重新召开会议。然而，双方最终仅在战俘互换、荷台达停火和塔伊兹地位协商方面达成了协议。胡塞武装明确拒绝了有关重开萨那机场的计划，因为其认为那将导致政府能够监控飞往萨那的航班。哈迪政府拒绝签署和平框架协议，因为其认为那将赋予胡塞武装过高的合法性。关于中央银行的讨论也被搁置了，毕竟在不能全面启动和平谈判的情况下，各方都想独自控制财权。

斯德哥尔摩和平进程以及《斯德哥尔摩协议》的达成并不容易。斯德哥尔摩和平进程是在格里菲斯特使的斡旋下，外部干预的关键力量沙特因"卡舒吉事件"受到美国的压力增大，遂向哈迪政府施压参与和谈而进行的。2018 年 12 月 13 日，《斯德哥尔摩协议》达成，其核心内容是，双方同意建立战俘交换机制，在荷台达省与荷台达、塞利夫、埃萨三个港口实现停火，组建讨论塔伊兹局势的委员会。这一协议的达成具有四重意义。一是降低了荷台达港爆发大规模军事冲突的风险。事实上，在和谈开始之前，阿联酋领导的准备进攻荷台达的反胡塞武装仍跃跃欲试，一些派别的军事领导明

---

① 〔美国〕罗伯特·艾克斯罗德：《对策中的制胜之道——合作的进化》，吴坚忠译，上海人民出版社，1996，第 39~40 页。

确表示将对荷台达发起总攻。协议的达成不仅阻止了联军对荷台达的进攻，而且从根本上为荷台达的军事冲突"掐灭了引线"。二是沙特领导的联军军事干预也门以来，联合国斡旋取得了最大成果。在联合国安理会的第 2216 号决议基础上，联合国斡旋了四轮和谈：2015 年 6 月的日内瓦和谈、2015 年 12 月的日内瓦和谈、2016 年 4 ~ 8 月的科威特和谈、2018 年 12 月的斯德哥尔摩和谈。前三次谈判均未能达成最终协议，《斯德哥尔摩协议》的达成无疑是重大突破。三是表明国际社会对也门问题的关注不断增强。奥巴马政府虽然通过中止向沙特出售智能炸弹等方式限制联军在也门的军事行动，但整体上并未阻止它们的军事干预。特朗普上台后，加强了与联军的关系，但"卡舒吉事件"迫使美国政府向沙特在也门问题上施压。事实上，如果没有美国对沙特的施压，协议的达成很难想象。四是在联合国和平斡旋中，沙特等海湾国家成为支持性力量。之前的数次和平谈判中，沙特并不积极，因为其认为凭借自身更强的综合实力和国际支持，联军将取得最终的胜利。"卡舒吉事件"改变了这一态势，沙特不得不展现一些积极的姿态改变其国际形象，以及回应美国国内对沙特的持续批评。①

二 《斯德哥尔摩协议》达成后也门局势的新进展

《斯德哥尔摩协议》达成之后，也门局势出现一些新的变化：一方面，胡塞武装和哈迪政府缓慢并有限地执行协议内容；另一方面，双方在其他战线的冲突和争夺继续并有所加剧。也门主要利益攸关方在武装冲突之外，还积极争夺合法性。

（一）《斯德哥尔摩协议》的执行状况

截至 2019 年 4 月底，从战俘交换、荷台达停火安排、塔伊兹地位协商

---

① Peter Salisbury, "Making Yemen's Hodeida Deal Stick", 19 December 2018, https：//www. crisisgroup. org/middle-east-north-africa/gulf-and-arabian-peninsula/yemen/making-yemens-hodeida-deal-stick.

三个方面看，《斯德哥尔摩协议》执行的整体情况并不理想。一方面，这是由于协议本身的规定并不具体，各方总是利用这种模糊性，以有利于己方利益的方式解读协议；另一方面，冲突方缺乏足够的战略互信，在均无法给出可信的战略承诺的条件下，没有一方愿意率先做出重大妥协来推动协议执行。因此，协议执行并不顺畅

第一，战俘交换问题进展并不顺利。协议达成之后，来自胡塞运动和哈迪政府的代表迅速在约旦参加了联合国举行的会议，试图就双方交换约 1.6 万名战俘的问题进行讨论，最终由于双方相互推诿而无果而终。2019 年 2 月 5 日，双方代表在安曼再次会晤，试图确认红十字会国际委员会提供的战俘名单情况，双方依然没有取得实质性突破。胡塞运动的代表认为，哈迪政府俘获了 7500 名胡塞武装成员，但其提供的战俘名单仅仅包括 750 人。此外，沙特联军认为胡塞武装俘获的人员有 9500 名并不属实，事实上胡塞运动仅控制了 3600 名战俘。① 此外，红十字会国际委员会并不能完全自由地出入也门和沙特的战俘中心，这使战俘交换问题变得更加复杂。当前，双方的战俘交换行动基本暂停。

第二，荷台达停火安排推进缓慢。协议达成之后，虽然荷台达直接爆发军事冲突的风险下降，但是由于胡塞运动和哈迪政府之间高度的不信任，在无法准确得知下一步安排的情况下，没有一方愿意从荷台达撤军。胡塞武装担心一旦首先撤军，自己将陷入脆弱地位，无法对港口的红海沿岸区域和位于荷台达港东部的"8 公里三角区"进行有效防御。即便联合国的力量负责巡逻，但是武装良好、人数众多的阿联酋支持的武装力量仍会包围港口。胡塞运动不愿意在第一阶段的撤军和第二阶段的武装力量部署之间留下时间间隙，这可能会给联军武装占领荷台达港提供机会。对于哈迪政府来讲，在无法确认第二阶段安排的情况下，联军一旦撤军将可能导致胡塞武装完全控制

---

① Suleiman Al-Khalidi, "Yemen's Houthis: Prisoner Swap Talks could Drag on for Months", 8 February 2019, https://www.reuters.com/article/us-yemen-security-prisoners/yemens-houthis-prisoner-swap-talks-could-drag-on-for-months-idUSKCN1PW2I6.

荷台达港。① 因此，荷台达停火安排陷入了时序困境：在无法确认第二阶段安排的情况下，双方均不愿执行第一阶段撤军；而如果双方都不愿执行第一阶段安排，第二阶段安排又很难启动。

第三，塔伊兹地位谈判问题被边缘化。塔伊兹地位十分重要，塔伊兹不仅在地理位置上居于也门的南北分界线上，而且是也门战前最大的制造业中心和文化首都。因此，在战争中，塔伊兹一直是各方争夺的焦点。任何未来的政治安排都要涉及塔伊兹的停战问题，这也是协议包含塔伊兹地位谈判的重要原因。由于联合国的精力主要置于解决荷台达停战问题，对塔伊兹议题的关注相对有限。目前，联合国主要推进解决重启塔伊兹—亚丁公路问题。然而，在塔伊兹城，胡塞武装与反胡塞集团的对抗、反胡塞集团力量之间的内部紧张，造成塔伊兹地位议题的解决举步维艰。

（二）其他战线的冲突加剧

协议达成之后，虽然荷台达的安全危机暂时得以解除，但是在也门其他地区的冲突反而呈现加剧之势，也门全境的整体安全状况仍然堪忧。2019年1月上旬以来，胡塞武装不时对联军所在的拉赫吉和塔伊兹省据点，以及沙特的阿西尔省进行无人机和导弹袭击，沙特领导的联军则对多处胡塞运动的据点进行空袭报复。同时，双方在一些战线的冲突变得比协议达成之前更加激烈，主要包括沙特与也门边境的布卡（Buka）和巴基姆（Baqim），胡塞武装控制的东部地区——焦夫、尼赫姆和希尔瓦，塔伊兹市附近，中部达里省（al-Dhale）的戴姆特等。

第一，在北部地区，联军继续向萨达省施压的同时，沙特支持的部落力量与胡塞武装的冲突加剧。2015年3月沙特联军发动"果断风暴"行动以来，胡塞运动的老巢——西北部栽德高地的萨达省是遭受空袭最多的地区。协议达成之后，沙特支持的力量继续狂攻萨达省，并取得了一定程度的军事

---

① "Crisis Group Yemen Update #9", 19 April 2019, https：//www.crisisgroup.org/middle-east-north-africa/gulf-and-arabian-peninsula/yemen/crisis-group-yemen-update-9.

胜利，哈迪政府将这种胜利视为降低胡塞武装士气的重要成就。可以预见的是，沙特领导的联军仍将持续在萨达省对胡塞武装施压。此外，之前中立的一些部落力量在沙特的支持下武装反对胡塞运动。激烈的冲突发生在与沙特比邻的哈贾省，主要是港口城市米底以及附近的哈拉德。① 在那里，先前中立的哈吉尔部落（Al-Hajour）在沙特的支持下，与胡塞武装发生激烈的暴力冲突，临近阿姆兰省的萨瓦德部落民兵（Sawdah）也加入了反胡塞的战斗。

第二，在南部的达里省，胡塞武装与阿联酋领导的武装力量冲突加剧。达里省的战略位置十分重要，有数条连接南部港口亚丁、北部首都萨那以及中部省份塔伊兹的公路。2015 年 7 月，胡塞武装被驱逐出亚丁之后，达里成为冲突的前线。协议达成之后，哈迪政府以及阿联酋支持的武装力量在那里与胡塞武装继续激战。为了缓解在荷台达的战略压力，胡塞武装采取围魏救赵的战略，不断向达里增兵，这起到了一定效果。截至 2019 年 4 月底，胡塞武装在达里省占了上风，占领了邻近卡塔巴（Qataba）的法吉尔（Fakhir）和谢克巴（Shakhab），这里是南方连接西部和北部的战略要冲。为了抵消胡塞武装的战略收益，阿联酋支持的一些力量从红海沿岸被抽调到这里，试图推回胡塞武装，并且防止其继续向亚丁省进攻。值得注意的是，南方过渡委员会对于卡塔巴附近的激战也十分关注，认为这关系到南方在未来国家政治安排中的地位，所以也向那里积极增兵。

（三）冲突方对合法性的争夺

在也门战争中，"合法性"一词被广泛讨论，但也颇具争议。哈迪领导着也门的合法政府，但其领导人长期身居国外。"恢复也门政府合法性"是沙特领导的联军出兵也门的重要理据，但其空袭造成一些也门普通民众的伤亡，进而联军的军事行动被视为"非法"。此外，不被国际社会承认的胡塞运动在其控制区内行使权威。合法性是一种政治和社会协议，用来管理国家

---

① Maysaa Shuja Al-Deen, "The Houthi-Tribal Conflict in Yemen", 23 April 2019, https://carnegieendowment.org/sada/78969.

和公民之间的正式与非正式关系。合法性对于政治秩序、和平稳定和国家发展至关重要，因为它能将强制能力和个人影响转变为持续的政治权威。① 也门战争中，冲突方对于合法性的争夺从未间断。协议达成之后，由于对全面政治谈判或早或迟发生的期待，政治合法性就显得更加重要，而对合法性的争夺也变得更加激烈。

进入 2019 年 2 月，哈迪政府和胡塞运动就控制议会合法性的争夺加剧。作为也门的立法机构，议会的最后一次选举发生在 2003 年，选出了 301 名议员，它是也门唯一一个权威来自自由选举的机构。长期以来，哈迪政府试图在亚丁重新召集议会，从而通过新的法律，解决延长其总统任期等议题。胡塞运动也一直准备在其控制的区域进行议会选举，以此加强合法性。为了降低哈迪的合法性，2 月 1 日，胡塞运动在萨那任命的选举和公投最高委员会主席宣布，胡塞运动准备举行新的选举填充议会的空缺。2 月 3 日，哈迪在亚丁宣布重新任命选举和公投最高委员会主席，以此对抗胡塞运动的操作。

2019 年 4 月中旬，哈迪政府和胡塞运动都采取行动塑造自身的合法性。4 月 13 日，也门议会在哈德拉毛省塞云市举行内战爆发以来的首次会议。此次会议仅有 141 名议员到场，不足议员总人数的一半。哈迪总统出席此次会议，任命了议会发言人苏尔坦·巴拉卡尼（Sultan al al-Barakani），并且批准了也门政府的 2019 年财政预算，甚至提议将胡塞武装列为恐怖主义组织。胡塞运动描述此次会议不具有合法性，并且在其控制的领土内举行议会选举，以此降低哈迪政府的议会合法性。此外，一直批评哈迪政府举行议会会议企图的南方过渡委员会，也对此次会议进行谴责。委员会的副主席布雷克（Hani bin Breik）称，此次会议在伊斯拉党（包括穆兄会等组织）控制的"尚未解放的地区"举行不具有合法性，这表明南方过渡委员会试图在未来武装夺取塞云市。

---

① Peter Salisbury, "A Multidimensional Approach to Restoring State Legitimacy in Yemen", August 2018, https://www.theigc.org/wp-content/uploads/2018/08/Legitimacy-in-Yemen-2018.pdf.

三 也门战争对海湾地区安全的影响

也门战争不仅严重破坏了也门国内安全状况，而且影响着海湾地区的安全竞争和敌对，还加剧了一系列非传统安全问题。由于也门问题迟迟无法得到有效解决，其对海湾地区安全形势的消极影响也难以消除。

（一）也门国内安全状况堪忧

也门中央政府及其武装能力长期脆弱的历史，以及 2014 年以来不断恶化的安全形势，导致非国家武装力量呈现崛起之势。[①] 这些武装力量为了争夺资源、权力和地位展开激烈的武装冲突，也门深陷战争的泥潭。

哈迪政府由于没有能力垄断暴力的合法使用，无法进行全国范围内的安全治理，这导致也门出现了许多非国家武装力量。2014 年之后，胡塞武装的南下刺激了其他部落力量以及社会团体使用暴力手段保护自身利益。在非和平时期，对于民众来讲，确保安全总是最为优先的议题。由于政府的腐败以及国家安全力量的脆弱，也门民众逐渐对政府提供安全丧失了信心，一些部落武装和南方分离运动等民兵力量动员民众支持，抵抗胡塞武装的进攻，提供安全治理并获取权力。在也门民意中心 2017 年的调查中，当被问及"哪种力量保障自己的安全"时，20% 的人选择邻里，13% 的人选择部落和谢赫，而只有 16% 的人选择警察。[②] 这表明，也门民众认为，也门存在着多种安全治理主体。

当前，也门形成了四个相互联系但独立的冲突区。在各个冲突区内，冲突各方彼此交战，这些战争具有不同的对抗者，使用不同的方法，并追求不同的目标。在北部冲突区，副总统阿里·穆森领导的第一装甲师与伊

---

① Mohammad Al-Shami, "Safety and Security in Yemen: Main Challenges and Stakeholders", Wilson Center, Viewpoints No. 84, 2015, p. 2.

② "Perceptions of the Yemeni Public on Living Conditions and Security-related Issues", Yemen Polling Center, May 2017, p. 77.

斯兰改革集团和一些部落力量结盟，在沙特的军事支持下，与胡塞武装展开激战。它们表面上与哈迪政府一致反对胡塞武装，但各方仍有自身的独立利益。在南部冲突区，与前南也门共和国具有历史联系的南方运动（Hirak）既与哈迪政府一道反对胡塞武装的"入侵"，又与哈迪政府存在冲突。与北方的精英联盟不同，南方运动具有平民主义特征，并具有分离主义倾向。在东部冲突区，由于宗教势力在哈德拉毛省的长期影响，"基地组织半岛分支"一度在那里势力较大，甚至在 2015～2016 年控制该省大半年。2016 年 4 月，阿联酋和美国重新夺回穆卡拉港，哈德拉毛的"基地组织"被打散。当前，哈德拉毛省及其相邻的麦赫拉省整体上保持了和平状态。第四个冲突区是武装对抗最激烈的塔伊兹和荷台达。在那里，不同的地方民兵选择与不同的外部势力结盟，它们主要围绕城市控制权展开激烈争夺。然而，居住在战区的平民由于不属于任何群体，往往在和平谈判中缺乏代表。①

战争对也门安全形势造成恶劣影响，不仅导致大量人员伤亡，而且加剧了也门的人道主义危机。根据武装冲突地点和事件数据项目（Armed Conflict Location and Event Data Project）的数据，截至 2018 年底，也门战争造成 6 万人死亡。联合国难民事务高级专员公署 2019 年 1 月指出，也门战争导致 390 万人流离失所，有超过一半的也门人需要紧急食物援助。②

（二）地区安全竞争和敌对加剧

也门战争不仅因为外部势力的干预而加剧，而且战争又反过来影响地区国家间关系和地区安全。总体来看，也门战争对于海湾国际关系的影响是深远的。

第一，也门战争激化了沙特与胡塞运动之间的敌对关系。由于胡塞武装

---

① Stacey Philbrick Yadav, "Fragmentation and Localization in Yemen's War: Challenges and Opportunities for Peace", Crown Center for Middle East Studies, Brandeis University, Middle East Brief No. 123, November 2018, p. 5.

② Jeremy M. Sharp, *Yemen: Civil War and Regional Intervention*, CRS, 2019, p. 3.

的什叶派属性和沙特的逊尼派特征，以及先前的萨达战争中沙特支持萨利赫政府打击胡塞运动的历史仇恨，再加上沙特支持哈迪政府的政策，沙特与胡塞武装之间存在深刻的矛盾。当胡塞武装 2014 年以来在也门不断扩张势力之后，沙特表现出高度的不安全感，并于 2015 年 3 月发动反对胡塞武装的"果断风暴"行动，这一军事干预持续至今。胡塞武装利用不对称战略手段，使用无人机和导弹袭击沙特境内的石油设施和具有政治象征意义的目标。[1] 显然，沙特与胡塞武装处于高度敌对状态，双方深陷安全困境当中。

第二，沙特与伊朗的地缘政治竞争加剧。作为海湾地区的两个大国，沙特和伊朗的战略竞争由来已久，这种竞争在阿拉伯剧变后不断加剧，双方围绕国家利益、政治制度、地区话语权、宗教正统性和势力范围展开激烈竞争。[2] 长期以来，也门并不是沙特和伊朗进行战略竞争的主要阵地。随着胡塞武装的崛起，以及沙特与胡塞武装之间的敌对加剧，胡塞武装与伊朗不断走近，也门问题越发具有沙特和伊朗对抗的特征。从地缘政治的视角来看，也门对于比邻而居的沙特有着极其重要的战略利益，当伊朗试图利用也门危机牵制沙特的战略精力和战略资源时，沙特坚决抵消与伊朗有联系的胡塞武装在也门的战略收益。双方在也门的代理人战争，加剧了两国整体的战略竞争。

第三，随着阿联酋在也门的存在增强，沙特与阿联酋在也门的战略竞争有可能加剧。虽然沙特和阿联酋在遏制胡塞武装以及伊朗在也门的扩张上具有共同利益，但它们与也门不同的力量合作，并且采用不同的策略。[3] 沙特的军事策略主要包括对胡塞武装的据点进行空袭，对反胡塞武装提供财政、军事和物质支持，并且对胡塞武装控制的领土进行海陆空全方位封锁。与沙特不同，阿联酋直接出动一定规模的地面部队，并且与它培训的地方性武装力量"南方地带军""哈德拉毛精英军"等一道战斗，重点在也门南部和中

---

① 朱泉钢：《也门内战的发展与走向》，载李新烽主编《中东发展报告 No. 20（2017~2018）》，社会科学文献出版社，2018，第 232 页。

② 韩小婷：《伊拉克战争后沙特与伊朗关系探析》，《阿拉伯世界研究》2018 年第 4 期，第108 页。

③ 吴冰冰：《中东地区的大国博弈、地缘战略竞争与战略格局》，《外交评论》2018 年第 5 期，第 59 页。

部建立影响。此外，阿联酋并不愿与具有穆兄会印记的伊斯拉党建立合作，而是积极与哈迪政府有矛盾的萨拉菲民兵和南方过渡委员会走近。目前，沙特与阿联酋保持着良好的盟友关系，但随着时间的推移，双方在管理代理人和争夺在也门的影响力方面的矛盾可能会更加凸显。

（三）非传统安全威胁上升

也门战争除了造成军事和暴力安全问题之外，还引发和加剧了许多非传统安全问题。非传统安全威胁由于具有跨国性、非政府性、相对性、可转化性、动态性等特征，[①] 相较传统安全问题容易被忽视，但其影响的长期性和深刻性要求人们必须予以重视。

第一，也门战争加剧了恐怖主义威胁。在也门，"基地组织半岛分支"是主导性和最有实力的激进组织，它是"基地组织"开展全球行动的重要网络，还对一些臭名昭著的恐怖主义份子提供庇护所。例如，曾被关在关塔那摩监狱的库西（Ibrahim al Qosi）目前是"基地组织半岛分支"的重要领导人。该组织主要在沙特联军影响有限的也门中部地区活动，美国和阿联酋在 2017 年和 2018 年加大了对其打击力度，在一定程度上削弱了其实力。该组织不仅培育地方性的附属势力，如"安瓦尔阵线""哈德拉毛之子""阿比扬之子"等，而且与其他武装力量合作战斗，最显著的就是激进主义者阿布·阿巴斯领导的力量在塔伊兹的存在。[②] 另一个在也门影响较大的激进主义组织是"伊斯兰国"的也门分支。2017 年，美国空袭"伊斯兰国"在也门中部的训练营之后，该组织在也门的实力显著削弱，但并未被根除。

第二，也门战争恶化了环境安全问题。根据世界银行的说法，也门是世界上水资源最稀缺的国家，人均年用水量仅为 125 立方米，约为全球平均的人均年用水量 2500 立方米的 1/20。在占也门人口 90% 的栽德高地，人均年

---

① 刘学成：《非传统安全的基本特性及其应对》，《国际问题研究》2004 年第 1 期，第 33 ~ 34 页。

② Katherine Zimmerman, "Testimony: Taking the Lead Back in Yemen", 6 March 2019, https://www.criticalthreats.org/reports/taking-the-lead-back-in-yemen.

用水量仅为 90 立方米。长期以来，也门面临严重的水资源供应危机，地下水以 4 倍于自然补给率的速度被开采。也门解决水资源短缺的能力受到管理不力、制度虚弱和庇护政治的制约，战争进一步加剧了这些管理问题，而且削弱了传统的部落性水治理机制和水冲突管理机制。① 此外，战争造成森林砍伐严重。阿布福图赫（Abulfotouh）援引政府调查报告称，在萨那有 722 家面包店，每年烧掉约 17500 吨木柴，这需要砍伐超过 86 万棵树，大约摧毁 780 公顷的植被。如果考虑到全国范围，战争已造成数百万棵树被砍伐。②

第三，也门战争造成了性别安全危机。也门战争对妇女和女孩产生了独特的影响，加剧也门既有的性别不平等和女性脆弱问题。自冲突爆发以来，妇女和女孩面临的安全威胁增大。2006 年起，也门在世界经济论坛的性别鸿沟指数排名中一直处于后列。2017 年 11 月，联合国人道主义事务协调办公室的报告指出，相较战前，也门女性安全状况进一步下降：包括强奸和性攻击在内的性犯罪增加了约 63%，女孩遭受强制婚姻和早婚的现象增长了约 3 倍。③ 此外，人道主义机构虽然采取了前所未有的努力，但是也门的女性健康问题仍面临严重挑战。由于战争摧毁了许多医疗机构和设施，人道主义资金相对有限，并且人道主义行动深受限制，再加上也门男尊女卑的社会文化，以及女性相对弱势的生存和竞争能力，女性成为也门医疗条件恶化的最大牺牲品。

结　语

《斯德哥尔摩协议》达成之后，国际社会一度看到了也门问题和平解决

---

① Matthew I. Weiss, "A Perfect Storm: The Causes and Consequences of Severe Water Scarcity, Institutional Breakdown and Conflict in Yemen", *Water International*, Vol. 40, No. 2, 2015, p. 251.

② Adel Aldaghbashy, "Yemen's Forests Another Casualty of War Amid Fuel Crisis", 9 May 2019, https://www.scidev.net/global/environment/news/yemen-s-forests-another-casualty-of-war-amid-fuel-crisis.html.

③ Delphine Valette, *Protection, Participation and Potential: Women and Girls in Yemen's War*, International Rescue Committee, 2019, p. 4.

的曙光。然而，由于协议自身的模糊性，以及哈迪政府与胡塞运动之间的高度不信任，协议的落实进展缓慢。此外，沙特领导的联军与胡塞武装在北部和南部战线的冲突不但没有缓和，反而表现出明显的加剧倾向。因此，也门走向全面而彻底的和平仍然前路漫漫。

由于海湾地区的次区域安全复合体特征，也门战争对海湾地区安全的影响是持续而深刻的。也门战争迟迟无法结束，不仅导致也门国家安全状况持续恶化，而且进一步刺激了海湾地区的战略竞争和敌对，还对也门和海湾地区的非传统安全问题造成重大影响。因此，国际社会需要构建解决也门问题的多层次综合框架，形成全球、地区和国家三个层次之间的有效协同机制，推动也门问题的最终解决。

中国作为负责任的全球大国，在也门问题上一直奉行客观公正的立场。中国与国际社会一道，积极支持联合国在也门问题上的斡旋作用。中国根据国际法和基本的国际准则，坚定支持也门合法政府，推动也门问题政治解决进程，并努力向也门民众提供力所能及的人道主义援助。整体上，这些行动得到了也门问题各方的理解和尊重。

Y.11
2018年沙特伊朗战略博弈的新态势与影响

王凤 谈天[*]

摘　要： 2011年中东巨变以来，伴随地缘形势的剧烈变动，沙特阿拉伯与伊朗成为中东地区两支重要的力量，并展开了激烈的地缘角逐。进入2018年后，沙伊在中东地区的角逐呈现一些新变化与新特点。双方的军事较量在"什叶派新月地带"有所下降，而在也门呈上升态势。沙特还在"非洲之角"和南亚等地区巩固了竞争优势，并有力推动了美国退出伊核《共同全面行动计划》，逆转了伊核问题的发展方向。沙伊战略博弈的加剧，除教派因素以及意识形态等基本原因外，还在于地缘形势剧烈变动给沙特等海湾阿拉伯国家所带来的不安全感。此外，沙伊在地区政策目标上的尖锐对立，是推动双方持续博弈的最重要因素。沙伊的战略博弈，加剧了中东地区的动荡。从博弈成效看，双方虽互有得失，但伴随美国退出伊核协议，伊朗开始遭受重挫。此外，双方博弈还加剧了阿拉伯世界和伊斯兰世界的分化，进而使巴以问题进一步被边缘化。

关键词： 沙特阿拉伯　伊朗　地缘形势　政策目标　伊核协议

---

[*] 王凤，中国社会科学院西亚非洲研究所副研究员、国际关系室副主任；谈天，中国社会科学院大学研究生院西亚非洲研究系硕士研究生。

2011年中东巨变以来，伴随地缘形势的一系列剧烈变动，沙特阿拉伯与伊朗成为海湾和中东地区两支重要的力量，并展开了激烈的地缘角逐和较量。

中东地缘形势变化主要包括三个层面。第一，中东巨变导致一系列国家政权相继更替，它们随后陷入无休止的战争与冲突、进入政治转型或回归威权统治。埃及这个阿拉伯世界的传统"领头羊"，在政权两次更替后陷入相对衰落。2003年美国发动伊拉克战争后，伊拉克战后重建一直步履维艰，中东巨变后国家构建进程更加困难。叙利亚不久即陷入内战，随后演变成地区大国和域外大国角逐的战场。利比亚长期动荡并波及周边区域。而伊朗和沙特阿拉伯在国内政治受到初步冲击后，通过不同方式迅速实现了政权稳定。第二，大国在中东地区的博弈呈现"美退俄进"的态势。美国将全球战略重心从中东反恐调整至亚太地区，因此在中东地区开始实施战略收缩。美国在大幅度从伊拉克或阿富汗撤军的同时，仍继续主导中东事务，但希望地区盟友在一系列事务中发挥更大作用。而自叙利亚冲突以来，俄罗斯强势回归中东，并在叙利亚内战以及其他一系列中东事务当中发挥了积极作用。这些都极大地改变了中东地区的力量平衡，为伊朗和沙特争夺地区主导权提供了契机。第三，2014年"伊斯兰国"在伊拉克与叙利亚边界地带迅速崛起，导致中东地区进一步失序，伊朗和沙特等地区大国、域外大国以及国际社会开始联手打击"伊斯兰国"。截至2017年底，国际社会联手打击"伊斯兰国"已经接近尾声，但地区大国和域外大国由此展开了新一轮地缘角逐。

受这些地缘因素影响，同时在伊朗和沙特国内政治的显著变化下，两国在海湾和中东地区的博弈步步升级，到2017年前后伊朗已占得先机，而沙特在一系列事务中或归于失败，或陷入困境。若按区域划分，两国博弈主要集中在伊拉克－叙利亚－黎巴嫩构成的所谓"什叶派新月地带"。在军事打击"伊斯兰国"以及保卫叙利亚巴沙尔政权的冲突中，伊朗及其盟友协同俄罗斯、土耳其发挥了决定性作用，叙伊境内的"伊斯兰国"作为一个整体已被铲除，巴沙尔政权得以稳固。在黎巴嫩，伊朗的战略盟友——黎巴嫩真主党在国内政治中占据主导地位，并控制首都及南部大部分区域，其军事力量还越过国境介入叙利亚事务，在军事打击"伊斯兰国"、保卫巴沙尔政权当中发挥了重要作用。而沙特尽管在伊拉克政治、经济当中具有重要的影响力，但难以改变伊朗在伊拉克政治上的优势地位。在叙利亚冲突中，沙特支持的各种反政府组织毫无建树，它转而通过推动政治协商进程来参与叙利亚的战后重建。与此同时，由于沙特支持的黎巴嫩哈里里政府未能在政治和军事上有效地约束黎巴嫩真主党，其总理萨阿德·哈里里（Saad Hariri）在沙特的干预下于2017年11月4日在沙特境内被迫宣布辞职，凸显了沙特对黎巴嫩政治现实的不满。

此外，也门也是伊朗和沙特博弈的重要国家。自中东巨变以及也门陷入内乱之后，伊朗及其盟友一直在低调支持同为什叶派的胡塞武装，向后者提供武器装备、技术援助和资金等。2015年3月，沙特开始介入也门军事冲突，并组建逊尼派伊斯兰国家联盟支持也门政府军打击胡塞武装。胡塞武装被迫从也门南部和曼德海峡等重要区域后退，但沙特为此付出了高昂的代价，也门冲突仍然看不到尽头。

不仅如此，尽管遭到沙特等地区国家的激烈反对，联合国五常、德国仍与伊朗于2015年签署了《共同全面行动计划》（JCPOA），标志着伊朗在伊核问题上实现了关键性突破。在此协议框架下，伊朗通过逐步停止核活动而换取美国、欧洲以及联合国取消对它的制裁。国际制裁的逐步取消，使伊朗重新回到国际能源大市场，伊朗能源生产和出口急剧增加，国家经济实力显著提高。国际环境也随之改观，伊美关系开始松动，双方经济关系出现活跃势头，甚至出现了双方复交的可能性。

一　双方战略博弈的新变化与新特点

进入2018年后，沙伊继续在中东以及泛中东区域进行角逐，并呈现些新变化与新特点。双方的军事较量在"什叶派新月地带"有所下降，而在也门呈上升态势。沙特还在红海以及南亚地区继续巩固相对于伊朗的竞争优势。最重要的是，沙特有力推动了美国退出《共同全面行动计划》，逆转了伊核问题的发展方向。具体表现在以下五个方面。

（一）在"什叶派新月地带"的博弈

"什叶派新月地带"仍是两国博弈的主要区域，但军事角逐有所减弱，政治经济竞争态势上升。目前，伊朗在叙利亚支持巴沙尔政权，在伊拉克加强与其什叶派政府和武装力量的联系，在黎巴嫩则大力扶持真主党，其战略清晰，优势地位稳固。而沙特自2016～2017年以来开始逐渐减少对叙利亚反政府武装的军事支持力度①，其在黎巴嫩所扶持的哈里里政府相对弱势，同时其在伊拉克事务上总体比较被动。

伊朗多年来全力支持叙利亚巴沙尔政权，其向叙利亚派遣的伊斯兰革命卫队以及黎巴嫩真主党的军事介入，不仅使巴沙尔政权得以稳固，同时还在叙利亚境内建立起广泛的军事基地网。② 2018年12月19日特朗普宣布击败"伊斯兰国"并准备从叙利亚撤军后，西方国家已经基本放弃了以武力手段推翻巴沙尔政权。③ 到2019年5月，巴沙尔政府军及其盟友已经控制了60%～70%的领土，④ 其战场优势十分明显。而沙特逐步减少了对叙利亚冲突的军事干预力度。2012年以来，沙特一直是叙利亚反对派最重要的支持者，其在2012～2016年供应了叙利亚反对派约2/3的军火。⑤ 但随2015年俄罗斯出兵后叙利亚战局的扭转，沙特不得不接受巴沙尔政权日渐稳定的现

① "Saudi-Iranian Rivalry and the Impact on the Syrian Conflict", LSE Middle East Center, 7 May 2018, https：//blogs. lse. ac. uk/mec/2018/06/22/saudi-iranian-rivalry-and-the-impact-on-the-syrian-conflict/, accessed May 23, 2019.

② "Saudi-Iranian Rivalry and the Impact on the Syrian Conflict", LSE Middle East Center, 7 May 2018, https：//blogs. lse. ac. uk/mec/2018/06/22/saudi-iranian-rivalry-and-the-impact-on-the-syrian-conflict/, accessed May 23, 2019.

③ "Trump Orders Rapid Withdrawal from Syria in Apparent Reversal", CNN Politics, December 19, 2018, https：//edition. cnn. com/2018/12/19/politics/us-syria-withdrawal/index. html, accessed May 28, 2019.

④ "Syrian Civil War Enters Its Ninth Year", TRT World, 15 Mar. 2019, https：//www. trtworld. com/middle-east/syrian-civil-war-enters-its-ninth-year-24974, accessed May 28, 2019.

⑤ Aron Lund, "How Assad's Enemies Gave Up on the Syrian Opposition", The Century Foundation, October 17, 2017, p. 19, https：//tcf. org/content/report/assads-enemies-gave-syrian-opposition/? agreed = 1, accessed May 23, 2019.

实，同时海合会内部矛盾以及"伊斯兰国"等极端组织的兴起也使沙特渐渐从反对派"撤资"。目前，沙特正在寻求与俄罗斯进行合作以限制伊朗的影响力，甚至不惜强化巴沙尔政权的地位。

目前，伊朗在政治和经济上对伊拉克有较强的影响力，而沙特则在美国的支持下力图排挤伊朗。一方面，伊朗一直对伊拉克什叶派政府和军队有很强的影响力，比如其资助和训练的"民众动员力量"（Popular Mobilization Forces）已经成为伊拉克国防力量的正式组成部分。[①] 另一方面，伊拉克在天然气和电力上十分依赖伊朗，目前伊拉克国内用电量的 1/3 直接或间接来自伊朗。[②] 针对这种局面，沙特一方面强化伊拉克-沙特合作委员会（Iraqi-Saudi Coordination Council）的作用，加强对伊拉克的经济援助。例如，2019 年 4 月 17 日，沙特与伊拉克签订了 13 项合作协议，包括沙特向伊拉克的体育城项目提供 10 亿美元贷款。[③] 另一方面，沙特在美国重启对伊朗能源制裁的背景下，增强了与伊拉克的能源合作，以帮助其实现电力自主。

1982 年以来，伊朗一直将黎巴嫩作为其对外政策的重点国家。中东巨变后，伊朗继续大力扶持黎巴嫩真主党，甚至推动黎巴嫩真主党的军事组织介入叙利亚冲突。[④] 在 2018 年 5 月 6 日举行的黎巴嫩议会大选中，真主党赢得议会多数，巩固了它在议会和政治中的主导地位。相较而言，沙特扶持的哈里里政府相对弱势，既无法在政治上遏制真主党的崛起，也无法

① "The Iranian-Saudi Hegemonic Rivalry", Harvard Kennedy Schools, October 25, 2017, p. 9, https：//www. belfercenter. org/publication/iranian-saudi-hegemonic-rivalry, accessed May 23, 2019.

② "Saudi Arabia's Plan to Lure Iraq from Iran", Atlantic Council, 10 April 2019, https：// www. atlanticcouncil. org/blogs/iransource/saudi-arabia-s-plan-to-lure-iraq-from-iran, accessed May 23，2019.

③ "Saudi Arabia's Plan to Lure Iraq from Iran", Atlantic Council, 10 April 2019, https：// www. atlanticcouncil. org/blogs/iransource/saudi-arabia-s-plan-to-lure-iraq-from-iran, accessed May 23，2019.

④ Omar Hossino, "A New Strategy to Counter Iran's Growing Power", Tablet, 15 May 2019, https：// www. tabletmag. com/jewish-news-and-politics/284611/new-strategy-to-counter-iran, accessed May 23, 2019.

在经济上为黎巴嫩带来发展。截至 2017 年底，黎巴嫩政府负债 800 亿美元，相当于国内生产总值的150%。① 然而，沙特目前除继续支持黎巴嫩政府外并无其他更好的选择。有西方媒体认为，沙特可能会在黎巴嫩政府中寻找新的代理人。在 2018 年 4 月的巴黎捐助者峰会（Paris Donor Conference）上，沙特又向黎巴嫩提供了 10 亿美元的援助。② 2019 年 1 月 22 日，沙特财政大臣贾当（Mohammed Al-Jadaan）表示，沙特将"全方位支持黎巴嫩经济发展"。③

（二）在也门的军事博弈

沙特与伊朗在也门的军事博弈加剧，但战事陷入困境，和平前景无望。2015 年 3 月 26 日，沙特领导的多国联军发起了针对也门胡塞武装的"果断风暴"军事行动。也门冲突由此升级，从内战转为地区冲突，并形成以沙特领导的多国联军、也门政府军与胡塞武装及其国内外支持者对峙的局面。截至 2017 年底，受到美国支持的沙特多国联军以及也门政府军对胡塞武装进行了多轮军事打击，从总体上遏制了胡塞武装在也门全境的扩张势头。2017 年 12 月 4 日，也门前总统萨利赫在与胡塞武装的冲突中遇害身亡，沙特等多国联军以及也门政府军趁机对胡塞武装发动了新一轮军事打击。2018 年下半年起，双方还在也门西部重要港口荷台达地区展开了争夺战，但一直未分出胜负。2018 年 12 月，双方在联合国斡旋下在瑞典展开和谈，达成关于过渡阶段和重构信任的《斯德哥尔摩协议》。可是，截至 2019 年 3 月 26 日，即在双方交战四周年之际，该协议的执行毫无进

---

① 《黎巴嫩议会选举，真主党及其盟友成最大赢家》，新华网，2018 年 5 月 9 日，http：// baijiahao. baidu. com/s？ id = 1599939066278987925&wfr = spider&for = pc，最后访问日期：2019 年 5 月 23 日。

② "Saudi Policy in Lebanon：No Easy Option for Riyadh"，ISPI，4 May 2018，https：//www. ispionline. it/it/pubblicazione/saudi-policy-lebanon-no-easy-option-riyadh-20396，accessed May 28，2019.

③ "Saudi Arabia Promise Full Support for Lebanon after Qatar Offers Aid Package"，CNBC，Jan. 22，2019，https：//www. cnbc. com/2019/01/22/saudi-arabia-prepared-to-go-all-the-way-to-help-lebanon-finance-minister-says. html，accessed May 28，2019.

展，战事还在持续。

沙特王储本·萨勒曼将也门战争作为提高其国内威望、打击伊朗影响力的途径。而伊朗也将也门胡塞武装作为其扩大地区影响力的重要力量。2019年5月17日，联合国驻也门特使马丁·格里菲斯（Martin Griffiths）表示，胡塞武装可能同意在联合国的监督下撤出荷台达城及港口区域。① 如果协议实现，这将是目前也门战局最为重要的进展。

沙特目前在也门战争中陷入困境。首先，沙特在也门战场投入巨大，但未能消灭胡塞武装，其本土反而屡屡遭到胡塞武装的导弹袭击。在胡塞武装与萨利赫的联盟崩溃后，沙特联军于2018年一度控制了资源丰富且具有战略意义的马里布省（Marib），但随后便在荷台达与胡塞武装陷入僵持。② 其次，也门战争引发的人道主义危机以及"卡舒吉事件"使美国对沙特逐渐失去耐心。最后，沙特在与伊朗在也门战局中的消耗上花费巨大。沙特每月在也门的战争花费为50亿~60亿美元，而伊朗每年在也门的投入仅有数百万美元，③ 两国的战争开销完全不成比例。

伊朗对胡塞武装的支持是低调的和不公开的，而且对此一直予以否认。也门战争爆发以来，伊朗一直在武器、资金上大力支持胡塞武装，甚至推动黎巴嫩真主党直接参战。④ 2018年1月，联合国也门问题小组认定，伊朗因向胡塞武装输送短程导弹而违反了联合国安理会第2216号决议。由于目前也门战局较为稳定，伊朗对于也门和谈的主张一直较为强硬。2018年11月

---

① "In Yemen, War is 'Trumping Peace'", PRI's the World, 17 May, 2019, https://www.pri.org/stories/2019-05-17/yemen-war-trumping-peace, accessed May 28, 2019.

② Gerald M. Feierste, "Yemen: The 60 Year War", Middle East Institute, February 2019, p. 16, https://www.mei.edu/sites/default/files/2019-02/Yemen%20The%2060%20Year%20War.pdf, accessed May 28, 2019.

③ "Iran's Role in Yemen and Prospect for Peace", Middle East Institute, December 6, 2018, https://www.mei.edu/publications/irans-role-yemen-and-prospects-peace, accessed May 22, 2019.

④ "Iran's Role in Yemen and Prospects for Peace", Middle East Institute, December 6, 2018, https://www.mei.edu/publications/irans-role-yemen-and-prospects-peace, accessed May 22, 2019.

30 日，伊朗外交部长贾瓦德·扎里夫（Javad Zarif）重申，伊朗主张的"四点计划"是也门和平进程的唯一选择。[①] 这些主张主要包括双方停火、开展人道主义援助、国内和谈以及组建联合政府等，事实上是要求沙特等国承认伊朗在也门的地位和影响力。

（三）沙特继续在"非洲之角"巩固对伊朗的地缘优势

"非洲之角"邻近红海海域与印度洋海域，扼守着世界上最为繁忙的海上交通线，近年来逐渐成为沙特挤压伊朗外交空间的重要方向。伊朗在内贾德政府时期便开始将"非洲之角"作为打破外交孤立的方向，积极发展与苏丹、吉布提、厄立特里亚等国的关系。但在沙特与伊朗交恶后，这些国家在沙特的经援"诱惑"和外交压力下，大都中断了与伊朗的外交关系。

伊朗主要将"非洲之角"作为打破外交孤立、保护海上航道、支援胡塞武装的重要区域。其主要手段包括军事援助、经济合作、支持当地什叶派团体等。在 2015 年之前，伊朗在该地区的外交成果可谓显著，其帮助苏丹政府训练军队，甚至在当地建立了军工厂。伊朗与吉布提、厄立特里亚签署了多项经济合作的协议，不仅使厄立特里亚成为少数公开支持伊朗有权发展核技术的国家，也使伊朗得以在日后通过这些国家向也门胡塞武装输送军火。[②] 正因如此，沙特在 2012 年后加强了对"非洲之角"国家的投入和压力，使苏丹、吉布提、索马里等国于 2016 年中断了与伊朗的外交关系。其中，苏丹于 2015 年加入了沙特领导的打击胡塞武装的多国联盟，而索马里则将伊朗外交人员驱逐出境。

沙特介入"非洲之角"的主要目的在于挤压伊朗的外交空间，同时封

---

① "Lran Reaffirms Four-point Plan to End Yemen Crisis", XinHua Net, December 1, 2018, http://www.xinhuanet.com/english/2018 - 12/01/c _ 137642969.htm, accessed May 22, 2019.

② Alieu Manjang, "Beyond the Middle East: Saudi-Iranian Rivalry in the Horn of Africa", *International Relations and Diplomacy*, January 2017, Vol. 5, No.1, pp. 52 - 53, http://davidpublisher.org/Public/uploads/Contribute/58c273b696ae3.pdf, accessed May 20, 2019.

锁胡塞武装获得军火的路径,沙特慷慨的经济支持是其拉拢"非洲之角"国家的主要手段。比如,2018 年苏丹面临能源危机,苏丹石油大臣奥斯曼(Abdul Rahman Osman)紧急访问沙特寻求援助。沙特则答应当年向苏丹提供 180 万吨石油,此后 5 年内每年供油增加 7%,以解决苏丹的燃眉之急。① 沙特还大力推动与埃塞俄比亚、厄立特里亚等国的友好关系,并于 2018 年 9 月 15 日在吉达促成了两国签订历史性的和平条约。② 总体来说,沙特近年来成功在"非洲之角"遏制了伊朗的外交空间,并且进一步巩固了自身的优势地位。

(四)巴基斯坦日益成为沙特与伊朗角逐的新场所

巴基斯坦作为伊斯兰世界的人口大国,又是唯一一个拥有核武器的伊斯兰国家,其对沙特和伊朗的战略意义十分重要。一方面,巴基斯坦与沙、伊两国关系渊源深厚。巴基斯坦曾在 20 世纪 80 年代与沙特一道抗击侵阿苏军,目前约有 150 万名巴基斯坦人生活在沙特。而巴基斯坦又是伊朗的重要邻国,两国边境线长达 900 公里,巴基斯坦国内人口的 30% 属于什叶派。③ 另一方面,巴基斯坦也有意平衡沙特与伊朗的影响力,以谋求国家利益。对于愈演愈烈的沙伊矛盾,巴基斯坦总理伊姆兰·汗(Imran Ahmed Khan)表示本国愿意在沙特与伊朗之间扮演"积极而有建设性的角色"。

沙特主要依靠经济援助拉拢巴基斯坦,以换取其在安全和外交上的支持。近年来巴基斯坦的经济形势一直不好,政府开支一直入不敷出。2018

---

① "Saudi to Supply Oil to Fuel-starved Sudan Oil Minister Says", News 24, 8 May 2018, https://www.news24.com/Africa/News/saudi-to-supply-oil-to-fuel-starved-sudan-oil-minister-says-20180508, accessed May 20, 2019.

② "Eritrea and Ethiopia Sign Peace Agreement in Saudi Arabia Overseen by King Salman", Arab News, 15 September 2018, http://www.arabnews.com/node/1372886/saudi-arabia, accessed May 20, 2019.

③ Bruce Riedel, "Saudi Arabia, Iran Battle for Influence in Pakistan", Al-Monitor, August 27, 2018, https://www.al-monitor.com/pulse/originals/2018/08/saudi-arabia-iran-battle-influence-pakistan.html, accessed May 19, 2019.

年，国际货币基金组织估计巴基斯坦总共需要 270 亿美元的外部融资，其财政压力达到了近年来的最高点。① 面对经济困境，巴基斯坦总理于 2018 年底向沙特寻求财政支持，沙特则给予了巴方 30 亿美元的外汇支持外加 30 亿美元贷款用于购买原油。② 2019 年 2 月，沙特又宣布向巴基斯坦投资 200 亿美元。③ 面对沙特慷慨的经济支持，巴基斯坦则在军事和外交领域投桃报李。2018 年 2 月，巴基斯坦以保卫边界安全的名义宣布向沙特增派军队。2 月 15 日，巴基斯坦军方表示，巴基斯坦军队代表团已部署在沙特，承担训练、顾问等任务，但不在沙特以外执行任务。④ 此前，巴基斯坦一直不愿向沙特派兵，尤其是参与针对也门胡塞武装的军事行动。目前已经有近 800 名巴基斯坦士兵部署在沙特。

伊朗在伊、巴两国边境区域反恐事务上谋求与巴基斯坦的合作，并且以能源供应拉拢巴基斯坦。一方面，伊朗对盘踞在伊、巴两国边界的一些什叶派武装组织有着重要影响，比如 1980 年 7 月成立的"贾法利亚运动"（Tahrik-e-Jafaria Pakistan，TJP）就与伊朗关系密切。⑤ 巴基斯坦想要顺利应对其什叶派聚居区内的这些武装力量，还需要伊朗政府的合作。另一方面，伊朗多年来是巴基斯坦重要的能源供应国，双方在该领域有着一系列合作。2018 年 5 月，巴基斯坦邀请伊朗重启有关伊朗—巴基斯坦输油管道项目的

① "Pakistan's External Debt to Climb to ＄103b by June 2019：IMF Report"，Tribune Express，March 16，2018，https：//tribune. com. pk/story/1661195/2-imf-report-pakistans-external-debt-climb-103b-june-2019/，accessed May 20，2019.

② Ankit Panda，"Pakistan's Approach to Navigating the Saudi-Iranian Split"，United States Institute of Peace，February 2019，p. 12，https：//www. usip. org/sites/default/files/2019 – 02/pakistans-approach-to-navigating_ the-saudi-iranian-split. pdf，accessed May 20，2019.

③ "Saudi Crown Prince Announces 20 Billion to Pakistan and Health Centre Project"，The National，Feb. 18，2019，https：//www. thenational. ae/world/mena/saudi-crown-prince-announces-20-billion-to-pakistan-and-health-centre-project-1. 827168，accessed May 28，2019.

④ "Saudi Crown Prince Announces 20 Billion to Pakistan and Health Centre Project"，The National，Feb. 18，2019，https：//www. thenational. ae/world/mena/saudi-crown-prince-announces-20-billion-to-pakistan-and-health-centre-project-1. 827168，accessed May 28，2019.

⑤ "Iran，in shadow Proxy War with Saudis Expands Its Pakistan Influence"，Fox News，September 12，2018，https：//www. foxnews. com/world/iran-in-shadow-proxy-war-with-saudis-expands-its-pakistan-influence，accessed May 20，2019.

谈判。① 但随着美国退出伊核协议并重启对伊朗石油出口的制裁，伊、巴两国在能源领域内的合作遇到很大的阻力。

（五）沙特与伊朗都在积极寻求域外大国的支持

目前美国依然主导着中东地区，但随着其战略中心转移至亚太地区，其干预中东事务的能力和意愿都在下降。俄罗斯通过出兵叙利亚不仅挽救了巴沙尔政权，也因此成为决定中东局势走向的重要大国。以英、法、德为代表的欧洲国家致力于维持中东地区的稳定，以减轻自身面临的难民压力和恐怖主义威胁。中国作为新兴大国，其未来介入中东的深入和广度都可能加深，也被多数地区国家所乐见。

在此背景下，沙特推动或配合美国全力遏制伊朗，同时也同俄罗斯、中国保持一定程度的交流与合作。一方面，沙特作为美国的盟友，乐意维护美国主导下的中东秩序。特朗普政府上台后，美国采取了联合沙特、以色列、埃及等中东地区盟友，以制裁伊朗并遏制其地区影响力为主要内容的政策。对此，沙特全力支持和配合美国的新安全战略，不仅大量采购美国军火投入与伊朗的地区博弈中，还支持美国退出伊核《共同全面行动计划》。另一方面，沙特也积极与俄罗斯在叙利亚问题上相互协调，并在军售等问题上向俄罗斯示好，同时也积极响应"一带一路"倡议，愿意吸引中国企业以服务其"2030 愿景"。

伊朗在美国、沙特、以色列对其全面遏制的背景下，也在努力加强与俄罗斯、欧洲和中国的合作。一方面，伊朗在叙利亚问题上一直保持同俄罗斯的协调与合作，共同扩大叙利亚政府军的战场优势，同时对战后秩序做出安排。另一方面，伊朗在核问题上与欧洲国家、俄罗斯、中国等通力合作，共同维护伊核全面框架协议。俄罗斯、中国在美国强力制裁下坚决维护本国企业在伊朗的投资，并且继续保持与伊朗在能源方面的合作。欧洲

---

① "Pakistan Asks Iran to Resume Natural Gas Pipeline Negotiation", Energy World, May 9, 2018, https://energy. economictimes. indiatimes. com/news/oil-and-gas/pakistan-asks-iran-to-resume-natural-gas-pipeline-negotiations/64088020, accessed May 20, 2019.

国家也推出特殊目的交易渠道"INSTEX"以帮助欧洲企业在对伊贸易时绕过美国制裁。

二　双方战略博弈加剧的主要原因及深层动机

沙伊战略博弈加剧，除教派因素以及意识形态等基本原因外，还在于地缘形势剧烈变动给沙特等海湾阿拉伯国家所带来的不安全感。此外，沙伊在地区政策目标上的尖锐对立，也是推动双方持续博弈的重要因素。

第一，伊朗与沙特及其盟友之间存在的一系列结构性矛盾，是导致双方长期不和的基本原因，但并非决定性因素。所谓结构性矛盾，主要指伊朗与沙特及其盟友之间一直存在着边界争端、民族差异、教派分歧、意识形态矛盾以及与西方关系尤其是与美国关系的不同等。[①] 在这些差异和矛盾当中，比较突出的是教派分歧与意识形态之争。

伊斯兰教诞生后，很快就在先知穆罕默德的继承人问题上产生政治与宗教分歧，并由此分裂为逊尼派、什叶派等不同教派，而沙特等海湾阿拉伯国家以及中东大多数国家为逊尼派，伊朗、伊拉克、叙利亚等国多为什叶派国家或什叶派占主导地位的国家。伊斯兰教因此呈现统一性与多样性等特点。统一性是指逊尼派、什叶派等不同教派都认可并实践伊斯兰教的基本信仰，即信真主、信天使、信《古兰经》、信使者（先知）、信末日、信前定。而多样性是指，除信奉和履行这些基本信仰之外，逊尼派和什叶派在教义方面还存在显著差异，尤其是什叶派及其支派还信奉伊玛目教义，双方因此在先知穆罕默德的继承人问题、伊斯兰教法、宗教礼仪、宗教制度、社会生活等方面都出现了差异，甚至是歧视和对立。教派分歧通常能产生两种作用，一种是在同一派别内加强彼此之间的认同和亲近，与此同时也会在不同派别之间导致排斥与对立。一旦反映到地区政治当中，教派分歧常常成为伊朗或沙特加强同属一个派别的地区盟友之间关系的有力抓手，同时也成为它们及其

---

① 马晓霖：《"萨勒曼新政"与沙特内政外交走向》，《西亚非洲》2018 年第 2 期，第 12 页。

盟友之间彼此对立乃至对抗的一种潜在因素。但是，教派分歧并不必然导致对抗，历史上是这样，当前伊朗与沙特之间的博弈也是如此，导致双方博弈加剧的决定性因素仍然在于非宗教因素，更多情况下是现实的国家利益之争，教派矛盾的加剧只是双方现实利益之争的副产品。

此外，伊朗和沙特之间还存在着尖锐的意识形态矛盾。两国都是政教合一的国家，但在意识形态方面，伊斯兰革命以来伊朗坚持的是霍梅尼主义，而沙特一直信奉瓦哈比主义。霍梅尼主义坚持以伊斯兰教法为立国之本，要求实施教法学家统治，将教法学家作为最高宗教领袖、国家领袖和政治领袖，伊朗据此建立了一整套以教法学家统治为特征的国体和政体。在霍梅尼主义指导下，伊朗对外还输出"伊斯兰革命"，不仅反美、反以，而且反对沙特等所谓"不义"的统治者，进而对沙特等阿拉伯君主国的政权稳定构成了威胁。两伊战争后，霍梅尼主义在伊朗外交中的作用逐步淡化，但伊朗并未放弃这种指导思想。反观瓦哈比主义，它是一种比较保守的宗教政治思潮，它要求"正本清源"，严格遵循伊斯兰教四大哈里发统治时期的所谓"清规戒律"。它要求严格遵循《古兰经》和圣训，并将这两者作为伊斯兰教法的主要来源。在它的宗教思想当中，还存在一些极端因素。比如，它反对标新立异，将非瓦哈比主义视为非伊斯兰思想，进而将非瓦哈比主义者，包括逊尼派非瓦哈比主义者、什叶派、苏非主义者等皆视为"异教徒"，并要求从精神上和物质上对他们进行"圣战"。在沙特的对外战略中，传播瓦哈比主义一直是一个主要目标，这对伊朗这样的什叶派国家而言同样是不能接受的。

第二，中东巨变以及中东地缘形势的剧烈变化，给沙特等海湾阿拉伯国家以及伊朗带来了不同影响，进而加剧了双方在中东地区的矛盾与对抗。对沙特等海湾阿拉伯国家而言，中东巨变后它们所面临的国内外不安全感更加突出。沙特等海湾阿拉伯国家的政权基础不稳，甚至非常脆弱，容易受到内部篡权、外部攻击、国内分裂等因素的影响。① 这种脆弱性容易导致这些国

---

① 蒂姆·尼布洛克：《政权不安全感与海外地区冲突的根源析论》，舒梦译，《阿拉伯世界研究》2019年第1期，第4页。

家为保卫政权而相互对抗，比如沙特与卡塔尔于2017年发生的"断交"风波。一些国家还因此向外寻求支持，促使地区冲突与全球竞争，使中东形势更加复杂。此外，中东巨变后，为保持政权稳定，除迅速采取高福利政策等应激措施外，沙特等国开始推动国内改革，其中一项重要举措就是加强王权。不仅如此，伊朗在"什叶派新月地带"以及也门冲突中占据的优势地位，使沙特从南北两面深切感受到伊朗及其盟友所带来的战略压力。再者，地缘形势的这些变化还直接对沙特等海湾阿拉伯国家的安全构成了威胁。

对伊朗而言，它在地缘格局上占据的有利地位，使它更加自信，且从战略上藐视沙特等海湾阿拉伯国家。伊朗外交部政治与国际问题研究中心主任、前外交部长顾问赛义德·卡齐姆·萨贾德普尔就认为，伊朗非常自信，它的自信来源于能够独立自主，不依赖任何外部势力的支持而生存。此外，伊朗幅员辽阔，人口众多，一直保持着较强的军事实力，国防安全也不依赖外部势力。伊朗的教育体系比较完备，年轻人接受高等教育程度较高，每年能够培养出数量众多的专业技术人员。同时，他还认为，沙特、阿联酋等海湾阿拉伯国家，不仅在国家安全上高度依赖美国，其本土居民数量也很少。这些国家的教育体系还存在很多弊端，难以培养出满足国家需要的本土人才。此外，由于沙特不断卷入地区争端，其实力地位也遭到削弱。沙特王储穆罕默德·本·萨勒曼在资历和能力上都显得很不成熟。①

第三，沙特与伊朗的战略博弈加剧，与两国地区政策的目标尖锐对立相关。就伊朗而言，两伊战争结束后，即自哈梅内伊担任伊朗最高精神领袖以来，伊朗对外政策的主要目标是反对任何形式的霸权主义，维护国家独立和领土完整，捍卫国家尊严、伊斯兰价值观和国家现存政治制度，促进"伊斯兰世界大团结"，且不与列强结盟，与非敌对国家建立和平对等关系等。②因此，相比较而言，大国关系尤其是对美关系，在伊朗对外关系中占据非常重要的地位。即便如此，地区政策也是伊朗对外政策的重要组成部分。比

---

① 2019年3月28日，伊朗外交部政治与国际问题研究中心主任、前外长顾问赛义德·卡齐姆·萨贾德普尔访问中国社会科学院西亚非洲研究所时阐述了这些观点。

② 王泽壮、赵锦浩：《哈梅内伊外交思想探析》，《西亚非洲》2018年第4期，第116页。

如，在促进"伊斯兰世界大团结"方面，伊朗的外交实践就更多地落实在地区关系层面。在这个层面，伊朗力图构建以自身为主导的什叶派安全带，支持本地区以及世界范围内的什叶派势力，同时对抗美国以及沙特主导的所谓"逊尼派联盟"。哈梅内伊对制定和加强以什叶派为纽带的外交政策还提出了许多具体想法。他指出，伊斯兰的敌人当中有一部分来自伊斯兰内部，伊朗作为什叶派伊斯兰的支柱，在发展与伊斯兰国家的关系时，必须凸显什叶派属性，什叶派伊朗是地区与世界和平的主要捍卫者。[①] 除此之外，保卫叙利亚巴沙尔政权、扩大并巩固黎巴嫩真主党以及也门胡塞武装等地区盟友的影响力，也是伊朗不能割舍的战略利益。伊朗在"什叶派新月地带"政治军事影响力的不断扩大，还有助于它构筑从海湾东部延伸至东地中海的战略通道。在此基础上，重塑地区秩序、争夺地区主导权，就有了更大的战略腾挪空间。不仅如此，打破与美国的外交"坚冰"，与联合国五常以及德国签署伊核全面框架协议对于伊朗大幅度提高能源生产和出口、增强国家整体实力都具有关键性的作用。2013 年上台的鲁哈尼政府在外交政策和地区政策上就体现了更多的务实主义和实用主义特色，它抓住一切地缘形势变化的有利时机来实现上述政策目标。

反观沙特，中东巨变后，尤其是 2015 年萨勒曼·本·阿卜杜勒·阿齐兹登上王位以及 2017 年其子穆罕默德·本·萨勒曼被立为王储并担任大臣会议副主席兼国防大臣以来，沙特一改以往低调温和的外交政策，开始实施现实主义利益驱动下的强势外交。在此背景下，地区外交成为沙特对外关系的重中之重，矛头直指伊朗及其地区盟友。沙特的外交攻势主要包括以下利益诉求和动机。[②] 第一，遏制伊朗在地区的扩张，保卫本国以及海湾阿拉伯盟友的政权安全，防止伊朗拥有核武器。伊朗伊斯兰革命以来，沙特一直视伊朗为主要敌人，是国家安全的主要威胁，阿联酋等海合会国家也持有类似的观点。中东巨变后，伊朗在"什叶派新月地带"以及也门影响力的不断

① 王泽壮、赵锦浩：《哈梅内伊外交思想探析》，《西亚非洲》2018 年第 4 期，第 115 页。
② 马晓霖：《"萨勒曼新政"与沙特内政外交走向》，《西亚非洲》2018 年第 2 期，第 11 页。

扩大，使沙特等国如芒在背。沙特外交大臣朱拜尔就声称，沙特不能允许位于自己南部边境的也门受到黎巴嫩真主党或伊朗的控制，也不能允许红海、印度洋等世界贸易主要通道受到敌对势力的控制。他还声称，沙特不允许伊朗发展核武器，如果伊朗拥有核武器，沙特一定会步其后尘。[①] 第二，重塑地区秩序，争取主导中东地区。比如沙特介入叙利亚冲突、推动叙利亚和平进程、推动与伊拉克的双边关系、政治干预黎巴嫩局势、武装干涉也门冲突，构建红海区域联盟等，都反映了这种战略意图。第三，捍卫沙特在伊斯兰世界尤其是逊尼派国家中的领导地位。沙特一直以麦加和麦地那两圣地的保护者自居。现阶段，沙特主要通过各种纽带、经济手段乃至军事方式推动阿拉伯国家和伊斯兰国家追随自己的地区政策，共同构建反对伊朗的政治军事联盟。第四，确保沙特继续成为美国的战略盟友，同时借美国之手削弱伊朗。2015年，奥巴马政府与伊朗以及英、法、德、中、俄签署伊核全面框架协议，遭到沙特激烈反对，但沙特通过军售关系等极力保持沙美联盟战略价值。此外，沙特推动特朗普政府退出伊核全面框架协议并重启对伊朗的全面制裁，成功地实现了打压并削弱伊朗的战略意图。

三　沙伊战略博弈的后果及影响

毫无疑问，沙伊矛盾的尖锐对立与战略博弈，加剧了或必将继续加剧中东地区的动荡，同时也对泛中东地区的和平与稳定构成威胁。沙伊战略博弈，主要围绕削弱与反削弱、遏制与反遏制伊朗及其地区扩张而展开，因此具有长期性、战略性、地区性等特征。同时，由于在削弱以及遏制伊朗方面，沙特与以色列以及美国的战略目标趋于一致，必会导致它们与伊朗及其盟友的斗争长期化和复杂化。另外，从双方博弈的几个着力点看，虽然出现了一些新的态势，但大多数层面的斗争尚未见分晓。比如，在叙利亚问题

---

① "A Conversation with Adel al-Jubeir", September 26, 2018, https://www.cfr.org/event/conversation-adel-al-jubeir, accessed February 25, 2019.

上，伊朗及其盟友所支持的巴沙尔政权虽然在战场上已经取得决定性优势，但是叙利亚未来和平进程以及战后重建进程也将是地区大国和域外大国较量的场所。在黎巴嫩事务上，沙特支持的黎巴嫩政府与伊朗支持的黎巴嫩真主党之间的政治较量还会进一步演变，必会影响黎巴嫩政治的稳定。当前，也门冲突仍然处于僵持状态，无论是亲胡塞武装一方还是反胡塞武装一方，都未实现自己的战略目标，因此军事博弈与政治谈判还会交替进行。此外，伊核问题的本质是美伊矛盾以及伊朗与地区国家矛盾的反映，因此有关伊核问题的斗争已远远超越该问题本身，而成为遏制与反遏制、削弱与反削弱伊朗的关键所在。不仅如此，沙伊在"非洲之角"以及南亚等地区的争夺，也加剧了世界贸易主要航道的紧张局势。除此之外，沙伊及其盟友在上述层面的战略博弈还产生了叠加效应和共振效应，尤其是2019年上半年也门局势与伊核问题持续发酵并相互呼应，使中东紧张局势不断升级。

与此同时，还有两个方面的影响不容忽视。第一，从此轮双方博弈成效看，沙特与伊朗互有得失，但出现了有利于沙特一方的新局面。

在"什叶派新月地带"以及也门冲突中，伊朗仍旧占据相对有利的局面，但在"非洲之角"以及南亚等周边区域，沙特的外交攻势与经济手段还是取得了一定的成效。此外，沙特在构筑反对伊朗的地区安全架构方面也取得了新的进展。比如，2018年12月，沙特与海湾阿拉伯国家、埃及、约旦等国在埃及西部首次举行了联合军演。

不仅如此，沙特在此轮博弈中最大的收获还在于推动美国退出伊核全面框架协议，重启对伊朗的全面制裁。目前，美国的"极限施压"政策已经开始重挫伊朗，这对沙特力图削弱伊朗具有战略性意义。首先，伊朗经济在美国重启制裁后陷入衰退。伊朗的石油出口量锐减至2019年2月的约120万桶/天，[1] 其石油生产也从2018年上半年的382万桶/天锐减至2019年前两个月的274万桶/天。由于石油出口和外国投资的减少，各级政府财政赤

---

[1] "Iran Sanctions, Congressional Research Service", March 25, 2019, p. 64, https: //fas. org/ sgp/crs/mideast/RS20871. pdf, accessed April 20, 2019.

字也明显增加，预计 2019 年伊朗政府的财政赤字将达到其国内生产总值的
4.7%。① 其次，制裁加剧了伊朗国内外汇短缺和通货膨胀。2018 年伊朗里
亚尔兑美元的汇率已经达到 40864∶1，如果制裁继续，预计 2023 年汇率将
达到 67037∶1。同时，自美国退出伊核协议后，伊朗国内的通胀率至 2019
年 3 月已经达到 47.5%，为 20 年来最高。受高通胀率的影响，伊朗国内的
食品价格在过去的一年内已经上升了 74%。② 总之，美国重启制裁极大地加
剧了伊朗国内的经济困境，使其陷入高赤字、高通胀的窘境，经济已连续 3
年陷入衰退。再次，全面制裁使鲁哈尼政府也面临着巨大的国内压力。一方
面，美国退出伊核协议并重启制裁使鲁哈尼遭到了以伊斯兰革命卫队为代表
的伊朗强硬派的攻击，不仅使其政府的经济自由化政策和温和的外交政策变
得难以推行，还使伊朗外交部长扎里夫被迫向总统递交辞呈。另一方面，严
峻的经济形势引发了国内的抗议示威活动，甚至演化为暴力冲突和恐怖袭
击。例如，2019 年 2 月 13 日，伊朗东南部发生炸弹袭击事件，造成 27 名伊
斯兰革命卫队成员死亡、13 人受伤。

不过，与伊朗的战略博弈也使沙特付出了巨大的代价。其一，沙特需要
投入巨额军费以支撑其地区战略。2018 年，沙特国防开支高达 676 亿美元，
位居世界第三，其军费开支占 GDP 比重高达 8.8%，在世界主要国家中排名
第一。③ 这些军费的大部分用于进口美、欧先进武器以及支撑也门战事。其
二，沙特在经济上拉拢周边国家，仅 2019 年向巴基斯坦承诺的投资就高达
200 亿美元。其三，巨额开支使沙特财政赤字上升，外汇储备大幅减少，政府
债务增加。2014~2019 年，沙特外汇储备从约 7323 亿美元大幅降至约 4816 亿
美元，而其政府债务则从约 1661 亿美元上升到了约 2245 亿美元，其财政赤字

---

① Economist Intelligence Unit, *Country Report: Iran*, April 16, 2019, p. 8, http://www. eiu. com/FileHandler. ashx? issue_ id = 67878390&mode = pdf, accessed June 2, 2019.

② Economist Intelligence Unit, *Country Report: Iran*, April 16, 2019, p. 8, http://www. eiu. com/FileHandler. ashx? issue_ id = 67878390&mode = pdf, accessed June 2, 2019.

③ "Trends in World Military Expenditure, 2018", SIPRI Fact Sheet, April 2019, p. 2, https://www. sipri. org/sites/default/files/2019 – 04/fs_ 1904_ milex_ 2018_ 0. pdf, accessed June 2, 2019.

占 GDP 的比重也从 2018 年的 4.6% 上升至 2019 年第一季度的 7%。①

第二，沙特与伊朗战略博弈，加剧了阿拉伯世界和伊斯兰世界的分化，促使巴以问题进一步被边缘化。

双方的战略博弈，推动了中东地区的阵营化态势。其中一方由伊朗主导，该阵营还包括伊朗的什叶派地区盟友，比如叙利亚巴沙尔政权、黎巴嫩真主党、伊拉克亲伊朗的什叶派力量以及也门胡塞武装等。这一阵营在许多地区问题上，在不同程度上与土耳其、俄罗斯或者欧盟保持合作或协作关系。另一个阵营由沙特主导，还包括逊尼派阿拉伯国家或伊斯兰国家，它们在叙利亚问题、也门问题、伊核问题等方面还得到美国甚至以色列的支持或合作。不仅如此，沙特主导的逊尼派阿拉伯国家和伊斯兰阵营日益出现集团化和军事化态势。在叙利亚冲突中，2015 年 12 月，沙特宣布组建由 34 个伊斯兰国家组成的伊斯兰反恐联盟。该联盟的基础是海合会国家，以反恐为名义，但实际上以遏制伊朗的地区扩张为主要目标。2017 年 11 月，该联盟成员增至 41 个，几乎涵盖所有由逊尼派主导的国家。另外，在也门战场上，沙特组建了由阿拉伯国家和伊斯兰国家组成的反对胡塞武装的多国联军。多国联军成员主要有阿联酋、卡塔尔、巴林、科威特以及苏丹、埃及、摩洛哥等。这两大阵营的斗争焦点集中在争取地区主导权、重塑地区秩序等若干方面，而支持或反对伊朗影响力的上升是核心环节。

与此同时，在遏制伊朗势力扩张方面，沙特与以色列以及美国的立场逐步接近。沙特的立场不再赘述，就以色列而言，它除坚决反对伊朗谋取核武器外，对于伊朗及其什叶派盟友不断扩大在叙利亚的政治军事影响力极为警惕。2018 年 2 月，以色列军队对叙利亚境内的多处伊朗军事设施进行了空袭。以色列声称，事件的起因是伊朗派遣无人机由叙利亚境内飞入以色列领空。此外，以色列军方或政府高官不断在媒体上发表评论，声称伊朗是"中东地区稳定的破坏者"。而就美国而言，特朗普政府上台后一改之前的

---

① EIU, *Country Report: Saudi Arabia*, May 29, 2019, p. 10, http://www.eiu.com/FileHandler. ashx? issue_ id =418078625&mode = pdf, accessed June 1, 2019.

接触战略，开始对伊朗实施全面遏制战略。2017 年 12 月，美国发表的《国家安全战略报告》声称，中东不稳定因素是复合型的，但伊朗以及伊斯兰激进势力是威胁的源泉，同时强调作为对抗措施有必要与以色列和逊尼派阿拉伯国家加强合作。①

沙、以、美在遏制伊朗上趋于一致，所导致的一个直接后果是以色列在巴以问题上掌握了更多的主动权，而巴以问题本身进一步被边缘化。2017 年 12 月 6 日，美国总统特朗普正式宣布承认耶路撒冷为以色列首都，并指示国务院计划"迁馆"事宜。这一事件在世界上引起轩然大波，遭到国际社会一致谴责。沙特国王萨勒曼虽然拒绝"美国方面就耶路撒冷地位和搬迁美驻以使馆的决定"，重申东耶路撒冷是巴勒斯坦领土不可分割的一部分，但仅仅宣布资助东耶路撒冷 1.5 亿美元，用于维护伊斯兰文化遗产。12 月 13 日，土耳其倡议召开了伊斯兰合作组织特别峰会。该峰会发表公报，宣布承认东耶路撒冷为巴勒斯坦国首都，并呼吁国际社会予以承认。公报还称，特朗普承认耶路撒冷是以色列首都"无效"，是在破坏所有的和平努力，会助长极端主义和恐怖主义；美国的行动等于宣布美国退出在中东调停的角色。② 但是，沙特国王没有与会，显然与这次峰会精神拉开了距离。美国和中东许多媒体认为，美国这种亲以政策的出台，事先得到了沙特的认可和支持。中东一些报纸还声称，沙特王室曾要求媒体减少对特朗普关于耶路撒冷新政策的宣传，并要求在约旦和巴林的沙特人不得参加当地的游行示威活动。③ 2018 年 5 月 14 日，美国大使馆正式从特拉维夫搬迁至耶路撒冷，导致加沙地带的巴勒斯坦人与以色列安全部队发生冲突，造成数十名巴勒斯坦人死亡、数百人受伤。尽管阿拉伯世界和伊斯兰世界对此进行了

---

① "National Security Strategy of the United States of America", White House, December 2017, pp. 48 – 49, https://www. whitehouse. gov/wp-content/uploads/2017/12/NSS-Final-12 – 18 – 2017 –0905. pdf, accessed April 19, 2019.

② 《伊斯兰合作组织：承认东耶路撒冷为巴勒斯坦国首都》，环球网，2017 年 12 月 14 日，http://world. huanqiu. com/exclusive/2017 – 12/11447106. html? agt =15438，最后访问日期：2018 年 12 月 9 日。

③ 马晓霖：《"萨勒曼新政"与沙特内政外交走向》，《西亚非洲》2018 年第 2 期，第 8 页。

谴责，但是没有任何一个国家采取具体措施来阻止美国的迁馆。巴以问题是中东地区的核心问题，而耶路撒冷最终地位问题是巴以问题当中最敏感、最棘手的难题。美国和以色列通过这种造成"既成事实"的方式来强行解决耶路撒冷最终地位问题，与沙伊两大阵营矛盾上升显然密切相关。

Y.12
美国制裁阴影下的伊朗局势走向

陆 瑾[*]

摘　要：　2018 年 5 月美国退出伊核协议后，逐步恢复并强化了对伊制裁，以迫使伊朗签订一份新协议和最终实现全面遏制伊朗的目标。美国严厉的跨境制裁导致伊朗国内外安全形势严重恶化，其他国家与伊朗的正常经济合作无法开展。伊朗政府采取针锋相对的举措抵抗美国制裁，通过"向内看"挖掘国内潜力和促进工业生产发展，同时开展多边外交粉碎美国孤立伊朗的企图。特朗普政府对伊朗制裁受到国际主要经济体的抵制，多国尝试避开美元和美国金融体系的变通方法，以削弱美国对伊制裁的威力。为实现全面遏制伊朗的政策目标和强化政策效果，美国在"极限施压"中增加了军事威慑手段，导致美伊对峙急剧升温，波斯湾地区安全形势紧张。伊朗未来局势走向充满不确定性，美伊对抗是否会走向战争，伊朗经济和民众能否挺得住美国制裁的压力，以及伊核协议前景等是重要的影响因素。

关键词：　美国制裁　反制措施　伊核协议　美伊关系

2018 年 5 月，美国单方面退出伊核协议和开始对伊朗实施"极限施

---

[*] 陆瑾，博士，中国社会科学院西亚非洲研究所社会文化研究室副研究员、中国海湾研究中心副秘书长，主要研究方向为伊朗政治、经济、社会和外交问题，以及中伊关系。

压"，欲达到全面遏制伊朗的目的。经济制裁是一种特殊的强制性外交工具，也是特朗普极为偏爱使用的对外政策手段。自 2018 年 8 月 6 日以来，美国政府逐步恢复了因达成伊朗核协议而停止实施的对伊朗制裁，并通过"长臂管辖"（long-arm jurisdiction）使单边制裁达到前所未有的效果。美国制裁使伊朗面对前所未有的内外压力和挑战，但未能让伊朗人屈服，反倒促使伊朗国家凝聚力增强，并激发了民族抵抗精神。美国的跨境制裁严重伤害了包括其欧洲盟友在内的第三方利益，促使国际社会多国推出对抗美国"长臂管辖"的新机制。为强化制裁的效果和迫使伊朗就新协议谈判，美国将伊朗伊斯兰革命卫队列为"恐怖组织"，并向海湾地区增加作战装备和军事人员。面对美国经济制裁和军事威慑的双重压力，在美国退出伊核协议一周年之际，伊朗宣布将逐步减少履行伊核协议下的部分承诺。美伊对峙急剧升温，波斯湾地区紧张局势加剧，发生误判和擦枪走火的风险加大。在此新形势下，美伊关系紧张会不会走向战争？伊朗能否挺得住美国制裁的压力、会不会退出伊核协议？这些问题引发极大的关注，同样也是影响伊朗未来局势走向的关键因素。

一　美国对伊朗制裁升级的特点及影响

特朗普认为，2015 年伊朗与六国达成的伊核协议存在核查条款力度不足和"落日条款"等严重缺陷，使伊朗在协议执行期内和到期后都仍有可能获得核武器，必须做出修改。此外，达成伊核协议使伊朗摆脱了制裁的束缚，而且将获得解禁和得益于石油出口增长的外汇收入用于发展弹道导弹项目、扶植什叶派民兵、在地区进行代理人战争扩大影响力和与美国的盟友争夺地区领导权，伊朗这些破坏地区稳定的行为及加快崛起的进程必须得到全面遏制。为切断伊朗"破坏中东稳定"所需的主要经济来源，自 2018 年 8 月以来，特朗普政府重启并不断强化对伊朗的经济制裁，这些制裁包括贸易制裁和金融制裁两个部分，并具有以下特点。

第一，不断扩大制裁范围和强化核心制裁。美国重启对伊制裁分为两个阶段，从非核心向核心领域扩展。2018 年 8 月 6 日，美国重启了非能源领域的制裁，具体内容包括：对伊朗政府购买或收购美元实施制裁；对伊朗的黄金或贵金属贸易实施制裁；对伊朗进行的销售、供应或进出口金属原材料或金属半成品贸易实施制裁，其中包括铝、钢铁、石墨、煤炭及用于集成加工的软件；对购买或出售伊朗货币里亚尔或在伊朗领土以外保持以伊朗里亚尔计价的大额基金或账户相关的重大交易的制裁；对购买、认购或者促成伊朗发行国债的制裁；对向伊朗出售、供应或转让与伊朗汽车行业有关的商品和服务的金融或其他交易实施制裁。此外，禁止伊朗向美国出口地毯、鱼子酱、水果等奢侈品，禁止向伊朗出口或再出口商用飞机与配件和服务等。

2018 年 11 月 4 日，美国重启了针对伊朗的石油化工、能源和金融行业的制裁，主要内容包括：制裁在伊朗从事能源行业；制裁与伊朗国家石油公司（NIOC）、国家航运公司（NITC）、国家贸易公司（NICO）或其他公司进行的石油化工相关交易；制裁外国金融机构与伊朗中央银行进行的交易及信息服务；制裁伊朗港口运营商及航运和造船行业；制裁向伊朗提供特定承销、保险或再保险服务等。除制裁内容外，美国还废除"H 类自动许可"的相关规定，要求美国拥有或控制的外国公司在从事以前被允许同伊朗进行的交易前，必须得到美国政府的事先许可。美国财政部海外资产管理办公室（OFAC）除将被奥巴马从"特别指定国民清单"（SDN List）中移除的其他实体重新列入外，还指定了超过 300 个的新增制裁对象，使超过 700 个的个人、实体、航空器和船舶受到制裁。

新增制裁不仅扩大了限制范围，而且更具针对性，瞄准重点领域实施精准打击，从而使核心制裁得到强化。结束对伊朗石油出口制裁的豁免，及对伊朗的铁、钢、铝、铜等产业进行制裁，这些制裁旨在切断伊朗外汇收入的主要来源，进而使其经济陷入瘫痪。此外，把伊朗原子能机构列入制裁名单；禁止向伊朗的布什尔核电站提供支持；禁止伊朗将重水运往国外；禁止伊朗进行进一步的铀浓缩活动等新增制裁意在强化对伊朗核活动的限制。把伊斯兰革命卫队列为"恐怖组织"，对向伊斯兰革命卫队提供经济支持的伊朗波斯湾石化工业公司及其子公司、境外销售网络实施制裁，以此切断伊斯兰革命卫队的资金来源。

第二，加大对制裁措施落实和执行过程的监管力度。为实现制裁规则的统一，美国在两轮制裁开始前分别设置了 90 天和 180 天的缓冲期，使他国企业有时间处理与伊朗已签订和正在执行的商业合同。在实施制裁的过程中，根据实际情况和需求，对一些制裁给予豁免和调整豁免期限。为防止国际油价暴涨伤害美国国内消费者利益，并让伊朗石油的进口方有更充分的时间解决替代伊朗石油的问题，美国推迟对伊朗石油出口"清零"政策的执行，在 11 月那轮制裁重启前宣布给予中国大陆和中国台湾、印度、日本、韩国、意大利、希腊、土耳其 180 天的制裁豁免（SRE），但拒绝了英国、德国、法国和西班牙等欧盟国家提出的豁免申请，意大利、希腊因在移民、防务问题上与美国走得近而得到了豁免。此外，还对印度的恰巴哈尔港项目及该港口连接阿富汗的铁路线项目，伊拉克购买伊朗电力，阿拉克（Alak）、布什尔（Bushehr）、福尔多（Fordow）工厂的不扩散项目等提供了豁免。

严格监管制裁措施的执行。给予进口伊朗石油的 8 个国家和地区暂时豁免期间，但美国要求不仅要在进口数量上进行削减，而且不可向伊朗直接支付购油款，要将这些石油销售收入以当地货币保留在托管账户上，只能用于伊朗在这些国家采购人道主义商品或其他非制裁产品。因为银行和保险问题，中国台湾、意大利和希腊主动放弃了石油进口豁免权。美国还重点落实与货物贸易直接相关的航运"限制措施"，伊朗货船不被允许停靠任何国家的港口是伊朗自伊斯兰革命以来从未遇到过的情况。

封堵绕过制裁的漏洞。单边制裁有易被规避的特点，而且已被美国制裁40 年的伊朗拥有丰富的规避经验。伊朗伊斯兰革命卫队在伊朗境内外有很多子公司和"皮包"公司，而且擅长在制裁环境下通过走私活动牟取利益。美国通过卫星追踪伊朗油轮的手段强力封堵规避制裁的伊朗石油贸易，加大了经第三方买家转运而间接销售伊朗原油的风险。

第三，不断新增制裁对象和加大金融制裁的威力。金融制裁是美国对伊制裁的核心，通过制裁银行系统、资金冻结、禁止金融交易等手段使伊朗陷入经济及金融困境。不仅那些被制裁的企业无法正常融资甚至无法生产经营,而且与之相关的企业遭遇"连坐"制裁的风险升高。美元和美国金融体系在世界经济中的主导地位为美国司法通过"长臂管辖"来执行其单边制裁提供了基础。在国际贸易结算、清算过程中,高度依赖美元,即使交易双方都使用非美元的本国货币结算,在很大程度上也需要经过美国的金融体系中转。全球各银行主要的跨境转账业务都是通过总部设在比利时布鲁塞尔的环球银行金融电信协会(Society for Worldwide Interbank Financial Telecommunication,SWIFT)这一系统完成。SWIFT与全球上万家银行联网,政治中立。美国在重启第二轮对伊制裁后,以威胁方式要求SWIFT关闭其与伊朗银行的金融支付业务,否则将可能会受到制裁。SWIFT被迫停止为伊朗银行提供跨境交易服务,导致伊朗进出口贸易的国际结算遇到严重障碍,贸易成本上升。

美国的"次级制裁"(secondary sanctions)对与伊朗有关联的跨国公司影响重大。在美国对伊制裁中,"一级制裁"是只要求美国人遵守的制裁规定。即使在达成伊核协议之后,美国金融系统仍然不对伊朗开放,美国本土实体对伊朗投资、与伊朗交易,以及美国金融系统处理涉伊朗的业务都仍在制裁之列。美国的"次级制裁"条款将处罚范围由目标国扩展到与之进行交易的第三国。特朗普恢复了那些已被奥巴马解除的"次级制裁",这些制裁措施与核问题相关并适用于非美国实体在美国以外所从事的涉伊活动,所构成的威胁在于"任何人只要跟伊朗做生意,就无法与美国做生意"。世界上所有进行跨国交易的大型企业和个人基本都有美元结算业务、设有美元账户,美国通过查封这些账户、冻结账户资产,达到制裁其认为"不友好"的实体与个人的目的。因此,那些有对伊业务的国际大公司由于担心受到制裁而被迫放弃伊朗市场或进行业务切割。

美国财政部不断宣布新增制裁的个人和实体名单,既显示出不断加大执法力度的威慑作用,又可以进一步强化金融制裁的效果。一方面,被列入SDN List的实体不能使用美元和美国的结算系统,在美国境内的资产会被冻结,美国公民不得与其进行交易。另一方面,非美国公司也不能与被纳入美国 SDN List 的对象进行交易。根据制裁规定，如果某个实体受制裁，只要其母公司或控股公司知道或者应该知道这个实体实施了上述活动，其母公司或控股公司也会受到制裁。此外，如果受制裁公司的子公司、姐妹公司，在明知的情况下直接或间接参与了上述禁止活动，也可能受到制裁。美国通过这种连带制裁，进一步提升了金融制裁对跨国公司的威胁。

总而言之，美国对伊制裁体系复杂且高度机制化，"二级制裁"条例及"长臂管辖"原则使金融制裁工具变得非常犀利，能够在短时间内产生前所未有的效果。但历史经验证明，要使制裁长期奏效和实现最终目标，至少需要具备三个条件：一是服务于明确和可能实现的政策目标；二是结合其他投射制裁发起国影响力的手段；三是有国际伙伴采取补充行动。① 奥巴马总统执政时期，美国联合其盟国以及联合国、欧盟等国际组织形成了对伊制裁的统一战线。奥巴马还明确表示制裁不以颠覆伊朗政权为目标，在欧盟、日本、韩国、印度等加入美国制裁后，美国制裁效力明显增强，最终迫使伊朗在核问题上发生重要的政策转变。此外，特朗普政府对伊朗制裁缺乏充分的理由，并且受到国际社会普遍反对和国际主要经济体的抵制。在缺乏国际合作的前提下，美国能否持久地实施对伊朗严厉制裁，以及能够在多大程度上实现制裁的预期目标有待时间的检验。

二 伊朗对抗美国制裁的举措

（一）美国制裁对伊朗的影响

美国制裁对伊朗经济的影响是全面的、深刻的和前所未有的。自 2018 年以来，伊朗内外安全形势持续恶化，进入伊斯兰革命 40 年来最艰难的时期。今天伊朗面临的经济困难前所未有，处境要比两伊战争期间还要艰难，

---

① 《美国制裁为什么不是"万灵药"》，《参考消息》2019 年 4 月 2 日，第 10 版。

那时伊朗只是遭受了武器禁运，国际航运、石油出口和国际金融都只受到美国"一级制裁"的限制，他国与伊朗的经贸活动很容易绕过美国的单边制裁。过去一年来的伊朗宏观经济指标显示，其经济已陷入严重困境。

伊朗原油出口大幅下滑，外汇收入骤减。2018 年美国重启制裁前，4 月，伊朗石油出口的高点为 250 万桶/天。自第一轮制裁开始后，原油出口持续大幅度减少。9 月原油出口降至 160 万桶/天，次年 2 月降至约 130 万桶/天，3 月降至 100 万~110 万桶/天，4 月跌至 100 万桶/天。5 月美国实施"石油零出口"政策后，伊朗不能以自己的名义出口石油，只能通过"灰色市场"出口，伊朗不再对外公布确切的石油出口数据，估计数量为 40 万~60 万桶/天。两伊战争期间，伊拉克重创伊朗的炼油设施，但伊朗仍能够收到售油款，现如今的情况比那时要困难得多。根据伊朗中央银行数据，伊历 1396 年（2017 年 3 月~2018 年 3 月）伊朗原油及石油产品出口收入达 658.82 亿美元，伊历 1394 年和 1395 年分别为 318.47 亿美元和 557.57 亿美元。在伊朗政府 2019 年度（2019 年 3 月至 2020 年 3 月）的财政预算中，石油收入约合 340 亿美元，但在美国对伊石油禁运的条件下不太可能实现这一目标。[①]

伊朗货币里亚尔大幅贬值，通货膨胀率达新高。从 2018 年 4 月起，伴随特朗普颁布对伊新政和伊朗外汇收入减少，美元兑里亚尔经过多轮汇率暴涨，从 1∶55000 一度冲高至 1∶190000。美国金融制裁导致外资通过正常途径很难进出伊朗，外国投资意愿下降，在伊朗的外资企业纷纷逃离。根据联合国贸易和发展会议发布的《世界投资报告》，2018 年伊朗获得外国直接投资 34.8 亿美元，同比下降 30%。汇率增加及伊朗政府用"印钞机"填补预算缺口，导致市场货币流通量增大，加快了里亚尔货币贬值和物价上涨。民众中出现严重恐慌情绪，什么值钱买什么，越贵越买，进一步推高物价。伊历 1398 年 1 月（2019 年 3 月 21 日至 4 月 20 日）与上年同期相比，伊朗通

---

① 本段引用的数据来源于中华人民共和国驻伊朗伊斯兰共和国大使馆经济商务参赞处网站，http://ir.mofcom.gov.cn/article。

货膨胀率上升达 51.4%，CPI 指数为 170.9，环比增长 4%；首都德黑兰住宅价格较去年同期增长 104%，环比上月增长 2.1%。伊朗全国有超过 600 万户家庭租房生活，这些租房者在过去一年里承受着因租金、抵押金暴涨带来的巨大压力。有 1900 万人生活在绝对贫困中，占伊朗城市人口的 1/3，占伊朗总人口的 1/4。①

伊朗国内生产企业开工不足。随着工厂所需中间产品的进口从运输到购汇难度加大，以及居民购买力的下降，企业面对两难困境，也影响到就业和市场供应。2018 年 3 月~2019 年 3 月共有 326 万伊朗人失业，失业率为 12%，并且城市地区和女性失业率高于男性和农村地区。根据伊朗国家统计中心的报告，伊历 1397 年（2018 年 3 月 21 日~2019 年 3 月 20 日）的 GDP 下滑 4.9%，其中工业增长率为 -9.6%、农业增长率为 -1.5%、服务业增长率为 0.02%。根据世界银行的报告，伊朗此前三年的 GDP 增长分别为 -1.6%、13.4%、3.8%，并预计 2019 年伊朗的实际国内生产总值增长率收缩为 -3.8%。②

伊朗内外安全受到严重负面冲击。美国单边制裁使伊朗人民生活遭受巨大灾难和痛苦，民众对政府的一些应对措施及能力严重不满，讨薪与要求提高工资的罢工等抗议活动频率增加；保守主义、极端主义抬头，并迫使鲁哈尼撤换了多名内阁成员。统治集团内部在对外政策上存在严重分歧，叙利亚总统阿萨德到访德黑兰与领袖哈梅内伊会晤，外交部长扎里夫未被通知列席是最典型的例子。伊朗国内这些矛盾和分歧日益尖锐化，对社会和政治稳定构成潜在的威胁。美国以经济制裁和军事威慑同时对伊朗施压，向中东地区增派军事力量，波斯湾地区接连发生油轮被袭事件，加大了伊朗的外部安全压力。

---

① 《1900 万城市人口处于绝对贫困状态》，2019 年 3 月 6 日，https：//www.tabnak.ir/fa/news/883378/。

② 本段引用的数据来源于中华人民共和国驻伊朗伊斯兰共和国大使馆经济商务参赞处网站，http：//ir.mofcom.gov.cn/article。

（二）伊朗针对性的反制措施

为捍卫自身的权益和全面抵抗美国的"极限施压"，伊朗政府针对美国制裁实施了一系列的应对举措和反制行动。

在经济方面，第一，积极稳定汇率和平抑物价。过去一年来，伊朗更换了中央银行行长，两次更新禁止进口商品清单，出台新措施和新机制管控汇率，严厉打击和惩罚扰乱市场行为，公开透明企业和个人使用国家外汇进口商品细目等。通过这些措施，伊朗中央银行基本掌控了国内外汇市场，汇率逐渐趋于稳定，同时已准备好进一步采取稳定汇率的措施，包括继续增加与主要贸易伙伴国家货币互换数量、已在运行的外汇现钞电子交易平台及货币制度改革计划等。伊朗央行还准备了启动统一外汇市场的新机制，旨在组织外汇市场上外汇交易商店之间的交易，将持牌外汇交易商店彼此相连，其每天的交易均由央行自己监管，以此掌握外汇市场的实际需求量和供应量，使央行能够根据需要出售或购买外汇。在控制进口商品和节省外汇的同时，严厉打击对外走私肉类、蔬菜、水果、汽油等行为，禁止出口鸡雏、鸡肉和鸡蛋，以保障国内市场供应安全，预防短缺，并抑制物价过快上涨。对牛羊肉实行配给制，确保底层民众的基本生活需求。

第二，实施"向内看"新战略。该战略的重点是通过挖掘国内潜力增强国家抵抗力，同时利用自身的地缘政治地位在地区危机管理中发挥自己的政治作用，并通过一种"区域性联系"实现加强本国实力和地区作用的战略目标。[①] 落实最高领袖哈梅内伊关于"繁荣生产"、摆脱对石油出口依赖的指示，充分发挥私营部门的潜能，促使私营部门的贸易商、生产商、工匠、制造商和其他组成部分在经济活动和国家发展中发挥作用。政府在资金上加大对国内工农业生产企业的帮扶力度，促进生产和就业，以使生活日用品、药品、粮食消费能够得到基本保证，并争取尽快达到自给自足。

---

① 《美国退出伊核协议后美伊之间可能性达成"大协议"吗?》，2018 年 11 月 20 日，https：//www.tabnak.ir/fa/news/853381/。

第三，积极开展与邻国的贸易。在美国制裁阻碍正常贸易的情况下，发展与邻国的经济关系成为伊朗对外突破有效的举措。伊朗通过走私和折价甩卖，借道第三国或向周边的缺油大国印度、土耳其、巴基斯坦等出口原油，以打破美国对伊朗石油出口的封锁。加强与邻国的经贸关系，促进非石油出口。由于伊朗货币贬值，伊朗制造的产品在伊拉克市场很受欢迎，两伊边境的贸易活动十分活跃。伊朗还与主要国际贸易伙伴如欧盟、印度、土耳其、伊拉克等，通过建立专门的贸易结算机制、货币互换、以货易货、通过第三方交易等方式绕开美国金融支付体系开展经贸活动。在美国第一轮制裁重启时，伊朗与印度达成了 45% 的原油款以欧元结算、剩余款项以卢比结算的协定，之后发展为全部以卢比结算石油款项。除了原油交易，伊朗国内生产的钢铁等产品途经迪拜等第三地出口到印度市场。印度启用了一个替代美元支付的系统，用于推动那些仅涉及非制裁实体和商品的贸易。伊朗国家银行与土耳其国有的 Ziraat 银行签订了总值 14 亿美金的货币互换协议，采用本国货币进行双边贸易支付，以规避使用美元。伊历 1397 年，伊朗对 15 个邻国的非石油出口总额约合 234 亿美元。

第四，敦促欧盟兑现其经济承诺。伊朗通过外交磋商，不断向欧盟施压，使其通过采取主动行动和实际措施帮助维护伊朗核协议。欧盟于 2018 年 8 月 7 日就启动新修订的"阻断法令"（Blocking Statute）作为反制举措。在美国第二轮制裁启动后，为支持欧洲的中小企业继续留在伊朗市场，欧盟推出设立特殊目的公司 SPV（Special Purpose Vehicle）计划，试图通过"物物交换"途径避开美国的金融体系处理与伊朗的贸易。在美国迫使设立在比利时的环球银行金融电信协会切断与伊朗银行的联系后，英法德三国建立了专门针对伊朗贸易结算的"贸易往来支持工具"（Instrument in Support of Trade Exchanges，INSTEX）。这个独立于美元和美国的金融系统、采用欧元结算的新机制，拟定运行初期主要用于伊朗从欧盟进口食品、药品等人道主义物资的结算。但伊朗要求欧洲必须通过该机制购买伊朗石油，并为简化 INSTEX 的实施准备了金融工具（STFI）与之建立金融联系。

政治方面，在伊核问题上释放强硬信号。在美国宣布退出伊核协议后，最高领袖哈梅内伊要求伊朗原子能组织立即提高铀浓缩能力，在伊核协议框架下将产能提升至 19 万分离功单位。2019 年 3 月，伊朗原子能组织主席萨利希宣布，伊朗正在扩建布什尔核电站。美国开始对伊朗石油"清零"措施后，鲁哈尼致信世界主要大国驻伊朗大使，向他们通报伊方决定暂停履行伊核协议中的部分义务，并设置了 60 天的期限，要求《共同全面行动计划》的其他签署方谈判伊朗在协议中的权益问题，但若诉求得不到满足，伊朗将不再限制自身铀浓缩活动的产品丰度。要么改变该协议的条款，要么面临伊朗恢复铀浓缩计划。6 月 27 日，伊朗将浓缩铀库存提高至 300 千克以上，并计划将提升重水库存至 130 吨以上。

外交方面，积极拓展外交空间，以缓解经济压力。加强与邻国伊拉克、土耳其，海湾国家卡塔尔、阿曼、科威特，以及一些中亚国家的互动，与亚洲贸易伙伴国中国、印度、日本等加强高层沟通。2019 年 3 月，总统鲁哈尼对伊拉克进行了为期 3 天的访问，加强两国经贸领域的合作是重点议题，双方签署了多项谅解备忘录，涉及贸易、医疗和石油等领域的合作，还包括建设一条连接伊拉克南部城市巴士拉和伊朗边境城镇沙拉姆切赫的铁路。在美国向中东增兵和海湾紧张局势升级后，副外长阿巴斯·阿拉克奇前往阿曼、科威特和卡塔尔进行穿梭外交，劝说这些海湾国家与伊朗共同应对当前本地区面临的战争风险和安全威胁，并提议双方签署《互不侵犯条约》，以减轻海湾国家对伊朗的安全疑虑。

军事方面，一批强硬派将领开始获得重用，侯赛因·萨拉米接替穆罕默德·贾法里担任伊朗伊斯兰革命卫队司令。军方多次展示抵抗外部威胁的力量与意志，包括发射卫星、试射新型巡航导弹、公开位于地下的弹道导弹制造工厂、开展大规模军演、展示多款自主生产的军用无人机和坦克等。2018 年 6 月，伊朗推出一套由本国自行设计、研发和制造的先进防空系统，该系统能够探测到 150 公里以外的敌方战机和无人机，并在 120 公里范围内进行跟踪，同时拦截并摧毁 6 个来袭的敌方目标。伊朗军方领导人暗示，他们可以通过庞大的代理网络来打击美国在中东地区的利益，而且多次发出警告，如果本国原油无法通过霍尔木兹海峡，他国原油也绝对不可能通过，伊朗武装部队有能力封锁这个海峡。此外，美国在海湾地区的基地和航母都在伊朗导弹的射程之内。针对美国将伊朗伊斯兰革命卫队列为"恐怖组织"，伊朗议会通过一项反制法案。该法案确认，美国中央司令部及其所有部队都是"恐怖分子"。任何可能对伊朗革命卫队产生危害，对美国中央司令部的军事和非军事援助，包括后勤支援，都将被视为"恐怖主义行动"。①

总之，对于美国的"极限施压"和重启制裁，伊朗表现出理性、克制并柔中有刚强，以避让美国找到推动国际制裁的借口。尽管美国制裁击中了伊朗经济依赖石油收入的要害，削弱了伊朗的生产能力，降低了人民生活水平和社会福利，但未能迫使伊朗人屈服和改变自己的地区行为，反倒增强了其国家凝聚力和激发了民族抵抗精神。

三　伊朗局势走向及前景

美国单方面退出伊核协议和发动对伊朗制裁是伊朗内外安全环境恶化、美伊对抗升级和海湾地区紧张形势加剧的源头。伊核协议是获得联合国安理会认可的国际多边协议，具有严肃性和权威性，对于国际防核不扩散具有重大意义。特朗普政府单方面放弃国际六国、欧盟与伊朗经过十多年艰苦谈判达成的共识，违背了契约精神，也损耗了美国的国际信誉。在美国单方面退出伊核协议一年里，伊核协议其他签约方为维护、落实协议及挽留伊朗不退出协议，做出了积极不懈的努力。随着美国对伊朗政治打压、外交孤立和军事威慑不断增加，美伊关系和海湾地区形势快速变化，多种不确定性因素影响伊朗未来局势的走向。

第一，战与不战。美伊对抗与日俱增，但双方领导人都深谙战争的成本与风险，而且不符合任何一方的利益。美国作为全球军事实力最强大者，对

---

① 《伊朗议会通过反制裁法案　将所有美军列为"恐怖分子"》，海外网，2019 年 4 月 23 日，http：//news. haiwainet. cn/n/2019/0423/c3541093 – 31543407. html。

伊开战并非难事。无论采取大规模全面进攻，还是小型"外科手术"式的精确打击，在战争初期美国都能够取得战场上的优势，但战争的后果和结局无法预测。伊朗是一个地形复杂、拥有战略纵深和抵抗能力的国家，美国难以控制战场形势走向，而且不能确定最终会取得什么样的胜利，至少不太可能在伊朗复制 2003 年派地面部队占领伊拉克及通过战争手段实现颠覆政权和改变其成为美国盟友。特朗普多次批评美国在中东的两场战争白白浪费了 6 万亿美元的资产，并曾承诺要撤回在阿富汗、伊拉克和叙利亚的美军。尽管特朗普从不掩饰对伊朗的敌视态度，奉行对伊朗全面打压政策，对伊朗发出过"战争警告"，但多次强调"不愿发生战争"。实际上，他更希望借助地区局势紧张多向海湾国家推销美国武器。然而"B 团队"包括美国国务卿蓬佩奥、总统国家安全顾问博尔顿和伊朗行动小组组长胡克，以及以色列总统内塔尼亚胡、沙特和阿联酋等都对伊朗充满敌意，推动特朗普对伊朗强硬和向海湾增派军事力量。在是否寻求更迭伊朗政权问题上，博尔顿显然与特朗普持不同的立场，他在小布什总统时期就主张推翻伊朗政权。因此，只要特朗普周围有像博尔顿这类反伊鹰派存在，以色列和沙特等域内与伊朗敌对国家的推动，美伊紧张关系滑向军事冲突的可能性就不能完全排除。

伊朗原则上是"不想打仗，也不惧怕战争"。8 年两伊战争给伊朗留下了难以愈合的精神创伤，伊朗人民甘愿忍受更艰难的生活也不想再经历一场战争。"我们和美国不会发生战争"，最高领袖哈梅内伊这句话不只是对民众的安抚，也是伊斯兰政权对人民做出的承诺。当然，一旦战争来临，伊朗有还击地区敌人的能力。尽管伊朗在武器装备上与美国存在"代际"差异，但从其导弹射程到数量看，都能够对本地区敌对目标和美国在中东的利益实施有效的打击，而且伊朗在远离国土边境的也门、伊拉克、阿富汗、叙利亚、黎巴嫩和巴勒斯坦等多地扶植和训练了支持自己的力量，构筑了由什叶派民兵组成的地区防御网络，这些力量都有可能针对美国在中东地区的利益和资产发动小规模的骚扰式袭击。只要美国对伊朗发动袭击，沙特、阿联酋的基础设施、油田和波斯湾地区的航运都将成为伊朗及其代理人报复性反击的目标。

尽管美伊领导人都不希望有战争，但出现误判和发展成偶发性冲突的可能性存在。鉴于双方对立升级和波斯湾地区紧张局势加剧，任何上述那种类似的袭击都可能在战略误判的助推下，成为一场扩大性冲突的导火索。2019年6月中旬，停靠在波斯湾阿曼海域的两艘油轮被袭起火，这是继2019年5月以来中东阿曼湾四艘油轮和沙特输油管道遇袭事件以来该地区第三起突发安全事件。美国指控是伊朗所为，但拿出的证据令外界怀疑，伊朗则坚决予以否认。上述事件发生时正值日本首相在德黑兰充当调停者之际，如此行事不合逻辑，应该是不希望美伊关系缓和、海湾紧张局势降温者所为。毫无疑问，随着这类突发状况不断地增多，误判或擦枪走火的风险将加大。美国对伊朗开战不会轻松获胜，只能是"双输"的结局。

第二，退与不退。美国民主党领袖们强烈抨击特朗普退出具有里程碑意义的伊核协议。由于担心民主党候选人在2020年总统选举中获胜和新政府使美国重返伊核协议，美国国会中的一群新保守派共和党参议员一直在试图劝说特朗普总统彻底废弃伊核协议。① 特朗普宣布美国退出伊核协议时，对福尔多和布什尔核设施及阿拉克重水反应堆的监督提供了豁免。随着美国制裁升级，在关于取消还是延长这些豁免的争议导致特朗普政府内部产生严重分歧。如果取消这些豁免，将会影响到签署伊核协议的其他大国无法履行伊核协议的义务，还可能迫使德黑兰退出伊核协议。白宫国家安全顾问博尔顿呼吁取消豁免，而美国国务卿篷佩奥支持延长豁免。最终，特朗普对欧盟、中国和俄罗斯与伊朗在上述三个项目中的核合作继续予以豁免，但取消了对把超量的重水运到阿曼和用黄饼换浓缩铀两项豁免。伊朗生产的重水运不出去，将面临或储量超过伊核协议规定或被迫关闭工厂两种局面。

现阶段，伊朗把留在伊核协议框架内作为优先选项。鲁哈尼总统说："如果我们仅因为美国的挑衅行为就退出'伊核协议'，那么除了美国，联合国和整个世界都将对我们实施制裁。"因此，尽管伊核协议早已名存实

---

① 《一些美国参议员试图毁灭伊核协议》，2019年6月7日，https://www.fardanews.com/fa/news/。

亡，特朗普政府以"极限施压"逼迫伊朗主动违反与退出伊核协议，但伊朗对退出核协议持谨慎态度，毕竟退出协议的损失和风险将大于留在协议中。根据协议中有关恢复制裁的规定，如果伊朗违反协议所规定条款，6个已暂停的联合国对伊制裁决议将会恢复。届时，伊朗将失去站在道义制高点的优势，美国将不遗余力地推动针对伊朗的国际多边制裁，还会找到对伊动武的借口。伊朗知名国际关系学者可汗·巴尔泽卡尔（Keyhan Barzegar）指出，"伊朗曾希望伊核协议能够给国家带来经济利益，同时消除对国家的政治、安全威胁。然而，随着美国退出伊核协议，这两方面都在开倒车。伊朗宣布留在美国缺席的伊核协议中，是为了应对美国的新威胁和防止在国际层面形成反伊联盟。"①

伊朗在伊核协议问题上已趋向于走边缘政策。截至2019年6月，国际原子能机构（IAEA）已连续发布15份报告证实，伊朗严格履行了伊核协议中的承诺，即便是在美国单方面退出该协议后。在美国对伊朗石油执行"零出口"政策和增加军事施压后，伊核协议其他签约方都无法履行与伊朗经贸关系正常化的义务，导致伊朗在该协议框架下的利益不再能得到切实的保证。在哈梅内伊公开表态对伊核协议现行执行方式不满和该协议正使伊朗处于某种被动之后，伊朗开始采取将丰度为3.67%的浓缩铀产量提升4倍的边缘政策。国际原子能机构2019年5月末的报告显示，伊朗没有超出可保有300公斤丰度不超过3.67%的浓缩铀的限制。2019年6月10日，国际原子能机构向外界证实，伊朗已经开始加快生产浓缩铀，何时库存达到伊核协议所规定的上限目前也尚不清楚。6月14日，伊朗总统鲁哈尼在参加比什凯克上海合作组织峰会期间与俄罗斯总统普京会谈时表示，如果核协议其他签约国能够保障伊朗的利益得到维护，伊朗在浓缩铀生产上就有可能退回原来的状态。

第三，谈与不谈。2018年7月之前，美国曾8次提出愿意与伊朗进行

---

① 《美国退出伊核协议后美伊之间可能性达成"大协议"吗?》，2018年11月20日，https：//www.tabnak.ir/fa/news/853381/。

谈判，并有 5 个国家的领导人表示愿意做美伊之间的调解人。但伊朗认为与美国谈判不合时宜，哈梅内伊强调美国不可信的立场，特朗普政府恢复对伊制裁同样激怒了支持鲁哈尼政府改善与美国关系的伊朗民众。美国国内在对伊朗政策上发出的信息十分混乱。特朗普一边向中东增加军事力量以加大对伊朗的"极限施压"，一边又表示愿意与伊朗进行谈判试图缓和双方之间的紧张关系；刚发出过要以战争终结伊朗政权的威胁，又在访问日本时表示自己不寻求更迭伊朗政权，并为日本首相安倍晋三前往德黑兰调解美伊矛盾开绿灯。2019 年 6 月初，美国国务卿蓬佩奥表示，美国已准备好在不对伊朗核计划设定前提条件的情况下与伊朗接触，但又未对一年前自己提出的 12 点与伊朗谈判的先决条件做出任何解释，而且说有必要继续对伊朗施加最大压力。特朗普的国家安全助理博尔顿一贯主张推翻伊朗政权。美国外交政策研究中心新发布的报告建议特朗普总统放弃不切实际的幻想，任何与伊朗的谈判都是"浪费时间"，应该对伊朗采取更加强硬的措施和立场。

伊朗不打算与美国现政府直接谈判。特朗普政府退出伊核协议及《巴黎气候协定》等国际契约，证明美国不可信。最高领袖哈梅内伊明确指出，不可能通过与美国对话的方式解决双方现存的问题。伊朗不想重复此前在伊核协议框架下与美国进行谈判的不愉快经历。伊朗只能选择抵制，尽管这样做有代价，但在美国的高压政策下，向敌人投降和"结城下之盟"的代价显然更高。伊朗伊斯兰革命卫队副司令阿里·法达维表示，任何与华盛顿进行的谈判都是毫无意义的。事实上，自 2013 年 11 月起至特朗普上台执政前，美伊之间就伊核问题的直接谈判没有任何障碍。即使在特朗普政府退出伊核协议后，其他签约方仍留在伊核协议框架内和坚持维护伊核协议，伊朗从没有离开谈判桌，与美国的盟友欧盟之间的磋商也一直在进行。如果美国返回伊核协议内，并取消制裁，伊朗才会考虑与美国直接谈判。

伊朗不同特朗普政府谈判并非美伊官员之间的接触与对话渠道都已关闭。伊朗外交部长扎里夫 2019 年 5 月在纽约会晤了美国国会民主党籍资深参议员黛安娜·范斯坦，这一消息得到美伊双方的证实。伊朗方面透露，这属于伊美官员之间的"例行会晤"。过去 20 多年来，伊朗官员与美方政界人士，包括国会议员保持经常性的会晤，以澄清和解释伊方政策。如果下届美国政府能与伊朗相互尊重，伊朗不是不可以与美国进行直接谈判。

上述三个问题是影响伊朗局势走向的焦点问题。当前，美伊双方博弈处于"谈不能谈""战不能战"的两难境地。如果美国进一步强化制裁使伊朗国内经济形势失控和激进主义再次占上风，不能排除伊朗恢复伊核协议禁止的铀浓缩活动，甚至退出该协议的可能。

结　语

2018 年以来，伊朗局势快速变化，并经历了美国重启制裁、对伊朗石油禁运、军事施压以及伊朗击落美国无人机等重要时间节点。鉴于美国超强的经济、金融、军事和科技实力，无论伊朗还是他国针对美国跨境制裁的反制措施都不是很成功。但从长期效果看，美国以制裁难以达到压服伊朗和更迭其政权的目标。特朗普政府在对伊政策中增加军事施压的选项从另一个侧面也说明，美国不断施加新制裁虽然能够严重打击伊朗经济，但不足以实现全面遏制伊朗的中东政策目标。

美伊冲突滑向战争的风险不断增大。为谋求连任，特朗普希望在伊朗问题上取得突破，但在提出与伊朗"无条件谈判"和盟国日本首相安倍晋三试图打开美伊之间谈判渠道的外交行动皆以失败告终后，只能选择继续对伊朗增加制裁，并在可控的范围内对伊朗保持最大限度的压力。哈梅内伊拒绝与特朗普政府谈判，对于缓解海湾地区的紧张局势以维护该地区和平与稳定并非完全负面。因为美伊直接谈判不符合域内一些行为体的愿意，它们更期待从美伊关系紧张冲突中获益。伊朗总统鲁哈尼比领袖哈梅内伊展现出更多的谈判意愿，而且绝大多数伊朗人希望与美国和平相处。但在伊朗的导弹击落了一架美国 MQ－4C 无人机后，美伊冲突反转的外交空间进一步缩窄。特朗普已为对伊动武设定了"红线"，一旦有美国公民死于伊朗人之手，将对伊发动军事打击。这意味着，即便战争不符合美国的国家利益，但也可能会一触即发。

围绕伊核协议的博弈攸关国际社会的共同利益。伊朗拥有 8000 万人口，国民受教育水平较高，能矿资源丰富，工农业生产能力可以满足人民基本生活需求，与周边国家经贸往来仍有很大的拓展空间。伊朗经济和民众的抗压能力应该能够承受住美国制裁的压力，但长期制裁势必会严重削弱伊朗的综合国力。伊朗宣布中止履行伊核协议部分条款和减少履行伊核全面协议义务，并非意欲退出该协议，而是在逼迫协议其他签约国采取履行自身承诺的行动、与伊朗经济正常化的义务和保障伊朗的权益。尽管伊朗对 INSTEX 机制投入运营不抱希望，认为"欧洲人的战略是跟随美国，并与其进行经济合作"，① 但伊朗仍会积极拉住欧洲和避免在国际上陷入政治经济孤立，当然更希望伊核协议重新正常化。特朗普政府在对伊政策上的单边主义行为，加大了大西洋两岸的裂痕，使海湾地区的紧张局势面临不可承受之重。中国、俄罗斯和欧盟都在发出反对美国单边主义和维护多边主义的强音，并采取积极措施维护伊核协议和回应伊朗的合理要求。正如中国外交部部长王毅所说，确保伊核协议完整、有效地执行，既是联合国安理会的要求，也是解决伊朗核问题唯一现实有效的途径。伊朗局势走向最终将是美伊国内政治经济生态、域内外大国地缘和能源政治博弈大局等多方因素共同作用的结果。

---

① 《对 INSTEX 抱有希望是错误的》，2019 年 5 月 26 日，https：//www. mehrnews. com/news/4625377。

Y.13
当前印度与海湾国家关系及前景[*]

魏 亮[**]

摘 要： 海湾地区是印度的"近邻"，双方文明交流历史久远，连绵不断。近年来，印度经济保持高速发展，全面的"大国外交"日渐成型，海湾地区自然成为其中的重要组成部分。当前，印度与海湾国家关系仍以双边关系为主轴，涉及经贸、能源、劳工、安全四大领域。同时，印度政府希望继续发挥自身优势，进一步拓宽和增进与海湾国家的关系。

关键词： 印度 大周边外交 海湾国家

印度与海湾地区的经贸关系由来已久，两者不仅进行直接经贸往来，还是东亚、东南亚与地中海甚至欧洲转口贸易的中间商，印度海员与阿拉伯的商人一起扬帆印度洋。独立后，在美苏争霸的大背景下，受制于政治因素（印巴冲突和克什米尔问题）、宗教因素（印度教与伊斯兰教的教派冲突）和经济因素（能源供给与海外劳工），印度努力保持与海湾国家的友好关系。20世纪90年代以来，与高调的"东向政策"不同，印度与海湾国家的关系表现得既低调又务实。随着近年来印度经济实力和国际影响力的提高，与海湾地区国家的关系也服务于印度"大国外交"的需要，变得高调和更加积极。

---

* 本文为中国社会科学院登峰战略项目"大国与中东关系研究"的阶段性成果。
** 魏亮，博士，中国社会科学院西亚非洲研究所助理研究员。

一　当前印度的地区大国地位与大国传统

印度是世界上最大的发展中国家之一，与中国一起被称为亚洲经济乃至世界经济的新"发动机"。印度拥有天然的资源禀赋和地理优势，自20世纪末至今，它在经济发展、军事力量、科技发展以及在国际舞台上的地位等方面取得不小的成就。2005年，美国国家情报委员会在《勾画全球未来》的报告中将中国和印度确认为正在崛起的国家，"与19世纪的德国和20世纪的美国一样，中国和印度将崛起为世界格局中的主要力量，改变全球地缘政治的版图"①。同时，印度是世界文明的发源地和"四大文明古国"，拥有悠久的历史和灿烂的文化，在南亚次大陆上诞生印度教和佛教这两大世界主要宗教。近代以来，"大国理念"深深植根于印度的战略思维和精英阶层中，是始终贯穿于国家战略的指导原则和行动指南，谋求大国地位也是自尼赫鲁时代以来历届政府不变的奋斗目标。今天的印度尚不是世界大国，但它却是印度洋的地区大国和全球范围内受到关注的崛起中的大国。

汉斯·摩根索指出："一国对他国的权力具有重要影响的相对稳定的因素是自然资源"②。印度的战略家们认为："印度作为一个大国出现，它将不像英国、法国、德国和日本，而是类似美国、苏联和中国那样的发展。前者国力的增长伴随着领土的扩张和对殖民地的征服；后者力量的增长却主要依靠其自身的资源、人口和广袤的土地。"③

印度位于南亚次大陆，是次大陆上最大的国家。东北部同中国、尼泊尔、不丹接壤，孟加拉国夹在东北国土之间，东部与缅甸为邻，东南部与斯里兰卡隔海相望，西北部与巴基斯坦交界，东临孟加拉湾，西濒阿拉伯海。

① "Maping the Global Future: Report of the National Intelligence Council's 2020 Project", The National Intelligence Council, December 2004, p. 47, http://bookstore.gpo.gov.
② 〔美国〕汉斯·摩根索：《国家间政治：权力斗争与和平》，徐昕等译，北京大学出版社，2006，第150页。
③ 孙世海主编《印度的发展及其对外战略》，中国社会科学出版社，2000，第17页。

印度是世界第七大国家，国土面积297.3万平方公里（不包括中印边境印占区和克什米尔印度实际控制区等），海域面积31.4万平方公里，陆地边境线长1.3万公里，海岸线长7000公里①。

印度北靠喜马拉雅山脉，南部国土突入印度洋，整个半岛犹如虎牙般嵌入印度洋1600多公里，印度就好比印度洋中一艘巨大无比又永不沉没的"航空母舰"。印度的地缘政治位置非常优越，首先，它处于东南亚、西亚和中亚的交汇地带；其次，它自身恰好处于印度洋的中心位置。从地缘政治的角度来看，印度是西亚的"近邻"，也是东亚向西的必经之路，因此它是亚欧大陆东方与西方海路交往的中间站。印度洋②总面积0.69亿平方公里，包括莫桑比克湾、红海、阿曼海、海湾、孟加拉湾、帝汶海等。在印度洋地区的52个国家③中，印度是仅次于澳大利亚的第二大国家。

近代以来，科技进步在经济发展和国家强盛中的作用越来越重，但人口规模依旧是决定性指标，庞大的人口规模不仅可以为建立门类齐全的工业体系提供劳动力，而且可以形成庞大的消费市场，促进形成内需型经济。印度是印度洋地区的第一大人口国家，也是全球人口第二大国家。2000年印度人口超过10亿人，是继中国之后全球第二个人口超过10亿的国家。截至2018年7月，印度人口为12.9亿人，仅次于中国，年龄中位数为28.1岁，0~24岁人口占44.77%，25~54岁人口占41.24%④。印度的人口结构依然处于年轻化阶段，在将来较长时间内可以享受到人口红利，在规模上为印度的地区乃至世界大国地位起到积极支撑作用。

---

① The World Factbook：India, The Central Intelligence Agency, https：//www.cia.gov/library/publications/resources/the-world-factbook/geos/in.html.

② 印度洋从地理上界定为：沿非洲东海岸向南延伸至非洲大陆最南端的厄加勒斯角（Cape Agulhas），北部边界为亚洲大陆南部海岸线，自西向东经苏伊士地峡至马来半岛，以新加坡、印尼群岛、澳大利亚、塔斯马尼亚以及东经147度穿越的东南角（The South East Cape）南段为东部边界，南部边界为《南极条约》划定的南纬60度线。

③ 这50个国家包括亚洲国家25个、非洲国家24个、大洋洲国家1个。另外还有2个特例是拥有多个岛屿主权的英国和法国。

④ The World Factbook：India, The Central Intelligence Agency, https：//www.cia.gov/library/publications/resources/the-world-factbook/geos/in.html.

印度政府尤为注重高等教育的发展，为其在 20 世纪 90 年代搭上信息技术高速发展的"快车"打下良好基础，奠定印度在软件开发领域的全球优势地位。除了 IT 产业外，它还积极扩充国内理工科大学的招生规模，大力培育科技人才。印度的人才不仅集中在信息技术和软件工程领域，还包括生物化学、医学、物理学与金融、管理、商贸等诸多领域，如克勒格布尔、孟买、钦内等地的 6 所技术学院和艾哈迈达巴德、班加罗尔、加尔各答等地的 6 所管理学院在全球享有盛誉。印度人才是西方和海湾地区国家引进或聘用的重点对象，不仅因为他们受过良好的技术教育，而且工资低于发达国家员工，且可以跨时区工作，实现 24 小时无缝连接。

表 1　2019 年印度洋地区主要国家面积与人口

单位：平方公里，万人

排名	国家	面积	排名	国家	人口
1	澳大利亚	769.2	1	印度	132400
2	印度	297	2	印度尼西亚	26200
3	沙特	225	3	巴基斯坦	20800
4	苏丹	188	4	孟加拉国	16000
5	伊朗	164.5	5	埃塞俄比亚	10500

资料来源：根据中国外交部网站公布资料整理，参见"国家和组织"栏目，https://www.fmprc.gov.cn/web/gjhdq_676201/。

印度虽然国土面积列于全球第 7 位，但可耕地面积比例很高，居全球第 2 位，仅次于美国。除了石油和天然气资源外，印度的战略资源储量均列世界前列，已开采矿种达 84 种，例如煤炭储量约 800 亿吨，仅次于中国和美国；铁矿石储量仅次于巴西和澳大利亚；云母储量 6 亿吨，产量为世界第一等。印度各种矿产资源丰富，水资源和森林资源也非常充沛，另外它还拥有 200 多万平方公里专属经济区，有丰富的渔业、矿产和能源资源。

在英国殖民时期，印度是英国的商品销售市场和原料供应地，经济和社会结构受损严重，大量资源和财富被掠夺出境，国家和民众极度贫困。建国后，印度政府重视发展经济，自尼赫鲁时代开始到 20 世纪 90 年代初以混合型经济体制为主导，基本实现工业化和粮食自给自足；自1991年拉奥政府开始，印度实施"自由化、市场化、私有化"的新经济政策，成绩显著。

今天的印度已经是金砖五国和十大新兴市场中的代表之一，2017～2018财年的国内生产总值约合2.58万亿美元，经济增长率6.6%，人均GDP约1733美元，外汇储备3934亿美元（2019年1月数据）①。2017年货物贸易总额4472亿美元，居全球第11位，服务贸易进出口总额3379亿美元，居全球第9位。在2010年国际货币基金组织的改革方案中，印度的投票权增加到2.627%，居第8位，超过俄罗斯、沙特和加拿大。1991～2017年，印度年经济增长率为6%～10%，其中2003年后大部分年份都超过8%，印度被视为继中国之后又一个"经济奇迹"。印度在印度洋地区和全球都已成长为不可忽视的经济大国，对世界经济影响巨大。特别是2008年国际金融危机后，以美国为首的西方国家陷入低迷和低增长阶段，印度和中国共同成为拉动世界经济增长的"发动机"。

表2　2017年金砖国家和海湾地区主要国家GDP和PPP

单位：亿美元

金砖国家	GDP	PPP	海湾国家	GDP	PPP
中　国	122377	233502	沙　特	6867	17751
印　度	25974	95968	伊　朗	4540	16950
俄罗斯	15784	37831	伊拉克	1920	6481
南　非	3488	7671	阿联酋	3825	6959
巴　西	20555	32551	埃　及	2353	11324

资料来源：World Bank Database。

多年来印度积极发展军事力量。庞大的人口和门类齐全的工业体系为印度成为军事大国提供了物质基础。印度相信国家的真正实力和自信在于军事

---

① 《印度国家概况》，中华人民共和国外交部网站，https：//www.fmprc.gov.cn/web/gjhdq_ 676201/gj_ 676203/yz_ 676205/1206_ 677220/1206x0_ 677222/。

上的优势和技术上的先进。近年来随着经济的崛起，印度的战略目标从谋求经济利益向获取战略空间扩展。2001 年印度国防部宣称印度的安全超越陆地地理边界的限定，由于印度的规模、位置、贸易和广阔的专属经济区，从波斯湾以西到马六甲以东再到赤道以南，都是印度安全环境之所在。2010 年，印度宣布拥有 132.5 万名现役军人和 210 万名后备人员，其中现役陆军 113 万人、海军 5.8 万人、空军 12.7 人、海岸警卫队 1 万人①。印度不仅建立起常规武器的军工产业，还自行研发阿琼坦克、德星级导弹驱逐舰、各种型号的短程和中程弹道导弹，并在 1998 年成为"有核国家"。为实现"军事强国"的梦想，购买武器以实现军事现代化也是印度建国以来的基本手段，并且武器进口常年居世界前列，购买的尖端武器如米格－29、苏－30、费尔康预警机、基洛级潜艇、EL/M－2080 预警雷达等。在 2013 年世界军事实力排名中，印度军事实力仅次于美国、俄罗斯、中国，是世界第四军事大国②。

表 3　世界主要军事大国军费开支

单位：百万美元

国家	2008 年	2012 年	2015 年	2018 年
美　国	707151	731086	616483	633565
中　国	108187	161441	204202	239223
俄罗斯	48033	63584	77023	64193
英　国	54983	51237	46834	46883
法　国	54907	53814	56672	59542
日　本	43525	44552	45627	45362
印　度	43786	52075	54729	66578

资料来源："Military Expenditure by Country, in Constant (2017) US $ m., 1988－2018", https://www.sipri.org/sites/default/files/Data%20for%20all%20countries%20from%201988%E2%80%932018%20in%20constant%20 (2017)%20USD%20(pdf).pdf。

① 任佳、李丽编著《列国志：印度》，社会科学文献出版社，2016，第 210~211 页。

② Counties Ranked by Military Strength (2013), http://www.globalfirepower.com/countries-listing.asp.

表4　世界前六位武器进口国

单位：百万美元

国家	2010 年	2011 年	2012 年	2013 年	2014 年	2015 年	2016 年	2017 年	2018 年	总额
印　　度	2909	3596	4395	5376	3334	3065	3021	2917	1539	30152
沙　　特	1083	1222	1033	1615	2741	3334	2923	4060	3810	21822
中　　国	1034	1022	1675	1372	1137	1169	1041	1190	1566	11287
澳大利亚	1511	1559	868	236	919	1464	1025	1813	1572	10966
阿联酋	607	1200	1119	2275	791	1266	1193	1074	1101	10626
巴基斯坦	2199	1108	993	1075	770	849	864	752	777	9387

资料来源：斯德哥尔摩国际和平研究所，军火转让数据库，http：//armstrade. sipri. org/armstrade/html/export_ toplist. php。

　　作为世界文明古国，印度的大国骄傲与大国理念深入血脉。"印度文明在众多领域的辉煌成就，以及它独特的价值观念和思想体系，使它在整个世界文明中占有极其重要的地位。同时，印度文明又具有强大的辐射力，数千年来对亚洲乃至世界产生十分深刻的影响，为人类社会的不断进步做出卓越的贡献。"[1] 印度人对国家未来充满自信和优越感。"只要文明在那里存在，这个国家就从未停滞过，并且是一直在稳步地发展着。印度有 4000 多年的文明，这部文明史中的每个时期都为今天留下了一份遗产。"[2]

　　印度第一代领导人的尼赫鲁给国家制定了远大的发展目标：发展经济、增强国力、称霸印度洋和南亚，进而成为世界大国。他在著作《印度的发现》中明确指出："印度以它现在的地位，是不能在世界上扮演二等角色的。要么做一个有声有色的大国，要么销声匿迹，中间地位不能引动我，我也不相信中间地位是可能的。"[3] 在他看来，"印度认为自己的国际地位不能和巴基斯坦等南亚国家等量齐观，而应该与美国、苏联和中国相提并论"[4]。

---

[1]　刘建、葛维钧等：《印度文明》，福建教育出版社，2008，第 1 页。

[2]　〔澳大利亚〕A. L. 巴沙姆：《印度文化史》，商务印书馆，1999，第 6 页。

[3]　〔印度〕贾瓦哈拉尔·尼赫鲁：《印度的发现》，齐文译，世界知识出版社，1958，第 57 页。

[4]　V. M. Hewitt, *The International Politics of South Asia*, Manchester University Press, 1992, p. 195.

进入 21 世纪后，"印度正在崛起为一个世界大国，继承英国统治时的政策衣钵，越来越积极的卷入东南亚事务，从而控制从新加坡到亚丁湾这一地区"①。2014 年莫迪出任总理后延续历代总理的志愿，提出"遍布世界各地的海外移民拥有实力和金融方面的巨大资源，能够帮助印度将'世界大师'的潜力变为现实"②。莫迪政府要为印度开拓全新的"大国梦"，因而提出"21 世纪可能属于印度""印度制造""数字印度"等发展目标，不断展示印度迈向世界大国的信念。

二　当前印度的外交政策及海湾地区在其中的地位

冷战后，印度迅速调整对外战略，积极改善与美国等西方大国的关系，恢复与俄罗斯的传统友谊，调整与中国关系，主动发展与东南亚国家关系。总体来看，"印度对外战略的演变'以我为中心'，实行'全方位平衡'战略，以维护与大国关系为重点"③，同时聚焦印度洋和亚洲，具有明确的地缘视野与经济诉求。印度战略家和官员普遍认为，印度必须首先成为亚洲的主要力量，争取获得与日本、中国相同的地位，才能成为国际社会认可的主要大国。因此，印度的外交和经济政策必须突破狭小和整体落后、困顿的南亚次大陆，融入亚太地区和世界体系。这是印度的未来所在，也是印度对外战略的主要方向。

2014 年 5 月 26 日，以倡导改革和经济增长为竞选纲领的伦德拉·莫迪代表人民党在第 16 届大选中胜出并宣誓就任总理，开始对印度外交的新一轮调整与重塑。2015 年 2 月，莫迪声称要带领印度发展为"全球领导大

---

① 〔美国〕亨利·基辛格：《美国的全球战略》，胡利平等译，海南出版社，2009，第 95 页。
② C. Raja. Mohan, *Modi's World*: *Expanding India's Sphere of Influence*, Harperhollins Publishers, 2015, p. 198.
③ 〔印度〕桑贾亚·巴鲁：《印度崛起的战略影响》，黄少卿译，中信出版社，2008，第 220 页。

国"，而不只是一支制衡力量①。7 月，时任外交秘书贾什卡在新加坡进一步阐述：印度欢迎多极世界的到来……印度的变化赋予其更大的自信，其外交致力于追求领导地位。总之，印度希望承担更大的全球性责任②。因此，莫迪政府就任以来，在坚持多边主义和利益最大化的原则下，实施既谋求加强与大国关系又确保自身战略自主的平衡外交，积极推动在印度洋和太平洋两大区域的合作与对话，尤其突出经济主题，加强与相关国家的经贸关系。

莫迪政府外交政策的内容主要体现在三个方面。第一，坚定地塑造印度在南亚的主导地位。莫迪始终坚持"邻国优先"原则，优先提高对南亚周边国家的影响力，不惜以强势外交宣誓自身在南亚次大陆上的主导地位。莫迪一改上任之初对巴基斯坦的"怀柔"政策，越境实施"外科手术式打击"，导致两国军事冲突升级；又在 2016 年的金砖峰会谴责巴基斯坦是全球恐怖主义的"母体"；印度还联合孟加拉国、阿富汗、不丹等国抵制在伊斯兰堡举行的南盟峰会。同时，印度缓和与改善与斯里兰卡、孟加拉国等关系。2015 年 6 月，印孟两国互换领土陆地边界协议批准书，彻底解决持续数十年的陆地边界争端，还在提供贷款、加强反恐和经济合作方面取得显著成绩。莫迪还是 28 年来首访斯里兰卡的印度总理，2015 年 3 月访问斯里兰卡期间，莫迪提出："我梦想中印度的未来也是我所期待的邻国的未来……世界将印度看作经济发展的最前沿，邻国应当成为首要的受益者。"③

第二，引入"印太"概念，扩大印度在印度洋和太平洋范围内的影响力，以全方位外交打造大国形象，推进经贸合作。"印太"作为地缘概念最早是由德国地缘政治学者卡尔·豪斯霍弗尔提出的，后因希拉里在发表于《外交政策》杂志的《美国的太平洋世纪》一文中使用该词，使其在政界、

---

① Ashley J. Tellis, "India as a Leading Power", April 4, 2016, http：//carnegieendowment. org/ 2006/04/04/india-as-leading-power-pub-63185.

② S. Jaishankar, "India, the United States and China", Fullerton Hotel, Singapore, July 2015, 转引自孙现朴《印度莫迪政府的大国战略评析》,《当代世界与社会主义》2018 年第 4 期, 第 159 页。

③ "Narendra Modi：India and Sri Lanka Must Be Good Neighbours", BBC News, March 13, 2015, http：//www. bbc. com/news/world-asia-india-31865470.

学界逐渐流行。2007 年印度学者格普利特·S. 库拉纳在《海上通道安全：印度—日本合作的前景》的论文中最先使用该词，此后印度国内政要和学者们在大量采访或学术论著中谈论这一概念，莫迪上任后也在诸多场合与文件中提及"印太"概念。

印度对"印太"概念的接受源于它的印度洋战略和 20 世纪 90 年代以来面向东南亚和东亚的经济发展转向。尽管多年来对印度洋的定义未能形成共识，但历届政府都将其视为"门前花园"。"莫迪政府有所不同，它将印度洋国家视为印度直接和延伸的邻国，是印度外交的重要对象。"① 印度外交部甚至还于 2016 年 1 月专门设立印度洋地区司，以显示对该地区的重视。"莫迪的行为向印度洋国家和新德里的行政机构传递出这样一个信息：与印度洋国家接触是印度外交政策的重要方向。"② 对太平洋的关注和重视是政策发展的产物，在莫迪政府提出"东向行动"政策之前，它经历了两个发展阶段，是 1991 年拉奥政府提出的"东向政策"逻辑发展的必然结果。20 世纪 90 年代，印度主要面向东南亚与东盟，想要分享东南亚经济繁荣的红利、缓解国内经济危机，最终于 2002 年确立印度和东盟的年度峰会机制，标志着双方政治关系的机制化。自 2002 年至莫迪上任前，"东向政策"进入第二阶段，"其'东向'的区域扩大到亚太，南至澳大利亚，北至日本和韩国，合作领域也从以经济为主扩展到航线保护以及反恐合作等"。③ 莫迪政府上任后的第一年内，总统、副总统、总理等高层领导遍访东盟十国中的九个国家，签署大批合作协议；同时强化与美日关系，参加美印日三边防务对话和演习，在公海航行自由问题上与美国立场一致。

---

① "India's New Maritime Strategys", *The International Institute for Strategic Studies*, Vol. 21, No. 37, December 2015, p. 9.

② C. Raja Mohan, "Modi and the Indian Ocean: Restoring India's Sphere of Influence", Insights of Institute of South Asian Studies of National University of Singapore, No. 277, March 20, 2015, p. 3.

③ C. Raja Mohan, "Loook East Policy: Phase Two", The Hindu, October 9, 2003, quote from Sunil Kumar, "India's Look East Policy: In Its Second Phase", *An International Multidisciplinary Research Journal*, Vol. 3, No. 9, 2013, p. 2.

第三，发挥印度"软实力"的优势，积极开展公共外交，改善国际形象，塑造更友善的国际环境。印度公共外交的目的是"在关键问题上引导和影响全球及国内民众的观点，塑造一个与其不断上升的国际地位相匹配的良好形象"[①]。在"软实力"上，印度的确有自己的优势，例如"不结盟"外交思想、西方世界认可的"民主"制度、印度的历史文化遗产等，也使印度更有自信。在处理大国关系上，印度紧紧抓住民主国家的特点，1959年时艾森豪威尔就这样描述印美关系，"地球上最大民主国家印度和第二大的民主国家美国之间横亘着10000多英里的海洋和陆地，然而在民主的根本理念与信仰上我们是紧密的邻居。我们应该成为更紧密的邻居"[②]。在冷战后印美关系的改善和"拥核"过程中两国关系的"止损"上，民主制度都起到"压舱石"的作用。莫迪上任后在联合国大会宣布将每年的6月21日设立为"国际瑜伽日"得到广泛认可，并在全球加以推广；他还加大对非洲和阿富汗的援助，2014～2015年度对两者的援助为35亿卢比和67.6亿卢比，比上年度分别增加40%和28.7%。

可以看出，周边外交或者说"圈层外交"始终是印度外交的主要组成部分，或者说是与大国外交并列的"双柱"之一。印度著名学者和战略家莫汉在2006年撰文指出："印度大战略将世界划分为三个同心圆。第一个同心圆包括'小周边'，印度追寻在该区域的主导地位并防止外部大国的干预；第二个同心圆包括所谓的'大周边'，横跨亚洲和印度洋沿岸，印度力图平衡其他大国的影响，防止其损害本国的利益；第三个同心圆包括整个国际舞台，印度试图获得大国地位，并在国际和平与安全中扮演关键角色。"[③]莫汉的思想是21世纪以来印度周边外交的指导思想和灵魂，莫迪上任后迅速认可、延续和充实莫汉的外交思想。外交部2014～2015年度的报告中称，

---

① "India Launches Public Diplomacy Office", *The Times of India*, May 5, 2006.

② Verinder Grover, ed., *International Relations and Foreign Policy of India*, New Delhi: Deep & Deep Publications, 1992, 第六卷卷首语，转引自吴永年等《21世纪印度外交新论》，上海译文出版社，2004，第158页。

③ C. Raja Mohan, "India and the balance of power", *Foreign Affairs*, Vol. 85, No. 4, 2006, pp. 17 - 34.

印度周边地区主要由两部分构成：直接邻国/地域（Immediate Neighborhood）和扩展邻国/地域（Extended Neighborhood）。"直接邻国"是指与印度领土、领海直接相邻的国家，包括阿富汗、巴基斯坦、中国、尼泊尔、斯里兰卡、不丹、孟加拉国、缅甸与马尔代夫。"扩展邻国"是指不与印度直接相邻但与印度陆上和海上战略利益密切相关的国家和地区，包括东亚、中亚、东南亚、海湾、西亚等地区①。在印度看来，海湾地区是印度洋的组成部分，属于"大周边外交"的范畴，是外交活动不可忽视的重要地区。

海湾，也叫"波斯湾"，是印度洋的边缘海之一。它地处阿拉伯半岛和伊朗高原及两河流域之间，是印度洋西北部半封闭的港湾。海湾呈现西北—东南走向，西北起自阿拉伯河河口，东南到霍尔木兹海峡，东出霍尔木兹海峡后，依次进入阿曼湾和阿拉伯海。海湾全长970千米，宽56~338千米。面积24.1万平方千米。平均深度40米，最大深度104米。由于常年受底格里斯和幼发拉底河及发源于扎格罗斯山区的河流注入，海湾的盐度较低，河流携带的泥沙不断填积使海湾北岸缓慢向南推进。

从地理上来看，海湾地区毫无疑问是印度的"近邻"。从古代以来，印度和海湾地区就有着密切的经贸和文化交往。今天的印度人是古代雅利安人南迁与当地人融合而成的。南迁的雅利安人分为三支：一支迁往小亚细亚；一支迁往印度；另一支迁往伊朗，与当地土著人融合形成波斯人。"雅利安人在公元前二千纪期间来到印度，奠定了吠陀文明的基础……印度人与希腊人之间的接触在波斯居支配地位时期是很密切的，在亚历山大的军事行动之后更为密切……印度和罗马保持着友好关系——外交方面是断断续续的，但商业方面是常来常往的。"② 印度与海湾地区的商路既有海路，也有陆路。海路是从印度河河口出发沿海岸线航向，穿过海湾再进入幼发拉底河。随着航海技术的提高，印度人与后来的阿拉伯人甚至可以驾船直接穿越今天的阿

---

① Government of India, Ministry of External Affairs, *Annual Report 2014 – 15*, https://www.mea.gov.in/annual-reports.htm? 57/Annual_ Reports.

② 〔印度〕D. P. 辛加尔：《印度与世界文明》（上），庄万友等译，商务印书馆，2015，第4页。

拉伯海。陆路则是通过印度西北部苏莱曼山脉上的开伯尔山口和古马儿山口、基尔塔山的波兰山口等，向西通过今天的巴基斯坦和阿富汗，与古代"丝绸之路"连接，再将货物运往西亚与欧洲。

在政治交往中，印度与西亚国家的联系也比较频繁。有典可查的政治联系是从波斯帝国开始，据说信德省曾是帝国的第20个也是最富裕的总督辖区。波斯帝国军队中印度士兵也单独组成分遣队，他们不仅参加薛西斯大帝远征希腊的军事行动，还在帝国末期参加了抵御亚历山大大帝东征的高加美拉战役。此后，印度的孔雀帝国与塞琉古帝国互为邻居，一直保持外交往来。

近代以来，海湾地区在英国殖民体系下与印度始终保持紧密关系。"19世纪初的海湾被英国视为其主要东方殖民地——印度'防卫'体系的重要一环。"[①] 1763年，以印度为总部的东印度公司将海湾地区办事处分别设在伊拉克的巴士拉和伊朗的布什尔，印度士兵与仆从则成为英国殖民力量驻扎海湾地区的军事主力和劳动力。独立后，海湾地区是印度外交事务中的独立单元，由海湾司负责，其范围包括海合会六国、伊拉克和也门。伊朗虽处于海湾地区内，但与阿富汗、巴基斯坦一起归PAI司（三国英文首字母缩写）负责，这主要是由于在印度看来，自波斯帝国开始这三个国家的政治、经济和文化联系更为紧密，是一个相对独立的区域。由于印巴冲突、克什米尔问题、国内两教冲突和矛盾都涉及伊斯兰认同，印度不得不谨慎和低调地维护与包括海湾国家在内的广大西亚北非国家的关系，坚决支持巴勒斯坦事业，减少和弱化舆论压力，避免被国际孤立。1973年中东战争、石油禁运和20世纪70年代印度劳工大量涌入海湾又成为印度小心处理与地区国家经济关系的动因。

2014年后，针对"小周边"的南亚邻国，莫迪政府提出"邻国优先"政策（Neighbors First）。针对南亚区域外的"扩展邻国"也就是"大周边"，莫迪政府将其划分为东、西、南、北四大板块，依据情况提出各自的外交策略，即"东向行动"（Act East）、"西联"（Link West）、"南控"

---

① 钟志成：《中东国家通史：海湾五国卷》，商务印书馆，2007，第114页。

（Control South）与"北连"（Connect North）政策。海湾与西亚和北非一起统属于"西联"政策的范围。2014 年 9 月，莫迪在启动"印度制造"活动的仪式上首次明确提出："在一段时间内，我们始终在讨论'东望'政策，我们也应当讨论'西联'政策。"① 莫迪的表态是印度对海湾、西亚和北非地区政策的定位和宣誓。实际上自 2014 年 5 月新政府成立后，印度政要，尤其是莫迪本人频繁出访地区国家，尤其集中在海湾地区，在行动上践行"西联"政策的理念。

从政治角度上讲，当前印度在中东关注的三个大国——沙特、伊朗和以色列，有两个地处海湾。近年来，"西方与穆斯林的宗教对抗和阿以之间的民族对抗不再是中东的政治主题，而沙特和伊朗之间的地区主导权之争开始压倒该地区的传统分歧。"② 伊拉克战争、伊朗核危机、"伊斯兰国"崛起这些中东热点议题都与海湾密切相关。在当前中东地缘格局重组的过程中，莫迪政府不能忽视海湾的安全稳定与权力再平衡，因此必须采取主动，平衡各方矛盾，避免受波及和遭受损失。从经济角度上看，海湾国家多年来一直是印度主要的能源供给地、商品出口地、劳务输出地、技术服务输出地。20世纪 90 年代后印度大张旗鼓与东南亚和东亚国家发展经贸关系，但与海湾国家的经贸往来未曾削弱过。主要受制于海湾没有统一的地区性政治/经济一体化组织，且地区斗争与矛盾复杂和激烈，因此，印度与海湾国家的经贸、投资、商务等合作都是在双边层次上悄然进行的。21 世纪以来，安全问题，尤其是极端主义和恐怖主义思想与活动也成为印度关注海湾的主要原因。海湾地区有着伊斯兰教"两圣地"护主沙特，也有着世界第一大什叶派国家伊朗，还出现过"基地组织"与"伊斯兰国"这样的全球性极端和恐怖组织。因此，加强与海湾国家的安全合作是印度国家利益和外交的重要内容，也可以说是当前印度安全外交的核心关切之一。

---

① Narendra Modi, "India Needs Policy to Look East, Llink West", September 25, 2014, http：//www. deccanherald. com/content/432698/india-needs-policy-look-east. html.

② C. Raja Mohan, "Raja-Mandala：Returning India to the Gulf", April 5, 2016, http：//carnegieindia. org/2016/04/05/raja-mandala-returning-india-to-gulf/iwmx.

三　当前印度在海湾的利益

第一，印度与海湾国家的经贸关系历史悠久、前景广阔。古代印度与西亚王国和帝国的经济交往涉及木材、象牙、棉织品、金银贵金属、珠宝，还有各种鸟类和珍奇动物。同时印度还在中国、东南亚与西亚乃至欧洲之间进行转口贸易，例如茶叶、丝织品、香料、珍珠、麻黄制品等。这些商贸活动都要借米索不达米亚平原和印度发往地中海与欧洲或者东南亚、东亚诸国。

当前印度与海湾地区国家在经济上的互补性较强，为拓展双边经济合作提供了良好的基础和条件。除能源贸易外，印度与海湾国家的经贸合作呈现多元化特点，在交通基础建设、投资、环保、医疗、金融等领域都建立紧密的合作关系。"2015年4月，莫迪政府提出印度第一个五年外贸政策，计划在2020年时将印度在全球外贸中的比例从2.1%提高到3.5%，总额翻倍达到9000亿美元。"[①] 发展与海湾国家的经贸关系成为莫迪的主攻方向。"海合会国家已经成为印度最大的贸易伙伴，2014~2015财年双边贸易已经达到1600亿美元。"[②] 2016~2017财年，印度与海合会6国的出口额为417.68亿美元，占出口总额的16.4%；进口额为551.71亿美元，占进口总额的20%。[③] 印度主要出口黄金、珠宝、珍珠、石化产品、纺织品与大米等；主要进口原油、天然气、石化产品、药品原材料、黄金珠宝、铝、铜等。在印度的外贸中，阿联酋是印度第二大出口对象国，阿联酋和沙特分别是印度的第三和第四大进口来源国，仅次于中国和美国。另外，阿联酋对印度的直接

---

① "Narendra Modi Govt Unveils its First Trade Policy, Targets Doubling of Exports at ＄900 Bn", Financial Express, April 1, 2015, https：//www. financialexpress. com/economy/narendra-modi-govt-unveils-its-first-trade-policy-targets-900-bn-in-exports/59535/.

② Government of India, Ministry of External Affairs, Annual Report 2015 – 16, p. 58, http：// www. mea. gov. in/Uploads/PublicationDocs/26525_ 26525_ External_ Affairs_ English_ AR_ 2015 – 16_ Final_ compressed. pdf .

③ Government of India, Ministry of Commerce & Industry, Annual Report 2017 – 18： India's Trade： Back on Tack, pp. 49 – 57, https：//commerce. gov. in/writereaddata/uploadedfile/MOC _ 636626711232248483_ Annual%20Report%20 202017 – 18%20English. pdf.

投资稳居阿拉伯世界首位，列于印度海外直接投资的第 11 位①。在投资方面，近年来合作的典范是伊朗的恰巴哈尔港项目。"2016 年 5 月 24 日，总理莫迪和伊朗总统鲁哈尼签署历史性的协议，共同开发具有战略价值的恰巴哈尔港。"② 印度将投资 5 亿美元用于港区建设，并租赁港口 10 年。2017 年 12 月，恰巴哈尔港一期工程完工。2019 年 2 月，阿富汗的第一批 200 吨绿豆和 370 吨滑石运抵恰巴哈尔港③。恰巴哈尔港不仅有港区和自贸区的投资和建设，它本身还是打通俄罗斯、中亚、伊朗的"北南通道"的南部出海口，因此该港成为印伊投资合作的典范项目。

表5 海湾地区国家与印度的进出口额

单位：亿美元

国家	出口			国家	进口		
	2015~2016 年	2016~2017 年	2017~2018 年		2015~2016 年	2016~2017 年	2017~2018 年
阿联酋	320.9	311.75	171.65	阿联酋	194.45	215.09	129.27
沙 特	63.94	51.1	29.26	沙 特	203.21	199.72	119.75
阿 曼	21.9	27.28	14.97	阿 曼	16.74	12.90	22.38
科威特	12.47	14.97	7.61	科威特	49.69	44.62	35.72
卡塔尔	9.02	7.84	6.99	卡塔尔	90.22	76.46	44.93
巴 林	6.54	4.71	3.12	巴 林	3.56	2.9	2.08
伊 朗	27.81	23.79	16.52	伊 朗	62.78	105.06	56.37
伊拉克	10.04	11.11	8.01	伊拉克	108.37	117.07	87.44

注：2017~2018 年数据为半年统计数据，即 2017 年 4 月至 2017 年 10 月。

资料来源：Government of India, Ministry of Commerce & Industry Department of Commerce, *Annual Report 2017 – 18: India's Trade: Back on Tack*, https：//commerce. gov. in/writereaddata/uploadedfile/MOC_ 636626711232248483_ Annual%20Report%20%202017 – 18%20English. pdf。

① "UAE Has 80% of GCC Investment in India", Emirates 24｜7, February 10, 2016, https：//www. emirates247. com/business/uae-has-80-of-gcc-investment-in-india-2016 – 02 – 10 – 1. 620519; Binsal Abdul Kader, "UAE Investments in India Rise as Trade Relations Strengthen", Gulf News, October 8, 2016, https：//gulfnews. com/business/uae-investments-in-india-rise-as-trade-relations-strengthen-1. 1908891.

② "India and Iran Sign 'Historic' Chabahar Port Deal", BBC News, May 23, 2016, http：//www. bbc. com/news/world-asia-india-36356163.

③ "Chabahar to Change Central, South Asia Interactions", Kabul, Feb. 24, IRNA, http：//www. irna. ir/en/News/83220930.

第二，海湾的能源对印度而言具有战略价值。海湾国家最大的特点是除巴林外，其他国家都是能源富集国。依据 2018 年 BP《世界能源统计年鉴》，2017 年沙特、伊朗、伊拉克、科威特、阿联酋的石油探明储量分别位列世界第 2、第 3、第 4、第 6 和第 7。1997 年、2007 年和 2017 年，中东地区石油储量占全球总储量的 58.8%、52.9% 和 47.6%，中东的石油储量基本集聚在海湾地区。而伊朗和卡塔尔的天然气储量分别为 33.2 万亿立方米和 24.9 万亿立方米，位列世界第 2 和第 3，占全球总储量的 30%[1]。海湾地区作为世界最大的能源生产和供应地区，其能源出口不仅关系到各国自身的经济状况与发展，而且对国际能源市场的稳定具有重要影响。

从地理上看，海湾地区的能源具有地缘优势。印度和海湾地区均在印度洋中，两者之间只有阿拉伯海一海之隔，有利于海上能源战略通道的使用与开发。对印度而言，海湾的石油和天然气具有航程短、储量大、运费低、交通便利的特点。多年来，海运一直是印度能源进口的主要方式。例如，"印度对沙特的能源依赖在高速增长，从 2001～2002 年的 26.8 万桶/天到 2013～2014 年的 77.4 万桶/天"[2]。作为印度的第一大石油来源国，沙特的供油都依靠海运。从陆上能源战略通道看，印度与伊朗之间的地缘位置更为接近，为两国打通陆上能源战略通道提供可能。"印度讨论加入伊朗—巴基斯坦天然气管道项目，并于 1999 年 2 月签署协议将该管道从巴基斯坦延伸到印度。"[3] 但因印巴关系和安全问题，印度最终放弃该项目。

2016 年，印度超越日本成为全球第三大石油消费国。2015 年印度的石油消费量占全球的 4.5%，日需求量为 415.9 万桶，仅次于美国的 1939.6 万

---

[1] 《世界能源统计年鉴》（第 67 版），英国石油公司（BP），2018 年 6 月，第 8、13、24 页，https：//www.bp.com/content/dam/bp-country/zh_cn/Publications/2018SRbook.pdf。

[2] Zakir Hussain, *Saudi Arabia in a Multipolar World*, New York：Routledge，2016，p. 199.

[3] "IP Gas Pipeline a Fading Opportunity for Pakistan", March 4, 2018, http：//www.iranreview.org/content/Documents/IP-gas-pipeline-A-fading-opportunity-for-Pakistan.htm.

桶和中国的 1196.8 万桶，高于日本的 415 万桶①。印度还将增大天然气在能源消费中的比例。印度政府计划到 2030 年将天然气消费份额从目前的 6.5% 提高到 15%。如果达到此目标，印度将成为天然气最大进口国②。实际上，长期以来印度的能源生产并不能满足本国经济和社会的需要，且随着需求量的增加，对外依赖度越来越高。截至 2017 年底，印度石油探明储量 47 亿桶，占全球总储量的 0.3%；总产量 4000 万吨，占全球产量的 0.9%；总消耗量为 2.22 亿吨，占全球总量的 4.8%。截至 2016 年底，印度的天然气探明储量 1.2 万亿立方米，占全球储量的 0.6%；产量为 285 亿立方米，占全球产量的 0.8%；总消耗量为 542 亿立方米，占全球的 1.5%③。因此，印度的石油对外依存度高达 81%，天然气对外依存度达到 47.4%。2017 年，印度的原油进口量为 2.11 亿吨，其中从海湾地区进口 1.53 亿吨，占进口总量的 72%。液化天然气进口量为 257 亿立方米，其中从海湾地区进口 143 亿立方米，占进口总量的 55.6%④。2018 年，印度进口原油耗费 1145 亿美元，居全球第 3 位，在印度前 10 位的进口来源国中，伊拉克、沙特、伊朗、阿联酋和科威特分别位列第 1、第 2、第 3、第 5、第 7，阿曼和卡塔尔分别位列第 12 和第 14，合计 747 亿美元，占总进口额的 65%⑤。印度对海湾地区能源的稳定供给有非对称依赖，而海湾地区能源对印度来说具有不可替代性，因此战略意义巨大。

第三，海外劳工与侨汇是印度的重要利益。"印度劳工对中东的输出主要起

① 《世界能源统计年鉴》（第 65 版），英国石油公司（BP），2016 年 6 月，第 9 页，https://www.bp.com/content/dam/bp-country/zh_cn/Publications/StatsReview2016/BP%20Stats%20Review_2016%E4%B8%AD%E6%96%87%E7%89%88%E6%8A%A5%E5%91%8A.pdf。
② 《能源消费大国：中国 VS 印度》，搜狐网，2017 年 12 月 1 日，https://www.sohu.com/a/207925171_813870。
③ 《世界能源统计年鉴》（第 67 版），英国石油公司（BP），2018 年 6 月，https://www.bp.com/content/dam/bp-country/zh_cn/Publications/2018SRbook.pdf。
④ 《世界能源统计年鉴》（第 67 版），英国石油公司（BP），2018 年 6 月，https://www.bp.com/content/dam/bp-country/zh_cn/Publications/2018SRbook.pdf。
⑤ Daniel Workman, "Crude Oil Imports by Country", April 15, 2019, http://www.worldstopexports.com/crude-oil-imports-by-country/.

于 20 世纪 70 年代……与更早时期印度的移民相比，此后的劳工输出主要有两个特点。首先，大部分移民都在低劳动附加值行业工作且工资低廉……其次，绝大部分移民都是临时移民，他们一般工作两年后就必须回国。"① 海湾地区是印度劳工的主要输出地，占全球海外劳工的 65%，其中阿联酋和沙特两国多年来为海外劳工第一和第二目的地国。除巴林以外，海湾地区国家均以能源经济作为国民经济支柱，存在产业和经济结构单一②、补贴经济与高福利社会并存、服务业需求大和本国供给不足等特征。因此，海湾国家尤其是阿拉伯国家对劳工的需求非常大，劳工遍布三大产业，不仅是产业工人、建筑工人等，医生、教师、金融和管理、法律、IT 等行业中印度人的比例也非常高。相比之下，"印度在服务业领域对海合会国家具有相对优势。考虑到近年来海合会国家正在推动石油天然气以外的经济多元化战略，它们的服务业需求还将扩大，这为印度提供了利用其低成本熟练劳动力和英语熟练程度的机会"③。

表 6　2017 年海湾 8 国人均 GDP

单位：美元

国家	人均 GDP	国家	人均 GDP
伊　朗	5250	巴　林	25200
伊拉克	4958	卡塔尔	65000
科威特	29400	阿联酋	68000
沙　特	21000	阿　曼	15000

资料来源：根据中国外交部网站资料整理，参见"国家和组织"，https：//www.fmprc.gov.cn/web/gjhdq_ 676201/。

---

① Prithvi Ram Mudian, *India and the Middle East*, London and New York：British Acadamic Press, 1994, p. 131.

② 在海湾 8 国中，只有伊朗建立了相对完整的工业体系和均衡的国民经济体系。伊朗对能源经济的依赖在逐渐下降，2019 年石油收入占财政收入的比例已经降至 30%。参见"Only 30% of Budget Revenues are From Oil Sales：VP Jahangiri", Islamic Republic News Agency, May 14, 2019, http：//www.irna.ir/en/News/83314476。

③ John Calabrese, "'Linking West' in 'Unsettled Times'：India-G. C. C. Trade Relations", April 11, 2017, http：//www.mei.edu/content/map/linking-west-unsettled-times-india-gcc-economic-and-trade-relations.

2012年，"印度侨汇的47%，大约330亿人数美元来自海合会国家"①。到2017年，海合会国家"接纳超过900万名印度人且人数仍在增长，每年提供350亿美元左右的侨汇"②。巨额侨汇主要用于劳工家庭偿还债务、买房置地和教育、医疗等事务。除了拉动国内经济外，在海湾的印度劳工群体还成为双方沟通的渠道，向本国人、整个海外劳工团体以及各类企业与政府提供海湾驻在国的需求和信息，推动印度与地区国家之间经贸、文化、金融、科技等领域合作。认识到海外印度人的巨大价值后，印度政府尤其重视海外印度人的组织和管理工作，在外交部下专门设立海外印度人司，负责人口统计、教育培训、救助、海外投票等事务。2008年，印度建立印度移民中心（India Centre for Migration）并将其作为唯一的官方智库，负责"研究分析海外印度人的中长期就业策略、全球和国别劳工市场走势、印度劳工战略、向国内年轻人推介劳工市场、管理海外印度劳工福利等"③。可以预见，海湾地区的劳工和侨汇不仅将继续反哺印度国内经济和社会，解决就业，还将在海湾国家推动改革的过程中寻找到更大的机遇。

表7　海湾8国海外印度人统计（截至2018年12月）

单位：人

国家	人数	国家	人数
伊　朗	4000	阿联酋	3100000
伊拉克	10000	卡塔尔	691539
科威特	928421	阿　曼	688226
沙　特	2812408	海湾总人数	8547332
巴　林	312918	全球总人数	13113360

资料来源："Population of Overseas Indians（Compiled in December, 2018）", http：//mea. gov. in/images/attach/NRIs-and-PIOs_ 1. pdf。

① G. Gurucharan, "The Future of Migration from India Policy-Strategy and Modes of Engagement", India Centre for Migration, Ministry of External Affairs, 2013, p. 12, http：//www. mea. gov. in/images/attach/I_ G_ Gurucharan. pdf.

② Ministry of External Affairs, Government of India, *Annual Report 2017 - 18：India's Trade：Back on Tack*, p. 57, http：//www. mea. gov. in/Uploads/PublicationDocs/29788_ MEA-AR-2017 - 18 - 03 - 02 - 2018. pdf.

③ India Centre for Migration, *Annual Report 2016 - 2017*, p. 4, https：//www. mea. gov. in/images/ICM_ AR_ FINAL_ for_ 21032017. pdf.

第四，反恐和维护国家安全也是印度的重要利益。过去，印度的恐怖主义问题主要源于克什米尔争端和伊斯兰教与印度教的矛盾，是印度社会多年积累的矛盾和冲突。但进入 21 世纪，尤其是 2014 年后，"基地组织"的全球网络和"伊斯兰国"的强势崛起，加上网络和信息技术的普及，使印度遭受的恐怖主义威胁迅速加大。首先，"海湾地区一直被本土组织用作避风港，例如印度学生伊斯兰运动和印度圣战者组织，其历史比'基地组织'与'伊斯兰国'都要长"[1]。20 世纪 90 年代以来，海湾地区庞大的印度移民社团和丰沛的商机更便于国内极端和恐怖组织潜藏，也方便其展开经济活动筹集资金，或者与其他极端恐怖组织联络和交换信息。其次，"'伊斯兰国'和'基地组织'在印度次大陆的崛起加剧了人们对印度公民在海外活动的担忧"[2]。当前海外非居民的印度人和印度裔主要集中在海湾地区、美国、欧洲。这些地方或是恐怖主义的主要发源地或是暴恐袭击和宣传的目标地，海外印度人的人身安全与防极端化问题成为新的挑战与课题。因此，"印度面临的恐怖主义威胁不仅来自与外部影响隔绝的国内因素，而且来自这些因素与在国外活动的个人和团体之间的跨国联系"[3]。今天印度面临的恐怖主义威胁兼具内源性和外源性，国内外的极端组织相互学习、相互合作，使反恐行动变得更为复杂和艰难。

2001 年，时任总理瓦杰帕伊在"9·11"事件后发表讲话称，"恐怖分子及其庇护者是全人类的敌人，他们使自己成为全球的敌人，全世界必须联合起来，在军事上战胜他们，使其意识形态毒瘤灰飞烟灭"[4]。2008 年孟买

---

① Viswavnathan Balasubraminayan，"Indian Mujahideen：The Face of 'New Terrorism' in India?"，Geopolitical Monitor，October 4，2013，https：//www. geopoliticalmonitor. com/indian-mujahideen-the-face-of-new-terrorism-in-india-4867/.

② Arif Rafiq，"The New Al Qaeda Group in South Asia Has Nothing to Do with ISIS"，New Republic，September 6，2014，https：//newrepublic. com/article/119333/al-qaeda-indian-subcontinent-not-response-islamic-state.

③ Mohammed Sinan Siyech，"India-Gulf Counterterrorism Cooperation"，December 21，2017，https：//www. mei. edu/publications/india-gulf-counterterrorism-cooperation.

④ 印度驻华大使馆，《今日印度》2001 年第 10 期，转引自赵兴刚《印度与中东关系的发展前景展望》，《陕西青年干部管理学院学报》2004 年第 3 期。

恐袭后，海合会国家公开强烈谴责恐怖活动，并开始加强与印度的反恐合作。2010 年利雅得宣言和 2015 年迪拜宣言使双方在安全领域的合作达到新的高度。此后，印度与海湾国家在情报分享、嫌犯遣返、人员培训等方面展开合作。例如，在金融管制上，印度与海合会国家在反洗钱金融行动特别工作组的框架下展开合作，同时请求海湾国家对哈瓦拉支付系统加强监管和通报；在跨境流动上，印度与阿联酋、阿曼、巴林等主要中转国加强人员信息采集和嫌犯跟踪；与伊朗合作辨识与跟踪极端组织及成员在阿富汗的流入和流出等。考虑到中东地区的极端和恐怖主义短期内很难消除，印度与海湾各国在反恐方面的合作还有巨大的空间和众多议题。

结　语

基辛格称："在任何一种演变进程中，印度都将是 21 世纪世界秩序的一个支点。"[①] "2014 年印度成为世界第三大经济体（按照购买力平价计算）；到 2030 年，以名义 GDP 衡量，印度的经济规模也能达到世界第三。印度的国防预算位居世界第八，军队人数则是世界第二。"[②] 因此，在印度人看来，"印度在世界舞台的再次崛起是其经济和战略能力增强的结果"。[③] 谋求大国地位是印度独立以来不变的奋斗目标，今天的印度比过去更有自信和实力去实现"大国梦"。

多年以来，能源和人力资源一直是推动印度与海湾国家关系发展的主"引擎"，当下，经贸、投资、安全等方面的相互依赖也在进一步地扩展和加深。不仅如此，印度还瞄准海湾地区的经济改革、医疗服务、数字革命、环保等新机遇和新领域，希望在全球和地区地缘政治经济结构调整中，谋求产业或发展计划的对接，重新定义印度的利益与双边关系。

---

① Henry Kissinger, *The World Order*, New York: Penguin Press, 2014, p. 208.

② 〔印度〕拉贾·莫汉：《莫迪的世界：扩展印度的影响力》，朱翠萍等译，社会科学文献出版社，2016，第 266 页。

③ 〔印度〕桑贾亚·巴鲁：《印度崛起的战略影响》，黄少卿译，中信出版社，2008，第 7 页。

可以看到，海湾地区是印度政府"大周边外交"的重要组成部分，也是"西联"政策的核心。2015～2016 年莫迪的高调地区外交和连续出访不仅是将海湾视为彰显大国外交的舞台与途径，也是对海湾地区重要性的认可与强调，当前和未来的印度政府会继续探索、深化与海湾地区国家的关系。

市 场 走 向

Market Trend

Y.14

西亚地区外国直接投资与
中国对西亚直接投资新形势

徐 强*

摘 要： 2017 年，西亚外国直接投资年度流入额增速总体强于全球流入总额，流入额占比从上年的 2.6% 上升至 3.9%，西亚各国 FDI 流入流量额同比升降表现不一。2017 年前后西亚各国 FDI 项目和政策动态表现出多样性，安全局势动荡国家投资流入仍表现出持续负流量。尽管中国在西亚地区直接投资年度流量额从 2015 年开始下降，但存量中占比总体呈攀升趋势。2016～2017 年，中国在大部分西亚国家的直接投资流量规模表现出大幅振荡，从中长期看中国企业在主要西亚经济

---

* 徐强，商务部国际贸易经济合作研究院副研究员，主要从事世界经济和国际经济合作问题研究。

大国投资正不断取得新进展。建议中国政府和企业，从工程关联投资、新型能源清洁能源、经贸合作园区等方面，发掘对西亚直接投资的新增长点。

关键词： 西亚国家　中国企业　直接投资

一　FDI 流入在西亚各国之间呈显著分化态势

（一）2017年西亚外国直接投资年度流入额增速总体强于全球 FDI 总额

如表1、图1显示，世界 FDI 流入流量总额在 2015 年达 19213 亿美元的阶段规模峰值点，此后连续两年下降，2016 年、2017 年分别为 18675 亿美元、14298 亿美元。西亚地区①的 FDI 流入额 2016 年曾降至 482 亿美元，2017 年回升至 558 亿美元。从占比历史趋势上看，由于西亚地区是世界石油资源主要出产区，2000～2006 年曾是西亚 FDI 流入额占比持续上升期，此后流入额占比总体上下起伏，2012 年曾达历史最高点 6.99%，2012 年后整体持续下降，2016 年、2017 年分别为 2.58%、3.90%。

表1　2000～2017 年典型年份西亚 FDI 流入流量和存量金额及其全球占比

单位：亿美元，%

年份		2000	2005	2010	2011	2012	2013	2014	2015	2016	2017
流量额	西亚	116	534	910	539	1101	480	403	510	482	558
	全球	13586	9489	13719	15677	15747	14254	13385	19213	18675	14298
	占比	0.85	5.62	6.64	3.44	6.99	3.36	3.01	2.65	2.58	3.90

---

① 本文西亚地区的国家范围包括土耳其、阿联酋、沙特阿拉伯、伊拉克、黎巴嫩、伊朗、约旦、卡塔尔、阿曼、科威特、巴勒斯坦、叙利亚、也门、巴林、以色列、塞浦路斯。

续表

年份		2000	2005	2010	2011	2012	2013	2014	2015	2016	2017
存量额	西亚	952	2538	8791	8548	10027	9920	10193	10460	10652	11736
	全球	73805	114277	202794	210073	228771	247647	253788	256650	276631	315244
	占比	1.29	2.22	4.33	4.07	4.38	4.01	4.02	4.08	3.85	3.72

资料来源：根据联合国贸发会议（UNCTAD）数据库数据计算。

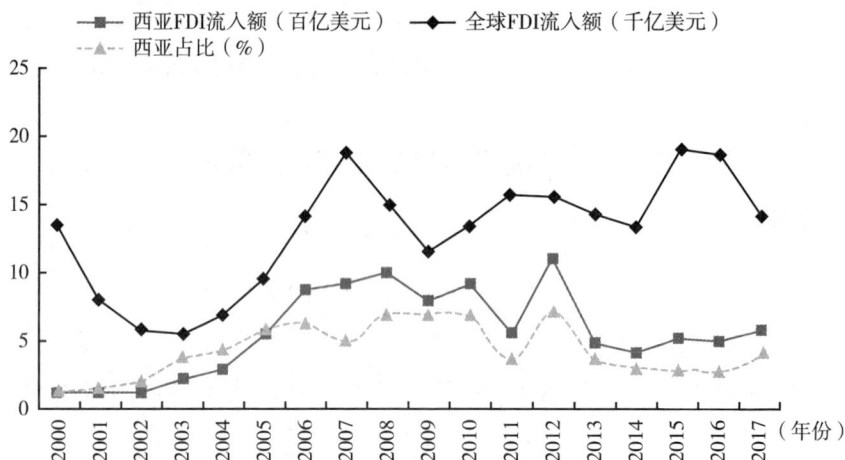

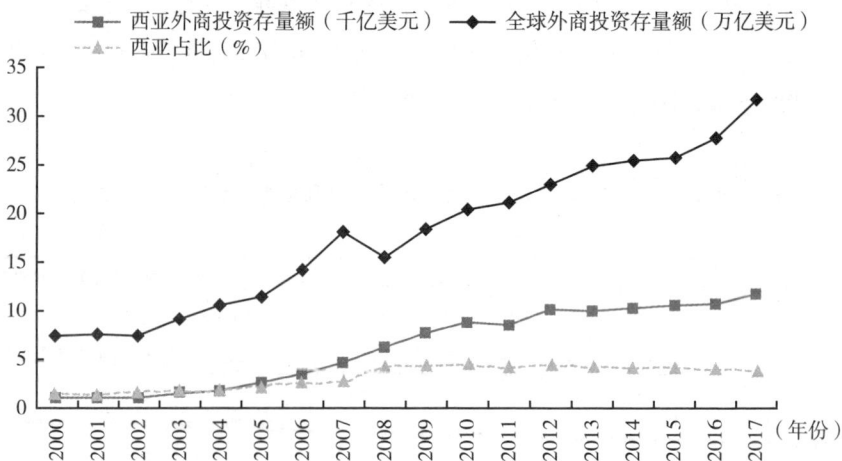

图1 2000～2017年西亚和全球 FDI 流入流量存量金额及西亚在全球的占比

资料来源：根据联合国贸发会议公布的数据计算制作。

2017 年西亚地区 FDI 流入存量总额为 11736 亿美元,在全球存量总额中占比为 3.72%,2012 年占比曾达到 4.38%,此后占比总体趋向是缓慢下降。

(二)2017年西亚各国FDI流入流量额同比升降的表现不一

如表 2 显示,从 2016 年、2017 年 FDI 流入流量额的比较上看,明显上升的国家分别是塞浦路斯(从 21.2 亿美元上升至 63.4 亿美元)、阿联酋(从 96 亿美元上升至 103.5 亿美元)、以色列(从 119 亿美元上升至 189.5 亿美元)、伊朗(从 33.7 亿美元上升至 50.2 亿美元)、巴林(从 2.4 亿美元上升至 5.2 亿美元)、阿曼(从 16.8 亿美元上升至 18.7 亿美元)、也门(从 -5.6 亿美元上升至 -2.7 亿美元),沙特降幅较大,从 74.5 亿美元降至 14.2 亿美元,其余国家或大体持平或稍有下降。

表 2　近年西亚各国 FDI 流入规模及其在西亚总规模中的占比

单位:亿美元,%

国家	流量				存量	
	2016 年	2017 年	2013~2017 年		2017 年	
	金额	金额	金额	占比	金额	占比
沙　　特	74.5	14.2	338.9	13.9	2322.3	19.79
塞浦路斯	21.2	63.4	101.7	4.2	2257.8	19.24
土 耳 其	129.4	108.6	677.2	27.8	1807.0	15.40
阿 联 酋	96.0	103.5	493.5	20.3	1299.3	11.07
以 色 列	119.0	189.5	600.8	24.7	1288.2	10.98
黎 巴 嫩	26.1	26.3	131.6	5.4	636.9	5.43
伊　　朗	33.7	50.2	156.0	6.4	534.9	4.56
卡 塔 尔	7.7	9.9	30.3	1.2	349.3	2.98
西　　亚	482	558	2433	100	11736	100
约　　旦	15.5	16.6	89.4	3.7	338.9	2.89
巴　　林	2.4	5.2	60.7	2.5	265.7	2.26
阿　　曼	16.8	18.7	42.8	1.8	222.6	1.90
科 威 特	4.2	3.0	34.2	1.4	151.7	1.29
叙 利 亚	—	—	—	—	107.4	0.92
伊 拉 克	-62.6	-50.3	-321.6	-13.2	101.3	0.86
巴勒斯坦	3.0	2.0	9.4	0.4	27.0	0.23
也　　门	-5.6	-2.7	-12.1	-0.5	26.0	0.22

资料来源:根据联合国贸发会议数据库数据计算。

由于单年期 FDI 流入额容易受相对偶然因素和单个大型项目导致的投资额大幅变化影响，表 2 计算了 2013～2017 年各国 5 年期 FDI 流入总额及其在西亚 5 年期流入总额中的占比。从表中看到，这 5 年，流入额最大的 5 个西亚国家分别是土耳其、以色列、阿联酋、沙特、伊朗，它们在西亚流入总额中的占比分别为 27.8%、24.7%、20.3%、13.9%、6.4%，上述 5 国占比总和为 93.1%。另外，还可关注到，伊拉克、也门已经是连续多年 FDI 流入额负流量，而叙利亚则是连续多年 FDI 流入额无统计数据。

表 2 还显示，从存量额比较上看，位居前 5 的国家分别是沙特、塞浦路斯、土耳其、阿联酋、以色列，它们在全部西亚 FDI 流入存量总额中的占比分别为 19.8%、19.2%、15.4%、11.1%、11.0%，上述 5 国在西亚 FDI 流入存量总额中占比总和为 76.5%。

二 2017 年前后西亚各国 FDI 流入项目和政策动态表现出多样性

2017 年前后西亚各国 FDI 流入项目及政策动态如下（按表 2 中 2017 年存量额先后次序）。

1. 沙特阿拉伯

沙特历来是西亚地区最大的 FDI 接收国，但 2017 年沙特 FDI 流入额只有 14 亿美元，相比 2016 年 74.5 亿美元大幅下降。主要原因在于外国跨国公司去投资化和跨国公司之间相互负债的调整。其中，属于英国 - 荷兰联合公司的壳牌公司（Shell），将其在石化联合控股公司 SADAF 中的 50% 的股权，以 8.2 亿美元出售给共同持股的沙特本地公司 SABIC，就是典型的去投资化。当前，从投资存量上看，约 40% 的外商直接投资集中在沙特的工业领域，如炼油、石化、矿业、建筑、食品、塑料、橡胶等行业。

2017 年上半年，沙特宣布，将继续向外资公司开放投资领域，将放开外资独资设立建筑师事务所，目的在于进一步促进外资公司来沙投资。

目前，已经或即将在沙特阿拉伯投资的大型跨国公司及其投资项目包括：法国道达尔石油公司与美国康菲石油公司已和沙特阿美石油公司联合投资 124 亿美元，建设两座炼化能力为 40 万桶/日的原油炼化厂；美国道化公司和沙特阿美公司计划共同在沙特东部海湾沿岸的拉斯坦努拉（Ras Tanura），建设一个总投资 260 亿美元的化工产品综合体，可年产 800 万吨化工品和塑料制品，这将是沙特能源领域最大的外商投资企业；韩国三星工程有限公司与沙特阿拉伯矿业公司（MA'ADEN）共同投资建设合成氨生产厂，合同总价 36 亿里亚尔（约合 9.46 亿美元），日产 3300 吨合成氨，将成为世界上同类产品生产规模最大企业；等等。

2. 塞浦路斯

2017 年，塞浦路斯 FDI 流入额大幅增长至 63.4 亿美元。从投资存量来看，欧洲是塞浦路斯最主要的外国直接投资流入地区，占比达 86.9%，其中俄罗斯、荷兰、德国、英国、英属维尔京群岛、美国、希腊是最主要的投资国家和地区。其中，塞浦路斯多年为俄罗斯第一大外资来源地。2018 年 2 月，阿纳斯塔西亚迪斯成功连任塞浦路斯总统，并宣布一系列旨在促进社会经济发展的结构性改革方案。

2016~2018 年，塞浦路斯重大外国投资项目包括：南非企业以 2.6 亿欧元并购瑞美迪卡制药厂；香港新濠国际和美国硬石集团获得综合博彩度假村项目 30 年经营权，预计投入资金 5 亿欧元；利马索港口私有化引入德国、迪拜等外资，预计未来 25 年内收益超过 20 亿欧元。2018 年，摩纳哥电信以 2.6 亿欧元价格并购塞浦路斯 MTN 公司全部业务并有偿使用 MTN 品牌 3 年。

3. 土耳其

由于中央政府更迭、经济增速放缓、发生未遂军事政变、修宪法案公投、安全形势恶化等诸多不利因素，土耳其吸收外国投资逐年减少，从 2015 年的 177 亿美元降至 2016 年的 129 亿美元、2017 年的 109 亿美元。据土耳其贸易部统计，截至 2017 年底，土耳其境内外资企业累计达到 58421 家，吸收外资存量为 1807 亿美元。土耳其 FDI 流入存量的 60% 来自欧盟国家，已成为欧洲复兴发展银行（EBRD）最大的投资目的地国，投资额超过 10 亿欧元。土耳其是目前唯一有资格参与"InnovFin—欧盟创意者融资项目"的非欧盟国家。据土耳其中央银行统计，2017 年土耳其吸引的外国直接投资中 65% 来自欧盟，其中荷兰、奥地利和英国位列前 3，分别为 17.7 亿美元、3.3 亿美元和 3.3 亿美元。外国直接投资流入最多的前 5 大行业是金融保险业、运输仓储业、制造业、能源业和建筑业，分别占其吸引外资总量的 19.5%、18.2%、17.0%、12.7% 和 8.4%。

4. 阿联酋

2017 年，部分由于跨国并购增长，阿联酋 FDI 流入额增长 8%，至 103.5 亿美元。阿联酋自然资源丰富，政局长期稳定，地理位置优越，基础设施发达，社会治安良好，商业环境宽松，经济开放度高，是海湾和中东地区最具投资吸引力的国家之一。在阿联酋投资的跨国公司涵盖各行各业，在油气领域有中石油、埃克森美孚、BP、道达尔、日本国家石油公司、韩国国家石油公司等；在金融领域有汇丰银行、渣打银行、德意志银行等；在新能源领域有晶科、第一太阳能等。世界知名跨国公司大多在阿联酋有投资，阿联酋经济部长表示，目前 20% 的跨国集团将地区商业总部设在阿联酋。目前，以印度、中国、巴西和俄罗斯金砖四国为主的新兴市场对阿联酋的投资已超过中东北非国家。

5. 以色列

2017 年，以色列外商投资额大幅增长至 189.5 亿美元。以色列吸引了大量高科技行业的 FDI。以色列高端人才资源丰富，科研实力雄厚，创业条件优越，微软、谷歌、苹果、英特尔等高科技跨国公司均在以色列投资设立分公司或研发中心。以色列设立众多的工业园区和高技术孵化区，是仅次于加拿大的第二大纳斯达克上市公司大国，也是国际软件业采购的重镇。外商直接投资主要分布在科研、制造、商贸服务、房地产等行业。

6. 黎巴嫩

2017 年，黎巴嫩外资流入流量额为 26.3 亿美元，大体与上年持平。黎巴嫩鼓励外商投资的领域包括工业、食品及饮料行业、旅游业、农业、信息技术、电信、媒体等。对以上领域的投资，黎巴嫩给予优惠政策。2017 年 9 月，黎巴嫩议会通过 PPP（社会资本与政府合作）法案，黎巴嫩国内业界希望能促进就业和基础设施建设。拟招标项目涵盖电力生产和运输、垃圾处理、电信和水处理等领域。2018 年 3 月，黎巴嫩内阁会议通过"资本投资计划"（CIP），该计划于 4 月 6 日在巴黎举行的 CEDRE 会议上正式发布。该会议旨在寻求国际社会对黎巴嫩基础设施建设和经济发展提供支持或援助。CIP 包括 200 多个项目，涵盖交通、电力、电信、供水、污水处理、固体废弃物处理、工业园区、文化遗产等基础设施领域。总额约 100 亿美元，其中 60 亿拟通过 CEDRE 会议筹集、40 亿通过 PPP 方式实施。

7. 伊朗

2017 年伊朗 FDI 流入流量额为 50.2 亿美元，为历史最大值。2016 年伊核全面协议达成，正逐步提高伊朗投资吸引力。根据伊朗投资、经济技术支持组织（OIETAI）提供的信息，伊朗吸收的外资处于高速增长中，政府正尽力优化投资环境以提高吸引外资水平。伊朗吸收外资主要集中在原油、天然气、汽车、铜矿、石化、食品和药品行业。从外资来源地看，亚洲和欧洲是伊朗最主要的外资来源地。在伊朗汽车行业投资和经营的主要外资/合资公司有标致、雪铁龙、大众、尼桑、丰田、起亚、普腾、奇瑞、力帆、江淮等；石油天然气行业先后进入伊朗市场的外资企业主要有：法国 Total、挪威 Statoil、荷兰壳牌、俄罗斯 Gasprom 和韩国 Lucky Goldstar、中国石油、中国石化等；电信行业由于受制裁，西方公司撤出，目前只有华为、武汉烽火等。

8. 卡塔尔

2017 年，卡塔尔 FDI 流入额从 2016 年的 7.7 亿美元，上升至 9.9 亿美元。卡塔尔吸收外资主要集中于石油天然气上游开发和石化项目上，例如，已建成和在建的共 14 条液化天然气生产线全部由卡塔尔石油公司（QP）与欧美跨国石油公司、日韩企业合资。卡塔尔吸收外资的一个显著特点是：在卡塔尔所有大型石油天然气企业和工业企业中，几乎全部由卡方控股。卡塔尔利用外资的来源国有 60 多个国家，从比例上来看，主要来自欧盟国家、美国及其他美洲国家和亚洲国家，占其外资总额的 93%。从外资投向来看，约 90% 的外资投向石油和天然气行业，其中也有相当部分投向下游油气。2018 年 5 月，卡塔尔首相谢赫阿卜杜拉主持召开内阁例会，讨论采取必要措施，出台全面允许外商独资（100% 出资）设立企业的法律。目前，卡塔尔仅允许在其自由区和经济特区内设立外商全资企业。

9. 约旦

2017 年，约旦 FDI 流入额从 2016 年的 15.5 亿美元稍升至 16.6 亿美元。近年，约旦政府积极改善投资环境，2014 年重新修订《投资法》，明确享受投资优惠政策的十大领域。从投资来源看，超过一半的外国投资来自阿拉伯国家，欧美国家也是重要的投资来源地。从投资流向看，工业、交通、旅游等是主要的投资领域，具体广泛分布在重型机械、汽车、能源、仓储、信息、医疗卫生、教育、旅游等领域。

10. 巴林

2017 年巴林 FDI 流入额虽显著增长至 5.2 亿美元，但仍显著低于 2013 年、2014 年曾分别达到的 37.3 亿美元、15.2 亿美元。外资主要来自其他海合会和阿拉伯国家、欧盟和美国，投资领域为金融业、零售业、通信、石油勘探、餐饮、港务经营以及房地产等。金融行业主要跨国公司有汇丰银行、安联保险、法国巴黎银行、印度工业信贷投资银行、毕马威、安永、罗兰贝格、诺顿罗氏等；制造及零售业跨国公司有西门子、巴斯夫、卡夫、通用、益力多、可口可乐、重庆国际复合材料等；物流类企业有 DHL、马士基、中东快递、Agility 等；微软、华为、思科等科技跨国巨头在巴林亦有投资。据巴林政府消息，受巴林政府委托，斯里兰卡 Jlanka 科技下属 Jlanka 国际，将投资 1000 万美元参与巴林的可再生能源建设。

11. 阿曼

2017 年阿曼 FDI 流入额为 18.7 亿美元，属该国最近若干年相对正常的年度流入规模。就 2017 年情况而言，投资主要来自英国、阿联酋、科威特、卡塔尔、巴林、美国、印度、瑞士等国。从行业分布看，外国对阿曼的直接投资主要集中在油气行业，同比增长29.8%，占55.3%；排在其后的行业分别是金融业、制造业和房地产业。据阿曼媒体2019年4月报道，阿曼拟在佐法尔省Thamrait地区和Shinas地区分别建设两个新工业城市。另据来自阿曼官方英文报《观察家报》消息，2019年6~7月，阿曼政府拟对第一批经预先批准许可的110个矿区启动招标，矿区分布在阿曼各地，总面积为19844平方公里，含铬铁矿、白云石、大理石、石灰石、二氧化硅、红土、长石、碳酸岩等13种矿产，欢迎投资开发者参与，并将于2019年8~9月颁发特许开发权，并且还承诺，投资下游制造业的投标者将获得额外的投资优惠条件。

12. 科威特

2015年后，科威特吸收FDI流入额为3亿~4亿美元，相比2015年前的10亿美元或几十亿美元的数量级，下降明显。科威特的外商投资主要来自美国、德国、加拿大、新加坡、中国和西班牙等国，2009年后投资额呈现加速增长态势，2011年曾达到最高年度流量额32.6亿美元。2015年后，在新建项目高潮期度过之后，年度投资额有所下降。投资行业包括石油、通信、电力、咨询、工程建设等。

13. 叙利亚

由于战乱，叙利亚从2012年开始，直至目前，连续多年仍无FDI流入记录。不过，据来自中国驻叙利亚使馆经商处的消息，2017年开始，情况正有所转变。据叙利亚《祖国报》报道，2017年叙利亚引资取得积极成果，意向投资项目达66个，投资总额达10660亿叙镑（约合23亿美元），其中21个项目已进入实施阶段，投资总额达5200亿叙镑（约合11亿美元）。叙利亚投资署负责人表示，2017年叙利亚正积极改善投资环境。2017年，首届叙利亚投资论坛、大马士革国际博览会、叙利亚重建展等活动举办，叙利亚政府利用这些活动宣传投资机会，积极吸引外国投资。2018年7月，叙利亚谢赫·纳贾尔工业区负责人表示，下阶段将重点关注可再生能源领域的投资，该工业区的一家企业将与西班牙可再生能源公司共同投资建设30兆瓦的光伏电站，将是该工业区第一个可再生能源投资项目。2018年10月，由于新天然气井的开发和原有天然气井生产的恢复，叙利亚天然气日产量达到1800万立方米，基本恢复到战前产量。叙利亚投资署报告显示，2018年意向引资项目达到102个，项目总额超过8950亿叙镑（约合18亿美元），全部项目实施后将提供7959个就业岗位。

14. 伊拉克

伊拉克从2013~2017年，连续5年吸收FDI流量为负，5年期投资总规模-321.6亿美元。目前伊拉克的安全局势仍然动荡。不过，政府仍努力吸收外资。2018年2月，伊拉克国家投资委员会公布了一份包含157个项目的重建计划，以交通、能源、农业等领域为重点，拟争取1000亿美元投资。其中，投资规模超过5亿美元的项目共有16个。涵盖交通、能源、农业三领域。受国际油价下跌影响，伊拉克政府财政吃紧，短期内难以落实相关建设资金和规划。考虑到伊拉克石油资源丰富，长期偿债能力相对有所保障，外国公司正积极研究以投融资模式进入伊拉克。例如，在电力领域，"主权担保＋电力回购"（PPA）的投资合作模式已成功取得突破。目前，在伊拉克投资的国际跨国公司包括英国石油、埃克森美孚、荷兰壳牌、意大利埃尼石油、俄罗斯卢克石油、马来西亚石油、日本三菱、中石油和中海油等。2018年4月，伊拉克宣布与科威特、土耳其、埃及公司合作的巴士拉Siba天然气项目投产。2018年5月，伊拉克北方石油公司在巴士拉省与BP石油公司签署合作协议，BP公司将把基尔库克省6个油田的产量提升至100万桶/天，是提升前产能的3倍。

15. 也门

也门在2011~2017年连续7年的FDI流入额为负流量。也门目前国内动荡尚没有平息下来，2017年底，也门流入FDI存量已萎缩至26亿美元，而2010年曾高至49亿美元。也门吸引的外商投资主要来自沙特、科威特、黎巴嫩等阿拉伯国家，美国和印度等国也有一定数量的投资。

三 中国企业在西亚地区投资成绩斐然

（一）中国在西亚地区直接投资存量的占比总体呈攀升趋势

如表 3 显示，2005 年至 2014 年，中国在西亚投资流入流量中占比从 0.2% 攀升至 2013 年的 4.59%，2014 年后调整回落。2017 年，中国在西亚直接投资额为 11.2 亿美元，相比上年的 15 亿美元，降幅明显，在西亚全部流入流量总额的占比为 2%。

2005 ~ 2017 年，中国在西亚直接投资存量总额从 2005 年的 8.2 亿美元攀升至 2017 年的 205.2 亿美元，占比从 0.32% 攀升至 1.75%。不过，尽管中国在西亚直接投资的存量总额占比保持上升态势，但 2017 年这种占比水平，和 2017 年中国在全世界直接投资存量中的 5.7% 占比相比，仍有较大差距。显然，从全世界范围对比看，西亚地区仍然是中国对外直接投资大有潜力可发掘的区域。

表 3   2005 ~ 2017 年中国对西亚对外直接投资流量和
存量金额及其在西亚全部规模中占比

单位：亿美元，%

年份	2005	2006	2007	2008	2009	2010	2011	2012	2013	2014	2015	2016	2017
流量	1.07	2.48	2.22	1.93	5.97	10.48	13.59	13.32	22.01	19.58	21.88	15.01	11.22
占比	0.20	0.29	0.24	0.19	0.75	1.15	2.52	1.21	4.59	4.85	4.29	3.12	2.01
存量	8.2	11.3	10.1	13.7	20.1	35.2	50.1	66.1	83.8	107.5	138.3	186.1	205.2
占比	0.32	0.33	0.22	0.22	0.26	0.40	0.59	0.66	0.84	1.06	1.32	1.75	1.75

资料来源：中华人民共和国商务部、国家统计局、国家外汇管理局：《2017 年度中国对外直接投资统计公报》；UNCTAD 数据库。

（二）2016年和2017年中国在西亚各国投资的差异较大

如表 4 显示 2016 年和 2017 年中国在西亚各国对外直接投资的规模和占比动态。从表 4 中可以看到，近两年中国在西亚各国直接投资的表现差异较大。

表4　2016年和2017年中国在西亚各国直接投资流量规模和
2017年存量规模及占比情况

单位：万美元，%

范围	流量		存量		范围	流量		存量	
	2016年	2017年	2017年	2017年		2016年	2017年	2017年	2017年
	金额	金额	金额	占比		金额	金额	金额	占比
阿联酋	-39138	66123	537283	4.14	伊拉克	-5287	-881	41437	4.09
以色列	184130	14737	414869	3.22	阿曼	462	1273	9904	0.44
伊朗	39037	-36829	362350	6.77	巴林	3646	3696	7437	0.28
沙特	2390	-34518	203827	0.88	约旦	613	1516	6440	0.19
土耳其	-9612	19091	130135	0.72	叙利亚	-69	53	1031	0.10
卡塔尔	9613	-2663	110549	3.16	黎巴嫩	0	0	201	0.00
科威特	5055	17508	93623	6.17	巴勒斯坦	20	0	4	0.00
塞浦路斯	525	60341	71869	0.32	西亚	150070	112171	2052214	1.75
也门	-41315	2725	61255	23.56					

资料来源：中华人民共和国商务部、国家统计局、国家外汇管理局：《2017年度中国对外直接投资统计公报》。

第一，从2016年至2017年，中国在西亚各国直接投资的流量规模起伏较大。

其中，从负投资转为正投资的有阿联酋（从-39138万美元升至66123万美元）、土耳其（从-9612万美元升至19091万美元）、也门（从-41315万美元升至2725万美元）、叙利亚（从-69万美元升至53万美元）；从正投资转为负投资的有伊朗（从39037万美元降至-36829万美元）、沙特（从2390万美元降至-34518万美元）、卡塔尔（从9613万美元降至-2663万美元）。

即使是同为正投资或负投资，多数表现出大幅上升或大幅下降。其中，正投资大幅上升的有科威特（从5055万美元升至17508万美元）、塞浦路斯（从525万美元升至60341万美元）、阿曼（从462万美元升至1273万美元）、约旦（从613万美元升至1516万美元）；正投资大幅下降的有以色列（从184130万美元降至14737万美元）、巴勒斯坦（从20万美元降至0）。负投资规模显著下降的有伊拉克（从-5287万美元降至-881万美元）。

只有两个国家表现出规模大致相当，即巴林（从3646万美元略升至3696万美元）、黎巴嫩（两年均无投资）。

第二，至 2017 年末，中国的直接投资存量在西亚各国流入直接投资存量中占比呈现较大差异。

其中，占比超过 5% 的有也门（23.6%）、伊朗（6.8%）、科威特（6.2%）；占比为 3%~5% 的有阿联酋（4.1%）、伊拉克（4.1%）、以色列（3.2%）；卡塔尔（3.2%）；其余各国占比均在 1% 以下。

（三）近年中国企业在主要西亚经济大国的投资不断取得新进展

2017 年前后中国在西亚各国直接投资的业务和政策动态如下（按表 4 示 2017 年存量额的先后次序）。

1. 阿联酋

已有超过 4000 家中国企业在阿联酋开拓业务。中国对阿联酋投资主要领域为能源、钢铁、建材、建筑机械、五金、化工等，部分中资企业在阿联酋积极开拓核电、航天、人工智能、无人驾驶等新兴高科技市场。大型投资项目包括：中阿宣布成立 100 亿美元的共同投资基金；Adnoc 和中石油合资成立 Al Yasat 石油作业公司，中石油占股 40%；中石化冠德控股有限公司（占 50%）与新加坡宏国能源有限公司（38%）、富查伊拉政府（12%）在阿联酋富查伊拉投资建设的石油仓储合资项目——富查伊拉石油仓储公司；中远海运收购阿布扎比哈利法港 2 号码头运营权；中石油和华信能源各获得阿布扎比陆上石油区块 8% 和 4% 的股份权益；中石油获得阿布扎比海上石油区块中两个区块各 10% 的股份权益。由湖南博深实业投资的阿治曼中国城，至 2018 年末，已累计完成投资 12.9 亿美元，居于中国境外经贸合作区已投资总额第 7 位。

2. 以色列

2015 年前，在以色列有直接投资的中资企业包括中新苏州工业园区创业投资有限公司（2008 年）、浙江三花股份有限公司（2010 年）、中国化工集团（2011 年）、上海复星医药（集团）股份有限公司（2013 年）、光大控股（香港）（2014 年）、常州市武进经济开发区（2014 年）、中国上海光明食品（集团）（2015 年）。据以色列风险投资研究中心（IVC）数据，2016

年、2017年中国企业分别通过42项、43项交易，总共投资给以色列高新技术公司5.43亿美元、5.96亿美元资金。

3. 伊朗

随着2015年7月联合国协议解除对伊朗的制裁，中国企业赴伊投资考察人次和开展投资规模趋向增加，领域也逐渐拓宽，除传统油气领域外，还分布在渔业合作、金属及非金属矿石开采、汽车制造、皮革制品、化纤产品、陶瓷、电器制造等领域。中国私营企业对伊投资热情尤其高涨。中资企业在伊朗本地合资合作设立了石化炼厂、陶瓷制造厂、汽车制造厂、地铁车辆组装、智能水电表组装厂、节能灯具制造厂等多领域生产制造型企业。其中，中伊汽车工业园位于伊朗克尔曼省巴姆市，由奇瑞公司牵头负责相关建设，奇瑞由此成为伊朗第一大外资汽车企业。

4. 沙特

目前，中资企业在沙特注册的合资、合作、独资企业及分支机构超过160家。2016年11月，广州泛亚聚酯有限公司与沙特能工矿部就投资吉赞经济城项目签署投资框架合作备忘录，拟投资41亿美元分三期建成12个项目。随后，宁夏银川、广东广州开发区积极跟踪开发吉赞经济城框架下的中沙产业和工业园区建设。沙特阿美石油公司与中石化共同投资100亿美元建设的沙特阿美中石化延布炼厂项目，已于2014年底竣工，2016年1月正式投产启动，年炼化产能2000万吨，其中中石化占股37.5%。

5. 土耳其

目前在土耳其开展投资的中资企业有华为技术、中兴通讯、中国通用、中国钢铁工业集团、中国机械设备工程有限公司、中国航空技术国际有限公司、中国铁道建筑总公司、中国大辰国际工程有限公司、中电电气（南京）光伏有限公司、中国中车股份有限公司、重庆力帆集团、新希望集团、中国海南航空集团、中国南方航空集团、中国国际航空集团等，中国企业在土耳其开展投资合作主要集中在电信、金融、交通、能源、采矿、制造、农业等领域。

6. 卡塔尔

目前在卡塔尔运营的中国独资公司约 15 家，资本额为 1600 万里亚尔。中资企业和卡塔尔设立的合资公司则超过 180 家，资本总额接近 9000 万里亚尔。这些公司主要从事贸易、建筑、信息技术、食品、家具和工程咨询等领域业务。2019 年 4 月，华为公司与卡塔尔沃达丰公司签署战略合作协议，协议主要业务内容为，华为为卡塔尔沃达丰公司全国无线网络升级和 5G 网络建设提供设备采购和服务支持。

7. 科威特

目前，在科威特开展经营的中资企业以工程承包、工程关联制造产品企业为主，另外，华为和中兴两家通信公司都在科威特设立了分支机构。其中，华为科威特公司"创新与培训中心"于 2017 年正式揭牌，该中心将用于测试"智慧城市"等项目方案，预计能提升科威特 ICT 技术。

8. 塞浦路斯

近年，中国企业对塞浦路斯投资趋向活跃。2016 年 1 月，中航工业旗下幸福航空控股收购塞浦路斯深蓝航空公司 49% 股份，当年投资约 3400 万欧元。2016 年 12 月至 2018 年 3 月，浙江金科文化股份公司总计以 10 亿美元收购在塞浦路斯管理运营的 Outfit 7 游戏开发公司。2017 年 4 月，广东达华智能科技股份有限公司以 7300 万美元收购塞浦路斯一家卫星轨道公司。此外，中国民营企业正参与投资建设塞浦路斯阿依纳帕五星级酒店项目；部分中资企业正积极开展商务磋商，拟投资或参与塞浦路斯燃油发电站、光伏电站、风力发电、旧机场航站楼改造等项目。

9. 也门

中国企业在也门投资主要涵盖资源开发、餐饮、建筑工程和渔业捕捞等领域，2011 年 2 月以来，由于也门安全局势趋向恶化，多数中资企业选择撤离；2012 年后，陆续有为数不多的中国企业返回或新到也门，开展投资经营活动。

10. 伊拉克

目前，在伊拉克主要中资企业有中石油、中海油、绿洲石油公司、上海电气、天津电建、苏州中材、中建材、中国交通建设、葛洲坝、中地国际、中曼石油、中国机械设备工程、华为技术、中兴通讯和上海杰溪国际贸易等30余家。安全风险仍是中资企业赴伊拉克投资需要考量的重要因素。

11. 阿曼

中国水产等中资公司在阿曼开展捕捞、收购、加工等多元业务，诸多中国工程企业先后在阿曼承建高等级公路、污水管线、独立电厂、水泥厂等大型工程，并带动了企业投资，多家中国民营企业则投资了石油管材、建材、包装、零售等行业的项目。2017年中国企业在阿曼投资的大中型投资项目包括：中阿（杜库姆）产业园一期，预计于2021年建设完成；2017年4月，首批10个签约意向入园项目涉及海水淡化、石化、电力、光伏组件、石油装备等领域。另外，江苏常宝钢管股份有限公司油井管加工线于2017年10月竣工投产，投资金额2000万美元；沈阳华氏食品饮料有限公司投资设立阿曼塑料有限公司，拟建设饮料包装厂，预计投资金额1亿美元；河南正佳能源环保股份有限公司计划投资2000万美元，拟建设聚合物工厂，已进入项目建设阶段。

12. 巴林

在巴林注册的中资企业数量约600家，从事制造、通信、工程承包、环保和其他服务业等行业活动。华为技术公司于2009年将中东地区总部由迪拜迁至巴林，在巴林员工约500人，负责中东地区13个国家的业务。华为在巴林经营出色，是巴林电信市场上最具竞争力的产品和解决方案提供商之一。据巴林媒体报道，未来5年，巴林计划通过以下措施，进一步扩大与中国合作，一是实现中巴直航，二是优化投资服务，三是建设中国城。巴林王储已表示，愿意提供土地，建立一座面向中国投资者的中国城。

13. 约旦

目前在约旦的中资企业主要包括华为技术、山东电建、广东火电、业辉制衣、地中海钢铁、粤电集团、浙江执御、约旦龙城等。2017年，粤电集团参与投资、广东火电工程有限公司承包建设的总投资额达21亿美元的阿塔拉特页油岩电站项目已经正式实施，工程进展顺利。2018年10月23日，中国国家开发投资集团有限公司下属国投矿业与加拿大 Nutrien 公司，就前者收购后者持有的约旦阿拉伯钾肥公司约28%股份，进行股权交割。2018 年 12 月 14～16 日，福建省商务厅代表团与约旦工商会共同举办中国（福建）－约旦投资贸易推介会。

14. 叙利亚

2017 年，中国在叙利亚投资实现少量正流量（57 万美元）。目前，叙利亚安全局势有好转迹象，政府也在积极吸引外商投资，中国企业可谨慎关注和调研有关叙利亚的投资形势。

15. 黎巴嫩

2015～2017 年，中国已连续 3 年在黎巴嫩无直接投资流量记录。目前在黎巴嫩的中资公司有华为技术、中兴通讯、安福贸易公司等。2019 年 3 月 30 日，由中国贸促会与黎巴嫩法兰萨银行、黎巴嫩商会联合会和阿拉伯农工商会总联盟共同在黎巴嫩首都贝鲁特举办"中国－黎巴嫩投资论坛"。

四 努力推动中国在西亚直接投资迈上新台阶

中国目前已是制造业大国、工程建设大国，企业资金也较为充裕。属于阿拉伯文化圈的西亚各国都是资源丰产国，各国经济总规模普遍中等偏下，除若干安全局势动荡国家之外，人均收入水平普遍在中等偏上；不属于阿拉伯文化圈的以色列、塞浦路斯则已跻身高收入水平国家之列。总体上，中国与西亚各国经济发展风格的差异都非常明显。正因为如此，中国和西亚国家之间开展直接投资合作，相互之间取长补短的可能性较大，中国企业以直接投资方式，积极拓展西亚市场，也不大会面临欧美各国对中国投资抱有的防范和遏制态度。正因为如此，考虑到目前中国直接在西亚各国存量占比仍相对较低，未来中国在西亚直接投资的发展前景广阔、潜力巨大。为此，本文建议政府和企业从以下方面积极开展工作，寻找机会，发掘潜力，不断深化中国在西亚各国的投资合作。

第一，发掘工程带动投资潜力，积极关注西亚地区 PPP 投资机会。目前，西亚各国基础设施建设和翻新改造的需求巨大，部分国家，如黎巴嫩等，还专门通过 PPP 投资法案。一方面，中国工程承包企业要积极参与西亚各国大中型基础设施工程的招投标，并且在适应工程业务扩张过程中，应该积极通过直接投资，在工程所在国开展分支机构建设和资产运营；另一方面，应注意跟踪东道国（地）的信息发布，发现 PPP 投资机会，积极参与 PPP 项目招投标，并由此积极参与基础设施项目建设的后期维护和运营。随着国内工程企业实力提升，要在资金管理、组织架构、战略管理上适应性转型，部分项目如本工程企业资金实力难以支持，要积极在国内寻求金融机构和其他合作者，组成企业联合体，以联合体方式参加境外 PPP 项目招投标。企业还应不断提升在境外承接 PPP 项目的国际竞争力，提高中资企业在西亚的 PPP 项目市场份额。

第二，发掘西亚地区新型能源和可再生能源领域投资机会。西亚地区是石油、天然气等传统能源的丰产区。但是，目前，传统能源国际市场行情走低，传统能源投资开发潜力已相对受限。从目前情况看，西亚约旦、沙特等国家也是新型页岩油、页岩气能源的高储备区，而所有西亚国家，由于特定的光照和气候条件，都具备开发太阳能的自然环境优势。部分西亚国家政府，如沙特等，正将开发太阳能等清洁能源，提高到降低石油依赖的战略高度，并纳入国家产业促进计划。2019 年 1 月，中国汉能集团受沙特能源工业矿业部和工业集群署邀请，参加在沙特阿拉伯首都利雅得举办的国家工业发展及物流计划启动仪式，并与当地知名的 Ajlan & Bros 集团公司，签订在沙特建设薄膜太阳能产业园项目的投资意向协议，预计该项目投资金额达10 亿美元以上。今后，中国政府部门、新型能源企业、清洁能源企业都应积极发掘类似合作机会，以促使新型能源和清洁能源成为中国西亚直接投资合作的新产业增长点。

第三，通过产业园和经贸园投资，发挥龙头企业在投资开发上的带动作用。相比在亚洲和非洲，中国在中东地区的产业园、经贸合作园投资仍相对不活跃，这当然与西亚各国偏向石化产品的产业结构有一定联系。不过，近年，西亚各国都已经出台规划，积极发展制造业，努力减轻国家经济对油气资源的依赖，这就为中国企业在西亚地区通过产业园、经贸合作园等方式，开展制造业投资提供了机会。因此，中国国内面临较大贸易摩擦和产能过剩的制造企业，中国资金实力相对雄厚的企业集团，都应加强对关于西亚各国产业园区投资环境和市场前景的调研，并积极从奇瑞中国伊朗汽车园、阿曼（杜库姆）中国产业园、阿联酋阿治曼中国城等园区的投资建设历程中，总结和学习经验、吸取教训。在此基础上，积极寻找园区投资机遇，争取通过龙头企业投资，带动批量中国制造、商贸企业"走出去"。

Y.15

2018年西亚国家的对外贸易

周　密*

摘　要： 2018年，西亚国家在全球油价的波动中受到一定负面影响。作为国际贸易发展所依赖的安全局势堪忧，美国中东政策的重要改变激化了西亚国家内部矛盾，导致其国际贸易的意愿与能力发生改变。中国与西亚国家的双边贸易在周期性变化中向着中方逆差扩大的方向发展，进口博览会为中国扩大从西亚进口提供了更大支持。中国从西亚国家的国别与商品贸易结构基本保持稳定，沙特、伊朗、伊拉克等国家仍是中国在西亚主要的贸易伙伴。展望未来，中国与西亚国家的双边贸易将受益于"一带一路"高质量发展，成为中阿合作的亮点，但各种内外部风险因素对贸易的影响更加明显，需要关注与防范。

关键词： 西亚国家　国际贸易　双边贸易　一带一路

2018年，西亚国家①保持参与国际经贸合作的积极意愿，产油国在推动经济多元化发展上做出持续努力。但是，受内外部因素影响，多数西亚国家

---

* 周密，管理学博士，商务部研究院美洲与大洋洲研究所副所长、研究员，主要研究对外投资合作、服务贸易、国际规则与协定等问题。

① 本文所指西亚国家，包括伊拉克、沙特阿拉伯、阿拉伯联合酋长国、伊朗、也门共和国、阿曼、叙利亚阿拉伯共和国、约旦、卡塔尔、科威特、以色列、黎巴嫩和巴林，共13个国家。

的经济社会发展面临的安全制约仍然降低了其国际贸易的发展能力，不仅新的经贸协定难以达成，其内部的协调机制也面临失效乃至瓦解的风险。

一 影响西亚国家国际贸易的主要因素

2018 年，西亚国家在开展国际贸易的过程中依然面临不少制约因素，对于西亚国家开展国际贸易的意愿和能力产生了不小影响，也对各贸易伙伴开展与西亚国家的贸易带来冲击。

（一）油价快涨快跌增加市场交易难度

2018 年，在供需基本面和各类因素的共同作用下，国际油价上演了"过山车"行情。2018 年 1 月的北海布伦特原油为 66.57 美元/桶，到 5 月 22 日一度涨至 79.57 美元/桶，此后油价持续下调，到 12 月 18 日降至 56.26 美元/桶，比年初下跌了 10.31 美元/桶。15.5% 的油价跌幅显示出全球油价的变化巨大。与此同时，美国西得克萨斯的 WTI 原油价格出现了与布伦特油价的巨大差异，全年近半时间低于 5 美元以上，价差最大达到 12.18 美元/桶。全球石油供应量的快速增长和新增需求的相对疲软导致供需关系有利于需求方。据统计，2018 年全球石油平均的日新增供给量为新增需求量的 3 倍。作为主要贸易商品，石油价格的快速波动对西亚国家的贸易产生了较大影响。

（二）地缘政治风险严重影响贸易秩序

2018 年，西亚地区的地缘政治风险继续增加，地区争端呈现原因多元化特点。除了原有的矛盾与冲突外，美俄在叙利亚、沙特等问题上的分歧增加。北约的协同面临更大的制约，不仅影响其对外协同的效率和决策的做出，甚至开始在其近 70 年的发展后讨论生存问题。美国方面退出《中程导弹条约》可能引起西亚地区的军事力量升级。特朗普要求各成员加大军费支出，欧洲国家内部反对声音增强，增强欧洲自身防卫力量的讨论增加。

"卡舒吉事件"和出兵也门的行动削弱了沙特在西亚地区的影响力,也使得其在全球处于较为不利的地位。地缘政治风险的复杂化使西亚国家的对外贸易环境变得更为困难,开展正常的国际贸易难度增加,开展贸易的信任关系受到地缘政治风险的负面冲突。

(三)恐怖主义外延泛化增加不确定性

2018年,西亚地区仍在全球恐怖主义活动和冲突中受到严重影响。澳大利亚智库经济与和平研究所(IEP)报告显示,伊拉克是2018年恐怖主义指数最高的国家,叙利亚则排在第4位。"伊斯兰国"的军事力量在地理上被压缩的同时,各种形式的恐怖主义活动并未消失,对各国的安全形势带来更大的影响,而西亚国家更是首当其冲。一些负面新闻和议题的出现增加了社会的不稳定因素,对西亚国家开展国际贸易带来较大的负面影响。风险增加降低了金融机构提供信用保证和风险产品的意愿,使开展国际贸易变得更加困难。也门、叙利亚等西亚国家安全局势的恶化给该国和相关国家都带来较大的负面影响,国际贸易所依赖的产业结构和运输保障都无法延续。

(四)域外力量介入使宗教问题更加复杂

2018年,美国对西亚地区的多项举动冲击巨大。美国将大使馆从特拉维夫搬迁至耶路撒冷,宣布退出伊朗核协议并重启因该协议而豁免的对伊朗制裁,宣布完成在叙利亚打击"伊斯兰国"并将撤回所有部队和政府人员,在"卡舒吉事件"上态度不明,使原本复杂的中东局势变得更加难以平静。将美国使馆迁至耶路撒冷直接导致巴勒斯坦的强烈反对,并对美国未来在巴以问题上的斡旋能力产生质疑和否认。伊朗核协议大幅改变西亚国家的局势。在所有盟友和相关国家的反对下,美国依旧执意对伊朗制裁,增加了美国与伊朗两国的紧张情绪,增加了沙特、以色列和伊朗等国的核力量冲动,并对伊朗与包括欧洲在内的各国间正常贸易的开展带来较大压力。

二 中国与西亚国家的双边贸易

2018 年，中国与西亚国家的双边贸易加快复苏进程，西亚国家在中国对外贸易量中的比重继续增加。相比出口，中国从西亚国家进口的增速更快，导致中国对西亚国家逆差显著增加。与此同时，中国从西亚国家的进口和对西亚的出口均在国别分布和商品结构分布上呈现不同特点，反映了双方意愿与能力的变化。

（一）双边贸易额加快复苏

中国与西亚国家的互补性强，双边贸易额在经济发展的不同阶段呈现不同的态势。2018 年，中国与西亚国家的双边贸易复苏速度进一步加快。如图 1 所示，2018 年，中国与西亚国家的双边贸易额为 2510.1 亿美元，同比增长 20.3%，是 2012 年以来增长最快的一年。从过去 10 年的双边贸易额数据来看，2018 年的贸易规模已经很接近 2013 年的水平。从 2015 年增速的低谷开始的加速增长明显，侧面反映出复苏的态势。

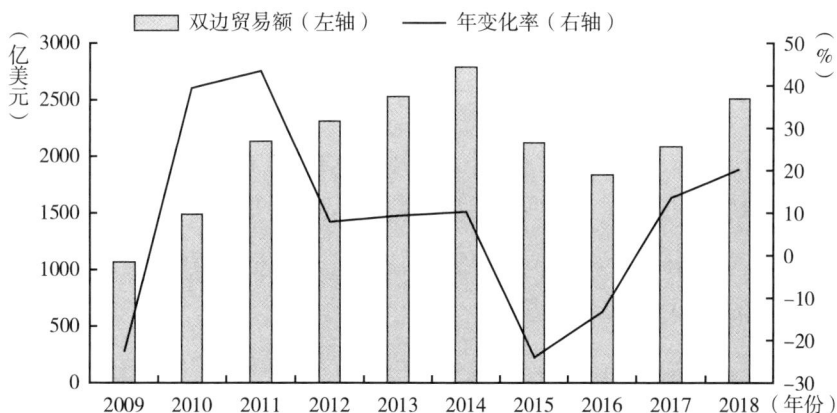

图 1 2009～2018 年中国与西非国家双边贸易额及变化率

资料来源：根据中国海关数据测算。

（二）中国从西亚国家进口增长加速

中国与西亚国家的进口和出口表现出不同的发展态势。西亚国家的消费能力仍然保持相对较弱的态势，而中国则从西亚国家进口了更多的商品，双边贸易以中国进口快速扩大为主要特征。2018 年，中国对西亚国家的出口为 961.7 亿美元，比 2017 年的 990.1 亿美元下降了 2.95%，降幅高于去年同期的水平。相比而言，中国从西亚国家的进口合计 1548.4 亿美元，在去年同期同比增加 29.4% 的基础上再次增长了 41.2%。从趋势上看，如图 2 所示，中国从西亚国家的进口的波动整体幅度更大，在 2009 年、2012 年和 2016 年，中国从西亚国家进口额的增速曾经与出口额的增速出现过较差变化态势。自 2017 年开始，中国从西亚国家的进口和对西亚出口的变化态势呈现明显分化，差距开始拉大。

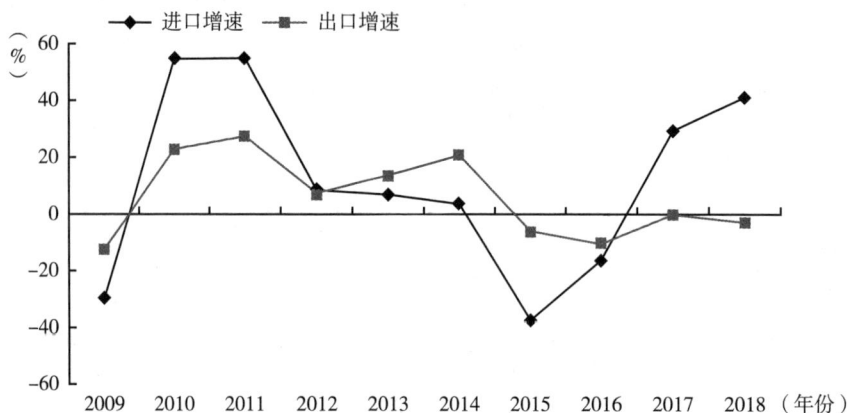

图2 2009～2018 年中国与西非国家双边贸易进出口额年变化率

资料来源：根据中国海关数据测算。

（三）西亚在中国外贸总量中比重上升

如图 3 所示，西亚国家在中国对外贸易中的重要性整体呈现明显上升趋势，但在 2015 年出现明显下滑。2018 年，西亚国家在中国对外贸易中的重要性继续回升。从数据来看，2018 年中国与西亚的双边贸易额占到当年中国进出口总额的5.4%，占比明显高于 2016 年和 2017 年。但是，双边贸易额的比重仍低于 2014 年 6.5% 的高点，也还未恢复到 2015 年的水平。

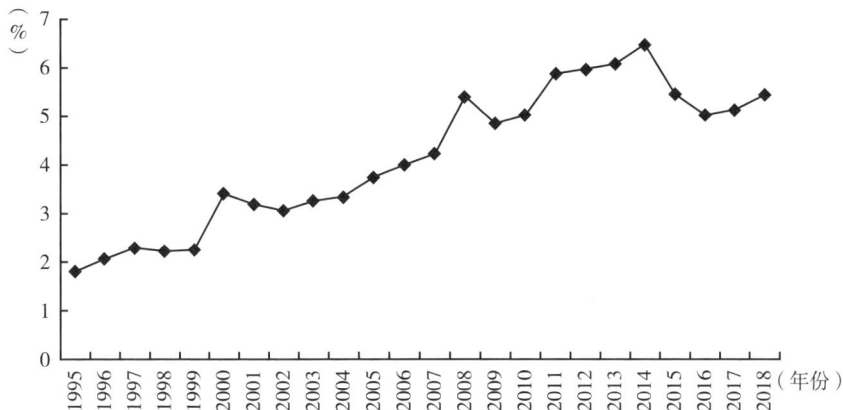

图 3　1995～2018 年中国与西非国家双边贸易额全球占比

资料来源：根据中国海关数据测算。

（四）中国对西亚双边贸易逆差快速增长

2018 年，中国对西亚国家整体的贸易逆差呈现明显增长，586.8 亿美元逆差额几乎达到 2012 年的上一轮贸易逆差的最高值 595.6 亿美元（见图 4）。与2017 年相比，中国对西亚国家的双边贸易逆差额增加了 449.4%。贸易不平衡指数用于比较不同贸易规模下两个经济体的不平衡水平。自 2017 年从贸易顺差转为贸易逆差以来，中国与西亚国家的贸易不平衡指数快速下降。按照贸易不平衡指数计算，2018 年的不平衡指数为 -0.23，与 2012 年上一轮贸易不平衡最为严重时的 -0.26 相比也比较接近。

（五）中国从西亚国家进口国别集中度提高

如表 1 所示，2018 年，中国从西亚国家的进口国别分布基本保持稳定，国别存在一定的集中度但国别差异并不明显。2018 年，伊拉克超过伊朗，

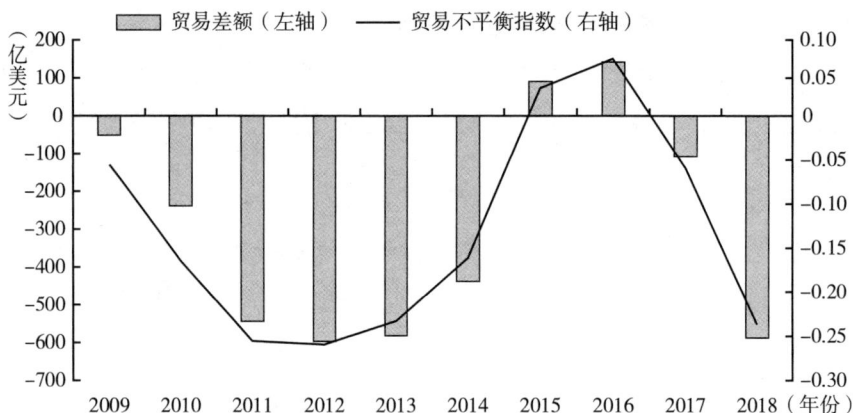

图 4 2009~2018 年中国与西非国家双边贸易不平衡水平

资料来源：根据中国海关数据测算。

注：贸易不平衡指数反映了双边贸易不平衡的程度，为贸易差额占双边贸易总额的比重表示，正值表示一国对于另外一国具有贸易竞争优势，反之处于劣势。不平衡指数的绝对值越大说明双方的贸易不平衡的程度越高。

五年来首次成为中国从西亚国家进口额排名第 2 位的国家。沙特依然在中国从西亚进口中排名第 1 位。2018 年，中国从沙特进口商品 458.7 亿美元，超过了从排名分列第 2 位和第 3 位的伊拉克（225.0 亿美元）与伊朗（211.0 亿美元）的进口额之和。进口额超过 100 亿美元的国家比 2017 年增加了 1 个，分别为阿曼（188.7 亿美元）、阿联酋（162.3 亿美元）和科威特（153.5 亿美元）。西亚国家中，除所得税改革导致政治动荡、遭遇洪水和金融市场波动的约旦，以及仍处于战乱的叙利亚对华出口额同比下降外，其他国家的对华出口均有增长。2018 年中国从西亚国家进口额的全球占比比上年上升了 1.1 个百分点，达到了 7.2%，但仍比 2014 年 8.2% 的高位略低。

表 1 中国从西亚国家进口额国别分布

单位：百万美元，%

年份	2014	2015	2016	2017	2018
沙特阿拉伯	48678.5	30155.5	23595.2	31761.4	45865.4
伊拉克	20747.6	12656.3	10618.1	13724.0	22504.4

续表

年份	2014	2015	2016	2017	2018
伊朗	27464.6	16013.2	14919.0	18524.5	21100.7
阿曼	23820.2	15052.2	11877.1	13025.6	18873.1
阿联酋	15560.3	11280.4	9745.6	12090.6	16233.5
科威特	10002.9	7478.7	6357.7	8916.9	15349.1
卡塔尔	8311.6	4594.7	3994.6	6365.7	9144.2
以色列	3165.7	2804.2	3200.3	4197.0	4641.2
也门	2943.0	887.7	164.5	651.1	717.6
约旦	263.4	287.5	211.1	278.7	214.2
巴林	183.9	111.6	63.5	125.7	150.1
黎巴嫩	26.1	17.4	17.5	22.6	49.0
叙利亚	2.1	3.5	3.2	1.3	0.9
西亚国家	161170.0	101343.0	84767.4	109685.0	154843.3
全球	1963105.2	1601760.8	1524704.1	1790000.5	2140000
西亚占全球比例	8.2	6.3	5.6	6.1	7.2

资料来源：根据中国海关数据测算。

（六）中国对西亚国家出口市场集中度降低

中国对西亚国家出口的国别分布基本保持稳定。从表2可以看出，与从西亚国家的进口相比，出口的国别变化更大。沙特取代伊朗成为中国对西亚出口的第二大目的地，卡塔尔则超过黎巴嫩，成为第九大目的地。2018年，中国对所有西亚国家的出口额均超过10亿美元。与进口相比，出口的国别分布相对分散。其中，对阿联酋的出口为296.5亿美元，比分列第2位和第3位的沙特（174.3亿美元）和伊朗（140.3亿美元）之和略低。上述3个国家也是中国对西亚国家出口仅有的出口额超过100亿美元的国家。中国对西亚国家的出口额合计占到全球出口额的3.9%，比2017年低0.4个百分点，与过去5年相比持续下降。

表2 中国对西亚国家出口国别分布

单位：百万美元，%

年份	2014	2015	2016	2017	2018
阿拉伯	39044.1	37066.2	30860.8	28944.7	29651.0
沙特阿拉伯	20592.3	21679.4	19683.0	18381.0	17429.0
伊朗	24337.8	17832.5	16727.4	18680.5	14027.7
以色列	7739.3	8624.3	8339.2	9001.3	9274.5
伊拉克	7742.9	7927.0	7743.1	8352.9	7903.2
科威特	3429.3	3775.8	3116.3	3119.6	3312.7
约旦	3366.9	3430.8	3050.7	2815.8	2968.9
阿曼	2063.2	2118.1	2211.2	2331.5	2864.6
卡塔尔	2253.8	2279.1	1558.8	1688.5	2481.7
黎巴嫩	2607.3	2290.3	2216.7	2031.6	1969.2
也门	2201.4	1436.4	1736.5	1646.6	1874.6
叙利亚	983.2	1024.4	971.8	1107.3	1272.8
巴林	1232.8	1014.5	818.1	904.5	1135.5
西亚国家	117594.1	110498.6	99033.8	99005.5	96165.5
全球	2343222.1	2280541.1	2135308.1	2279162.1	2480000
西亚占比	5.0	4.8	4.6	4.3	3.9

资料来源：根据中国海关数据测算。

中国与西亚国家的贸易不平衡呈现不同特点。如表3所示，2018年，中国有出口顺差的国家有7个，比有出口逆差的国家多1个。顺差最大的国家为阿联酋（134.2亿美元），接下来是以色列（46.3亿美元）、约旦（27.5亿美元）、黎巴嫩（19.2亿美元）、叙利亚（12.7亿美元）、也门（11.6亿美元）和巴林（9.9亿美元）。相比而言，逆差额普遍更大。逆差最大的国家为沙特（284.4亿美元），阿曼（160.1亿美元）、伊拉克（146.0亿美元）和科威特（120.4亿美元）也都在百亿美元之上，即便逆差最小的卡塔尔（66.6亿美元）和伊朗（70.7亿美元）也都比顺差额要大很多。

表3 2018年中国与西亚国家的贸易不平衡

单位：百万美元

国家	阿联酋	伊朗	沙特	以色列	伊拉克	科威特	约旦
中国顺差或逆差	13417.6	-7073.1	-28436.4	4633.4	-14601.1	-12036.4	2754.8
不平衡指数	0.29	-0.20	-0.45	0.33	-0.48	-0.64	0.87
国家	阿曼	黎巴嫩	卡塔尔	也门	叙利亚	巴林	
中国顺差或逆差	-16008.5	1920.2	-6662.5	1157.0	1271.9	985.4	
不平衡指数	-0.74	0.95	-0.57	0.45	1.00	0.77	

资料来源：根据中国海关数据测算。

（七）中国进口商品集中度较高

中国从西亚国家的进口以燃料和其他矿物原料为主。2018年，中国仅从沙特、伊拉克和伊朗3国进口矿物油就达到684.5亿美元，占中国从西亚国家进口货物总额的44.5%。考虑所有西亚国家，如图5所示，矿物油占到2018年中国从西亚进口商品总量的77.9%，其次是有机化学品（8.0%）和塑料制品（7.8%），合计占中国从西亚进口总量的93.7%。事实上，上述3类商品都是石油及与石油相关产品，双边贸易反映了西亚国家的资源优势。

2018年，中国从西亚国家进口中，沙特居于首位，但进口商品集中度较高。矿物油进口额为313.5亿美元，占2018年中国从沙特进口商品总额的68.3%；有机化学品进口额为73.7亿美元，占比为16.1%；塑料制品进口额为59.8亿美元，占13.0%。上述3类商品的进口额占中国2018年从沙特进口总额的97.4%。

伊拉克是2018年中国从西亚进口的第二大来源国。与沙特相比，从伊拉克进口商品的集中度更高。矿物油进口225.0亿美元，占进口总量的99.99%。除此以外，椰枣进口152.4万美元，占比仅有0.01%。

伊朗是2018年中国从西亚进口的第三大来源国。中国从伊朗进口矿物油151.0亿美元，占进口总量的71.6%；塑料制品进口额为23.4亿美元，

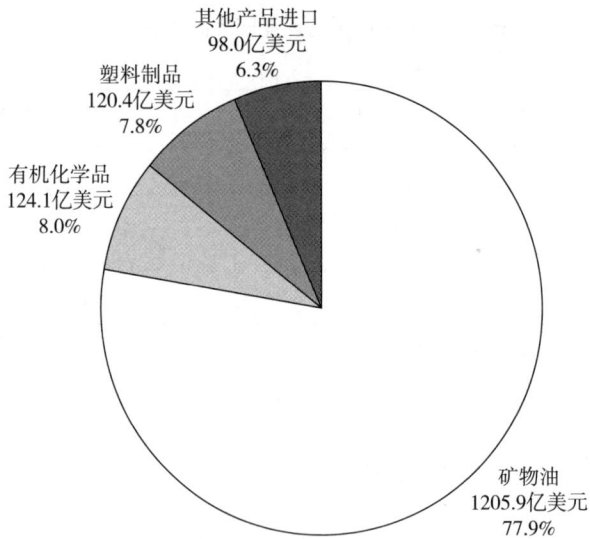

图5　2018年中国从西亚国家进口主要商品大类

资料来源：根据中国海关数据测算。

占比为11.1%；矿砂进口额为17.3亿美元，占比8.2%；有机化学品进口额为13.7亿美元，占比6.5%。上述4类商品的进口额占中国当年从伊朗进口总量的97.4%。

（八）中国出口商品集中度有所提高

与中国从西亚国家的进口相比，中国对西亚国家的出口分布更为广泛，不仅类别更多而且贸易额的集中度也大幅降低，反映出中国出口商品对西亚国家经济社会的全方面影响。如图6所示，2018年中国对西亚国家出口按照出口额排序由多至少分别是：电机电气设备172.6亿美元，占出口总量的18.0%；机器及零部件145.7亿美元，占比15.2%；接下来分别是：车辆48.2亿美元（5.0%），家具寝具47.4亿美元（4.9%），钢铁制品46.5亿美元（4.8%），针织或钩织服装40.5亿美元（4.2%），塑料制品36.0亿美元（3.7%），非针织或钩织服装33.6亿美元（3.5%），钢铁31.6亿美元（3.3%）。上述九大类商品合计占2018年中国对西亚国家出口的

62.6%，其余的对西亚出口商品合计占出口总额的37.4%。从贸易伙伴来看，阿联酋、沙特和伊朗在中国与西亚国家进口和出口中均排名前三位。中国对西亚国家出口前三位的商品结构有相似性和自身特点。

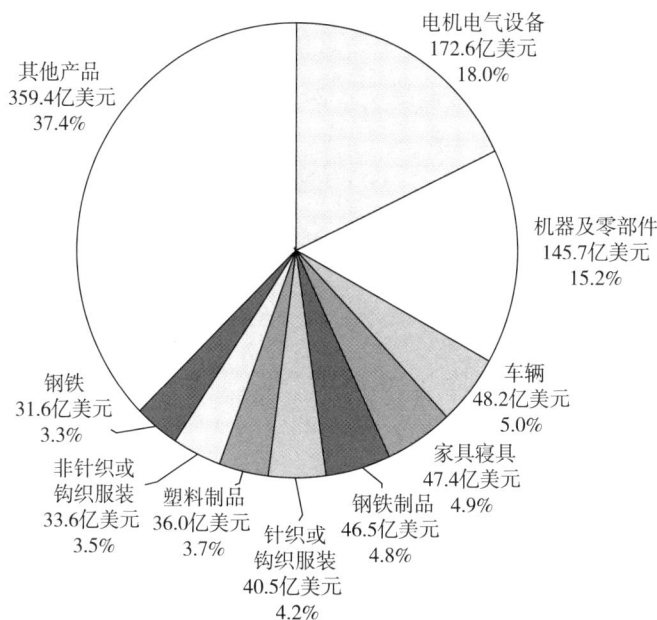

图6 2018年中国对西亚国家出口主要商品大类

资料来源：根据中国海关数据测算。

阿联酋是2018年中国对西亚出口额最大的国家，其相对较大的市场购买力为进口商品提供了广泛的基础，出口商品涉及97个HS2位的大类，中国对阿联酋出口的商品结构与对西亚国家整体的出口结构相似。中国对阿联酋的电机电气设备出口76.5亿美元，机器及零部件出口50.3亿美元，分别占中国对阿联酋出口的25.8%和17.0%。中国对阿联酋出口的家具寝具、非针织或钩织服装以及针织或钩织服装3类商品的占比为4.2%、4.0%和3.9%。

沙特是2018年中国对西亚出口额第二大的国家。在中国对沙特出口中，按照出口额排序，电机电气设备、机器及零部件以及家具寝具分列前3位且出口额均在 10 亿美元以上，出口额分别为 28.8 亿美元、19.5 亿美元和 14.0 亿美元，占比分别为 16.5%、11.2% 和 8.0%。2018 年中国对沙特出口前 10 类商品合计占 65.3%。

与阿联酋和沙特相比，2018 年中国对伊朗的出口集中度略高。机器及零部件、车辆和电机电气设备是中国对伊朗出口最多的大类，出口额都在 10 亿美元以上，分别为 26.3 亿美元、24.1 亿美元和 19.1 亿美元，占比分别为 18.8%、17.2% 和 13.6%。

三 中国与西亚国家双边贸易的趋势展望

中国与西亚国家具有较强的贸易互补性，双边贸易在"一带一路"合作领域寻求高质量发展。但也应该看到，在域内和域外因素的共同作用下，中国与主要西亚国家的贸易发展存在不少变数，风险可能更为突出。

（一）中国对西亚国家逆差可能继续增加

从中国与西亚国家双边贸易的发展周期来看，预计2019 年中国与西亚国家间的贸易不平衡仍会按照现有的发展方向延伸。西亚从中国的进口能力伴随经济的发展而将继续增强，来自经济扩张和社会发展所创造的更强购买力。但相比而言，中国经济发展逐渐从下行压力中释放，预计将对能源等资源产生更多的生产和消费需求。伴随中国经济进入消费驱动的发展阶段，包括进口博览会等平台和各项促进进口政策的政策效果更佳明显，有利于西亚国家扩大对华出口。也应该看到，全球油价的发展可能面临供过于求的局面，在能源结构调整过程中，以矿物燃料为主要出口优势的西亚国家的经济多元化意愿更强，为中国与其扩大贸易分布、扩大贸易规模创造了条件。

（二）"一带一路"建设寻求高质量发展模式

阿拉伯国家自古与中国就在国际贸易中有着密切的联系。截至 2019 年

4月，中国已经与17个阿拉伯国家签署了"一带一路"建设合作文件，与12个阿拉伯国家建立全面战略伙伴关系或战略伙伴关系。西亚国家以阿拉伯国家为主，中阿合作为中国与西亚国家合作提供了更多平台与机会。"一带一路"倡议提出以来，各方在"一带一路"建设合作中取得了大量成果，也面临新的挑战。中国加强与有关各方在开展包括贸易畅通在内的合作时更加关注如何通过有效的设计实现发展的高质量。尽管"一带一路"建设并未寻求建立以正式国际协定明确各方权利与义务的模式，但信息的沟通与协调为增进共识、降低贸易壁垒提供了更多支持。尽管与海合会的自贸协定尚未达成，但在增加贸易便利化、减少跨境要素流动壁垒方面已经取得了不少进展。战略对接将为企业主体协同响应各国发展目标提供更多支撑，西亚国家多元化发展需求和"一带一路"的高质量发展模式将为中国与西亚国家的贸易发展提供更多的支持。

（三）与沙特和以色列贸易合作变数增加

"卡舒吉事件"对沙特国际形象的负面影响较大，加之牵头干预也门国内安全局势，都会对沙特的国际贸易环境带来不利影响。但是，相比而言，沙特的石油资源优势仍将为其提供充分的出口收益。作为OPEC的引领方，沙特同时面临来自组织内外的压力。卡塔尔退出OPEC，加之包括美国等其他主要产油国与沙特产油策略不一致，沙特对国际市场石油价格的影响力减弱。中国与以色列的双边贸易合作有较好的机制和机会，但由于美国对大使馆和戈兰高地的直接行动导致以色列在西亚国家中更被孤立和敌视。尽管以色列在对华贸易和投资合作中相对独立，但未来难免受美国等影响。作为2018年中国出口额排名第二和第四的目的地，对沙特和以色列出口的减少可能将对中国对西亚国家总体出口额造成较大负面影响。

（四）大国博弈加强改变区域内力量平衡

西亚地区作为传统的纷争频繁的区域，预计未来可能受到美国、俄罗斯等大国政策的影响更大。叙利亚的局势变化增加，俄罗斯加强对叙利亚局势的主导，特朗普宣称美军撤出的决策引发包括北约在内的各方的关注。尽管叙利亚表示对俄罗斯、伊朗和中国参与战后重建充满希望，但在尚未稳定的环境中不仅缺乏开展贸易的条件，而且没有有效的购买力。基础设施建设、贸易投资活动都难以有效开展。伴随大国干预力量的增强，西亚国家需要选择发展方向和模式，人员流动、资本流动不断发展，国家间贸易模式也将发生结构性变化。大国在西亚地区的政策行动与西亚国家自身的政策调整和社会发展相互作用，对西亚国家对外贸易的重点方向和模式产生影响。

（五）美国制裁伊朗增加中伊贸易困难度

美国退出伊核协议的做法引起各方反对，但美国依赖其强力推进事实上改变着各方的响应模式。在对中国与伊朗石油贸易暂时豁免到期后，包括中国在内的多国继续从伊朗购买石油将承受严重风险。欧盟尝试为与伊朗开展石油贸易进行易货贸易安排的做法很难被其他国家复制，不仅对于伊朗开展贸易的企业，而且对参与交易结算的金融机构的影响巨大。欧盟企业已经相应调整了其贸易投资活动安排。受此影响，中国从伊朗进口可能下降超过3/4，对中国与西亚国家的贸易带来较大冲击。伊朗出口受限不仅会严重削弱其进口能力，还可能会引起其不再承担伊核协议下停止核试验的义务，进而可能引起西亚地区的核竞赛，使地区局势更为紧张，正常的贸易活动难以开展。

（六）恐怖主义严重打击国际贸易者信心

西亚地区的恐怖主义活动并未因"伊斯兰国"的覆灭而消失，反而可能出现更为复杂的局面。在极端主义和恐怖主义的影响下，西亚地区的经济社会可能发生更大改变。各国政府为应对恐怖主义活动，在治安管理、人员跨境流动乃至发展军事力量等方面将实施更为严格的政策，限制经济活动，增加国际贸易成本。更为严重的是，开展国际贸易所依赖的信任关系可能由于主观或客观原因受到较大影响，导致国际贸易活动的小规模化、短期化，降低其可持续发展的能力。安全形势增加贸易活动的违约概率，可能影响提供相应保险服务的金融机构的判断和参与意愿。为获得足够利润，国际贸易的参与者可能在商品定价中需要更高的溢价，进而减弱西亚国家的购买力和购买意愿，不利于国际贸易的稳定发展。

资料文献

Documentation

Y.16

2017～2018年国内外中东研究新进展

余国庆　张　波　马学清*

　　2017～2018年的国内外中东研究成果丰硕，在中东政治、外交、国际关系、中东社会文化、宗教、法律等领域出版了一批专著，发表了大量的学术论文及专业类文章。中东研究的领域进一步拓展，在保持传统和基础性研究的基础上，围绕中东地区形势的发展和变化，呈现出热点和重点突出、学术著作和出版成果丰富的特点。在国内中东研究学界，呈现出中东的地区和国别研究全面铺开、学术交流和学术活动繁荣等特点，但国内中东研究和学术活动也出现过于追逐热点、研究趋同化等倾向。在国内中东研究成果中，基础性和理论性研究成果不多，学术研究成果也缺乏扛鼎之作，需要引起中东学界重视和关注。

　　* 余国庆，中国社会科学院西亚非洲研究所研究员；张波，中国社会科学院西亚非洲研究所助理研究员；马学清，中国社会科学院西亚非洲研究所助理研究员。

一 国际中东学科的发展动态和进展

2018 年的国际中东学科发展，继续保持原有的注重基础研究和人文历史研究，加大历史和宗教文化研究深度，注重中东国际力量对比研究，同时加大对中东重大现实问题和热点问题的探讨与研究。国际中东研究与国内的中东研究互动、互访明显增加。一个重要的表现是"一带一路"倡议成为许多国际知名智库或研究机构讨论的议题，或者成为一些国际或多边学术交流的重要主题。中国与中东的关系问题也成为一些重要的国际研究机构关注的重要问题。

值得一提的是，2018 年中国的中东研究"走出去"迈出了重要一步。2018 年 10 月，中国社会科学院与阿联酋大学合作在阿联酋大学设立"中国研究中心"，为今后中国的中东学者前往中东地区进行学术交流和访问提供了一个重要的平台。在阿联酋大学"中国研究中心"成立仪式后，召开了多边论坛，主题为"解读丝绸之路的遗产：交流、一体化与前景展望"，显示"一带一路"倡议获得了国际中东学界的进一步认可。俄罗斯的对外关系协会、俄罗斯科学院东方研究所在与中方学者的交流中，对中国在中东的作用和中国与中东国家的关系等问题表现出强烈的兴趣。俄罗斯、德国、比利时、伊朗、土耳其、埃及、阿联酋等国的中东研究界举办的涉及中国与中东关系以及"一带一路"倡议的学术研讨活动明显增加。

2018 年是第一次世界大战终战 100 周年。第一次世界大战结束后瓦解的奥斯曼帝国对中东的历史影响巨大。国际中东学界重新掀起了一股研究一战和奥斯曼帝国历史的热潮。2018 年，英国一家出版社出版的关于奥斯曼帝国的图书多达 14 种。① 在国际中东研究学科领域，2018 年也举行了多场以土耳其与中东关系为主题的国际研讨会。土耳其著名的战略研究中心

---

① "The 14 Best Books on the Ottoman Empire to Buy in 2018", https://www.thoughtco.com/books-the-ottoman-empire-1221144.

（Centre for Strategic Research，SAM）在 2018 年举行了多场有关土耳其与俄罗斯、土耳其与伊朗、土耳其与哈萨克斯坦等国关系的研讨会。① 土耳其问题研究的热门，显然与近年来土耳其在叙利亚问题上的态度和行动，以及土耳其在中东其他一些问题上的活跃角色相关。2018 年 10 月，社会科学文献出版社翻译出版了英国学者詹姆斯·巴尔（James Barr）撰写的《瓜分沙洲：英国、法国与塑造中东的斗争》（*Britain，France and the Struggle that Shaped the Middle East*）一书，反映了国际学术界在研究第一次世界大战对中东地缘政治影响的最新成果。

美国是对中东影响最大的国家，美国的中东政策一直以来是中东学界的重要研究内容。美国国内的中东研究机构和智库众多，中东研究的实力雄厚，研究内容和范围也包罗万象。2017 年 11 月 18～21 日在美国华盛顿举行了北美中东学会（Middle East Studies Association of North America）年会。这次年会设置了多达 242 个分组讨论议题，这些议题虽然包括了中东热门的阿拉伯国家与以色列的关系、伊朗核问题、叙利亚危机等问题，但传统的中东国家的历史、文化、部落、语言、妇女、青年、教育等问题仍然是主要议程。但引人注目的是，在北美中东学会最近的网站上，刊登了多场即将于 2019 年在欧洲和美国一些中东研究机构举行的中东研究学术研讨会信息，主题集中于中东和伊斯兰世界的难民、移民、边界等问题。例如，挪威中东研究学会和北欧中东研究学会宣布，第十一届北欧中东研究会议"打破和创造中东边界"，将于 2019 年 8 月 14～16 日在赫尔辛基举行。美国中西部地区中东和伊斯兰研究协会于 2019 年 3 月举行关于"中东和伊斯兰世界的流散家庭和难民"研讨会。几乎在同一时期，法国图卢兹天主教大学，也将举行一场以"中东的移民和边界问题"（Borders and Emigration）为主题的国际研讨会。② 这种学术现象说明国际中东研究已越来越重视近年来中东地缘政治变迁带来的移民和难民问题，以及对中东本地区以及欧洲带来的复杂社会影响。

---

① Center for Strategic Research，http：//sam. gov. tr/.
② "Conferences"，Middle East Studies Association，https：//mesana. org/resources-and-opportunities/category/conferences.

在国际中东研究成果中值得介绍的是，俄罗斯著名的中东问题专家亚历山大·瓦西里耶夫（Alexei Vasiliev）2018 年出版的《从列宁到普京：俄罗斯在中东的政治》（*From Lenin to Putin : One hundred years of Russian politics in the Middle East*）一书，对一个世纪以来俄罗斯与中东关系进行了详细解读，可谓近年来俄罗斯中东研究的集大成者。全书共 13 章，60 余万字。该书虽然叙述了沙俄帝国时期俄罗斯与中东关系的历史渊源，但集中阐述的是从列宁和斯大林时期后苏联与中东关系的发展脉络。其中还有专门的章节论述苏联（俄罗斯）与阿拉伯国家和以色列的关系。值得一提的是，该书还用了相当的篇幅阐述"阿拉伯之春"爆发后俄罗斯强势介入中东，主导叙利亚局势发展的动因和成效，有助于读者深入了解俄罗斯的中东战略。该书的中文版即将由中国学者组织翻译出版。

2017 年是联合国通过巴勒斯坦分治决议 70 周年，因而在中东国际关系研究领域，阿以问题也成为国际中东研究的一个重要问题。阿以关系研究成果中，例如龙尼·奥莱斯莱的《安全化的外交：以色列的犹太身份和巴以和平进程》①探讨了在 2013 ~ 2014 年巴以谈判期间以色列要求巴勒斯坦承认以色列是犹太民族国家。以色列的要求不是对巴以和谈的战术的拖延，而是把以色列的犹太民族国家身份作为事关以色列国家安全的大事。塔米尔·戈伦的《第二次世界大战作为阿以关系的转折点——以雅法和特拉维夫为例》②，以二战对雅法和特拉维夫阿拉伯人和犹太人的影响为例，认为二战时期是阿以关系转折点。

2018 年美国特朗普中东政策已对中东地区局势带来重要影响。特朗普 2017 年底宣布美国将把其驻以色列大使馆从特拉维夫迁到耶路撒冷，这一事件在中东和国际社会引起强烈影响。国际中东学界也对美国在巴以问题与中东和平进程问题进行了新的探讨。在以色列出版的《巴勒斯

---

① Ronnie Olesker, "Securitized Diplomacy: Israel's Jewish Identity and the Israeli-Palestinian Peace process", *The Middle East Journal*, Winter 2018, Volume 72, Number 1, p. 9.

② Tamir Goren, "The Second World War as a turning point in Arab-Jewish relations, the Case of Jaffa and Tel Aviv", *Middle East Studies*, No. 2, March 2018, p. 216.

坦－以色列杂志》（*Palestine-Israel Journal*）2018 年第 2 期发表了"耶路撒冷未来展望"专刊（Focus Section：Future Visions for Jerusalem），探讨了美国在耶路撒冷问题上立场改变可能给未来耶路撒冷问题带来的影响。美国著名的《中东杂志》（*The Middle East Journal*）2018 年第 4 期刊发了《种族隔离外交：以色列的犹太实体与以色列－巴勒斯坦和平进程》一文，对未来巴以和平进程可能的前景进行了详细的探讨，认为未来的巴以关系难以获得突破，以色列谋求犹太民族和犹太国家的"自我隔离"政策仍将持续。[①]

伊朗问题也成为 2018 年国际中东研究的一个新的热点。知名的《阿拉伯研究季刊》（*Arab Studies Quarterly*）2018 年第 4 期推出了"伊朗问题研究专栏"，探讨和介绍了美国退出伊朗核问题协议（JCPOA）后伊朗面临的各种国际和国内问题，刊发了 4 篇文章：《研讨美国退出伊核协议之后》（Symposium：After U. S. withdrawal from the JCPOA）、《伊朗政权稳定性评估》（Assessing the Stability of the Iranian Regime）、《伊朗的民用和军用关系》（Civil and Military Relations in Iran）、《挑起伊朗和以色列之间的战争》（The Brewing War between Iran and Israel）。[②] 阿米尔·马格迪卡迈勒的《"伊核协议"、伊朗大战略如何挫败美国》指出，伊核协议旨在通过限制伊朗的核计划换取减轻伊朗受到的制裁。伊朗核协议的签署表明伊朗成功地实施了大战略。本文分析了美国伊朗关系发展的促进因素和障碍。作者指出，伊朗伊斯兰革命既标志着伊朗伊斯兰共和国的诞生，也标志着伊朗积极的大战略的产生。[③] 伊朗问题仍将是今后国际中东研究的一个热门。

值得关注的是，随着"一带一路"倡议在中东的落地和中国在中东问题上作用的提升，关于中国与中东的关系问题也成为国际中东研究的一个热点。阿农希拉万·埃赫特仕米和尼夫·霍雷什主编的《中国在中东的存在："一带

---

① *The Middle East Journal*, Winter 2018, p. 9.

② *Arab Studies Quarterly*, Winter 2018.

③ Amir Magdy Kamel, "The JCPOA: How Iran's Grand Strategy Stifled the US", *Middle East Studies*, Vol. 54, No. 4, 2018, p. 706.

一路"倡议的影响》指出，近年来中国和中东的经贸、金融和投资关系更加密切。本书探讨了"一带一路"倡议对国际秩序的意义，"一带一路"倡议为中国和中东国家的合作创造了更多的机遇。本书把"一带一路"倡议作为分析中国与中东国家关系的框架，认为"一带一路"倡议对美国在中东的权力不构成挑战。本书概括地介绍了中国和具体中东国家的关系，但没有谈论中国和埃及的关系，而中埃已经建立了全面战略伙伴关系——双边关系的最高水平；也没有提到中国和阿曼的关系。①

二　国内中东政治、外交、国际关系
领域研究的重要成果

2017～2018年国内出版的中东研究学术著作和发表的学术论文成果丰富。

其一，据不完全统计，2018年，国内出版的有关中东研究的学术书籍（包括研究类学术著作、国别研究、智库研究成果、译著等）超过百余种。仅社会科学文献出版社在2017年12月至2018年11月出版的中东类书籍就有33种。其中有关中东政治和国际关系研究的综合性著作包括：《中东变局研究》（全两卷，余建华主编），从中东变局的历史方位与国际背景、中东变局的内在根源、中东变局中不同类型国家的演进路径、中东变局的地区冲击波、中东变局与大国中东战略等方面对中东变局进行了解读与分析；刘中民所著《当代中东国际关系中的伊斯兰研究》一书，尝试从理论层面建立伊斯兰因素与国际关系研究的体系和框架，研究伊斯兰因素对中东地区国家双边关系、地区格局乃至国际体系的影响；高尚涛等所著《权力建构主义视角下的阿以关系研究》从一个新的角度对阿以问题做了阐述，认为在阿以关系中存在着以色列对阿拉伯国家和阿拉伯人施加强制性影响的权力关

---

① Anoushiravan Ehteshami, Niv Horesh, ed., *China's Presence in the Middle East: The Implications of the One Belt, One Road Initiative*, Routledge, 2018, p. 341.

系结构；《冷战后中国参与中东治理的理论与案例研究》（孙德钢著）、《欧盟与中东关系研究：政治与安全视野下的考察》（余国庆著）、《追寻政治可持续发展之路：中东现代威权政治与民主化问题研究》（王泰著），分别对中东持续多年的叙利亚问题、中东的国际关系与伊斯兰教的关系、中国与中东的关系、大国（欧盟）与中东的关系、中东政治与民主化发展的现状和问题等重要的问题做了新的阐述及分析，表明国内中东学界一直密切关注中东形势的变化和发展，并力图以新的视角和学理分析中东地区不断变化发展的现状。

其二，2018 年国内中东研究学科发表了不少高质量的学术论文，探讨的问题涉及中东地区政治发展、安全与治理、宗教与政治的关系、美国的中东政策、中国与中东的关系等重大现实问题。王林聪在《世界政治与经济》2017 年第 12 期发表了《中东安全问题与安全治理》一文。该文从全球安全的视角，分析了中东安全问题的特点与中东治理体系的难点等问题。唐志超在《西亚非洲》杂志发表的论文《失序的时代与中东权力新格局》，则从全球治理的视角分析了中东秩序失序的原因、特点和变化中的中东权力新格局特点。刘中民、郭强发表在《世界经济与政治》上的《伊斯兰哈里发制度：从传统理想到现实困境》一文，则从伊斯兰教在中东的发展历史的角度，探讨伊斯兰教在中东地区和国家当前面临的重大现实困境。李伟建在《阿拉伯世界研究》发表了《从总体超脱到积极有为：改革开放以来的中国中东外交》一文，对当前中国与中东国家的关系问题进行了系统阐述和分析。田文林在《西业非洲》杂志上发表了《中东政治转型：反思与重构》一文，回顾了一个时期以来中东政治与现代化发展的历史脉络，认为中东国家的政治发展需要反思和重构。吴冰冰的《中东地区的大国博弈、地缘战略竞争与战略格局》中指出，冷战后美国在中东地区居于支配性主导地位。俄罗斯借助地区伙伴，以叙利亚为主要抓手，成功恢复了在中东部分国家和地区的影响力。中东地区当前存在四组主要的地缘战略竞争，以及以伊朗为核心的什叶派阵营，以土耳其、卡塔尔为核心的亲穆兄会阵营，以沙特、阿联酋和以色列为核心的反对伊朗、反对穆兄会阵营。罗爱玲的论文《双重秩序视域下的中东变局：性质与走向》指出，威斯特伐利亚秩序强调领土国家和国家主权等世俗性的政治共同体观念，而中东地区存在千年的伊斯兰秩序则将政教合一的穆斯林社团"乌玛"作为伊斯兰的政治共同体观念，这一观念不承认民族和国家的地域边界。由于伊斯兰文化在中东社会根深蒂固，中东地区对伊斯兰秩序的认同一直蛰伏着，并经历"泛阿拉伯主义"和"泛伊斯兰主义"的多次抗争。蒋真的论文《美国对伊朗的单边制裁及其局限性》指出美国对伊朗进行了三十多年的制裁，但制裁政策并没有达到预期的效果。美国的制裁政策强行将第三国利益卷入其中，惩罚不遵守美国单边制裁的第三方国家的做法引起国际社会的不满。张帆的论文《诉诸灰色区域——特朗普政府伊朗新战略透视》指出，美国特朗普政府对伊朗新战略具有灰色区域战略的特征。美国的伊朗新战略以非战争强制手段为战略工具，包括精准制裁、外交压力、信息战、政治战和代理人战争等。美国以非对称原则、低于战争门槛原则和综合运用原则为指导，在充分发挥美国相对优势的基础上，以不触发与伊朗的大规模直接军事冲突为前提，最大限度地施压伊朗，迫使其改变对外行为。朱同银的论文《冷战后美国发动的主要战争的合法性分析——以海湾战争、阿富汗战争、伊拉克战争为例》指出，考察战争不能拘泥于战争本身而脱离政治。战争合法性是战争政治属性特殊且突出的体现。而战争的理念价值、国际规制、协商赞同基础是其合法性的主要来源和分析依据。美国发动的海湾战争、阿富汗战争、伊拉克战争的合法性存在明显差异，而这种差异主要源于其合法性基础的强弱分化；霸权企图及其膨胀是削弱美国战争合法性基础、引发合法性衰减甚至危机的根源。

其三，国内中东研究在中东政治、外交、国际关系和地区热点问题研究的重要观点和理论倾向。纵观2017～2018年国内中东研究的成果，可以概括中东学术界在中东政治、大国的地区政策以及中东热点问题研究领域的主要学术观点。

第一，关于叙利亚局势和叙利亚问题。在国内举行的多场中东问题研讨会中，叙利亚问题毫无疑问成为讨论的热点。总体来说，学术界普遍认为，2018年是叙利亚局势从战乱走向结束冲突和重建启动的元年。叙利亚局势大局已定，叙利亚政府控制全国大局已很难改变，但大国和地区重要国家在叙利亚形成了自己的势力范围或者代理人利益。围绕着叙利亚的各方博弈可能要持续较长的时间。唐志超的《叙利亚战争与大国的地缘政治博弈》指出，叙利亚战争既非内战，也非教派冲突，而主要是一场地缘政治争夺战。地区内外势力纷纷卷入，并展开激烈的地缘政治博弈，对地区和国际格局变化产生了重要影响。以色列主要关心的是其地区最大敌人伊朗在叙利亚的存在与真主党问题，并为此划了两条"红线"。以色列的叙利亚政策不仅对叙利亚政府军和伊朗造成严重威胁，也与俄罗斯的政策目标相冲突。

第二，关于伊朗问题和美国退出伊朗核问题协议以及美国和伊朗关系发展问题。学术界对美国退出伊核协议后该协议的前景存在着较大分歧。一种观点认为，在美国持续的压力下，欧盟和俄罗斯最终将步美国的后尘，伊核协议最终会被推翻。也有观点认为，欧盟、俄罗斯、中国将会极力挽救伊核协议，但伊核协议的履行将会大打折扣。学术界对美国与伊朗的关系普遍不乐观，认为美国对伊朗的政策目标是推翻伊朗现政权。刘中民的论文《论霍梅尼外交思想与实践中的意识形态和国家利益》指出，1979 年伊斯兰革命后，伊朗外交政策的核心是通过"输出革命"建立伊斯兰世界秩序。在实践中突出表现为反对西方、反对东方的反体系外交和"输出革命"外交。霍梅尼时代的伊朗外交在本质上是以宗教意识形态为主导的革命外交，虽然具有一定的反帝民族主义色彩，但在外交实践中遭遇了不少挫折。在后霍梅尼时代，伊朗深受霍梅尼外交遗产的影响，今天的伊朗外交仍面临意识形态和国家利益的两难困境。

第三，关于美国特朗普的中东政策以及巴以关系问题。学术界普遍认为，特朗普改变耶路撒冷地位问题的讲话，以及美国把其驻以色列使馆从特拉维夫迁到耶路撒冷，标志着美国对巴以问题的重大政策转变。学术界也认为，特朗普将在 2019 年适当时期推出新的中东和平"世纪协议"。但中东学界普遍认为，巴以问题在中东地区的边缘化趋势已成事实。

第四，关于沙特阿拉伯的"萨勒曼新政"和沙特与卡塔尔、伊朗等邻国的关系问题，学术界的分歧较大。一种观点认为，沙特王储萨勒曼的新政确有新意和成就，对沙特阿拉伯走向开放和民主抱有希望。但也有意见认为，萨勒曼的所谓新政有很大的局限性和欺骗性，沙特的开放和民主化道路艰难而漫长。在学术界对沙特与伊朗关系的恶化可能带来新的海湾危机表示担忧的同时，对沙特与以色列关系的改善普遍抱有希望，并持正面的看法。马晓霖的论文《"萨勒曼新政"与沙特内政外交走向》指出，自2015年1月起沙特阿拉伯进入"萨勒曼新政"时期。沙特对外强化现实主义指导下的攻势外交，全方位强势介入地区热点问题并调适、平衡与大国关系，展示确立地区大国地位并维护国家核心利益的鲜明意图。"萨勒曼新政"仅仅是确保绝对君主制和威权主义治下的全面改良，面临的问题和挑战诸多，前景艰难。李赛的《土耳其反美主义的历史演进及其特征》指出，冷战结束后，尤其是2003年美国发动伊拉克战争后，土耳其国内反美主义逐渐高涨。土耳其反美主义的兴起与美土同盟中两国关系不对等而导致的利益冲突、伊斯兰因素和库尔德问题有关。

第五，土耳其问题也是近年来中东学术界持续关注的一个热点问题。李秉忠教授主编的《土耳其研究》集刊2018年第1期刊发了《土耳其外交政策的两个结构性问题：库尔德问题和亲西方外交》《土耳其军政关系与1974年塞浦路斯战争》《新时期中国和土耳其人文交流的进展与挑战》等文章。李秉忠、吉喆的论文《埃尔多安时代土耳其的国家治理及西方的误读》指出，埃尔多安时代的土耳其内政和外交都表现出较大的不确定性。西方对埃尔多安治理下的土耳其走向在很大程度上出现了误读。埃尔多安治理的实质是根据土耳其的宗教、历史和国际格局的变迁对土耳其内政和外交完成某种"纠偏"。西方以自我为中心的世界观与埃尔多安政府发展道路的选择构成了一种深刻的悖论。

三 中东的历史、社会文化、宗教和民族问题研究进展

（一）中东历史研究

西方学界关于中东历史的研究具有非常悠久的传统，学术成果数量多、涉及面广，从古代埃及、两河文明到中世纪阿拉伯历史到近现代奥斯曼帝国

历史，均有相当有分量的专著出版。普林斯顿大学出版社出版了杰克·坦努斯的《中世纪中东的形成：信仰、社会和普通信徒》①　一书，作者利用了丰富的希腊、叙利亚和阿拉伯语资源，指出穆斯林在中世纪逐渐征服了中东，基督徒逐渐皈依了伊斯兰教，但是中世纪大部分时间里穆斯林仍然是少数人口，从而对中世纪中东史进行了重新思考。耶鲁大学出版社出版了皮特·杰克逊的著作《蒙古与伊斯兰世界：从征服到皈依》②，作者对蒙古对伊斯兰世界的统治进行了全新的思考，指出伊斯兰教不仅在野蛮的统治下幸存下来了，而且在整个蒙古帝国广泛传播，蒙古征服者最终皈依了伊斯兰教。普林斯顿大学再版了布鲁斯·库克利克的著作《巴比伦的清教徒：古代近东和美洲的知识生活（1880～1930）》③，该书详细描述了18世纪80年代到20世纪20年代，由美国学者、财富战士、机构官僚和金融家组成探险队在巴比伦附近的尼普尔进行探险挖掘的历史，他们挖掘出了成千上万块楔形石碑，从而确立美国大学对古代近东学术研究的主导权。约塞夫·拉波波特在其著作《伊斯兰时期埃及的农村经济和部落社会》④　中利用一本阿拉伯与税务登记册，对埃及中部一个名为 Fayyum 的小乡村进行了研究，为理解中世纪埃及农村经济和社会结构提供了一个全新的视角。

（二）中东的民族、宗教及相关文化研究

中东地区民族、部落问题突出、民族国家构建道路漫长，也是学界关注的热点。张楚楚和肖超伟《地缘政治视角下的马格里布地区现代国家构建》⑤

---

① Jack Tannous, *The Making of the Medieval Middle East：Religion，Society，and Simple Believers*, Princeton University Press，2018.

② Peter Jackson, *The Mongols and the Islamic World：From Conquest to Conversion*, Yale University Press，2017.

③ Bruce Kuklick, *Puritans in Babylon：The Ancient Near East and American Intellectual Life，1880 - 1930*, Princeton University Press，2018.

④ Yossef Rapoport, *Rural Economy and Tribal Society in Islamic Egypt：A Study of al-Nabulusi's Villages of the Fayyum*, Brepols Publishers，2018.

⑤ 张楚楚、肖超伟：《地缘政治视角下的马格里布地区现代国家构建》，《阿拉伯世界研究》2018 年第 5 期。

一文中提出马格里布地区的地缘政治演变对现代国家构建产生了两方面的重要影响。一方面，各国的民族政策及其历史编纂差异使马格里布地区诸国民族文化认同与定位呈现多元性和模糊性特征，妨碍了新的民族共同体的形成及其对国家的认同；另一方面，多次异族入侵与伊斯兰体制历史遗产等地缘政治因素导致了前现代关系与政教合一思维的根深蒂固，不利于在该地区推行民主政治。李海鹏在《宗教传统与历史情境中的德鲁兹派认同建构》① 一文中指出，德鲁兹派由什叶派伊斯玛仪支派演变而来，其信仰体系与宗教实践继承了中古时期伊斯兰宗教文化的丰富遗产，逊尼派统治集团与德鲁兹派存在巨大的宗教文化差异与社会隔阂。冯燊在《国家建构视域下的伊拉克国家认同困境》② 一文中指出，现代伊拉克民族国家建构过程中国家认同问题始终未能有效解决，具体表现为民族宗派的多元化认同困境、不同历史记忆的合法性认同困境，寻求解决伊拉克国家认同的有效策略，将考验伊拉克政府的政治智慧和国家治理能力。严天钦的论文《"土耳其化政策"与土耳其的民族认同危机》③ 指出土耳其政治精英竭力将少数族裔"土耳其化"，该政策的实施不仅造成了严重的身份认同危机和民族创伤，也为土耳其当今解决民族矛盾和冲突埋下了巨大隐患。

库尔德人相关问题是近年来学者们一直关注的热点，2018 年，在这方面有多位学者发表了多篇论文。汪波和穆春唤关注了叙利亚库尔德人的政治发展问题，发表了《叙利亚库尔德人内战前后的政治发展》④ 一文，指出叙利亚库尔德人武装通过打击极端组织"伊斯兰国"控制了叙利亚北部库尔德人居住的大片土地，并极力寻求政治自治，提出了战后在叙利亚建立联邦制的构想。肖文超的《以色列对库尔德人的政策及其面临的挑战》⑤ 一文考

---

① 李海鹏：《宗教传统与历史情境中的德鲁兹派认同建构》，《阿拉伯世界研究》2018 年第 3 期。
② 冯燊：《国家建构视域下的伊拉克国家认同困境》，《世界民族》2018 年第 3 期。
③ 严天钦：《"土耳其化政策"与土耳其的民族认同危机》，《世界民族》2018 年第 2 期。
④ 汪波、穆春唤：《叙利亚库尔德人内战前后的政治发展》，《阿拉伯世界研究》2018 年第 2 期。
⑤ 肖文超：《以色列对库尔德人的政策及其面临的挑战》，《世界民族》2018 年第 2 期。

察了以色列历届政府对库尔德人的政策，指出，以色列政府重点支持伊拉克库尔德人的建国活动，力图通过参与库尔德事务实现其在国家安全、地缘战略和经济利益上的一些诉求。肖文超在《一战后初期大英帝国对伊拉克库尔德人政策的衍变》①一文中指出，一战末期伊拉克库尔德人向英国提出了自治诉求并被接受。一战结束后，英国政府便派遣爱德华·诺尔在南库尔德斯坦支持马哈茂德建立自治政府，推行间接统治。阿诺德·威尔逊主政巴格达后，寻求在南库尔德斯坦建立直接统治。张超的《伊拉克库尔德问题的演变及其对伊准联邦国家构建的影响》②一文指出，中东剧变后，伊拉克库尔德族面临独立建国的历史机遇，库尔德人独立运动对伊拉克联邦的存在构成严重威胁。哈冠群的论文《尼克松政府对伊拉克库尔德人的政策初探》③考察尼克松政府对伊拉克库尔德人的政策，指出在美苏关系趋于平缓与中东形势日渐紧张的背景下，尼克松政府对伊拉克库尔德人的政策体现海湾地区对冷战形势的特殊地位，成为美国对中东地区策略的缩影。

马戎在《从犹太人到以色列国的历史启示》④一文中指出，以色列是现代民族国家建构和民族理论研究中的一个重要案例，对以色列民族国家构建历史过程的分析有助于我们认识族群演变的特性和共性，也可以为我们思考今天中国的民族问题提供许多有益的启示。

赵军在《埃及努比亚人问题的历史透视》⑤中指出，埃及努比亚人问题是一个历史遗留难题。长期以来，埃及政府与努比亚人围绕回迁权进行了多次博弈，将对埃及的社会稳定和发展产生影响。赵萱的《圣地抑或领土："民族国家之外"的遗产存续——耶路撒冷的日常生活与空间实践》一文⑥

---

① 肖文超：《一战后初期大英帝国对伊拉克库尔德人政策的衍变》，《史学集刊》2018年第4期。
② 张超：《伊拉克库尔德问题的演变及其对伊准联邦国家构建的影响》，《兰州大学学报》（社会科学版）2018年第1期。
③ 哈冠群：《尼克松政府对伊拉克库尔德人的政策初探》，《安徽史学》2018年第5期。
④ 马戎：《从犹太人到以色列国的历史启示》，《思想战线》2018年第3期。
⑤ 赵军：《埃及努比亚人问题的历史透视》，《历史教学问题》2018年第1期。
⑥ 赵萱：《圣地抑或领土："民族国家之外"的遗产存续——耶路撒冷的日常生活与空间实践》，《思想战线》2018年第6期。

提出，知识界对于耶路撒冷的整体性理解存在两种差异化的认识路径，即民族国家与宗教文明，这两种认知路径看似对立却具有内在的一致性与连续性，从而使有关耶路撒冷的文化遗产保护总是陷入圣地"领土化"的棘手境地之中。在《"圣地"秩序与世界想象——基于耶路撒冷橄榄山基督教社群的人类学反思》① 一文中，作者基于2012～2013年、2017年耶路撒冷基督教社群的田野材料探讨圣地与民族国家之间的复杂联系。

哈全安认为，中东地区现代化的历史进程深受伊斯兰教的影响，埃及的穆斯林兄弟会、土耳其伊斯兰政党的长期执政、伊朗伊斯兰革命是中东地区政治现代化进程的重要历史坐标。②

李艳枝和李昂认为阿拉伯－伊斯兰文化是由信仰伊斯兰教的各民族创造的以阿拉伯语为载体、兼容并蓄多种古典文化的宗教文化，不仅影响了伊斯兰世界的文化心理认同，而且促进了西欧文艺复兴运动的兴起，拓展了"丝绸之路"的历史生命。③ 王云芳认为伊斯兰世界主义思想包括了伊斯兰文明中的人类兄弟平等关系、和平观念、普适的正义观念、个人尊严观念、宗教自由和宽容观念等，近现代的伊斯兰世界主义思想重申了个体价值中的公正和正义原则，并提倡个人道德和友爱精神，以维护和平、实现人类大同，建立铲除人间不平等、公正与幸福的"世界新秩序"和"正义王国"。④ 曹亚斌则从社会文化生活、宗教政治思想、哲学思想及历史地理研究等角度探讨了古代伊斯兰文明中的世界主义的多种内涵。⑤

朱光亚认为伊斯兰教是一种世俗化的凯拉姆体系，因为它是以非世俗化的信仰助推世俗化的目的，相对于中国传统文化的其他文化因素而言，伊斯兰文化相对独立。也正因为受中国传统文化的影响，中国的伊斯兰文明成为

---

① 赵萱：《"圣地"秩序与世界想象——基于耶路撒冷橄榄山基督教社群的人类学反思》，《世界宗教文化》2018年第3期。
② 哈全安：《中东现代化进程中的伊斯兰元素》，《中央社会主义学院学报》2018年第5期。
③ 李艳枝、李昂：《试析阿拉伯——伊斯兰文化的历史基础及其影响》，《大庆师范学院学报》2018年第3期。
④ 王云芳：《伊斯兰文明的世界主义：概念、谱系与反思》，《国际观察》2018年第1期。
⑤ 曹亚斌：《古代伊斯兰文明中的世界主义》，《国际政治研究》2018年第6期。

具有中国化凯拉姆体系的文明。[①]

中东国家法律问题一直是中东研究界的一个薄弱环节。肖非云关注伊斯兰法问题，分析了伊斯兰法系法律渊源中显著的确定性和其变化发展着的灵活性，指出确定性是伊斯兰法系的显著特征，其灵活性体现在公议和类比的灵活性显著等方面。[②] 王刚比较了罗马法与伊斯兰法婚姻制度在婚姻观念、婚姻原则、婚姻程序、夫妻财产关系等诸多方面的异同，认为前者开启了近现代各国以及中国现行婚姻制度之先河，而后者对中国信仰伊斯兰教的诸少数民族影响深远。[③] 覃华平认为随着沙特非石油经济比重的加大，沙特改变了对国际商事仲裁不友好的态度。为此，沙特对其仲裁法做了实质性修改，颁布了 2012 年仲裁法，并于 2017 年 5 月 21 日颁布了实施条例，由此基本确立了沙特现代仲裁法制度。[④]

引人注目的是，国内中东研究也力图用新的理论和视角探讨与分析错综复杂的中东问题。有的学者对长期以来伊斯兰世界与国际体系的关系及相互认知问题进行了较系统的梳理和阐述。有的学者结合中东新的现实问题对亨廷顿的"文明冲突论"进行新的解读。有的学者用全球治理理论和不同的安全观理论来阐述中东的安全缺陷、恐怖主义泛滥等重大现实问题。

四 国内中东研究重要的学术活动和成就

2018 年国内中东研究学术性活动呈现出热点问题研究突出，国别研究全面铺开、学术活动繁荣、学术成果丰富等特点。

首先，2018 年既是国内中东研究蓬勃发展的一年，也是全国性的中东

---

① 朱光亚：《伊斯兰凯拉姆体系与"三教合流"》，《中北大学学报》（社会科学版）2018 年第 6 期。
② 肖非云：《浅谈伊斯兰法系中的确定性与灵活性》，《西部学刊》2018 年第 10 期。
③ 王刚：《罗马法与伊斯兰法婚姻制度之比较——从〈婚姻法〉在我国民族地区的实施效果透视》，《民间法》2018 年第 1 期。
④ 覃华平：《沙特仲裁法评述：现代商事仲裁制度与伊斯兰法的对抗与共存》，《北京仲裁》2018 年第 2 期。

研究学会——中国中东学会完成换届的一年。2018 年 7 月 14 日，"中国中东学会第八次会员代表大会暨中东地区形势报告会"在北京外国语大学阿拉伯学院举办。来自全国 40 多个高校和研究机构的 130 多名会员代表出席了会议。本次会员大会按照学会章程，以法定的程序进行了换届选举，杨光会长连任。中国中东学会对中国的中东研究起了积极的推动作用。2018 年学会会员增加到 422 人。近年来新入会的会员大多数是近年来走上中东研究工作岗位的青年学者。中国中东学会的队伍建设跟上了学科快速发展的步伐，保持了在中国中东研究学界的代表性。

其次，2018 年，中国中东学会组织了一系列关于中东问题和中东研究的学术研讨会。2018 年 4 月，华南理工大学公共政策研究院（IPP）与中国中东学会联合举办了"失序的时代与中东秩序的重构"研讨会。本次研讨会从更宽广的国际视野与全球治理的角度对当前中东秩序失序问题进行了深入研讨。2018 年 9 月，第六届亚洲与中东国际论坛——"中东地区的安全与发展"学术研讨会在上海外国语大学举行。2018 年 9 月 10 日，由中国社会科学院主办、中国社会科学院西亚非洲研究所和中国中东学会承办的"中国社会科学论坛"（2018 年国际问题研究）——"中东向何处去？"在北京举行。来自中国各地以及日本、韩国、蒙古国研究中东问题的专家学者共计 60 余人出席了研讨会。

再次，2018 年国内中东研究紧跟中东形势发展，围绕着叙利亚问题的重大转折、美国退出伊朗核问题协议、特朗普政府宣布美国承认耶路撒冷为以色列首都、沙特阿拉伯内政及与周边国家关系的变动、"一带一路"和中国的中东政策等热点问题，中东学界学者发表和出版了大量论文、报告等成果。2018 年，由于教育部地区与国别研究中心基地在高校的全面铺开，一些高校设立的中东国别研究工作取得了进展。据不完全统计，2018 年，各高校的中东国别和研究中心举办了不少有关伊朗、埃及、沙特阿拉伯、土耳其、叙利亚、以色列问题的专题研讨会。2018 年 10 月，由郑州大学历史学院、河南大学以色列研究中心及社会科学文献出版社共同主办的《以色列蓝皮书：以色列发展报告（2018）》发布会在京举行。2018 年 12 月，成立仅1年多时间的西北大学中东研究所叙利亚问题研究中心出版了国内第一本《叙利亚蓝皮书：叙利亚发展报告（2018）》。该书分为总报告、分报告、专题报告、中叙关系篇，全面介绍了叙利亚发展情况，为"一带一路"倡议在中东地区的落实提供了重要参考。国内主要学术刊物也对中东国别研究成果进行了介绍。《西亚非洲》杂志在2018年第4期推出了"当代土耳其多视角研究"，发表了多篇土耳其问题研究成果。《阿拉伯世界研究》2018年第5期设立了"北非研究"专栏，发表了多篇有关埃及、利比亚、突尼斯、马格里布国家的研究成果。

在看到中东研究取得丰硕成果的同时，2018年的中东研究和学科发展也存在一些不足之处。国内中东研究成果还没有出现在学术界和理论界引起重大共鸣的扛鼎之作；中东研究学者在参加国际研讨会和学术交流时设置主题和讨论的话语权不强；国内举行的一些研讨会的主题类似或雷同，研讨的热点过于集中在动态的中东形势问题上，对中东影响全局的深层次结构性问题的研讨关注不够等，这些问题和现象需要中东研究学界和学者引起重视。

（本文完稿于2019年6月）

Y.17
2018年中东地区大事记

成 红[*]

1月

1月2日 埃及总统塞西签发总统令，宣布将全国范围紧急状态自本月13日起再度延长3个月。这是自2017年4月起埃及政府第三次宣布延长全国紧急状态。

1月4日 美国财政部宣布，对5家伊朗实体实施制裁，并指责它们支持伊朗弹道导弹计划。

苏丹总统巴希尔签署法令，宣布政府军在该国所有冲突地区再次单方面延长停火期限3个月。

1月6日 德国外长加布里尔在德国西部戈斯拉尔会见了来访的土耳其外长恰武什奥卢，双方表示希望通过对话解决分歧。

1月8日 中国驻约旦大使潘伟芳和约旦文化大臣纳比·舒古姆在约旦首都安曼共同签署了《中华人民共和国政府和约旦哈希姆王国政府关于在约旦设立中国文化中心的协定》。

1月9日 中国政府援建黎巴嫩国家高等音乐学院项目立项换文签字仪式在贝鲁特市的黎巴嫩总理府举行。

1月14日 埃塞卜西总统宣布已经签署总统令设立"尊严基金"，用以改善贫困家庭生活状况。此外，埃塞卜西还承诺2018年将重点解决年轻人发展问题。

---

* 成红，中国社会科学院西亚非洲研究所研究馆员，主要从事图书文献研究和科研管理研究。

1月15日 巴勒斯坦解放组织（巴解组织）中央委员会宣布，巴方将暂停承认以色列，双方已达成的和平协议不再有效。同时，巴方不再接受美国作为巴以和平进程的调解方。

1月16日 据新华社报道，中国和土耳其合作建设的250万吨天然碱加工及配套电站项目日前在土耳其首都安卡拉西北的卡赞镇正式投产运行，这对深化中土两国工程领域合作具有重要意义。

美国务院宣布冻结6500万美元通过近东救济工程处向巴勒斯坦难民提供的援助资金，同时要求该机构进行改革。

1月18日 土耳其大国民议会通过一项议案，决定将目前实施的紧急状态自1月19日起延长3个月。

美国国务院确认，美国现已叫停一笔原计划在2018年向巴勒斯坦提供的4500万美元食品援助专款。这是美国本周内确认已冻结的第二笔援巴款项。

1月20日 土耳其总统埃尔多安宣布，土耳其军队对叙利亚北部阿夫林地区的军事行动"实际上已经开始"。土耳其总参谋部也随即发表声明，表示此次军事行动属于"合法的自卫行动"。同日，叙利亚外交部发表声明，强烈谴责土耳其对阿夫林地区的军事行动，认为该行为是对叙利亚主权的再次野蛮侵犯，并呼吁国际社会对土方的行为予以抨击和制止。

1月21~24日 阿拉伯议会议长迈沙勒·本·法哈姆·苏莱米率团访华。访问期间，中国全国人大常委会委员长张德江在北京与阿拉伯议会议长苏莱米举行会谈。

1月25日 新一轮叙利亚和谈在奥地利首都维也纳召开。由于叙利亚政府及反对派拒绝直接进行谈判，联合国秘书长叙利亚问题特使德米斯图拉当天分别与双方进行了会谈。会谈计划持续两天，将就叙利亚新宪法的相关问题展开讨论。

1月30日 叙利亚全国对话大会在俄罗斯索契举行。与会各方代表在会后发表联合声明和与会各方呼吁书，并决定成立叙利亚宪法委员会。声明指出，各方承诺尊重叙利亚主权、独立、统一和领土完整，只有叙利亚人民自己才能通过民主选举手段决定国家未来，有权利独立决定未来国家政治、经济、社会结构，不接受任何国家的压力与干涉。会议决定成立专职宪法制定与改革工作的叙利亚宪法委员会，初步确定一份 150 名候选人名单。名单将交给联合国秘书长叙利亚问题特使德米斯图拉，由他决定宪法委员会形式及构成人员。宪法委员会总部设在瑞士日内瓦。

2月

2月1日　据《人民日报》报道，日前土耳其在叙利亚北部阿夫林地区展开代号为"橄榄枝"的军事行动，目标是打击"库尔德"武装分子。

2月4日　苏丹中央银行决定再次贬值本国货币，将该国所有银行美元兑换苏丹镑的官方汇率调整为 1 美元兑换 30 苏丹镑。

2月5日　科威特最大的博物馆群——谢赫阿卜杜拉·萨利姆文化中心举行揭幕典礼，科威特埃米尔萨巴赫参加典礼。

2月9日　埃及军方发表声明，宣布自当天起在西奈半岛等地展开一场大规模反恐军事战役。埃及军方在声明中说，这一反恐战役获得埃及总统塞西批准，旨在彻底清除西奈半岛北部和中部以及尼罗河三角洲等地的恐怖分子和极端分子。

2月12日　击溃极端组织"伊斯兰国"后的首次伊拉克重建国际会议在科威特开幕。为期 3 天的会议讨论了伊拉克恢复重建问题。

2月19日　中国国家主席习近平就伊朗客机坠毁事件向伊朗总统鲁哈尼致慰问电。

2月22日　以色列国防军发布声明，代号为"杜松眼镜蛇2018"的联合军演将于 3 月 4 日至 15 日举行，届时将有来自美军欧洲司令部的 2500 名军人和以色列国防军防空、后勤、医疗等部队的 2000 人参演。

2月27日　中国向黎巴嫩提供的紧急人道主义援助粮食分发仪式在黎北部城镇米尼耶举行，200 户叙利亚难民家庭领取了中国政府援助的大米。

3月

3月30日 本日是巴勒斯坦第四十二个"土地日",上万名巴勒斯坦人在加沙地带边境地区举行名为"回归大游行"的大规模示威。以色列国防军向示威者开枪射击,造成大量巴勒斯坦人死伤。同日,联合国安理会召开紧急会议,审议由科威特代表阿拉伯国家提交的一份决议草案,谴责以色列滥用武力,呼吁双方保持克制、避免事态升级。

4月

4月1日 阿富汗独立选举委员会宣布,阿富汗国民议会选举和地区议会选举将推迟到2018年10月20日举行。

阿尔及利亚总统布特弗利卡发布总统令,宣布阿尔及利亚将根据相关国际法规,在其海岸线设立专属经济区。

4月2日 埃及全国选举委员会主席拉欣·易卜拉欣宣布,现任总统塞西在2018年埃及总统选举中赢得97.08%的有效选票,成功获得连任。同日,中国国家主席习近平向埃及总统塞西致贺电,祝贺塞西再次当选埃及总统。

4月3日 俄罗斯总统普京抵达土耳其首都安卡拉,开始为期两天的访问。这是普京再度当选俄罗斯总统后的首次出访。同日,土耳其总统埃尔多安与普京在安卡拉出席土俄高级别合作理事会会议,双方就加强国防、能源等领域合作达成多项共识。

4月4日 土耳其、俄罗斯和伊朗三国领导人在土耳其首都安卡拉举行会晤,就政治解决叙利亚问题达成多项共识。

4月8日 以色列议长埃德尔斯坦在特拉维夫会见来访的中联部副部长李军率领的中共代表团。

4月11日 以"加强中伊民用核合作,促进全面协议执行"为主题的中伊民用核合作研讨会在北京举行。本次会议由中国外交部、伊朗外交部、中国国家原子能机构和伊朗原子能组织共同举办。与会人士就"监管与合作""核技术发展""能力建设"三个议题进行了专题讨论。

4月13日 美国总统特朗普宣布，已下令美军联合英国、法国对叙利亚政府军事设施进行"精准打击"，作为对日前叙利亚东古塔地区发生"化学武器袭击"的回应。4月14日凌晨，美、英、法从空中和海上向叙利亚军事和民用设施发射100余枚巡航导弹和空对地导弹。叙利亚政府军防空系统进行了反击。

4月14日 叙利亚军方发表声明，宣布全面收复大马士革东郊东古塔地区。

4月15日 第二十九届阿盟首脑会议在沙特达曼城的宰赫兰举行。埃及总统塞西、约旦国王阿卜杜拉二世、巴勒斯坦总统阿巴斯、科威特埃米尔萨巴赫、黎巴嫩总统奥恩等16位阿拉伯国家领导人出席了会议。会后发表的闭幕宣言称，阿盟正密切关注西方国家在叙利亚采取的行动，强烈谴责对叙利亚人民使用化学武器，并呼吁国际社会对"化学武器袭击"事件进行独立调查。宣言重申通过政治途径解决叙利亚问题的必要性，呼吁叙利亚境内所有外国军队撤离以维护叙利亚主权独立和领土完整。关于巴以问题，宣言指出，阿拉伯国家坚决反对美国承认耶路撒冷为以色列首都并将美驻以使馆迁往耶路撒冷的决定，坚持认为美国的这一决定无效并违反国际法。沙特国王萨勒曼在会议开幕式上宣布，将此次会议命名为"耶路撒冷峰会"以示对巴勒斯坦事业的支持；他还宣布援助巴勒斯坦1.5亿美元用于耶路撒冷的宗教事业发展，并向负责接受和安置巴勒斯坦难民的联合国难民署捐助5000万美元。

4月19日 中共中央政治局委员、中央政法委书记郭声琨在北京会见阿富汗总统国家安全顾问阿特马尔。

4月25日 为期两天的叙利亚问题国际会议在布鲁塞尔闭幕，这是以"支持叙利亚和地区未来"为主题的第二届布鲁塞尔会议。本次叙利亚问题国际会议由联合国和欧盟共同主办，旨在为联合国主导的叙利亚和平进程寻求政治支持，并为缓解叙利亚人道主义灾难募集善款。来自57个国家、10

个地区性组织、19 个联合国机构和 250 多个非政府组织的代表参加了会议。

4 月 28 日 俄罗斯、土耳其和伊朗三国外长在莫斯科举行会晤，就叙利亚局势展开讨论，并在会后共同签署联合声明，表示将继续推动叙利亚问题的政治解决。

4 月 28 日至 30 日 美国新任国务卿蓬佩奥对沙特、以色列和约旦进行访问。这是蓬佩奥上任以来的首次中东之行。强化同中东地区关键盟友之间的关系，并就伊核协议等问题协调立场，维持美国对中东事务的主导权和影响力，是蓬佩奥此行的主要目的。

习近平主席特别代表、中共中央政治局委员、中央外事工作委员会办公室主任杨洁篪应邀对科威特、阿联酋进行正式访问。

5月

5 月 3 日 中共中央政治局委员、全国人大常委会副委员长王晨在北京会见由苏丹全国大会党的领导局成员、苏丹政府联邦治理部长哈米德率领的苏丹全国大会党干部考察团。

5 月 8 日 美国总统特朗普宣布，美国将单方面退出伊朗核问题全面协议，并重启对伊朗的制裁。

5 月 12 日 伊拉克新一届国民议会选举投票平稳结束。包括政党、政治联盟和独立候选人在内的约 90 个政治实体、7000 名候选人角逐议会的329 个席位。本次选举是 2003 年伊拉克战争后该国举行的第四次大选，也是伊拉克取得打击极端组织"伊斯兰国"胜利后举行的首次选举。

5 月 13 日 伊朗外交部长穆罕默德·贾瓦德·扎里夫对中国进行工作访问。当日，外交部部长王毅在北京与伊朗外长扎里夫举行会谈。

5 月 14 日 中共中央政治局委员、全国人大常委会副委员长王晨在北京会见由中央委员、阿拉伯关系和中国事务部部长扎基率领的巴勒斯坦法塔赫代表团。

5 月 15 日 中国外交部部长王毅在北京与阿曼外交事务主管大臣阿拉

维举行会谈。会谈结束后，双方共同签署了《中华人民共和国政府与阿曼苏丹国政府关于共同推进丝绸之路经济带与21世纪海上丝绸之路建设的谅解备忘录》。5月25日发表《中华人民共和国和阿曼苏丹国关于建立战略伙伴关系的联合声明》。

5月21日 美国国务卿蓬佩奥发表其上任后首个对伊朗政策演讲，向伊朗提出12项要求，作为停止制裁伊朗的条件。伊朗方面随即做出回应，表示美国提出的"苛刻要求"不可接受。5月22日，美国财政部宣布制裁5名伊朗人。

6月

6月4日 联合国最不发达国家技术银行在土耳其西北部城市盖布泽开业。这一机构的宗旨是提高世界最不发达国家的科技创新能力，推动对这些国家的技术转让。

6月7日 阿富汗总统加尼宣布，阿富汗安全部队将自本月12日起与塔利班组织停火约一周，停火对象不包括极端组织"伊斯兰国"和"基地"组织。6月9日，阿富汗塔利班组织发表声明宣布同样将在开斋节期间停火3天。6月11日，联合国安理会发表媒体声明，欢迎阿富汗政府和塔利班武装上周分别宣布临时停火，并呼吁塔利班接受此前阿富汗政府提出的双方无条件直接和谈的提议。

6月10日 中国国家主席习近平在青岛分别会见出席上海合作组织青岛峰会的阿富汗总统加尼和伊朗总统鲁哈尼。

6月11日 中企承建的苏丹上阿特巴拉水电站1号机组成功并网发电。至此，电站4台机组全部投产发电，将极大缓解苏丹电力短缺问题。

6月15日 中国国家副主席王岐山在北京会见来访的土耳其外长恰武什奥卢。

6月16日 联合国也门问题特使马丁·格里菲思抵达也门首都萨那，就也门港口城市荷台达发生的战事与胡塞武装进行磋商。

6 月 21 日　土耳其经济部宣布，作为对美国钢铝关税的反制措施，土耳其自当天起对从美国进口商品加征总额为 2.67 亿美元的关税。根据土耳其向世贸组织递交的这一报复性关税清单，加征关税的美国商品共计 22 种，包括煤炭、纸张、核桃、杏仁、烟草、大米、威士忌、汽车、化妆品、机械设备和石化产品等。

6 月 23 日　石油输出国组织与包括俄罗斯在内的非欧佩克主要产油国经过讨论，决定从 7 月起适当增产原油以促进市场供需平衡，此举有望使国际原油市场下半年日供应量增长近 100 万桶，但仍略低于外界预期。

6 月 24 日　土耳其现任总统埃尔多安在当日的总统选举中获胜。根据对 98.8% 选票的统计结果，在 6 名候选人中，埃尔多安赢得 52.5% 的选票；共和人民党候选人穆哈雷姆·因杰获得 30.7% 的选票，排名第二位。埃尔多安当晚在伊斯坦布尔召开新闻发布会宣布自己赢得总统选举。在同日举行的土耳其议会选举中，埃尔多安领导的执政党正义与发展党和在野党民族行动党组成的"人民联盟"赢得多数席位。6 月 29 日，中国国家主席习近平向土耳其总统埃尔多安致贺电，祝贺埃尔多安再次当选土耳其总统。

6 月 26 日　亚洲基础设施投资银行理事会在此间举行的年会上宣布，已批准黎巴嫩作为意向成员加入，其成员总数将增至 87 个。

6 月 27 日　埃及总统塞西在总统府会见来访的中共中央政治局委员、重庆市委书记陈敏尔率领的中共代表团。

6 月 28 日　据《人民日报》报道，埃及总统塞西日前签发总统令，宣布在全国范围内将紧急状态从 7 月 14 日起再次延长 3 个月。

6 月 29 日　突尼斯总统埃塞卜西在总统府会见来访的中共中央政治局委员、重庆市委书记陈敏尔率领的中共代表团。

7月

7 月 2 日　由中国政府出资、联合国难民署和世界伊斯兰救济组织支持的巴勒斯坦难民社区活动中心重建项目在伊拉克巴格达举行落成交接仪式。

7月6日 伊核问题外长会议在奥地利维也纳举行。法国外长勒德里昂、德国外长马斯、俄罗斯外长拉夫罗夫、英国外交大臣约翰逊、伊朗外长扎里夫、中国外长王毅出席。

7月7日 中国外交部部长王毅在北京同来华出席中国－阿拉伯国家合作论坛第八届部长级会议的阿联酋外交与国际合作部长阿卜杜拉举行会谈。

7月7～10日 科威特国埃米尔萨巴赫应习近平主席邀请对中国进行国事访问并出席在北京举行的中国－阿拉伯国家合作论坛第八届部长级会议开幕式。访问期间，习近平主席同萨巴赫埃米尔举行了双边会谈。会谈后，两国元首见证了多项双边合作文件的签署。双方还发表了《中华人民共和国和科威特国关于建立战略伙伴关系的联合声明》。

7月9日 中国国家主席习近平特使、文化和旅游部部长雒树刚应邀赴土耳其出席埃尔多安总统就职仪式。

中国国家主席习近平同卡塔尔国埃米尔塔米姆互致贺电，热烈庆祝两国建交30周年。

中国外交部长王毅在北京同来华出席中国－阿拉伯国家合作论坛第八届部长级会议的沙特外交大臣朱拜尔共同主持举行中沙高委会政治外交分委会第三次会议。会后，双方签署了《中沙高委会政治外交分委会工作计划执行方案》。

中国国家副主席王岐山在北京分别会见阿拉伯国家联盟秘书长盖特和埃及外长舒凯里。

摩洛哥政府首脑、公正与发展党总书记奥斯曼尼在拉巴特会见来访的中共中央书记处书记、中央统战部部长尤权率领的中共代表团。

7月10日 中阿合作论坛第八届部长级会议在北京举行。会议以"共建'一带一路'、共促和平发展、携手推进新时代中阿战略伙伴关系"为主题。中国国家主席习近平在开幕式上发表题为《携手推进新时代中阿战略伙伴关系》的重要讲话，宣布中阿双方一致同意，建立全面合作、共同发展、面向未来的中阿战略伙伴关系。会议通过并签署了《北京宣言》、《论坛2018年至2020年行动执行计划》和《中阿合作共建"一带一路"行动宣言》3份重要成果文件。科威特埃米尔萨巴赫、21个阿拉伯国家的代表和阿盟秘书长来华与会。

中国外交部部长王毅在北京分别同来华出席中国－阿拉伯国家合作论坛第八届部长级会议的摩洛哥外交与国际合作大臣布里达、吉布提外交与国际合作部部长优素福、黎巴嫩经贸部长扈利、约旦外交与侨务大臣萨法迪举行会谈、会见。

7月11日 中国外交部长王毅在北京分别同来华出席中国－阿拉伯国家合作论坛第八届部长级会议的阿尔及利亚、巴勒斯坦、索马里、毛里塔尼亚、突尼斯、也门、利比亚七国外长举行会谈。

7月19~24日 中国国家主席习近平应邀对阿联酋、塞内加尔、卢旺达、南非四国进行国事访问，出席金砖国家领导人第十次会晤，过境毛里求斯并进行友好访问。7月19~21日，习近平主席对阿拉伯联合酋长国进行国事访问。访问期间，习近平主席在阿布扎比同阿联酋副总统兼总理穆罕默德、阿布扎比王储穆罕默德举行会谈。双方一致决定，建立中阿全面战略伙伴关系，加强各领域深度合作，推动两国关系在更高水平、更宽领域、更深层次上不断发展。会谈后，双方发表了《中华人民共和国和阿拉伯联合酋长国关于建立全面战略伙伴关系的联合声明》。两国领导人共同见证了"一带一路"建设等合作文件的签署。穆罕默德王储向习近平授予阿联酋国家最高荣誉勋章扎耶德勋章。

7月26日 中国国家主席习近平在南非约翰内斯堡会见土耳其总统埃尔多安。

7月31日 据《人民日报》报道，中国石油东方地球物理勘探有限责任公司（BGP）与阿布扎比国家石油公司（ADNOC）日前在阿联酋阿布扎比签署了海上和陆上三维采集合同，合同金额16亿美元。这是全球物探行业有史以来三维采集作业涉及金额最大的一笔合同。

8月

8月1日 美国财政部宣布，因美籍牧师安德鲁·布伦森至今仍被土耳其监禁，对土耳其内政部长苏莱曼·索伊卢和司法部长阿卜杜勒－哈米特·居尔采取制裁措施。根据规定，被制裁者在美国境内的资产将被冻结，美国企业和个人不得与其进行交易往来。

8 月 3～4 日 中联部副部长王亚军率中共代表团访问塞浦路斯。

8 月 6 日 叙利亚政府军开始对极端组织"伊斯兰国"在叙利亚南部的最后据点发起大规模军事行动。

8 月 7 日 中国向阿富汗提供旱灾紧急粮食援助换文签署仪式在喀布尔举行，中国驻阿大使刘劲松、阿富汗国家灾难管理与人道主义事务部长纳吉布·阿卡·法希姆等出席。

美国政府重启对伊朗制裁，主要针对金融、汽车、金属、矿产等一系列非能源领域。8 月 16 日，美国国务院宣布成立"伊朗行动小组"，负责实施对伊朗施压的具体措施。

8 月 15 日 为帮助土耳其应对里拉大幅贬值和美国制裁，卡塔尔宣布将向土耳其提供 150 亿美元经济支持。

土耳其发布总统令，对美国生产的部分商品加征进口关税。根据总统令，加征关税的商品清单中包括酒类、烟草、汽车、大米和化妆品等。酒类税率升至 140%，汽车税率升至 120%，香烟、化妆品税率升至 60%，大米税率升至 50%。

8 月 16 日 土耳其财政部长贝拉特·阿尔巴伊拉克召开全球投资者电话会议，介绍土耳其政府为应对本国货币里拉贬值所采取的举措。

8 月 18 日 埃及总统塞西签署批准实施《反网络及信息技术犯罪法》，旨在打击极端分子利用互联网开展恐怖行动，这是埃及第一次在网络安全领域发布系统性法律。

8 月 23 日 欧盟宣布向伊朗提供 1800 万欧元援助，以拓展双边经济关系。

8 月 25 日 中国国家主席习近平同伊拉克共和国总统马苏姆互致贺电，庆祝两国建交 60 周年。

8 月 26 日 阿富汗国家安全局发表声明，极端组织"伊斯兰国"阿富汗分支头目阿布·萨阿德·埃尔哈比日前在东部楠格哈尔省境内被打死。

8月31日 中国国家副主席王岐山在北京会见来华出席中非合作论坛北京峰会的南苏丹总统基尔。

9月

9月1~4日 埃及总统阿卜杜勒－法塔赫·塞西来华进行国事访问并出席中非合作论坛北京峰会。访问期间，中国国家主席习近平在北京同埃及总统塞西举行会谈。两国签署了双边合作文件。李克强总理会见了埃及总统塞西。

9月2日 全国政协主席汪洋在北京会见来华出席中非合作论坛北京峰会的毛里塔尼亚总统阿齐兹。

9月4日 中国外交部部长王毅在北京会见来华出席中非合作论坛北京峰会的利比亚民族团结政府总理特别代表、外长西亚拉。

9月6日 黎巴嫩总统奥恩、看守政府总理哈里里在贝鲁特分别会见到访的中国全国政协副主席陈晓光率领的全国政协代表团。

9月11日 中国人民对外友好协会与阿曼驻华大使馆在北京共同举办庆祝中国阿曼建交40周年招待会。

9月12日 南苏丹冲突各方在埃塞俄比亚首都亚的斯亚贝巴签署最终和平协议，标志着南苏丹自2013年底爆发的内战宣告结束。当日，南苏丹总统基尔和苏丹各反对派领导人分别在最终和平协议上签字，苏丹总统巴希尔、乌干达总统穆塞维尼等地区国家领导人作为协议担保方同时签署协议。根据新协议文本，南苏丹各派将在地区和国际组织监督下遵守此前达成的多项停火协议，在未来8个月内成立一个为期3年的新过渡政府，将设立总统、第一副总统和4名副总统。总统和第一副总统分别由基尔和反对派领导人马沙尔担任，两名副总统由现政府提名，另两名分别由反对派提名。

9月26日 中国国务委员兼外交部部长王毅在纽约联合国总部集体会见海湾阿拉伯国家合作委员会"三驾马车"外交部部长及代表。海合会现任轮值主席国科威特副首相兼外交大臣萨巴赫、候任轮值主席国阿曼外交部部长代表和秘书长扎耶尼出席。

10月

10月9日　中国国家主席习近平致电巴尔哈姆·萨利赫，祝贺他当选伊拉克共和国总统。

10月10日　中国向叙利亚援助的一批电力设备在叙利亚西北港口城市拉塔基亚举行交接仪式。

10月22～30日　中国国家副主席王岐山应邀对以色列、巴勒斯坦、埃及和阿联酋进行访问。10月22日王岐山副主席访问以色列，在耶路撒冷分别会见内塔尼亚胡总理和里夫林总统，并与内塔尼亚胡共同主持了中以创新合作联委会第四次会议。10月23日，王岐山副主席访问巴勒斯坦，在拉姆安拉王岐山副主席会见了巴勒斯坦总理哈姆达拉。10月25～27日，王岐山副主席在埃及访问。访问期间，王岐山副主席在开罗分别会见了埃及总统塞西和总理马德布利，两国签署了农业、教育、文化等领域的双边合作文件。10月28～30日，王岐山副主席访问阿联酋，分别在阿布扎比会见阿联酋阿布扎比王储穆罕默德，在迪拜会见阿联酋副总统兼总理、迪拜酋长穆罕默德。

10月25日　第四届"阿拉伯艺术节"在四川成都闭幕。中国国家主席习近平致贺信，对艺术节的成功举办表示热烈祝贺。

10月27日　土耳其、俄罗斯、法国和德国领导人在土耳其城市伊斯坦布尔举行有关叙利亚局势的四方峰会。峰会结束后发表的联合声明说，四国领导人呼吁在叙利亚全面停火以减少流血冲突。

10月30日　中国中车公司在土耳其首都安卡拉成立轨道交通技术联合研发中心，与土方共同推动"一带一路"沿线的轨道交通技术创新。

11月

11月1日　中国国家主席习近平同摩洛哥王国国王穆罕默德六世互致

贺电，庆祝两国建交60周年。

11月3~6日 第二届世界青年论坛开幕式在埃及红海海滨城市沙姆沙伊赫举行。来自全球50个国家和地区的5000余名青年代表参加论坛。与会者将围绕和平与发展两大主题，为建设更好的埃及和非洲建言献策。

11月3~10日 阿联酋联邦国民议会议长阿迈勒·古拜希应邀率团访华。11月5日，全国人大常委会委员长栗战书在京与古拜希议长举行会谈。会谈前，栗战书与古拜希共同签署了中国全国人大与阿联酋联邦国民议会合作谅解备忘录。同日，全国政协主席汪洋在京会见古拜希议长。

11月5日 美国政府重启对伊朗能源和银行等领域制裁。这是美国2018年5月宣布退出伊朗核问题全面协议后重启的第二轮对伊制裁，美国也将因此全面恢复伊核协议后解除的对伊制裁。

11月12日 突尼斯第一家孔子学院在突尼斯迦太基大学举行开班仪式。中国驻突尼斯大使汪文斌、迦太基大学校长奥勒法·乌达及中文专业师生等200多人参加了仪式。

11月20日 中国国家主席习近平同巴勒斯坦国总统阿巴斯互致贺电，庆祝两国建交30周年。

第五届中国－苏丹执政党高层政治对话在京举行，主题为"改革开放与执政党自身建设"。

11月22日 由中共中央对外联络部主办的第二届"中国－阿拉伯国家政党对话会"在浙江杭州举行。此次对话会主题为"携手共建更加美好的世界"。包括17个阿拉伯国家的60多个主要政党领导人在内的约200名中外方代表出席会议。会议通过了《中阿政党对话2018杭州宣言》。

11月28日 联合国举行"声援巴勒斯坦人民国际日"纪念大会，中国国家主席习近平向大会致贺电。

11月30日 中国国家主席习近平在布宜诺斯艾利斯分别会见土耳其总统埃尔多安和沙特阿拉伯王储穆罕默德。

12月

12月3日 卡塔尔能源事务国务大臣萨阿德·卡比在多哈宣布，卡塔尔将于明年1月退出石油输出国组织。

12月3~6日 土耳其大国民议会议长比纳利·耶尔德勒姆应邀访华。12月4日，国务院总理李克强在京会见耶尔德勒姆议长。

12月6日 由联合国主持的新一轮也门和谈在瑞典首都斯德哥尔摩举行。也门政府与胡塞武装谈判代表首次实现面对面谈判，双方在大范围交换俘虏这一问题上取得积极进展。

12月7日 中国在酒泉卫星发射中心用长征二号丁运载火箭成功将沙特—5A/5B卫星发射升空，搭载发射10颗小卫星，卫星均进入预定轨道。

12月9日 第三十九届海湾合作委员会（海合会）首脑会议在沙特首都利雅得举行。会议闭幕式上，海合会秘书长扎耶尼宣读了《利雅得首脑会议声明》，强调海合会成员国致力于维护该组织运转并将在安全、外交、国防和经济等领域采取协调一致的行动。

12月12日 卡塔尔副首相兼外交大臣穆罕默德·本·阿卜杜勒拉赫曼·阿勒萨尼应邀开始对中国进行正式访问。同日，中国外交部部长王毅在京同卡塔尔副首相兼外交大臣穆罕默德共同主持中卡政府间战略对话机制首次会议。双方宣布，两国全面互免签证协定从12月21日起正式生效。

12月15~20日 科威特国埃米尔特使、第一副首相兼国防大臣纳赛尔·萨巴赫·艾哈迈德·贾比尔·萨巴赫应邀访华。

12月18日 中共中央政治局委员、中央外事工作委员会办公室主任杨洁篪在京会见由正义与发展党副主席耶尔马兹率领的土耳其正义与发展党代表团。

12月20日 中国国家主席习近平同阿尔及利亚民主人民共和国总统布特弗利卡互致贺电，庆祝两国建交60周年。

Abstract

At present, the Middle East is entering the "Gulf moment". On the one hand, the Gulf Arab countries, led by Saudi Arabia, are committed to a revolution in internal affairs and diplomacy. The Gulf Arab countries are actively playing the role of new regional leaders and trying to reshape the Middle East order. On the other hand, the situation in the Gulf region continues to be tense, with Iran's nuclear issue as the core, regional security issues are becoming increasingly prominent, and whether the Gulf is heading for war or peace has become the focus of attention of the international community. The Gulf, as an oasis of regional stability for a long time, is facing the situation of being broken: the risk of crisis in the internal affairs of regional countries, the risk of regional conflicts caused by Iran's nuclear issue, the spillover of Yemen's war, the intensification of the arms race, the deep division within the GCC countries, the tearing of extremism and sectarianism. The self – interested Trump government's policy towards the Gulf and the Middle East, the emergence of a power vacuum and the consequent fierce geopolitical competition cast a shadow on the security of the Gulf. Iran Issue is the central issue of Gulf security and development, and has replaced Syria as the new focus of the region. The U. S. policy of extreme pressure on Iran and the continued deterioration of relations between Iraq and Saudi Arabia have a serious negative impact on regional security. Although the risk of large – scale war between the United States and Iran is low, the risks of wars between Iran and Saudi Arabia, between Iran and Israel, cannot be ruled out. This will also bring a series of sharp challenges to regional development, waterway security and stable international oil supply. The current situation urges all parties to exercise restraint, strengthen dialogue and resolve regional conflicts through negotiations. At the same time, with the breakdown of the old security order in the Gulf region, it is necessary to consider establishing a new regional security mechanism on the agenda.

Keywords： Gulf Security； Iran Issue； GCC； Security Mechanism； America and Iran Relations

Contents

I Main Report

Abstract: Since May 2019, because of Iran Issue, the situation became increasingly tense in the gulf region, the safety of sea lanes and global oil supplies faced major threats. This new development is only the latest example of unrest in the gulf region during the recent years. It not only reflects the new security dynamics of the gulf region, but also reflects that the gulf region is undergoing a profound and significant comprehensive transformation, involving political, economic, diplomatic and security levels. The Middle East is entering a "Gulf Moment". In terms of politics, Saudi Arabia and UAE are the real samples. The region has new leaders who have ambitious domestic and foreign agendas. Economically and socially, the region has launched a new round of reform and opening up, committed to the development of non-oil economy, accelerated industrialization, and intensified the reform of social tolerance and opening-up. On the diplomatic front, the independent diplomacy of the gulf has been strengthened and it is increasingly playing a leading role in regional affairs. However, the internal and external conflicts caused by this have also been growing, which has a profound impact on the international relations and security of the gulf and the whole Middle East region. In terms of security, the gulf, as a regional "safe haven", is facing a series of major challenges, including fierce competition among regional and international powers, accelerating arms race, serious spillover of the Yemen war, and increasingly prominent traditional and non-traditional security threats. The new changes in the gulf region are closely related to the overall changes in the Middle East and the global situation, which reflects the new trend of the ebb and flow of forces of various actors inside and outside the region and their new strategic trends. For some time to come, the gulf region could face a period of instability and uncertainty that will cast a shadow over regional and global security. Given the critical importance of the gulf region to global peace and development, it is imperative to promote the early establishment of a new and stable regional security mechanism.

Keywords: The Gulf Region; Political and Social Reform; Iran Issue; Security Challenges

Ⅱ   Regional Situation

Y. 2   The Political Development Situation and
Trend in the Middle East   *Wang Lincong* / 034

Abstract: On the whole, the political development in the Middle East is still part of the "long wave" of "Upheaval in the Middle East" since 2010. Around the major agendas of political participation, political reconstruction and transformation, the political situation in the Middle East presents a multi – faceted picture: elections or referendums have accelerated political changes in some countries, and the return of strongman politics has become a new reality; some Gulf countries have accelerated the process of political and social change, and the new political generation gradually rises; the mass protest movement has triggered political turmoil in many countries, thereby the government has been reorganized in Jordan and other countries, and the regime changes in Sudan and Algeria; war – torn countries have been mired in the turbulent whirlpool, their process of political reconstruction is generally frustrated, and they have fallen into a competition field for geopolitical games. The political situation in the Middle East is fluctuating and changing. The reasons include not only the entanglement of social economy and people's livelihood issues, but also the struggle of internal political factions and social thoughts, as well as geopolitical competition and the intervention of great powers outside. Among them, the issue of people's livelihood is often the main factor in instigating political changes and political stability. The political development of the Middle East is characterized by the complexity of political transition, the sharpening of political security issues, the long - term political reconstruction of war - torn countries, and the persistence of geopolitical games on regimes.

Keywords: Political Agenda; Political Security; Strongman Politics; New Political Generation

Y. 3　The Security Situation in the Middle East in 2018 and Its Trend　*Wang Jinyan, Li Zixin* / 054

Abstract: The security situation in the Middle East has been negatively developed in 2018. The traditional security risks in the region have risen, and the armed conflicts in the turbulent countries have not improved significantly. The proxy war is still the main form of geopolitical conflicts. The political situations in many countries in North Africa are unstable and difficult to calm down in the short term, and there exists the possibility of inducing serious violent conflicts. Terrorism overflows to "fragile zones" around the traditional turbulent areas, while non-traditional security threats are merging with traditional security risks. The struggle of major powers for regional hegemony has once again become the theme of the geopolitical game in the Middle East, and it has also brought new challenges to the region. The prospects are not optimistic. The United States pursues an extremely utilitarian policy and is apparently acquiescing while contrary-minded with its allies. Due to the U. S' comprehensive containment strategy toward Iran, some regional issues, such as Iran nuclear issue, Palestine-Israel relations, have been dramatically intensified. The traditional alliances have been partly replaced by short and medium-term interest group among the regional countries, which have become the mainstay of geo-games. The intersection and reconstruction of different interest groups further weaken the stability of regional security structure. The geo-political wrestlings in the Middle East are mostly guided by "zero-sum", which may hinder the positive development of the regional security situation and have negative impacts on China's interest in the Middle East and the promotion of "The Belt and Road" initiative.

Keywords: The Middle East; Security Situation; Geopolitical Game; Interest Group

Y. 4 Salman's New Strategy for Governing the Country and the Impact   *Chen Mo* / 070

Abstract: Since Salman succeeded to the throne in Saudi Arabia, he has adopted the new strategy for governing the country, which includes a series of reforms in terms of succession to the throne, economic development and social cultures as well as efforts in improving external relations and security in the surrounding areas. The implementation of the new strategy has made preliminary progress, but is still facing a number of challenges. It would be a long and tortuous process and would produce impact on international oil market, the reshaping of the Middle East order and China-Saudi cooperation.

Keywords: Saudi Arabia; Succession to the Throne; Economic Reform; Middle East Order; China-Saudi Cooperation

Y. 5 Recent Progress and Prospects for Peace on the Palestinian-Israeli Issue   *Wang Jian* / 087

Abstract: After U. S. president Trump announced that it recognized

Jerusalem as the capital of Israel and planned to launch "deal of the century", the Palestinian-Israeli issue, which has been marginalized since the upheaval in the Middle East, has returned to the international community's perspective. However, due to the adjustment of the U. S. policy, changes in the geopolitical landscape of the Middle East, and the further solidification of Palestinian internal divisions, the prospects for peace between Israel and Palestine are dimmer, and the dream of an independent Palestinian state is more difficult to realize.

Keywords: Palestinian-Israeli Issue; Deal of the Century; Hamas; Fatah; Jerusalem

Y. 6 The Political and Social Prospects of Turkey under the Presidential System from an Economic Perspective

Wei Min / 107

Abstract: On June 24, 2018, Erdogan became the new president of the Republic of Turkey through early elections, which opened a new course in the transition of the national political system from the parliamentary system to the presidential system. Under the presidential system, the Justice Development Party will continue to strengthen its political, economic and social governance capabilities in Turkey, with the intention of achieving President Erdogan's re-election for two terms and extending his term to 2028. By then, Erdogan will become the longest-serving president in the history of the Republic of Turkey. This paper analyzes the external environment and structural adjustment dilemma faced by Turkey under the presidential system from an economic perspective. On the basis of analyzing the changes in the Turkish political system and policy environment, it points out that the economic rebound and rebalancing can be achieved to curb the spillover of the currency crisis. The effect of reducing the impact of economic factors on the political and social stability of Turkey is the primary task of the new presidential cabinet.

Keywords: Turkey; Presidential System; Economic Situation; Currency
Crisis

Y. 7   Economic Situation and Future Prospects in the

Middle East Countries in 2018   *Jiang Yingmei* / 122

Abstracts: Economic development in the Middle East has never been a
purely economic issue. Since the end of 2017, the steady growth of the global
economy, the rise in energy prices (mainly oil and gas prices), the decline in
food and metal prices, and the geopolitical stabilization have all become favorable
factors for the economic development in the Middle East. Although oil exporters
in the Middle East benefited from rising oil prices, their economies remained
depressed due to severe domestic fiscal deficits, sluggish reform, inadequate
employment and weak global economic growth in the second half of 2018.
However, the current account and fiscal situation have improved, which means
that the Middle East will continue to be an important capital export area. Oil
importers in the Middle East also benefited from reforms, growing trade with
Europe and China, and capital inflows (mainly remittances, investment and
foreign aid) from oil exporters, maintaining moderate economic growth.
Overall, the Middle East economy is in a slow recovery, but the medium-term
prospects are still not very optimistic, facing many challenges. Slow pace of
reform, fluctuations in oil prices, rising debt levels, trade conflicts and weak
global economic recovery, as well as geopolitical patterns, will hinder the
medium-term and long-term growth prospects of the Middle East region.

Keywords: Middle East Economy; Oil Exporting Countries; Oil
Importing Countries; Oil Price; Economic Reform

III   Special Report

Y. 8   The New Situation and Impact of the Competition

of the Great Powers in the Gulf   *Yu Guoqing*, *Chen Yao* / 139

Abstracts: The Gulf region is an important oil and gas producing area and an important energy channel in the world. In recent years, the situation in the Gulf is complex and the security situation is not optimistic because of geopolitical changes and other factors. The uncertain prospect of the Joint Comprehensive Plan of Action (JCPOA) has led to continuing tensions between the United States and Iran. The confrontation and struggle between Saudi Arabia and Iran in the Gulf region are becoming more and more obvious. The United States, Russia and the European Union have expanded their influence and power in the Gulf region, deepening the complexity of the situation in the Gulf region. In order to safeguard their own interests and fight against hostile forces, the Gulf countries are in the process of building a new round of alliance system, which increases the unpredictability of the situation in the Gulf region.

Keywords: The Gulf; The Great Powers; Security Situation

Y. 9   The Security Situation and Dilemma of the Gulf

Region in 2018   *Liu Linzhi* / 163

Abstract: The Gulf region has the most complex security situation in the world during the post-Cold War era. In 2018, the security situation of the Gulf region still remained highly unstable, the reciprocal effects of various security issues, such as regional conflicts, terrorism and extremism, refugee crisis, strategic competitions among the regional countries, and intervention of the great powers, have brought huge challenges to the safety and stability of the Gulf region. The Gulf region's security situation will be deeply influenced by exsisting security problems and many uncertain factors for the forseeable future, it will take a long way to fundamentally improve the Gulf region's security environment.

Keywords: Gulf Region; Security Situation; Iran; Saudi Arabia; GCC

Y. 10   The Yemen Situation after Stockholm Agreement and its
Impact on the Security of the Persian Gulf

Zhu Quangang / 188

Abstract: In 2018, the Saudi coalition and the Huthis caused the Hodeida crisis. With the mediation of UN Special Envoy Martin Griffiths, and the pressure imposed by the US against Saudi Arabia, the Huthis and the Hadi Government reached the Stockholm Agreement in late 2018. However, the three main issues of the agreement—prisoner swap, the Hodeida agreement and the Taiz understanding—have made limited progress. In addition, the conflicts in the other fronts have intensified, and they struggled for legitimacy terribly. The lasting Yemen war causes a large number of casualties and serious humanitarian crises in Yemen, and worsens strategic competition and hostility among the Gulf States. Moreover, terrorism, environmental damage and gender security caused by war will have long-term effects on Gulf security. It is still difficult to achieve comprehensive peace in Yemen. The Yemeni people and the international community need to work together to build a comprehensive framework for solving the problems of Yemen.

Keywords: Yemen; Stockholm Agreement; Peace Process; Gulf; Security Situation

Y. 11　The New Trend of Saudi-Iranian Strategic Rivalry and

Its Impacts　　　　　　　　　　　　*Wang Feng, Tan Tian / 204*

Abstract: Following the drastic changes in geographic situation in the aftermath of Arab Spring, Saudi Arabia and Iran have become the important players and contended each other in the Middle East region. There are new changes and characteristics in 2018. The two countries and their allies tend to compete in the political and economic affairs in Iraq, Syria and Lebanon, while battling consistently in Yemen. Saudi Arabia has gained relative advantages against Iran in the Horn of Africa and South Asia, and helped successfully to reverse the development trend of Iranian nuclear issue. The fundamental reasons for their rivalry lies in the differences of Islamic sects and the contradiction of their ideologies etc. In addition, the senses of insecurity due to the drastic changes in ME has impelled Saudi Arabia and its allies to counter the rising influences of Iran. However, the sharp opposition of their regional policy objectives is the most important driving force for Saudi-Iranian competition in ME and beyond. Their consistent competition has intensified the turbulence in ME. Besides, in the recent contests each of them has gained some, and lost some. And with the Trump administration withdrawal from JCPOA, Iran has suffered setbacks. The divergence of Arab countries and Islamic countries has thus been facilitated, which made the Palestinian-Israeli issue more marginalized.

Keywords: Saudi Arabia; Iran; Geographic Situation; Opposition of Policy; JCPOA

Y. 12　The Trend of Iran in the shadow of US sanctions

Lu Jin / 225

Summary: After the US exited the Joint Comprehensive Plan of Action (JCPOA) in May 2018, it gradually restored and strengthened sanctions against

Iran to force Iran to sign a new agreement and finally achieve the goal of comprehensively curbing Iran. Strict cross-border sanctions in the United States have led to a serious deterioration of the security situation in Iran and abroad, and normal economic cooperation between Iran and other countries cannot be carried out. The Iranian government has taken a tit-for-tat approach to resist US sanctions, tapping domestic potential and promoting industrial production through "inward viewing", while conducting multilateral diplomacy to smash US attempts to isolate Iran. The Trump administration's sanctions against Iran have been resisted by major international economies, and many countries have tried to avoid the dollar and the US financial system's workarounds to weaken the power of US sanctions against Iran. In order to achieve a comprehensive containment of Iran's policy objectives and strengthen policy effects, the United States has added military deterrence measures to the "extreme pressure", resulting in a sharp rise in the confrontation between the United States and Iran and a tense security situation in the Persian Gulf region. The future situation in Iran is full of uncertainty. Will the US-Iran confrontation go to war, Whether the Iranian economy and the people can withstand the pressure of US sanctions and the prospects of the JCPOA are important factors.

Keywords: US Sanctions; Counter-measures; JCPOA; US-Iranian Relations

Y. 13   Current Relations between India and Gulf Region

Countries and Its Prospects   *Wei Liang* / 243

Abstract: As a close neighbor of India, the Gulf region has a long history of exchanges with India. In recent years, India's economy has maintained rapid development, and a comprehensive great power diplomacy has gradually taken shape. Naturally, the gulf region countries become an important part of it. At present, the relations between the two are still focused on bilateral relations, especially involving the four fields—economy and trade, energy, labor and remittance, security. At the same time, the Indian government hopes to continue to exploit its own advantages and further expand and enhance the relations with the Gulf regional countries.

Keywords: India; Greater Neighborhood Diplomacy; Gulf Countries

IV Market Trend

Abstract: In 2017 the increase rate of FDI inflow scale of West Asia was higher than that of the global one, therefore the ratio of West Asia in World FDI inflow rises from last year's 2. 6% to 3. 9% , the increase rate, the projects statuses and the policy dynamics of FDI inflow of all West Asian Nations (WANs) are rather diversified, continuous minus flow were seen in those nations with turbulent security situation. The ratio of China as investor in the West Asia FDI-in stock was still rising though the inflow scale from china was decreasing from 2015. From 2016 to 2017, the inflow scale of direct investment from China was rather oscillatory in most WANs. Continuous progression achieved by China enterprises in major WANs at media or long term oberservation. It is suggested China governments and enterprises, should explore new investment scale growth points, by focusing on Engineering Relating Investment, New Types of Energy Resources, Economic and Trade Cooperation Parks.

Keywords: West Asia; China Enterprises; Direct Investment

Abstract: The west Asian countries were affected by the fluctuation of international crude oil price in 2018. The security situation made it more difficult for the international trade. US government's Middle East Policies' adjustments have changed the ability and willingness of West Asian countries on carrying out the trade. The deficit of China will increase in the cycle while the Import Expo will provide more opportunities and support for the bilateral trade. The countries and category structure keeps stable and Saudi Arab, Iran and Iraq are still China's main trade partner countries in this region. In the future, the trade between China and the West Asian countries will benefit from the high quality development of "The Belt and Road" Initiative, which will be the highlights of China-Arabian Countries' cooperation. But the affection of the different internal and outside risk factors will be more obvious, which need to be noticed and taken care of.

Keywords: West Asia; Foreign Trade; Bilateral Trade; "The Belt and Road" Initiative

V Documentation

❖ 皮书起源 ❖

"皮书"起源于十七、十八世纪的英国,主要指官方或社会组织正式发表的重要文件或报告,多以"白皮书"命名。在中国,"皮书"这一概念被社会广泛接受,并被成功运作、发展成为一种全新的出版形态,则源于中国社会科学院社会科学文献出版社。

❖ 皮书定义 ❖

皮书是对中国与世界发展状况和热点问题进行年度监测,以专业的角度、专家的视野和实证研究方法,针对某一领域或区域现状与发展态势展开分析和预测,具备原创性、实证性、专业性、连续性、前沿性、时效性等特点的公开出版物,由一系列权威研究报告组成。

❖ 皮书作者 ❖

皮书系列的作者以中国社会科学院、著名高校、地方社会科学院的研究人员为主,多为国内一流研究机构的权威专家学者,他们的看法和观点代表了学界对中国与世界的现实和未来最高水平的解读与分析。

❖ 皮书荣誉 ❖

皮书系列已成为社会科学文献出版社的著名图书品牌和中国社会科学院的知名学术品牌。2016年,皮书系列正式列入"十三五"国家重点出版规划项目;2013~2019年,重点皮书列入中国社会科学院承担的国家哲学社会科学创新工程项目;2019年,64种院外皮书使用"中国社会科学院创新工程学术出版项目"标识。

权威报告·一手数据·特色资源

皮书数据库
ANNUAL REPORT(YEARBOOK)
DATABASE

当代中国经济与社会发展高端智库平台

所获荣誉

- 2016年，入选"'十三五'国家重点电子出版物出版规划骨干工程"
- 2015年，荣获"搜索中国正能量 点赞2015""创新中国科技创新奖"
- 2013年，荣获"中国出版政府奖·网络出版物奖"提名奖
- 连续多年荣获中国数字出版博览会"数字出版·优秀品牌"奖

成为会员

　　通过网址www.pishu.com.cn访问皮书数据库网站或下载皮书数据库APP，进行手机号码验证或邮箱验证即可成为皮书数据库会员。

会员福利

- 已注册用户购书后可免费获赠100元皮书数据库充值卡。刮开充值卡涂层获取充值密码，登录并进入"会员中心"—"在线充值"—"充值卡充值"，充值成功即可购买和查看数据库内容。
- 会员福利最终解释权归社会科学文献出版社所有。

数据库服务热线：400-008-6695
数据库服务QQ：2475522410
数据库服务邮箱：database@ssap.cn
图书销售热线：010-59367070/7028
图书服务QQ：1265056568
图书服务邮箱：duzhe@ssap.cn

S 基本子库
UB DATABASE

中国社会发展数据库（下设 12 个子库）

全面整合国内外中国社会发展研究成果，汇聚独家统计数据、深度分析报告，涉及社会、人口、政治、教育、法律等 12 个领域，为了解中国社会发展动态、跟踪社会核心热点、分析社会发展趋势提供一站式资源搜索和数据分析与挖掘服务。

中国经济发展数据库（下设 12 个子库）

基于"皮书系列"中涉及中国经济发展的研究资料构建，内容涵盖宏观经济、农业经济、工业经济、产业经济等 12 个重点经济领域，为实时掌控经济运行态势、把握经济发展规律、洞察经济形势、进行经济决策提供参考和依据。

中国行业发展数据库（下设 17 个子库）

以中国国民经济行业分类为依据，覆盖金融业、旅游、医疗卫生、交通运输、能源矿产等 100 多个行业，跟踪分析国民经济相关行业市场运行状况和政策导向，汇集行业发展前沿资讯，为投资、从业及各种经济决策提供理论基础和实践指导。

中国区域发展数据库（下设 6 个子库）

对中国特定区域内的经济、社会、文化等领域现状与发展情况进行深度分析和预测，研究层级至县及县以下行政区，涉及地区、区域经济体、城市、农村等不同维度。为地方经济社会宏观态势研究、发展经验研究、案例分析提供数据服务。

中国文化传媒数据库（下设 18 个子库）

汇聚文化传媒领域专家观点、热点资讯，梳理国内外中国文化发展相关学术研究成果、一手统计数据，涵盖文化产业、新闻传播、电影娱乐、文学艺术、群众文化等 18 个重点研究领域。为文化传媒研究提供相关数据、研究报告和综合分析服务。

世界经济与国际关系数据库（下设 6 个子库）

立足"皮书系列"世界经济、国际关系相关学术资源，整合世界经济、国际政治、世界文化与科技、全球性问题、国际组织与国际法、区域研究 6 大领域研究成果，为世界经济与国际关系研究提供全方位数据分析，为决策和形势研判提供参考。

法律声明

　　"皮书系列"（含蓝皮书、绿皮书、黄皮书）之品牌由社会科学文献出版社最早使用并持续至今，现已被中国图书市场所熟知。"皮书系列"的相关商标已在中华人民共和国国家工商行政管理总局商标局注册，如 LOGO（ ）、皮书、Pishu、经济蓝皮书、社会蓝皮书等。"皮书系列"图书的注册商标专用权及封面设计、版式设计的著作权均为社会科学文献出版社所有。未经社会科学文献出版社书面授权许可，任何使用与"皮书系列"图书注册商标、封面设计、版式设计相同或者近似的文字、图形或其组合的行为均系侵权行为。

　　经作者授权，本书的专有出版权及信息网络传播权等为社会科学文献出版社享有。未经社会科学文献出版社书面授权许可，任何就本书内容的复制、发行或以数字形式进行网络传播的行为均系侵权行为。

　　社会科学文献出版社将通过法律途径追究上述侵权行为的法律责任，维护自身合法权益。

　　欢迎社会各界人士对侵犯社会科学文献出版社上述权利的侵权行为进行举报。电话：010-59367121，电子邮箱：fawubu@ssap.cn。

社会科学文献出版社